国家出版基金项目
NATIONAL PUBLICATION FOUNDATION

中国近代
思想家文库

◎

任智勇 戴圆 编

郑观应卷

中国人民大学出版社
·北京·

总　序

　　对于近代的理解，虽不见得所有人都是一致的，但总的说来，对于近代这个词所涵的基本意义，人们还是有共识的。一个国家、一个民族走入近代，就意味着以工业化为主导的经济取代了以地主经济、领主经济或自然经济为主导的中世纪的经济形态，也还意味着，它不再是孤立的或是封闭与半封闭的，而是以某种形式加入到世界总的发展进程。尤其重要的是，它以某种形式的民主制度取代君主专制或其他不同形式的专制制度。中国是个幅员广大、人口众多、历史悠久的多民族国家，由于长期历史发展是自成一体的，与外界的交往比较有限，其生产方式的代谢迟缓了一些。如果说，世界的近代是从 17 世纪开始的，那么中国的近代则是从 19 世纪中期才开始的。现在国内学界比较一致的认识，是把 1840 年到 1949 年视为中国的近代。

　　中国的近代起始的标志是 1840 年的鸦片战争。原来相对封闭的国门被拥有近代种种优势的英帝国以军舰、大炮再加上种种卑鄙的欺诈打开了。从此，中国不情愿地加入到世界秩序中，沦为半殖民地。原来独立的大一统的中央集权的君主专制国家，如今独立已经极大地被限制，大一统也逐渐残缺不全，中央集权因列强的侵夺也不完全名实相符了。后来因太平天国运动，地方军政势力崛起，形成内轻外重的形势，也使中央集权被弱化。经历第二次鸦片战争、中法战争、甲午战争、八国联军入侵的战争以及辛亥革命后的多次内外战争，直至日本全面侵略中国的战争，致使中国的经济、政治、教育、文化，都无法顺利走上近代发展的轨道。古今之间，新旧之间，中外之间，混杂、矛盾、冲突。总之，鸦片战争后的中国，既未能成为近代国家，更不能维持原有的统治秩序。而外患内忧咄咄逼人，人们都有某种程度"国将不国"的忧虑。

　　"天下兴亡，匹夫有责"，读书明理的士大夫，或今所谓知识分子，尤为敏感，在空前的危机与挑战面前，皆思有所献替。于是发生种种救亡图存的思想与主张。有的从所能见及的西方国家发展的经验中借鉴某些东西，形成自己的改革方案；有的从历史回忆中拾取某些智慧，形成某种民族复兴的设想；有的则力图把西方的和中国所固有的一些东西加以调和或结合，形成某种救亡图强的主张。这些方案、设想、主张，从世界上"最先进的"，到"最落后的"，几乎样样都有。就提出这些方案、设想、主张者的初衷而言，绝大多数都含着几分救国的意愿。其先进与落后，是否可行，能否成功，尽可充分讨论，但可不必过为诛心之论。显而易见，既然救国的问题最为紧迫，人们所心营目注者自然是种种与救国的方案直接相关的思想学说，而作为产生这些学说的更基础性的理论，及其他各种知识、思想，则关注者少。

围绕着救国、强国的大议题，知识精英们参考世界上种种思想学说，加以研究、选择，认为其中比较适用的思想学说，拿来向国人宣传，并赢得一部分人的认可。于是互相推引，互相激励，更加发挥，演而成潮。在近代中国，曾经得到比较广泛的传播的思想学说，或者够得上思潮的，主要有以下几种：

（一）进化论。近代西方思想较早被引介到中国，而又发生绝大影响的，要属进化论。中国人逐渐相信，进化是宇宙之铁则，不进化就必遭淘汰。以此思想警醒国人，颇曾有助于振作民族精神。但随后不久，社会达尔文主义伴随而来，不免发生一些负面的影响。人们对进化的了解，也存在某些片面性，有时把进化理解为一条简单的直线。辩证法思想帮助人们形成内容更丰富和更加符合实际的发展观念，减少或避免片面性的进化观念的某些负面影响。

（二）民族主义。中国古代的民族主义思想，其核心是"非我族类，其心必异"，所以最重"华夷之辨"。鸦片战争前后一段时期，中国人的民族思想，大体仍是如此。后来渐渐认识到"今之夷狄，非古之夷狄"，"西人治国有法度，不得以古旧之夷狄视之"。但当时中国正遭受西方列强的侵略和掠夺，追求民族独立是民族主义之第一义。20世纪初，中国知识精英开始有了"中华民族"的概念。于是，渐渐形成以建立近代民族国家为核心的近代民族主义。结束清朝君主专制，创立中华民国，是这一思想的初步实现。第一次世界大战爆发，中国加入"协约国"，第一次以主动的姿态参与世界事务，接着俄国十月革命爆发，这两件事对近代中国的发展历程造成绝大影响。同时也将中国人的民族主义提升到一个新的层次，即与国际主义（或世界主义）发生紧密联系。也可以说，中国人更加自觉地用世界的眼光来观察中国的问题。新生的中国共产党和改组后的国民党都是如此。民族主义成为中国的知识精英用来应对近代中国所面临的种种危机和种种挑战的一个重要的思想武器。

（三）社会主义。社会主义作为一种模糊的理想是早在古代就有的，而且不论东方和西方都曾有过。但作为近代思潮，它是于19世纪在批判近代资本主义的基础上产生的。起初仍带有空想的性质，直到马克思和恩格斯才创立起科学社会主义。20世纪初期，社会主义开始传入中国。当时的传播者不太了解科学社会主义与以往的社会主义学说的本质区别。有一部分人，明显地受到无政府主义的强烈影响，更远离科学社会主义。直到五四新文化运动兴起之后，中国人始较严格地引介、宣传科学社会主义。但有一段时间，无政府主义仍是一股很大的思想潮流。中国共产党的成立，从思想上说，是战胜无政府主义的结果。中国共产党把在中国实现社会主义乃至共产主义作为自己的奋斗目标。此后，社会主义者，多次同各种非科学社会主义思想的信仰者进行论争并不断克服种种非科学社会主义思想的影响。

（四）自由主义。自由主义也是从清末就被介绍到中国来，只是信从者一直寥寥。直到五四新文化运动兴起，具有欧美教育背景的知识精英的数量渐渐多起来，自由主义始渐渐形成一股思想潮流。自由主义强调个性解放、意志自由和自己承担责任，在政治上反对一切专制主义。在中国的社会条件下，自由主义缺乏社会基础。在政治激烈动荡的时候，自由主义者很难凝聚成一股有组织的力量；在稍稍平和的时候，他们往往更多沉浸在自己的专业中。所以，在中国近代史上，自由主义不曾有，也不可能有大的作为。

（五）激进主义与保守主义。处于转型期的社会，旧的东西尚未完全退出舞台，新的东西也还未能巩固地树立起来，新旧冲突往往要持续很长的时间，有时甚至达到很激烈的程度。凡助推新东西成长的，人们便视为进步的；凡帮助旧东西排斥新东西的，人们便视为保守的。其实，与保守主义对应的，应是进步主义；与顽固主义相对的则应是激进主义。不过在通常话语环境中人们不太严格加以区分。中国历史悠久，特别是君主专制制度持续两千余年，旧东西积累异常丰富，社会转型极其不易。而世界的发展却进步甚速。中国的一部分精英分子往往特别急切地想改造中国社会，总想找出最厉害的手段，选一条最捷近的路，以最快的速度实现全盘改造。这类思想、主张及其采取的行动，皆属激进主义。在中共党史上，它表现为"左"倾或极左的机会主义。从极端的激进主义到极端的顽固主义，中间有着各种程度的进步与保守的流派。社会的稳定，或社会和平改革的成功，都依赖有一个实力雄厚的中间力量。但因种种原因，中国社会的中间力量一直未能成长到足够的程度。进步主义与保守主义，以及激进主义与顽固主义，不断进行斗争，而实际所获进步不大。

（六）革命与和平改革。中国近代史上，革命运动与和平改革运动交替进行，有时又是平行发展。两者的宗旨都是为改变原有的君主专制制度而代之以某种形式的近代民主制度。有很长一个时期，有两种错误的观念，一是把革命理解为仅仅是指以暴力取得政权的行动，二是与此相关联，把暴力革命与和平改革对立起来，认为革命是推动历史进步的，而改革是维护旧有统治秩序的。这两种论调既无理论根据，也不合历史实际。凡是有助于改变君主专制制度的探索，无论暴力的或和平的改革都是应予肯定的。

中国近代揭幕之时，西方列强正在疯狂地侵略与掠夺殖民地和半殖民地，中国是它们互相争夺的最后一块、也是最大的资源地。而这时的中国，沿袭了两千年的君主专制制度已到了奄奄一息的末日，统治当局腐朽无能，对外不足以御侮，对内不足以言治，其统治的合法性和统治的能力均招致怀疑。革命运动与改革的呼声，以及自发的民变接连不断。国家、民族的命运真的到了千钧一发之际，危机极端紧迫。先觉分子救国之心切，每遇稍具新意义的思想学说便急不可待地学习引介。于是西方思想学说纷纷涌进中国，各阶层、各领域，凡能读书读报者，受其影响，各依其家庭、职业、教育之不同背景而选择自以为不错的一种，接受之，信仰之，传播之。于是西方几百年里相继风行的思想学说，在短时期内纷纷涌进中国。在清末最后的十几年里是这样，五四时期在较高的水准上重复出现这种情况。

这种情况直接造成两个重要的历史现象：一个是中国社会的实际代谢过程（亦即社会转型过程）相对迟缓，而思想的代谢过程却来得格外神速。另一个是在西方原是差不多三百年的历史中渐次出现的各种思想学说，集中在几年或十几年的时间里狂泻而来，人们不及深入研究、审慎抉择，便匆忙引介、传播，引介者、传播者、听闻者，都难免有些消化不良。其实，这种情况在清末，在五四时期，都已有人觉察。我们现在指出这些问题并非苛求前人，而是要引为教训。

同时我们也看到，中国近代思想无比的多样性与复杂性呈现出绚丽多彩的姿态，各种思想持续不断地展开论争，这又构成中国近代思想史的一个突出特点。有些论争为我们留下了非常丰富的思想资料。如兴洋务与反洋务之争，变法与反变法之争，革命与改良之争，共和与立宪之争，东西文化之争，文言与白话之争，新旧伦理之争，科学与人生观之争，中国社会性质的论争，社会史的论争，人权与约法之争，全盘西化与本位文化之争，民主与独裁之争，等等。这些争论都不同程度地关联着一直影响甚至困扰着中国人的几个核心问题，即所谓中西问题、古今问题与心物关系问题。

中国近代思想的光谱虽比较齐全，但各种思想的存在状态及其影响力是很不平衡的。有些思想信从者多，言论著作亦多，且略成系统；有些可能只有很少的人做过介绍或略加研究；有的还可能因种种原因，只存在私人载记中，当时未及面世。然这些思想，其中有很多并不因时间久远而失去其价值。因为就总的情况说，我们还没有完成社会的近代转型，所以先贤们对某些问题的思考，在今天对我们仍有参考借鉴的价值。我们编辑这套《中国近代思想家文库》，希望尽可能全面地、系统地整理出近代中国思想家的思想成果，一则借以保存这份珍贵遗产，再则为研究思想史提供方便，三则为有心于中国思想文化建设者提供参考借鉴的便利。

考虑到中国近代思想的上述诸特点，我们编辑本《文库》时，对于思想家不取太严格的界定，凡在某一学科、某一领域，有其独立思考、提出特别见解和主张者，都尽量收入。虽然其中有些主张与表述有时代和个人的局限，但为反映近代思想发展的轨迹，以供今人参考，我们亦保留其原貌。所以本《文库》实为"中国近代思想集成"。

本《文库》入选的思想家，主要是活跃在1840年至1949年之间的思想人物。但中共领袖人物，因有较为丰富的研究著述，本《文库》则未收入。

编辑如此规模的《文库》，对象范围的确定，材料的搜集，版本的比勘，体例的斟酌，在在皆非易事。限于我们的水平，容有瑕隙，敬请方家指正。

《中国近代思想家文库》编纂委员会

目 录

导　言

　　郑观应（1842 年 7 月 24 日—1921 年 6 月 14 日）出生于广东省香山县（今中山市）雍陌乡。本名官应①，又名观应，字正翔，号陶斋，别号杞忧生、慕雍山人等，中年后别名罗浮待鹤山人。作为近代史上的著名人物，他在近代思想史和经济史上留下了自己的痕迹。从中华人民共和国成立后的 50 年代开始，就陆续有学者对他展开研究，如邵循正等著名历史学家就曾对他进行了专题讨论。到了改革开放之后，夏东元适逢其时地在洋务运动的研究脉络中对郑观应进行了深入的研究，先后出版了《郑观应传》（上海，华东师范大学出版社，1981）、《郑观应集》（上海，上海人民出版社，1982）以及在《郑观应传》基础上补充修订成的《郑观应》（广州，广东人民出版社，1996），书中所言一时成为不易之论。而其学生易惠莉也出版了《郑观应评传》（南京，南京大学出版社，1997）。自 20 世纪 80 年代以来直接以郑观应为主题的研究论文更是达到了 300 篇以上。这些多少可以表明郑观应在近代史上的重要地位。而郑观应的名著《盛世危言》更是不仅在清代就被多次盗版翻刻，到了中华人民共和国成立后大陆还至少有九个出版社出版过《盛世危言》。② 此次应中国人民大学出版社之邀，我在此再次选编郑观应文集。

　　时与势移，当我们在 21 世纪重新审视郑观应时，我们对"泰西"已经不再陌生，对发展经济已经不再那样焦急渴望，对促进政治革新的

---

　　①　关于郑观应的本名，除了夏东元外，大多数学者都以"郑观应"为其本名，其实这是他的俗名，他的官方和家族称呼都是"郑官应"，只是现在"积俗难返"。参见邓景滨：《郑观应考证两则》，载《岭南文史》，1994（2）。

　　②　按照费成康先生的统计，从 20 世纪 80 年代到 2001 年，先后有上海人民出版社、辽宁人民出版社、青海人民出版社、蓝天出版社、中州古籍出版社、中国戏剧出版社、北方妇女儿童出版社等七个出版社先后出版过《盛世危言》。就编者所见，此后还有 2002 年辛俊玲评注的华夏出版社版、2006 年的内蒙古人民出版社版。此外，海峡对岸的台湾也至少有 1968 年大通书局版和 1976 年学生书局版这两个版本。

种种举措也早已耳闻目睹。我们这个时代已然不再需要对郑观应等当年了解西洋的人进行顶礼膜拜——虽然他们的忧国忧民情怀依然值得尊敬。在今天的我们眼中，郑观应已经褪去光环，是我们研究的对象，不再需要为他文过饰非，只需要还原一个历史中的人物。

作为选集，总需要对原著者的生平做一个介绍，以便读者了解原著者，了解文字背后的他的故事。鉴于夏东元诸位先生已然有了非常详尽的传记，所以在这里，仅就自己所理解的郑观应做一个简单的介绍。

一、郑观应和他的时代

现在研究人物的学者都非常清楚一点：历史人物不能离开他所处的历史环境，即使英雄人物也是如此。郑观应无法比英雄更高一筹，所以我们只能把他放在历史的情境之中去理解，所以对郑观应的介绍的第一部分就是他和他的时代。

在阅读关于郑观应的史料的过程中，我个人以为他的出身和他的交际圈对他人生的轨迹影响莫大，下文也就分成两个部分进行介绍。

1. 出身

生于广东省香山县，使得郑观应在那个特殊的时代有了特殊的际遇，他的人生轨迹和人际交往也大抵与此有关。

他的父亲郑文瑞很可能在咸丰初年（19 世纪 50 年代初）曾在上海做过买办，不久后回到故乡担任塾师。这样的经历，使得他并不排斥经商，而他的孩子们在科举未成之后也相继被他送到上海学做买办。郑文瑞"既商亦儒的人生道路影响了郑观应的人生经历"①。

1858 年，当郑观应十七岁应童子试未成时，他没有和岭南等地众多的士子们一样选择再考，而是去了上海投奔叔父准备去洋行当买办。因为，当时在上海的诸多为外商服务的中国人都是开埠后从广东跟随而去的广东人。而且"出于对广东买办特别是香山买办的信任，开埠初期的上海外国商行，大都愿意雇佣香山人做买办"②。郑氏家族的诸多亲友更是为郑观应铺垫了前途。

可能是因为前途只有成为买办一条，郑观应别无选择，只有努力学

① 易惠莉：《郑观应与他的家族》，载《岭南文史》，2002（3）。
② 胡波：《香山买办与开埠后的上海社会》，载《史林》，2004（4）。

习英语，努力学习经商手段，积累经商经验。到了 1859 年，在同乡亲友（曾寄圃和徐润，他们都是宝顺洋行的买办）的帮助下他转入宝顺洋行工作，并于次年成为买办。1867 年，按照惯例，他在担任买办之余，又和亲友投资公正轮船公司。当宝顺洋行停办后，他又由于在那里的工作经历，在 1874 年成为新创办的太古轮船公司总理——因为身为创办人之一的总船主麦奎因原是宝顺洋行的船主，他很欣赏郑观应。

在上海的长期工作，以及在赈灾过程中的表现，使郑观应开始与江浙士绅关系密切起来，甚至与名声甚好的经元善、谢家福①等人结义为兄弟。在同宗——在淮系有相当地位的津海关道郑藻如②的揄扬之下，郑观应还与淮系巨头李鸿章、盛宣怀发生了联系，尤其是盛宣怀几乎影响了他后半生的人生轨迹。

在盛宣怀的影响下，郑观应先后三次加入轮船招商局，其间还入主上海机器织布局、汉阳铁厂。也就是说，他和同乡亲友徐润、唐廷枢等人一样"洗白"了自己的身份，从一个买办转变为洋务企业的核心经理人。洋务企业的管理者拥有亦官亦商的身份，这样的身份又转过来使得他拥有了更多的资源。

作为一个广东籍的名人，郑观应与很多广东人都发生过联系。后辈中更著名的康有为、梁启超、孙中山作为晚辈同乡都曾和他发生过联系。他虽然不同意康、梁激进的变法措施，但还是给予了一定的帮助；而孙中山则是由他推荐给盛宣怀并转荐给李鸿章的③。

当郑观应晚年想回广东养老时，却卷入了粤汉铁路风潮。最后离开广东而客死上海，可能也和这段经历有关。

2. 他和他的朋友们

当 1858 年来到上海的时候，郑观应只是一个在洋行工作的低级职

---

①　根据现存的谢家福所藏的兰谱，可以确定他们结义的时间是在光绪五年（1879 年）农历六月左右。参见黄鸿山：《江浙洋务集团内部关系考——以谢家福所藏郑观应等人兰谱为中心》，载《苏州科技学院学报》（社会科学版），2009，26（2）。

②　郑藻如，字玉轩，又字志翔，广东省香山县人。他于光绪四年（1878 年）经李鸿章推荐担任津海关道——直隶总督的主要外交助手，光绪七年（1881 年）后先后出使美国、秘鲁。与郑观应在上海"旦夕过从"的时间应是在他担任上海制造局会办的 1878 年。参见《香山县志·列传》卷 11，19 页，1924 年刻印本，转引自武曦：《〈盛世危言〉的成书、增订及版本》，载《文献》，1980（2）。

③　关于郑观应与孙中山的来往可参阅吴相湘：《孙逸仙近代思想与郑观应、容闳、严复、胡适之比较》，载《广东社会科学》，1996（6）；张苹、张磊：《郑观应与孙中山关系析论》，载《广东社会科学》，2003（3）。这些研究多少都有左袒孙中山的嫌疑，而且研究者没有说明孙中山在得到郑观应诚意的推荐后何以飘然而去，为何此后二人没有了任何来往。

员，与他来往的只有一些亲友。在这些亲友中，有几个人对他后来的职业生涯影响甚大。如徐润，作为他的表亲，不但给了郑观应很多经济上的支持，教会他商界的很多事宜，而且提携他进入了与其后半生几乎相伴的轮船招商局；如郑藻如，作为他的同宗，虽然在血缘上可能不是很近，但因为是同学并在上海再次相遇，加上两人有共同的兴趣，关系更为密切。

当郑观应成为太古轮船公司总理后，因为刊印了《易言》等书籍，参与了赈灾等公益性活动，获得一定的声望而逐步扩大了自己的交际圈子。在赈灾过程中他结识了一些江南的著名士绅，如经元善等人，进而与经元善、谢元福结为兄弟。这种交往无疑有助于提升他各方面的声望，无论是乐善好施还是博学多闻、精通洋务、心怀"大清"。个人以为，他第二、三本时事评论性的著作《易言》和《盛世危言》刊行后之所以能取得远比第一本《救时揭要》要大得多的影响，与经元善等人的揄扬有较大的关系。因为，在那个时代，一个没有任何功名的多少有"汉奸"之嫌的买办是很难得到士大夫们的认同，而经元善等人良好的名声，他们的认同有助于郑观应打开局面。从后来经元善在经、郑二人交恶后所说可看出，他们对郑观应相助确实多多。当然，在得到盛宣怀提携后，郑观应对经元善也多有关照。

如前文所述，郑观应除了结交经元善等人之外，还经过同宗郑藻如的介绍与淮系的"大佬"李鸿章以及淮系的"财神"盛宣怀发生了联系。从现有资料来看，尚不知初始见面时郑观应对盛宣怀的观感如何，但从日后的一些行为来看，盛宣怀无疑对郑观应的"知洋务"方面的能力，尤其是对企业的管理能力是非常欣赏的，他很快就通过各种方式（如薪酬、职务等）邀请郑观应离开太古轮船公司到他所控制的企业中任职。而郑观应在离开太古轮船公司之后的经历也几乎都和盛宣怀有关。郑观应先后应盛宣怀之邀在上海电报局、上海机器织布局、轮船招商局、汉阳铁厂、粤汉铁路任职，其能力也不负盛宣怀所望，每到一个企业都能有所成就，有所改革，多能在一定时间内使企业变得更有效率。二人在经营洋务企业中相得益彰，一个控制企业的大方向，一个负责具体的经营。郑观应也一直保持了对盛宣怀的忠诚，甚至不惜害了自己的结义兄弟经元善，使得后者戊戌维新后出逃到澳门时被捕。直到1902年，郑观应应长期交往的王之春之邀到广西任职，出任左江道。这也是他唯一的一次正式出任官职。可惜王之春很快被弹劾，郑观应也被迫离职。这段经历对郑、盛二人的关系损害很大。盛宣怀开始直接表达不满，不同意他离开轮船招商局，到郑观应离开广西后也只给了他一个小小的粤汉铁路广东购地局总办的职务。可能是之间的相互需要，不久之后二人关系有所恢复，这种交谊一直延续到盛宣怀离世。

二、郑观应和他的"道"

现在的中国近代史学界大抵把 1840 年作为中国近代史的开端，而自此以来的 170 余年的历史也基本上被认为有一条中国走向近代化的路向（无论是强调政治正确的革命史观还是看重经济发展、社会进步、政治开明的现代化史观，其实大体都认同这一点）：符合这条路向的就是进步的，不符合者则是逆潮流而动。郑观应则恰好在一段时间内处于时代的前沿（例如他主张立宪，主张设议院，而这一点中国近代一直没有成功，所以他就是先进的），因此在我们现在的思想史研究中他也占有了一席之地，甚至是重要的地位。

考察到目前为止的郑观应思想研究，我们会看到加诸他身上的诸如"伟大的理论家、启蒙思想家、教育家、实业家"等一大堆头衔，而对于研究的内容有时会不禁感慨一个人的思想居然可以如此细分数十块：经济思想、爱国思想、教育思想、国防思想、妇女思想、福利思想、吏治思想、外交思想、议会思想、科技思想、法律思想……观点和思想的混淆一至于斯。研究者中的严肃者也大抵谈论他的经济、政治方面的理念，对于他和同时代的思想者之间的承继关系以及他思想的核心却甚少涉及。

鄙意以为，郑观应似乎和陈炽等同时代的思想者一样希望富国强兵，他在经济方面的"商战"思想一时成了郑观应思想的代名词，他在政治方面主张"设议院"则成为他政治正确的重要注脚。与其他人相比，郑观应多了在外国企业（洋行）和国内企业（洋务企业）长期工作的经验。从这种经验出发，他对生产经营有了与他人不同的更为直观的见解，更重视企业在"全球化的时代"（虽然他自己没有用这个词）对国家经济和国民生活的重要性。这是他"商战"思想的由来。但无论是商战还是设议院，其实都是他的细枝末节——是"器"，而不是"道"。

在仔细翻阅郑观应的有关文献时，我们会发现一个有趣的现象，几乎所有的研究者都只谈论他的政治活动和经济活动，而他的哲学观或者说世界观却极少谈到，在不得已涉及时，也是《春秋》笔法，绝不直面评价。鄙意以为，至晚从 19 世纪 70 年代起，郑观应其实已然是一个道教徒①，而早年的私塾教育则又使他在道家的养生思想中混杂了儒家的经世思想。

在《盛世危言后编》自序中，郑观应写到：

> 《危言后编》首卷言道术，即正心修身、穷理尽性，至命之学也。二卷至十五卷言道治，即齐家治国、安内攘外，自强之说也。而中外贤哲所论炼金神术、医学、地理之秘，有关于世道人心者，亦略采其要义，附以所闻。

如果说这段话多少有些含糊，没有直接表露他的道家思想，那么《盛世危言后编》中匡庐山观妙道人戴公复②所做的序则更为直接地表露了郑观应的各种议论背后哲学层面的思想：

> 前著《盛世危言》，首篇论道器，盖形而上者谓之道，形而下者谓之器。器可变，而道不可变也。今著《危言后编》，首论道术，亦与前编所论道器同。惟世人只惜其前、后编所论中外利弊、富国强兵诸策法良意美，未见诸施行，而不知所论道器、道术，皆为修身之本，性命之学，即抱朴子所著内、外篇修己致人之意也。余恐解人难索，庸儒误以为异端，谨述先贤陆子潜虚之言以解之。……
>
> 或谓："郑子所论中外利弊、富国强兵诸策，批郤导窾，目无全牛，实为用世之要务。若《道术》篇所论备言性命之学，修仙之法，近于遁世，与用世适立于反对地位，列为首篇，毋乃失其轻重？"岂知物有本末，修己方可治人，以道淑身者乃能以道淑世。济一子云：欲学神仙，先为君子。人道不修，仙道远矣。况观往籍所载神仙救人之事，指不胜屈，盖神仙无不以积德立功为心，功满

---

① 郑观应在一篇文章中称自己"求道已五十年"，而且文中提到的"毒炸弹"、"飞行机"、"潜水艇"应当是第一次世界大战时的武器，故推断他是从 19 世纪 60、70 年代开始修道，而有此思想则可能更早。参见《上张三丰祖师疏文》，见《郑观应》（下），47～48 页。在另一文中，他自称"自幼好道，博览丹经，长复遍游海岳，备尝艰苦，获闻性、命双修大道"（《焚香祷告老祖师火龙真人疏文》，见《郑观应集》（下），70～71 页）。

② 根据吴国富的考证，这位戴公复就是清末民初的著名画家戴振年，字公复，号白阳子，江西大庾人，曾在广东任过知县。参见吴国富：《郑观应学道经历探幽》，载《中国道教》。2012（3）。根据他的考证，我们可以知道《郑观应集》中收录的很多函件其实就是与戴公复个人的信件，而不是给其他人，如本卷中收录的《答戴君伯阳论道术书》。

即飞升蓬岛。能用世者多不能成仙，能成仙者类能用世。列《道术》为篇首，斯亦著述者以修身为本，己欲达而达人，己欲立而立人，成己成人之意乎！

郑观应的这位道友明确地表述了郑观应的哲学思想——"以道淑世"。这篇序言无疑是经过郑观应本人审定的，由此也可以推断这种表述也代表了郑氏本人是认同这样一种理解的。

那么什么是道呢？除了在郑观应的通信中屡次表达的修身的"修仙之道"、"金丹之道"，还有很多关于道的论述，如"一语以包性命之原，通天人之故，道者是也"，"然尧、舜、禹、汤、文、武、周、孔之道，为万世不易之大经。大本篇中所谓法可变而道不可变者"①。到了晚年，他在论述教育的函件中表达更多的是孝、悌、忠、信、礼、义、廉、耻，认为这些才能"历千秋而不变，亘万古而常昭"②。

在很多俨然以成为世界公民为荣的国人看来，郑观应的这些思想无疑是落后的、守旧的。可当我们回想欧美各国在各种场合强调"某某国精神"的同时，我们有些人却似乎已经找不到令自己自豪的"中国精神"。作为当时的弱国，中国若是没有这样一种精神支柱，似乎是难以令当时的郑观应们活下去并对国家、民族的未来抱有一丝希望的。从这一点来说，今天的我们似乎也不能苛责作为那个时代先锋的郑观应。

三、经济史上的郑观应

郑观应一生中经历的企业很多，早期是两个外国洋行（宝顺洋行、太古洋行），同时还依照惯例有了自己的企业（揽载行、和生祥茶栈），其间还在传统企业扬州宝记盐务当过总理，后来供职于上海电报局、上海机器织布局、轮船招商局、金州矿务局、开平矿务局、粤汉铁路等洋务企业。他在每个企业（除了三入三出的轮船招商局）待的时间都不长，有一些甚至只是盛宣怀给他车马费的借口，但对每一个企业，他都多少给出了自己的建议，希望能将企业建设好。

---

① 《盛世危言·道器》，见《郑观应集》（上），241 页。
② 《答杨君弼伯、梁君敬若、何君阆樵书》，见《郑观应集》（下），251 页。

关于他的企业管理，研究者多集中于他在轮船招商局的活动，为避免拾人牙慧，编者这里以他在汉阳铁厂的管理为例进行一点简单的说明。

中国近代经济史上赫赫有名的汉阳铁厂其实自 1893 年投产以来亏累甚多，成了一个烫手山芋。最后，张之洞不得不在三年后的 1896 年将其转给盛宣怀承办，而代表盛宣怀出任总办、负责铁厂整顿的就是郑观应。

郑观应此前从无在重工业企业任职的经历，但上任伊始就看出了汉阳铁厂面临的几个核心问题：成本问题，销路问题，人才问题。半年后，他还提出了资金问题。在成本方面，他提出控制成本的核心是铁厂用于炼铁的焦炭成本过高——是外国焦炭价格的三四倍，为此要在萍乡自行炼制焦炭。在销路方面，他请盛宣怀出面控制筹建中的卢（沟桥）汉（口）铁路、粤汉铁路，以求铁轨由汉阳铁厂定造。在人才方面，他认为当时铁厂聘用的洋人不仅品格有问题，而且能力不高，需要重新聘用外国人才，并逐步通过新设的学习机器的书院培养本国的人才。在资金方面，他希望盛宣怀"揽办"银行，以解决这种重工业企业需要的长期巨额资金问题。

单纯从管理的角度看，郑观应的建议都可以被认为是正确的，但作为清政府或者准确说是地方大员投资、控制的洋务企业并不能通过郑观应的实干解决问题，并"扭亏为盈"。郑观应自己也认识到这个问题，甚至担心张之洞对他"加以不测之祸，用泄其忿"。到了 1897 年 3 月就有人在上海日本人办的《苏报》上发文攻击郑观应。这次攻击的后果除了使郑观应身名受累之外，还引起了他和盛宣怀之间的误会。郑观应本人也于 4 个月后的 1897 年 7 月离职，回到上海轮船招商局。

从这段经历，我们可以看到他的有欧美痕迹的企业管理解决方案：成本问题方面，固然控制成本是中国传统企业也会去做的；在销路方面，他显然是想垄断经营；在人才问题上，他想通过职业技术学校（书院）来培养人才，显然不是传统的师徒制；在资金方面，他的办法是当时中国全新的银行投资模式。

四、"商战"——思想史上的郑观应

关于郑观应的思想研究非常多，甚至有学者将其思想划分为经济、爱国、国防、教育、妇女甚至还有日报等十六个方面进行论述。① 编者这里无意于论述这么多方面，除了篇幅和精力的原因，主要还是因为郑观应在思想史中的地位主要还是在于他在经济方面，尤其是他的"商战"理论。他的这种思想不仅在当时引起很大的反响，在近百年之后的20世纪80、90年代还余音袅袅，不断有企业界和思想界的人将其思想重新翻起，甚至是被当做先进思想加以阐述。

在历史学的研究中，我们首先应该把过去曾经发生的事情放到当时的历史情境之下加以判析。郑观应论述"商战"的动机，早在19世纪70年代即已发轫，久处"十里洋场"的他自然亲历了外国商品大量涌入中国市场，也知晓在大规模入超后给本国经济和金融带来的危害，同时也十分清楚清朝政府政策中对商业的种种限制。因此，他的"商战"理论提出要"振兴丝、茶二业"以求获得贸易平衡；要购买西方机器，发展中国的制造业；要在政策层面"裁减厘捐"，提高商人地位，鼓励经商，用海关和关税限制外国商品的进入，鼓励本国商品的出口；要发展采矿业，获得足够的原材料；要实行货币改革，改革当时的实银制的贵金属货币制，实行纸币……

对于郑观应的"商战"思想，时人和后来的研究者都给予了很高的评价。编者也认为郑观应在当时的中国也确实比较先进，但从一个思想家的角度看似乎也有值得重新思考的余地。编者这里想从比较的角度做一点探讨。

众所周知，亚当·斯密以下的经济学流派更多的是讲自由经济学，讲要素的自由流动，讲政府之外的"看不见的手"。但在另一个地方，另一个和中国有一些相似之处，也是作为后发国家的德国，有着与英国不同的经济学流派，他们常常会讲政府在经济中的作用。编者这里就谈谈作为其代表人物的李斯特及其代表作《政治经济学的国民体系》（北京，商务印书馆，1983）与郑观应"商战"思想的比较。②

---

① 参见葛群：《郑观应思想研究文献概述》，载《经济研究导刊》，2012（36）。

② 在德语国家，他们没有威廉·配第那样的政治算术的传统，只有官房学派的传统，也就是说，那些谈论社会经济的学者更多的是从国家财政的角度思考问题。已有学者指出，自18世纪末以来的德国学者，谈论更多的是国家经济学而非国民经济学，而这一点与当时中国的思想家们有诸多相似之处。参见方维规：《"经济"译名钩沉及相关概念之厘正》，载《学术月刊》，2008（6）。这篇文章中还指出，关于李斯特著作译名的错误之处，即将国家体系（das nationale System）误译为国民体系（der Volkswirtschaft），也就是，译名应为《政治经济学的国家体系》。

和郑观应一样，李斯特也讨论发展本国工业，利用海关保护本国工业，认为"限制工业品的输入就可以引起生枯起朽的作用，使国家的大部分天然力量活跃起来"。而李斯特与郑观应不同的是其对农业的认识。他认为国内工业得到广泛发展的基础是高度发展农业，再通过工业的发展提升农业的发展。而在郑观应那里一切都是工商业为主，甚至发展农业都是因其可以提供作为贸易手段的丝、茶甚至是鸦片，至于粮食种植这样的基础农业基本看不到他的论述。他不知道，或者说没有关注到，粮食种植对于整个国民经济体系的重要性。这大概也是郑观应作为一个商人的眼光局限。编者不知道的是，此后很长时间里粮食种植得不到重视是否和郑观应的思想有关。

我们当然不能去苛责一个思想家，因为他本人并没有掌握政权，无法强力推行自己的主张。编者这里只是想说，至少相比于他同时代的西方思想家，他并不先进，而且一些主张是存在很大问题的。

五、关于本书的编写

在导言的最后，编者想交代几个问题，首先是版本的选取，也就是占据本卷最大篇幅的《盛世危言》的版本的选取；其次是其他内容的选取，也就是本卷中关于郑观应道教思想部分、书信部分、游记部分的选取。

1. 关于《盛世危言》的版本

《盛世危言》一书自 1894 年刊印之后，影响很大，一时间不断被翻印，有得到郑观应本人授权的，也有未经授权的。按照夏东元先生的考订，大概有 24 个版本。[①] 费成康先生经考订认为：

> 郑观应最初于 1894 年春天出版了共有正文 56 篇的《盛世危言》五卷本。1895 年初，他出版了将正文增至 57 篇的五卷本。接着，他将增加正文一篇、改编为十二卷的《盛世危言统编》的稿本送给邓华熙奏呈给光绪皇帝。不久，该版本遂由官府出版。1895年秋，郑观应推出由《易言》36 篇本脱胎而来的《盛世危言续

---

① 参见夏东元：《郑观应》，353～357 页。在《附录一〈盛世危言〉版本简介》中，夏东元排列了共计 24 个版本。编者以为 19 世纪 70、80 年代出版的《救时揭要》和《易言》第二版与《盛世危言》之间内容差别较大，且书名页不同，似不应列入；而 1921 年《盛世危言后编》内容则为其书札、企业文章的汇编，也与其他版本差别甚大，因此亦不应计入。

编》。1896 年上半年，他又出版了由 45 篇续写文章编成的《盛世危言补编》。到了 1896 年下半年，他将《统编》与《补编》合在一起，并编入两篇新写的正文，出版了十四卷本的《盛世危言增订新编》。1900 年，通过再次修订，他推出了同名的八卷本。这样的过程，便是《盛世危言》各个版本出版的总脉络。①

《盛世危言》之所以在当时有那么大的名声，除了自身的内容外，与时任江苏布政使邓华熙将其进呈光绪皇帝有很大的关系。邓华熙的上奏时间是在光绪二十一年三月二十六日（1895 年 4 月 20 日），光绪皇帝朱批的时间是光绪二十一年四月十四日（1895 年 5 月 8 日），朱批的内容是："知道了，书留览。"此后这本书被光绪皇帝发给总理衙门，要其印刷 2 000 册，发给大臣们阅读，也就是成为当时的官员必读书目。后来的一些科举考试甚至也出与《盛世危言》相关的题目。一时间，此书成为官员和士大夫、准士大夫的必读书目，影响波及全国。

出于一些考虑（如某些问题已完全为现在的我们所忽略，郑观应的写作难以为我们所理解），本次编者删减了十四卷本八册《盛世危言增订新编》中的附录和一些附言，只保留序跋以及郑观应个人的文字。为便于读者进一步探索，编者在这里列出十四卷本八册《盛世危言增订新编》的目录。如果读者对删去的内容感兴趣，也可以自行查找。

　　邓华熙奏稿
　　《盛世危言》彭序
　　《盛世危言》郑序
　　《盛世危言》陈序
　　《盛世危言》初刊自序
　　《盛世危言增订新编》凡例
　　五洲各国全图
　　《盛世危言》卷一目录　富国
　　道器
　　学校附录《德国学校规制》、《英、法、俄、美、日本学校规制》、王子

----

① 费成康：《〈盛世危言〉版本考》，载《岭南文史》，2002（3）。关于《盛世危言》的版本和出版时间有过很多研究，也有很多不同的说法，除了夏东元之外，武曦也有不同的见解。参见武曦：《〈盛世危言〉的成书、增订及版本》，载《文献》，1980（2）。编者在此以费成康先生的说法为准。

潜广文《去学校积弊以兴人材论》、《英、德、法、俄、美、日六国学校书目》

西学附录《中国宜求格致之学论》、《华人宜通西文说》

考试上附录《法国激励人材说》

（以上第一册）

《盛世危言》卷二目录　富国

考试下附摘录何沃生律师所箸《新政论议》

吏治上

吏治下附截录朱太守疏《海防用人议》

通使

游历附录李提摩太《亲王宜游历各国说》

《盛世危言》卷三目录　富国

商务一

商务二

商务三

商务四

商务五附录英驻沪总领事哲美森箸《英国颁行公司定例》

商船上

商船下附录《同治元年各国议定行船章程》、《各国商船表》

保险

商战上

商战下附录《欧洲商务盈绌总论》、《变通商务论》、《英商公司据印度及亚美利加洲考》

（以上第二册）

《盛世危言》卷四目录　富国

税则附截录钱君《通商综核说略》、《泰西征税论略》

捐纳附录王子潜广文《停捐纳论》

开矿上附录《开平矿事略》

开矿下

技艺

农功

藏书附录《西士论英国伦敦博物院书楼规制》

《盛世危言》卷五目录　开源

议院上

议院下附录《今古泰西诸国设立议院源流》

公举

公法

日报上

（以上第三册）

《盛世危言》卷六目录　开源

日报下

训俗附录《论粤省有三大害》、《序富国探源论》

铁路上

铁路下

电报

邮政上

邮政下附录《泰西邮政考》

《盛世危言》卷七目录　开源

银行上

银行下附录《英国国家总银行考》

铸银附录《药水浸洋钱之害论》

纺织

垦荒

旱潦

赛会

修路

（以上第四册）

《盛世危言》卷八目录　强兵

练将附录薛叔耘星使《选将练兵论》、《英、德设课功局防敌法》、《储将才论》、金眉生《我战则克论》

练兵上附录沈仲礼太守译述德人《借箸筹防论略》

练兵下

民团上

吴广霈跋

杨毓辉跋

《易言》原跋

《盛世危言增订新编》后序

（以上第八册）

编者最后想说的是，郑观应此书的十四卷，其实包含的是富国、开源、强兵、节流四个主题。从这四个主题，我们可以看出，他将阅读对象定位为士大夫和当道者，其实是想通过自己的言论进而影响到政策。当然，他自己也未讳言，在《自序》中他明确说是希望"当世巨公……因时而善用之"。他的这一目的显然部分达到了，在清政府最后十余年的诸多政策中我们多少可以看到《盛世危言》的痕迹。但当革命风潮涌动时，抱"改良主义"的他却已开始落后于时代，随之也成了边缘人。

2. 关于郑观应的道教思想

如前文所述，郑观应没有如很多当时的买办那样去加入基督教或天主教以作为"护身符"，他有自己的信仰，即道教信仰，虽然他同样遵奉儒家的伦理，还试图使儒、释、道三教合一。这一点，研究者却极少加以关注并予以阐述。这背后似乎也可以折射出在那个积贫积弱的时代，部分中国人在用本土的信仰来抵抗西方的宗教压力。编者自己对宗教缺乏研究，在这里特意选录郑观应的道教函札，也是希望能从郑观应这里为那个时代的宗教研究开启一扇小小的窗户，以引起研究者们的注意。与此同时，编者也认为，正是从这些关于道教的来往函件中我们可以看到郑观应思想和行为的内心深处：例如他要积累功德，所以在日常生活中乐于帮助他人，"力行善事"[①]；例如因为自幼体弱，他一直坚持养生——虽然他的方法在现代医学看来似乎可笑。

为了不致喧宾夺主，也为了不使得本卷篇幅过大，编者这里仅仅选录七篇文献。这些文献显然不能完全代表他的道教思想，只是希望开启看待郑观应的另一扇窗户。

3. 关于《长江日记》

郑观应没有留下像一些清代理学家那样严格记录自己言行的日记，这为后世的研究者留下了很大的遗憾。但他留下了五部考察日记，即光

---

① 郑观应：《致张静生道友书》。已收入本卷。

绪十年（1884年），奉彭玉麟之令前往东南亚而写成的《南游日记》；光绪十九年（1893年），作为轮船招商局帮办而稽查该局长江各分局留下的《长江日记》；同年，丁忧时游历沿海各埠写成的《海上日记》；光绪二十二年（1896年），去梧州了解水路情况，考察西江沿岸进出口情况的《赴梧日记》；宣统三年（1911年），作为轮船招商局稽查会办考察各口岸的《西行日记》。其中《南游日记》、《西行日记》和《海上日记》均已在相关文献中刊发，前两者还收录于夏东元编的《郑观应集》，后者作为夏东元《郑观应传》的附录二也已出版。

2010年上海图书馆和澳门博物馆合编了《长江日记》，并由上海古籍出版社出版。此书在影印的基础了对日记进行了点校、注释。但就编者所见，错字和标点不确之处还存在，而且系用竖排、繁体字，对于内地读者来说有一定的阅读困难。因此，编者对日记重新进行了点校。

就其价值来说，《长江日记》是不多见的详细记述三峡水道当时交通情况的文献，而且作者也记录了当时两岸的社会、经济情况。时至今日，作者笔下的三峡风景已成绝唱，他的日记多少能给我们带来一点幽思，一点回味。编者也希望，作者的文笔也能带给读者一种阅读的愉悦。

需要说明的是：

1. 原文有明显错误者，若是单字或词语则直接在原文中相应字词后，用 ⬚ 内之字改正；明显脱字，以 〈 〉内之字补充之。若需要篇幅较长加以说明者做页下注说明。

2.《盛世危言》原文中各篇后有低两格抬头的附言，为表示区别，本书中改为仿宋字体，后退两格编排。

盛世危言

邓华熙奏稿

头品顶戴江苏布政使司布政使臣邓华熙跪奏为时事艰难，亟宜补救，谨陈管见，敬录书籍进呈，吁恳乾断施行，建新猷以维积弱，恭折仰祈圣鉴事。

窃以求明医以愈疾，必无良药苦口之嫌；际穷久而思通，贵有易辙改弦之举。古来制治保邦，未有不因时制宜而能成长治久安之盛业者。溯自洋务肇兴，我朝廷宵旰忧劳，孜孜求治数十年，内外臣工讵无志虑忠纯、思深谋远？几经筹画以图自强，而国势迄未能张，外侮迄未能御，岂财力之真有未逮哉？毋亦封于故步而兴创鲜同心，昧于时宜而胶执多自误也。自海禁开而外夷麇集中华，目睹彼族之炮利船坚，所向无敌，何尝不规规仿效振作于前？是以建船坞，筑炮台，购铁甲之船，设制造之厂，所耗帑项何止数千万。然而马江之役，兵船灰烬，藩服终属于他人。今以倭奴蕞尔小邦，步武西法仅十余年，竟借无端之衅，强据我属国，虔刘我边陲，攻夺我海军，侵及辽疆，所至披靡。以堂堂中土，竟示弱于三岛之区。此天下臣民所为疾首痛心而不胜其太息愤懑者：谓是由当事者之机宜坐失，固属人所共知。臣愚以为非仅一时一事之贻害，其所以召侮而致祸者由来渐矣！

夫泰西立国具有本末：广学校以造人材，设议院以联众志，而又经营商务以足国用，讲求游历以知外情。力果心精，实事求是。夫然后恃其船械，攸往咸宜。今中华不揣其本而末是求：无学校之真，则学非所用，用非所学；无议院之设，则上下之情隔，粉饰之弊多。他如商务、技艺、教养、武备诸大端，彼所有者我所无，彼所长者我所短。习焉不察，遂至因循。际此势绌情见之秋，自无不思亡羊补牢之计。而臣犹有鳃鳃过虑者：诚恐习俗拘迁未化，或以用夷变夏为言。凡事畏难苟安，复蹈浅尝辄止之失，不思倭与我本同文之国，彼以能自得师而效著，我何难幡然变计以维新。

臣阅候选道郑观应所辑箸《盛世危言》一书，于中西利弊透辟无遗，皆可施诸实事。前兵部尚书彭玉麟称为时务切要之言。查该员游历诸邦，留意考究，其坚心刻苦，诚为可用之才，自以外患方殷，出其书以就正。臣见其语皆征实，说集众长，间有戆直之辞，莫非肫诚所发。至于推行次第，何后何先，在斟酌于当几，斯变通之尽利。谨钞录原书，恭呈睿览。当此君父焦劳图治，固食毛践土所欲效忠，伏惟圣人俯察迩言，虽葑菲刍荛，胥能上达，谨陈管见，并录原书一函五册，随折恭进。伏乞皇上圣鉴训示。谨奏。

奉朱批："知道了，书留览。钦此。"

《盛世危言》彭序

  《盛世危言》一书，香山郑陶斋观察所箸也。陶斋原名官应，少倜傥有奇志，尚气节。庚申之变，目击时艰，遂弃举业，学西人语言文字，隐于商，日与西人游，足迹半天下。考究各国政治得失利病，凡有关于安内攘外之说者，随手笔录，积年累月，成若干篇，皆时务切要之言。语云"识时务者为俊杰"，反是则为俗吏迂儒。当今日之时势，强邻日逼，俨成战国之局，虽孔、孟复生，亦不能不因时而变矣。

  尝读《春秋》，知当时君相无不周知各国山川险要、风俗民情、君臣贤否，日求富强之策，不以资格限人，似无异于今日泰西各国。我朝怀柔远人，海禁大开，亦当知某国何以兴，某国何以衰。知己知彼，洞见本原，方有著手之处，岂徒尚皮毛、购船炮而已乎？余赋性木讷，不谙洋务，今阅是书，所说中西利病情形了如指掌。其忠义之气，溢于行间字里，实获我心。故缀数语，亟劝其刊行问世，以期与海内诸公采择而力行之。将见孔、孟之道风行海外，莫不尊亲；彼族之器我能制造，日新月异。自然国富兵强，四夷宾服。奚不可以是书为左券也哉？

  甲申冬日衡阳彭玉麟序于海南军次。

《盛世危言》郑序

尝读史盱衡千古，穷究得失盛衰之故。方其厝火未燃，履霜始至，未尝无人焉。识微于未著，见机于将蒙，不惮大声疾呼，痛哭流涕而言之。乃旁观辄病其狂瞽，以为忧盛危明之太过。洎乎朕兆既见，补救无从，则始叹惜为前知之言，未能见用，亦复何及。此吾宗陶斋观察《盛世危言》所由作也。

陶斋于余，谊同宗，生同里闬。幼读书，知大义，恒以帖括为耻，乃弃去学陶朱术。比同客淞滨，昕夕过从，结为道义交，约以有过相规，有善相辅，沆瀣诚相得也。陶斋乃出其枕秘数册，就正于余。阅之，皆纵论中外情势，商榷古今利弊，旁搜远绍，网罗无遗，有当世贤豪欲言而不知所以言，循谨巽柔之辈知言而不敢尽其所以言者。真所谓大言炎炎，小儒见而咋舌者也。余时适奉调权津关榷政，旋被出使美、日、秘三国之命，草草劳人，久无以报。既瓜代移疾归，养疴田间，人事稍暇，乃出其书悉心正订，间亦参以鄙见。陶斋颇折衷相许。阅既竟，乃璧还原本，并劝其早付手民，出以问世。

夫盛衰倚伏之机，即天人相通之故。懦夫俗士往往蒙昧其本原，相与粉饰而委顺之，乃无由收人定胜天之功效，皆坐其不能见机于早也。惟然，而陶斋之书之切直，洞中夫时局之隐微，斯不啻李将军射虎之矢，靡坚不摧。若采而见诸施行，则女娲氏补天之石不是过也。方今运会中兴，圣明在上，镜外以治中，准今而合古，必能容长沙之忠直，采治安之谠论。若能由此书引绪而伸之，触类而长之，人事既工，天心弥眷，安见此日忧危之语，非即后日喜起之先声？则此书实太平之嚆矢，抑亦盛世所亟宜上闻者也。余故乐为之序，而推衍其箸书之旨，以广当世士夫之意云。

光绪纪元壬辰八月中秋节同宗兄郑藻如玉轩甫识。

《盛世危言》陈序

香山郑陶斋观察箸《危言》五卷，吴瀚涛大令以际余。读既竟，爰缀言于简端曰：西人之通中国也，天为之也，天与中国以复古之机，维新之治，大一统之端倪也。识微见远之君子，观于火器、轮舟、电报、铁路四事而知之矣。

自黄帝以来至于秦，封建之天下一变为郡县之天下，相距约二千余年。王迹熄而孔子生，祖龙死而罗马出。故三代以上之为治也，家塾、党庠、学校遍天下，惟恐其民之不智，而始皇愚之；通商惠工，沟洫遍天下，惟恐其民之不富，而始皇贫之；建鼓设铎，惟恐下情之不通，而始皇窒之；遗艰投大，惟恐君威之过侈，而始皇怙之。民气本强也而弱之，民情本安也而危之。盖自焚书坑儒而后，古圣王之遗制荡然无存，不有孔氏之书，则万世之人心几乎息矣。《书》曰："天佑下民，作之君，作之师。"黄帝作之君者也，孔子作之师者也。顾形而上者谓之道，形而下者谓之器。空文垂训，道可传而器不可传，古先王制作之精深，器存而道亦寓焉。洎古籍放失，黔首颛蒙，作者何师？圣人弗起，我中国之君民因陋就简。溯秦并天下以迄于今，盖亦二千有余岁矣。虽然，圣人之心天之心也，圣人之道天之道也，圣人之器亦天之器也。天地之生久矣，一治一乱，乱极于七国之季，而承之以秦，天亦若无如何者。既生孔子以正人心，达天道矣，维道之中有器焉，不可使之散佚而无所守也。秦政酷烈薰烁，中国无所可容，彼罗马列国之君民，乃起而承其乏焉，其声明文物之所启，亦自东而之西。有器以范之，故无一艺之不精；无道以维之，故无百年而不乱。分余闰位，迄今亦二千余年，将以还之中国也。

然道远则不能自通，力弱则无以自振，天因其人之深思好学，益假手于彼，以大显宜民利用之神功。轮舟以行水也，铁路以行陆也，电报以速邮传，火器以抗威棱，而后风发雾萃，七万里如户庭。中国乃闭关绝市而不能，习故安常而不可。是故矿产、化学，廾人之职也；机轮制造，考工之书也；几何、天算，太史之官也；方药刀圭，灵台之掌也；倚商立国，《洪范》八政之遗也；籍民为兵，《管子》连乡之制也。议员得庶人在官之意，而民隐悉闻；书院有书升论秀之风，而人才辈出。罪人罚锾，实始《吕刑》；公法睦邻，犹秉《周礼》。气球、炮垒，即输攻墨守之成规；和约、使臣，乃历聘会盟之已事。用人则乡举而里选，理财则为疾而用舒，巡捕皆警夜之鸡人，水师亦横江之练甲。宫室宏侈，如瞻夏屋之遗；涂径平夷，克举虞人之职。所微异者，银行以兴商务，赋税不取农民，斯由列国属土之多，道里相距之远，因时而制变者也，无足异也。至于传教之师，用夏变夷之嚆矢；民主之制，犯上作乱之滥觞。他日我孔子之教，将大行于西，而西人之所以终底灭亡者，端兆于此。此外，良法美意，无一非古制之转徙迁流而仅存于西域者。故尊中国而薄外夷，可也；尊中国之今人而薄中国之古人，不可也。以西法为西法，辞而辟之，可也；知西法固中国之古法，鄙而弃之，不可也。执人而语之曰：尔秦人也，所行秦法也。无不怫然怒。语人曰：尔古人也，所行者古之道也。无不色然喜。今日日思复古，而于古意之尚存于西者，转深闭固拒，畏而恶之。譬家有明月之珠，遗之道路，拾而得之者，不私不秘，举而归诸我，我乃按剑疾视，拒之而不受也，智乎？不智乎？方今万国通商五十余载，见闻日广，光〔风〕气大开，顺天者存，逆天者亡，天与不取，反受其咎。此其意贤者知之矣，不肖者不知也；少壮者知之矣，衰老者不知也；瞻言百里者知之矣，局守一隅者不知也。我恶西人，我思古道，礼失求野，择善而从，以渐复我虞、夏、商、周之盛轨。揆情审势，旦暮之间耳。故曰：西人之通中国也，天为之也，天与我以复古之机，维新之治，大一统之端倪也。

曩拟作《庸书》内、外篇，博考旁征，发明此义，簿书鲜暇，卒卒未果。陶斋观察资兼人之禀，负经世之才，综贯中西，权量今古，所箸《盛世危言》淹雅翔实，先得我心。世有此书，而余亦可以无作矣。乃今圣明在上，宏揽群才。异日假以斧柯，扬历中外，坐而言者起而行，闭户造车，出门合辙，方之古人，抑何多让？第其间有本末先后之序焉，如良医之治疾，大匠之程材，所为条理井然，铢两悉称，积习丕变，而民听不疑者当别有在。愿与观察大令沈几审变，及天下有心人共证之尔。

癸巳七月瑞金陈炽叙。

《盛世危言》初刊自序

《中庸》曰："君子而时中。"孟子曰："孔子，圣之时者也。"时之义大矣哉！《易》："穷则变，变则通，通则久。"虽有智慧，不如乘势；虽有镃基，不如待时。故中也者，圣人之所以法天象地，成始而成终也；时也者，圣人之所以赞地参天，不遗而不过也。中，体也，所谓不易者，圣之经也。时中，用也，所谓变易者，圣之权也。无体何以立？无用何以行？无经何以安常？无权何以应变？

六十年来，万国通商，中外汲汲。然言维新，言守旧，言洋务，言海防，或是古而非今，或逐末而亡本，求其洞见本原、深明大略者，有几人哉？孙子曰："知己知彼，百战百胜。"此言虽小，可以喻大。应虽不敏，幼猎书史，长业贸迁，愤彼族之要求，惜中朝之失策。于是学西文，涉重洋，日与彼都人士交接，察其习尚，访其政教，考其风俗、利病、得失、盛衰之由。乃知其治乱之源，富强之本，不尽在船坚炮利，而在议院上下同心，教养得法。兴学校，广书院，重技艺，别考课，使人尽其才；讲农学，利水道，化瘠土为良田，使地尽其利；造铁路，设电线，薄税敛，保商务，使物畅其流。凡司其事者，必素精其事：为文官者必出自仕学院，为武官者必出自武学堂；有升迁而无更调，各擅所长，名副其实。与我国取士之法不同。善夫！张靖达公云："西人立国具有本末，虽礼乐教化远逊中华，然其驯致富强亦具有体用。育才于学堂，论政于议院，君民一体，上下同心，务实而戒虚，谋定而后动，此其体也。轮船、火炮，洋枪、水雷，铁路、电线，此其用也。中国遗其体而求其用，无论竭蹶步趋，常不相及。就令铁舰成行，铁路四达，果足恃欤？"然我国深仁厚泽，初定制度尽善尽美，不知今日海禁大开，势同列国，风气一变，以至于此。《易》曰："先天而天弗违，后天而奉天时。""知进退存亡而不失其正者，其惟圣人乎？"年来，当道讲求洋务，亦尝造枪炮，设电线，建铁路，开矿、织布以起而应之矣。惟所用机器，所聘工师，皆来自外洋，上下因循，不知通变。德相卑士麦谓我国只知选购船炮，不重艺学，不兴商务，尚未知富强之本。非虚言也。彼西人之久居于中国者，亦曾著《局外旁观》、《变法自强》、《中西关系论略》、《中美关系续论》、《四大政》、《七国新学备要》、《自西徂东》等书。日本人论中外交涉，更有《隔靴搔痒论》十三篇。事杂言庞，莫甚于兹矣。

夫寰海既同，重译四至，缔构交错，日引月长，欲事无杂，不可得也；异族狎居，尊闻狃习，彼责此固，我笑子胶，欲言无庞，不可得也。虽然，众非之中必有一是焉，江海不以大涵而拒细流，泰、华不以穿高而辞块壤。今使天下之大，万民之众，凡有心者各竭其知，凡有口者各腾其说，以待辀轩之采。不必究其言出谁何，而第问其有益乎时务与否，应亦盛世所弗禁也。

蒙向与中外达人、哲士游，每于耳醺酒热之余，侧闻绪论，多关安危大计，且时阅中外日报所论安内攘外之道，有触于怀，随笔剳记。历年既久，积若干篇，犹虑择焉不精，语焉未详，待质高明以定去取。而朋好见辄持去，猥付报馆及《中西闻见录》中。曾将全作邮寄香港就正王子潜广文，不料竟为付梓，旋闻朝鲜、日本亦经重刊。窃惧丑不自匿，僭且招尤，复倩沈毅人太史、谢绥之直刺，将原稿三十六篇删并二十篇，仍其名曰《易言》，改"杞忧生"为"慕雍山人"，意期再见雍、熙之世。迄今十有九年，时势又变：屏藩尽撤，强邻日逼，西藏、朝鲜危同累卵。而我国工艺之精，商务之盛，瞠乎后于日本，感激时事，耿耿不能下脐。自顾年老才庸，粗知易理，亦急拟独善潜修，韬光养晦，爰检旧箧，将先后所论洋务五十七篇，请家玉轩京卿、陈次亮部郎、吴瀚涛大令、杨然青茂才，先后参定，付诸手民，定名曰《盛世危言》。

自知愤激之词，不免狂戆僭越之罪。且管窥蠡测，亦难免举长略短，蹈舍己芸人之讥。惟圣明在上，广开言路，登贤进良，直言无隐。窃愿比诸敢谏之木，进善之旌，俾人人洞达外情，事事讲求利病。如蒙当世巨公，曲谅杞人忧天之愚，正其偏弊，因时而善用之，行睹积习渐去，风化大开，华夏有磐石之安，国祚衍无疆之庆，安见空言者不可见诸行事，而牛溲马勃，毋亦医国者所畜为良药也欤？

光绪十八年岁次壬辰暮春之初，香山郑观应自序于五羊城居易山房。

《盛世危言增订新编》凡例

一、书中专纪时务。凡中西利病情形，或得自阅历中来，或闻自中外友朋，或辑自近人论说，随手笔录，不暇修琢词句，故文气未能一律。惟求有益于国计民生，无论士农工商之言，悉为胪取编入，以备当道采择施行。彼西人笑我士大夫不识时务，凡创办一事属新法者，虽有利于国，往往阻于泥古之士似是而非之说，务虚名而不求实效。际此时会，旁观者已窥其隐，而当局抑何懵懵也！伏念圣朝深仁厚泽，我皇太后、皇上轸念民艰，宵旰不忘，且待大臣之宽，施远人之厚，为亘古所未有。当此危疑震撼之时，杞忧忠愤两不能禁，是以卅余年来，不惮心力交瘁，不顾忌讳，知无不言，言无不尽，欲使天下人于中外情形了如指掌，勿为外人所侮耳。

一、古今崇论闳议，如煌煌经史，列朝名人奏议及近人经世文编，皆高文典册，治国良谟，奚俟鄙人饶舌。惟今昔殊形，远近异辙，海禁大开，梯航毕集，乃数千年未有之变局。我君相同德，上下一心，亟宜善承其变而通之，仿泰西，复三代之法，广开民智，以御外侮。去秦以下弱民之政，勿羁縻英雄以愚黔首。昔时办理交涉者，畏葸与激烈两失之，是以动辄得咎，渐至为所挟制，利权日失，莫可挽回。兹不揣谫陋，将中西利病情形，博采群言，掇拾成书。窃附古人谤木善旌之义，犹恐挂一漏万，尚冀有心世道之君子有以正之，幸甚！

一、是书随时增删，就正有道，分赠同志，以资磨励，本不欲出以问世。溯自同治元年，承江苏善士余莲村先生改正，即付手民，名曰《救时揭要》。先传至日本，即行翻刻。同治十年，又将续集分上、下本，名曰《易言》，寄请香港印务局王子潜广文参校，不期亦付手民，风行日、韩。光绪元年遂倩沈毅人太史、谢绥之直刺删定，亦名《易言》，印数百部，为赠诸友。光绪十九年续集尤多。迭请家玉轩京卿、陈次亮部郎、吴瀚涛大令、杨然青茂才同为参订，改名《盛世危言》。今中、日战后，时势变迁，大局愈危，中西之利弊昭然若揭。距作书仅年余耳，而事已迥异，故未言者再尽言之，已数易其稿。请王子潜广文、吴瀚涛大令及深通时务者同心参订。以期草野咸知，及时兴起，免成风痹不治之证。或有见是说者乃比之贾长沙、陈同甫痛哭陈词，则吾岂敢。

一、是书遇事直言，动触忌讳，虽为忠愤所激，究属僭越狂戆，难免获罪当道，是以犹豫，未即付刊。不期孙尚书、邓方伯虚怀若谷，虽小善亦必率录，遂蒙进呈御览。旋奉上谕饬译署刷印，分散臣工阅看。仰见皇上圣神英武，察及迩言。伏冀庶司百职，上体天心，下恤舆情，变法自强，百废具举。除积习，戒因循，黜浮文，崇实学，大改上下蒙蔽泄沓之风。不限资格，因材器使，发愤为雄。则一得之刍荛，未始无裨于郅治之隆规也。

一、原刊目录：《道器》、《学校》、《西学》、《考试》、《议院》、《日报》、《吏治》、《教养》、《游历》、《廉俸》、《通使》、《训俗》、《善举》、《藏书》、《公法》、《交涉》、《书吏》、《狱囚》、《女教》、《医道》、《税则》、《商务》、《商战》、《技艺》、《纺织》、《农功》、《垦荒》、《旱潦》、《治河》、《赛会》、《铁路》、《电报》、《邮政》、《银行》、《开矿》、《铸银》、《禁烟》、《传教》、《贩奴》、《国债》、《建都》、《防海》、《防边》、《练兵》、《民团》、《水师》、《船政》、《火器》、《弭兵》，上、下篇，共计五十七篇。并附录未尽之词及中外通人明体达用、因时制宜、援古酌今、有益世道之文，共三十篇。两共八十七篇。今因时势迁变，复略为增订，推广其意。或问书中皆言时务，何以首列《道器》？余曰：道为本，器为末，器可变，道不可变，庶知所变者富强之权术，非孔孟之常经也。

一、续刊目录：《商务》二、三、四、五篇，《商船》上、下篇，《保险》，《商战》下篇，《捐纳》，《议院》下篇，《公举》，《日报》下篇，《铁路》下篇，《修路》，《练将》，《练兵》下篇，《民团》下篇，《海防》下篇，《边防》四、五、六、七、八篇，《江防》，《间谍》，《巡捕》，《典礼》上、下篇，《刑法》，《条约》，《交涉》下篇，《入籍》，《停漕》，《厘捐》，《盐务》，《旗籍》，《卫屯》，《驿站》，《限仕》，《汰冗》，《革弊》，《度支》，《僧道》，《工盗〔盗工〕》，共计四十三篇，并附录未尽之词及中外通人救时之文，两共百十三篇。统计二百篇。类分富国、强兵、开源、节源四大端，共十四卷，装成八本。虽文词浅陋，不足为引经据典之言，而各国政治大要，不外是矣。若求其祥，则有洋务中翻译之专书在。

《盛世危言》卷一　富国

道　器

《易·系辞》曰："形而上者谓之道，形而下者谓之器。"盖道自虚无，始生一气，凝成太极。太极判而阴阳分，天包地外，地处天中。阴中有阳，阳中有阴，所谓一阴一阳之谓道者是也。由是二生三，三生万物，宇宙间名物理气，无不罗括而包举。是故一者奇数也，二者偶数也，奇偶相乘，参伍错综，阴阳全而万物备矣。

故物由气生，即器由道出。老子云："无名，天地之始；有名，万物之母。"无名者，喜怒哀乐之未发，谓之中也；有名者，发而皆中节，谓之和也。《大学》云："物有本末，事有终始。知所先后，则近道矣。"既曰物有本末，岂不以道为之本，器为之末乎？又曰："事有终始。"岂不以道开其始，而器成其终乎？孔子曰："君子谋道不谋食，忧道不忧贫。"又曰："君子不器。"良以握原者可以制化，大受者不可小知。昔轩辕访道于广成，孔子问礼于老氏，虞廷十六字之心传，圣门一贯之秘旨，自天子以至于庶人，壹是皆以修身为本。盖人受天地之中以生，天地有中，人亦同具。秦、汉以降，三教分途，均不识中为何说。《大学》云："止至善。"止此中也。《中庸》云："得一善则拳拳服膺。"服此中也。《易·系辞》云："成性存存，道义之门。"存此中也。致中和，天地位焉，万物育焉。此中国自伏羲、神农、黄帝、尧、舜、禹、汤、文、武以来，列圣相传之大道，而孔子述之以教天下万世者也。

西人不知大道，囿于一偏。原耶稣传教之初心，亦何尝非因俗利导，劝人为善。惜其精义不传，二三生徒妄以私心附会，著书立说，托名耶稣，剿袭佛老之肤言，旁参番回之杂教，敷陈天堂地狱之枝辞，俚鄙固无足论，而又创设无鬼神之说。夫既无鬼神，则天堂地狱又复为谁而设？矧别派分歧，自相矛盾，支离穿凿，聚讼至今，迄莫能折衷一是。究其流弊，皆好事者为之，有识者断弗为所炫惑也。夫道弥纶宇宙，涵盖古今，成人成物，生天生地，岂后天形器之学所可等量而观。然《易》独以形上形下发明之者，非举小不足以见大，非践迹不足以穷神。自《大学》亡《格致》一篇，《周礼》阙《冬官》一册，古人名物象数之学，流徙而入于泰西，其工艺之精，遂远非中国所及。盖我务其本，彼逐其末；我晰其精，彼得其粗。我穷事物之理，彼研万物之质。秦、汉以还，中原板荡，文物无存，学人莫窥制作之原，循空文而高谈性理。于是我堕落于虚，彼征诸实。不知虚中有实，实者道也；实中有虚，虚者器也。合之则本末兼赅，分之乃放卷无具。

昔我夫子不尝曰"由博返约"乎？夫"博"者何？西人之所骛格致诸门，如一切汽学、光学、化学、数学、重学、天学、地学、电学，而皆不能无所依据，器者是也。"约"者何？一语已足以包性命之原，而通天人之故，道者是也。今西人由外而归中，正所谓由博返约，五方俱入中土，斯即同轨、同文、同伦之见端也。由是本末具，虚实备，理与数合，物与理融，屈计数百年后，其分歧之教必浸衰，而折入于孔孟之正趋；象数之学必研精，而潜通乎性命之枢纽，直可操券而卜之矣。《新序》曰："强必以霸服，霸必以王服。"今西人所用皆霸术之绪余耳。恭维我皇上天亶聪明，宅中驭外，守尧、舜、文、武之法，绍危微精一之传，宪章王道，抚辑列邦，总揽政教之权衡，博采泰西之技艺。诚使设大、小学馆以育英才，开上、下议院以集众益，精理商务，藉植富国之本；简练水陆，用伐强敌之谋。建皇极于黄、农、虞、夏，责臣工以稷、契、皋、夔。由强企霸，由霸图王，四海归仁，万物得所，于以拓车书、大一统之宏规而无难矣。猗欤休哉！拭目而俟之已。

学　校

学校者，造就人才之地，治天下之大本也。古者家有塾，党有庠，州有序，国有学，比年入学，中年考校。一年视离经辨志，三年视敬业乐群，五年视博习亲师，七年视论学取友，谓之小成。九年知类通达，强立而不反，谓之大成。故其时博学者多，成材者众也。比及后世，学校之制废，人各延师以课其子弟。穷民之无力者荒嬉颓废，莫辨之无，竟罔知天地古今为何物，而蔑伦悖理之事，时见于通都大邑。此皆学校不讲之故也。先王之意，必使治天下之学皆出于学校，而后所设学校非虚，其法始备，此学所以为养士之要，而上古人才所以出于学校者独盛也。自后簿书、典例、钱谷、讼狱，一切委之俗吏，而六艺之学亦渐废而不讲。遂以学校为无当缓急，而其所谓学校者，科举嚣争，薰心富贵。上以势利诱之，下亦以势利应之。学校废而书院兴，书院之设原所以集士子而课以艺学，使之明习当世之务，而为国家之用。今日虽有书院，而士子依然散居里巷，绝少肄业其中；间或有之，亦无程范，听其来去自由。虽有山长，不过操衡文甲乙之权，而无师表训导之责。届试期则聚士子而课以文，尽一日之长。所作不过尘羹土饭，陈陈相因之语，于国家利病，政治得失，未尝一及。而天文、格致、历算等学，则又绝口不谈。其有讲实学，严课程，以文章砥砺，务为有用之学者，千不得一二。由是言之，书院之设，本所以育才，而适所以锢才，虽多亦奚以为哉！

今泰西各国犹有古风，礼失而求诸野，其信然欤！迹其学校规制，大略相同，而德国尤为明备。学之大小各有次第。乡塾散置民间，为贫家子弟而设，由地方官集赀经理。无论贵贱男女，自五岁后皆须入学，不入学者罪其父母。即下至聋、瞽、喑、哑、残疾之人，亦莫不有学，使习一艺以自养其天刑之躯。立学之法可谓无微不至矣。初训以幼学，间附数学入门、本国地理等书。生徒百数以内者一师训之，百数以外至千数则分数班。每班必有一师。此班学满乃迁彼班，依次递升，不容躐等。察其贫者免出脩脯，稍赡者半之。郡院学者之脩脯，每月费一钱至半元而止。院中生徒亦分数班。班有专师，有专教算学之师，有专教格物之师，有专教重学、理学、史鉴、舆地、绘画、各国语言文字之师。期满考列上等，则各就其艺能，或入实学院，或入技艺院。其实学分上、下两院，皆以实学为主，约分十三班：初入院在末班，每班留学一年，阅十三年遍历诸班，方能出院。上院考出，入太学院，免三年军籍。下院虽列首班，仍充军籍，三年可入技艺等院。太学之掌教，必名望出众、才识兼优者，方膺此任。院中书籍、图画、仪器无一不备。

一经学，二法学，三智学，四医学。经学者，教中之学。即耶稣、天主之类。法学者，考古今政事利弊异同及奉使外国、修辞通商、有关国例之事。智学者，格物、性理、文字语言之类。医学者，统核全身内外诸部位、经络表里功用、病源、制配药品、胎产接生诸法。技艺院者，汽机、电报、采矿、陶冶、制炼、织造等事。格物院与技艺院略同。大抵多原于数学，数学则以几何原本为宗。其次力学。力学者，考究各物之力量。化学考核金石、植物、胎卵、湿化各物化生之理。其次为天学、测步、五星、七政之交会伏留。其次为航海之学，必娴于地理、测量、驾驶者，方能知船行何度，水性何宜，台飓、沙礁若何趋避。武学院课与实学院同，但多武艺、兵法、御马诸务。通商院则以数学、银学、文字三者为宗，其于各国方言土产、水路路程、税则合约，以及钱币银单、条规则例、公司保险各事，无不传习。农政院、丹青院、律乐院、师道院、宣道院、女学院、训瞽院、训聋暗院、训孤子院、训罪童院、养废疾院，更有文会、夜学、印书会、新闻馆。别有大书院九处，书籍甚富，听人观览借钞，但不能携之出院。每岁发国帑以赡生徒。其教法之详，教思之广如此。

大抵泰西各国教育人才之道计有三事：曰学校，曰新闻报馆，曰书籍馆。而学校又有三等：一初学以七岁至十五岁为度，求粗通文算，浅略地球史志为准，聪颖者可兼学他国语言文字；中学以十五岁至二十一岁为度，穷究各学，分门别类，无一不赅；上学以二十一岁、二十六岁上下为度，至此则精益求精，每有由故得新，自创一事，为绝无仅有者。

夫欲制胜于人，必尽知其成法而后能变通，而后能克敌。彼萃数十国人材，穷数百年智力，掷亿万兆赀财而后得之，勒为成书，公诸人而不私诸己，广其学而不秘其传者，何也？彼实窃我中国古圣之绪余，精益求精，以还之中国。虽欲自私自秘焉，而天有所不许也。后之视今，亦犹今之视昔。彼泥古不化，诋为异学，甘守固陋以受制于人者，皆未之思耳。今中国既设同文、方言各馆，水师、武备各堂，历有年所，而诸学尚未深通，制造率仗西匠，未闻有别出心裁创一奇器者，技艺未专，而授受之道未得也。尚冀深通中西文字兼精一艺者，将西国有用之书，条分缕析，译出华文，颁行天下各书院，俾人人得而学之？译书者不但深通中西文字，尤必于所译一门，精求博考，言之方能透达。若非融会其理，必至语多费解，仅称述皮毛而已。以中国幅员之广，人材之众，竭其聪明才力，何难驾西人而上之哉！

西 学

今之命为清流，自居正人者，动以不谈洋务为高，见有讲求西学者，则斥之曰名教罪人，士林败类。噫！今日之缅甸、越南，其高人亦岂少哉！其贤者蹈海而沉湘〔渊〕，不贤者靦颜而苟活耳。沟渎之谅，于天时人事何裨乎？且今日之洋务，犹时务也，欲救时弊，自当对证以发药。譬诸君父有危疾，为忠臣孝子者，将百计求医而学医乎？抑痛诋医之不可恃，不求不学，誓以身殉，而坐视其死亡乎？然则西学之当讲不当讲，亦可不烦言而解矣。

古曰："通天地人之谓儒。"又曰："一物不知，儒者所耻。"今彼之所谓天学者，以天文为纲，而一切算法、历法、电学、光学诸艺，皆由天学以推至其极者也。所谓地学者，以地舆为纲，而一切测量、经纬、种植、车舟、兵阵诸艺，皆由地学以推至其极者也。中国独京师有天文台，讲求者甚少。查西国无县不有天文台、地理会，讲求者甚多。日本亦有天文台二十处，地理会设已多年。法国之地理会岁铸金牌数枚，以赠各国测地之士。英京伦敦旧有地理会，纵论古今沿革，探讨舆地源流，入是会者，尤多学问渊博之士。近复辟会聚议，遣人分往各部，探地者刻已陆续回英。其赴亚非利加者共有一百五十人，以栗昧斯敦为首，自西历一千八百七十八年十二月十四日由伦敦起程，南往亚非利加。其领袖者道卒，有一弱冠少年起而代领，相率前进，至罢倍凹地方访寻金、银各矿，知前人传述不尽可信，而所过之处亦有前人所未至者，均笔之于书。泰西考核地理，不惮缒幽凿险，以资印证，宜其精辟罕俦也。亚墨利加洲之中境，近闻新立一格致会，其领袖者名夏而纳，素精舆地之学，足迹所涉，遍跨数洲。其经费半由该处某富商捐助，半由法国公家核给。乃选人四出探察物产，详别道里，如其物能自取携者，则挈以归；否则，画图贴说，储诸夹袋，亦足以资考订，而勒之成书。章程极为尽善。我国亦当仿而行之，以资多识。所谓人学者，以方言、文字为纲，而一切政教、刑法、食货、制造、商贾、工技诸艺，皆由人学以推至其极者也，并有益于国计民生，非奇技淫巧之谓也。此外，有剽窃皮毛、好名嗜利者，则震惊他人之强盛，而推崇过当，但供谈剧，亦实不能知其强盛之所以然，此则无本之学也。

夫所贵乎通儒者，博古通今，审时度势。不薄待他人，亦不至震骇异族；不务匿己长，亦不敢回护己短。而后能建非常之业，为非常之人。中外通商已数十载，事机迭出，肆应乏才，不于今日急求忠智之士，使之练达西国制造、文字、朝章、政令、风化，将何以维大局制强邻乎？且天下之事业、文章、学问、术艺，未有不积小以成高大，由浅近而臻深远者，所谓合抱之木生于毫末，九层之台起于垒土，千里之行始于足下是也。西人谓华人所学西法，皆浅尝辄止，有名无实。盖总其事者，不精其学，未识师授优劣，课艺高下，往往为人蒙蔽，所以学生所习每况愈下，历日虽久仍不如人。西报云：日本幼孩已得教训，与泰西不甚相悬。其教习之法，仿照英国北省章程：男女皆分塾督教，穷究诸学，博考各国疆域甚详。其房屋亦高大爽垲，并令学徒通晓保养身体脏腑方法。虽英之伦敦、法之巴黎斯学校，亦无以复加云。

论泰西之学，派别条分，商政、兵法、造船、制器，以及农、渔、牧、矿诸务，实无一不精，而皆导其源于汽学、光学、化学、电学。以操御水、御火、御风、御电之权衡，故能凿混沌之窍，而夺造化之功。方其授学伊始，易知易能，不以粗浅为羞，反以躐等为戒。迨年日长，学日深，层累而上，渐沉浸于史记、算法、格致、化学诸门，此力学者之所以多，而成名者亦弥众也。今人自居学者，而目不睹诸子之书，耳不闻列朝之史，以为西法创自西人，或诧为巧不可阶，或斥为卑无足道。噫！异矣！

昔大挠定甲子，神农造耒耜，史皇创文字，轩辕制衣冠，蚩尤作五兵，汤作飞车，挥作弓，夷牟作矢，当其创造之始，亦何尝不惊人耳目，各树神奇？况夫星气之占始于奭区，勾股之学始于隶首，地图之学始于髀盖，九章之术始于《周礼》。地员〔圆〕之说创自《管子》。不仅此也，浑天之制昉于玑衡，则测量有自来矣。公输子削木人为御，墨翟刻木鸢而飞，武侯作木牛流马，祖冲之之千里船不因风水拖机自运，杨么之楼船双轮激水行驶如飞，则轮船有自来矣。秋官象胥，郑注译官，则缮译有自来矣。阳燧取明火于日，方诸取明水于月，则格物有自来矣。一则化学，古所载烁金腐水，离木同重，体合类异，二体不合不类。此化学之出于我也。一则重学，古所谓均发，均悬轻重而发绝，其不均也均，其绝也莫绝；此重学之出于我也。一则光学，古云"临鉴立影"：二光夹一光，足被下光，故成影于上；首被上光，故成影于下；近中所鉴大影亦大，远中所鉴小影亦小。此光学之出于我也。一则气学，《亢仓子》：蜕地之谓水，蜕水之谓气。此气学之出于我也。一则电学，《关尹子》：石击石生光，雷电缘气以生，亦可为之。《淮南子》：阴阳相薄为雷，激扬为电；磁石引针，琥珀拾芥。此电学之出于我也。

古神圣兴物以备民用：曰形，曰象，曰数，曰器，曰物，皆实征诸事，非虚测其理也。童子就学，教以书数，穷理精艺，实基于此。余见同乡幼童读书数年，非但不知地理、算学、应对礼节，欲其作一文写一信亦不能。竟有读书十余年或数十年并不识权衡斗量数目，惟专攻八股而已。且见读书久者，其背如驼，盖缘终日伏案读书写字，未教以舒筋活络养生之法，亦无礼、乐、射、御、书、算六艺之学故也。自学者骛虚而避实，遂以浮华无实之八股与小楷试帖之专工，汩没性灵，虚费时日，率天下而入于无用之地，而中学日见其荒，西学遂莫窥其蕴矣。不知我所固有者，西人特踵而行之，运以精心，持以定力，造诣精深，渊乎莫测。所谓礼失而求诸野者，此其时也。近人江慎修融贯中西测算，兼能制造奇器，尝制木牛以耕，造木驴代步，应声筒之制亦先生创之。谁谓中人巧思独逊西人哉？以中国本有之学还之于中国，是犹取之外厩，纳之内厩，尚鳏鳏焉谓西人之学中国所未有，乃必归美于西人。西人能读中国书者不将揶揄之乎？

且夫国于天地必有与立，究其盛衰兴废，固各有所以致此之由。学校者人才所由出，人才者国势所由强，故泰西之强强于学，非强于人也。然则欲与之争强，非徒在枪炮战舰也，强在学中国之学，而又学其所学也。今之学其学者，不过粗通文字语言，为一己谋衣食，彼自有其精微广大之处，何尝稍涉藩篱？故善学者必先明本末，更明大本末，而后可言西学。分而言之：如格致制造等学其本也，各国最重格致之学，英国格致会颇多，获益甚大，讲求格致新法者约十万人。语言文字其末也。合而言之，则中学其本也，西学其末也。主以中学，辅以西学。知其缓急，审其变通，操纵刚柔，洞达政体。教学之效，其在兹乎？

或者曰："如子之言，其将废时文而以西学考试耶？必以西学为足以培植人材，是时文不足用也。然何以数百年来，科举之制未尝变易，而人材辈出？近时如林文忠、胡文忠、曾文正诸公，皆以词科出身，掌握兵权，平定发、捻、回、苗，功烈垂诸竹帛，声名播于寰区。此数公者，何尝从西学中一为考究耶？况今京师则有同文馆，各省则有广方言馆、水师、武备学堂，以西学培植人材，可谓盛矣！然卒未闻有杰出之士、非常之才，有裨于国计民生者出乎其间。然则西学之效果何在欤？"余曰：不然。方今各国之人航海东来，实创千古未有之局。而一切交涉之事，亦数千百年以来所未有之科条。而犹拘守旧法，蹈常习故，其将何以御外侮、固邦本哉？且以西学与时文相较，则时文重而西学轻也。上之所重，下必有甚焉者矣；上之所轻，下必有不屑为者矣。若夫胡、曾诸巨公，皆少年登第，抛弃八股敲门砖，重研精于经济之学，故能出身加民，立功不朽。是科第以斯人重，非人材从八股出也。是以，时文不废，则实学不兴；西学不重，则奇才不出。必以重时文者而移之于重西学，俾人人知所趋向鼓舞而振兴之。数年之后有不人材济济者，吾不信也。况向时发逆、回、苗，皆乌合之众，非比日本、泰西训练节制之师。使移胡、曾诸公于今日，亦必讲求西法乃足御外侮耳。至如广方言馆、同文馆，虽罗致英才，聘师教习，要亦不过只学言语文字，若夫天文、舆地、算学、化学，直不过粗习皮毛而已。他如水师、武备学堂，仅设于通商口岸，为数无多，且皆未能悉照西法认真学习，不如科甲之重，轻视武员，良以上不重之，故下亦不好。世家子弟皆不屑就，恒招募媵人子下及舆台贱役之子弟入充学生。况督理非人，教习充数，专精研习，曾无一生，何得有杰出之士、成非常之才耶？呜呼，亚洲之事亟矣！强邻窥伺，祸患方萌，安可拘守成法哉？

考试上

泰西取士之法设有数科，无不先通文理算学，而后听其所好，各专一艺。武重于文，水师又重于陆路。考试之法虽王子国戚，亦等齐民。如欲为将帅者，必先入武备院、韬略馆读书，兼习天球、地舆、测星诸学。期满，由现任水陆提督偕各大臣亲到学院，与掌教鉴定，考取一等者即编入行伍，授以把总、千总之职，次第而升，以资历练，文件自理，枪炮自发，虽至贱至粗之事，亦不惮辛劳而尝试之。及功成名就，致仕闲居，犹不废立说箸书以传后世。即矿师、医士，必须精于格物，通于化学。讼师尤须明律例，考取文凭方准用世。

无论一材一艺，总期实事求是，坐而言者即可起而行。而中国文士专尚制艺，即本国之风土人情兵刑钱谷等事亦非素习。功令所在，士之工此者得第，不工此者即不得第。夫以八股为正途，视别学为异端，其不重可知矣。人材焉能日出哉！如是，虽豪杰之士亦不得不以有用之心力，消磨于无用之时文。即使字字精工，句句纯熟，试问能以之义安国家乎？不能也。能以之怀柔远人乎？不能也。一旦业成而仕，则又尽弃其所学。呜呼！所学非所用，所用非所学，天下之无谓，至斯极矣！

朝廷亦知其不可深恃，屡诏中外大臣保举人才。然所谓大臣者，分高位崇，与下民隔绝，虽有奇杰异能之士，安得而知？何从而友？日夕所接者，下僚狎客而已。僚客未必有才也。所习者，私亲密友而已。亲友未必有才也。不得已而应诏，亦惟举一二有交之显宦或庸懦无能之辈以塞责而已，何曾保一岩穴隐遁之真才哉！以中国之大，人文之盛，何在无才？或市井潜藏，或名山终老，苟科名蹭蹬，则终不得一伸其志者，皆科目害之耳。

　　如不能复古制选材于学校，拟请分立两科，以广登进。一、考经史以觇学识。二、策时事以征抱负。三、判例案以观吏治。原拟：一曰考证经史，疏通疑义，以觇学识。二曰策论时事，昌言无讳，以征抱负。三曰审问疑难例案，以观吏治。四曰兼试文章诗赋，以验才华。首科既毕，凡海疆各省主试者，宜就地会同各西学大书院山长，如天津之水师学堂、博文书院、福州船政学堂、江南水陆军学堂、广东水师学堂诸山长。订期挂牌招考西学：一试格致、算、化、光、电、矿、重诸学，二试畅发天文精蕴、五洲地舆水陆形势，三试内外医科、配药及农家植物新法。考生各卷皆由山长分别取中呈主试者鉴定，论其艺，不论其文；精其选，不定其额。令于制艺外，习一有用之学，苟能精通制艺，虽不甚佳，亦必取中。凡深明政治律例者，名为政学举人；精通艺术者，名为艺学举人。如制艺之外一无所长，虽文字极优，得以考列上等者，名为文学举人。政学、艺学，用以富国强兵，较文学尤重，有若泰西牧师，然使其专以箸述，宣扬孔孟之教导，以训民化俗。如此变通推广，亦转移世运之一端乎？并令内外臣工博访周咨，下僚中如有异才大器堪任将相者，立行表荐。聘岩穴之隐逸，举幕府之宾僚，参行古征辟荐举之法。得其人则荐主同膺懋赏。或怀私滥保，则举主坐罪。斯不敢徇情面，植党援，应故事矣。武生向以骑射技勇见长，而世之习武者，武经一卷尚属茫然，一旦临敌出师何恃不恐？咸、同间荡平丑类，建立大功，并无武科中人。所习非用，其明征已。如不能学西法选材于武备学堂，亦当力求新法。今战守之事，藉以出奇制胜者不外乎水师、火器，似宜于武科中列三等以考试之。今之考试，有奔走数百里至数千里者，其费甚巨，且钦差学政，主考总裁，所费国帑不知凡几。不如仿泰西考试之法，由掌教会同地方官考取，亦三年一考。县试小学堂，考列上等者为秀才，贡之于省。省试中书院，考列上等者为举人，贡之于京师。京都大书院考列上等者为进士。大书院所学，虽与中书院相仿，惟大书院掌教仍禀请奏派总裁会考，否则，主考总裁亦须奏派精于制造之机器师，熟识驾驶、能施火器、是船政学堂出身之水师提督，会同督、抚考取，庶得真才。惟所费国帑更巨，不若各省船政局、武备学堂，会同地方官，岁订一期，由各生自行赴考，以省糜费。一试能明战守之宜，应变之方，深知地理险阻设伏应敌者。勿计文字优劣，只要其胸有韬略，对合机宜。二试能施火器，命中及远，驾驶战舶深知水道者。变骑射为马枪火炮，变举石为驾驶战舶、司理机器等法。上以此求，下以此应。讲求火器，命中及远，精于驾驶机器者必多。人材自然日出矣。三试制造机器，建筑营垒炮台，善造战守攻诸具者。必要其绘图贴说，精其事者与之考究，方知真伪。原拟：一试山川形势，军法进退，以观其韬略。二试算学、机器制造，以穷其造诣。三试测量枪炮，命中及远，以尽其能事。一经拔擢，凡武秀才考有大书院执照者，可称举人。精制造者，则令入制造局；精驾驶战舶、司理机器者，令入兵船历练，给予俸禄。若无大书院执照，其年在三十以内，文理通顺者，仍令入武备院、水师学堂、艺术院，再行肄业，期满考列上等者，给予执照，俱名为举人。由武备院、水师学堂出身者，名为武学举人；由艺术院出身者，名为艺学举人。所有武学举人、艺学举人，分途资遣各营、各船、各厂，优给俸禄，历练三年。其学力与历练俱深，无历练者，虽学富五车，不论何事骤膺大位，错失必多，故谚云："熟读王叔和不如临证多。"赴都会考，取中者名为进士，给予职衔，不论资格，量材授事。且特降明谕，俾以后文武并重，不得歧视。庶多士向风，可得干城之选矣。

虽然，切时之学不可不习而知也，出类之才不能不教而成也。既求实学，当列科考，如唐时之制度，各专一艺，先令各直省建设西学书院，选聘精通泰西之天文、地理、农政、船政、算化、格致、医学之类，及各国舆图语言文字、政事律例者数人为之教习，或即以出洋官学生之学成返国者当之。其学徒选自十五岁以上二十岁以下，已通中外文理者，就其性之所近专习一艺，以三年为期。其膏火经费仿上海龙门书院章程，官为筹备。按月出题课试。所出之题务须有裨时务，如铁路、轮船、矿务、邮政，以及机器、商务、纺织、银行、格致、政事、农学、医学、钱法、钞法、测量、测候、地理、地舆、博物馆、赛珍会、息兵会、派员游历、使臣出洋，与夫各国风土人情，文学武备皆可出题。令诸生详究利弊，择其文之佳者登诸日报，以广流传。其历考上中等者咨送院试，考取后名曰艺生，俟大比之年咨送京都大学堂录科，查各国京师俱有大学堂，各精一艺、各专一业者，非比我国同文馆教习只通算学、天文、地理、各国语言文字而已。或谓同文馆如外国小中学塾，非大学堂也。尝考日本自其王公大臣出洋游历，返国后，即广设大小学堂。据日报云：现计其能当管驾轮船、机器、武备各员者，每业约有数千人。通化学、矿学、制造机器者，每业亦有数百人。我中国人民、土地十倍于日本，而所设西学堂，所育人材，尚未及其半，恐他日海军有事，人材不足耳。准其一体乡试、会试。其有独出心裁，能造各种汽机物件及有箸作者，准其随场呈验，并许先指明所长何艺，以凭命题考试。此于文、武正科外，特设专科以考西学，可与科目并行不悖，而又不以洋学变科目之名，仍无碍于国家成法也。且我朝有缮译生员、举人、进士、翰林异试异榜，与正科诸士同赐出身，援例立科，必无扞格，又何不可于正科之外添一艺科乎？

　　至于肄业之高才生，有愿出洋者则给以经费，赴外国之大书院、武备院分门学习，拔置前列，回国后即授以官，优给薪赏，以昭激劝。昔曾文正奏派幼童出洋学习，意美法良，特稚齿髫年，血气未定，沾染习气，乖僻性成，甚至有从教忘亲不愿回国者，因就学诸生于中学毫无所得故也。全数遣回，甚为可惜。既已肄业八九年，算学文理俱佳，当时应择其品学兼优者，分别入大学堂，各习一艺，不过加四年工夫，必有可观，何至浅尝辄止，贻讥中外？日本肄业英、美、德、俄之学生，至今尚络绎不绝。欲救其弊，须选以上所论之武学、艺学举人出洋历练，及深通中西言语文字之秀士年二十岁内外者，出洋肄业，过稚则气质易染，过长则口音难调。厚给赀装，分途资遣，庶事理通达，而各有成材，身列胶庠，而咸知自爱，功崇业广，体立用行。曾文正作育之苦心，不致因噎而废食，诸生之数奇不第者，亦得别出一途以自效。归后愿就职者听，愿就科举者亦听。他日奇才硕彦，应运而生，天地无弃材，国家即永无外患，斯万变之权舆，及今为之，未为晚也。

《盛世危言》卷二　富国

考试下

或谓："取士之法，上篇论文、武科外，另立一科专考西学，恐未必能与正科并重，仍糜费而无实效。如能变通成法，广科目以萃人材，则天下之士皆肆力于有用之学矣。考试之法将若何？"

窃谓中国州、县、省会、京师各有学宫书院，莫若仍其制而扩充之，仿照泰西程式，稍为变通：文、武各分大、中、小三等，设于各州、县者为小学，设于各府、省会者为中学，设于京师者为大学。文学酌分其目为六科：一为文学科，凡诗文、词赋、章奏、笺启之类皆属焉；一为政事科，凡吏治、兵刑、钱谷之类皆属焉；一为言语科，凡各国语言文字、律例、公法、条约、交涉、聘问之类皆属焉；一为格致科，凡声学、光学、电学、化学之类皆属焉；一为艺学科，凡天文、地理、测算、制造之类皆属焉；一为杂学科，凡商务、开矿、税则、农政、医学之类皆属焉。武学酌分其目为两科：一曰陆军科，凡枪炮利器、兵律营制、山川险要及陆战攻守各法皆属焉；一曰海军科，凡测量、测星、风涛、气候、海道、沙礁、驾驶及海战攻守各法皆属焉。每科必分数班，岁加甄别以为升降。延聘精通中西之学者为学中教习。详订课程，三年则拔其尤者，由小学而升中学。又三年拔其尤者，由中学而升大学，然后分别任使进用之阶。文、武一律，无所轻重。各乡亦分设家塾、公塾，无论贫富皆可读书习艺。即不入小学肄业者，逢小学甄别之期，亦须赴试，必先由小学考取有名，三年后始准与试。入学之始，必令于文、武各科自择一科，专其心志，一其趋向。至于登进之阶级如秀才、举人、进士、翰林之类一仍旧称，三年一试，由朝廷命该省督、抚、水陆提督，会同大书院掌教校阅，广其额，精其选，一反从前空疏无补之积习。如此变通办理，约而计之有数善焉。

从前各州、县学官仅拥虚名，几同疣赘。若由各省督、抚改择通中西实学者以为教习，且有已成之学宫、书院可以居住，无须另筹经费，另行建筑，一转移间，通国即可举行。一善也。各分各科，人得以就其质之所近专习一业，或大成或小就，皆得蔚然兴起，为国家有用之材。二善也。学中甄别，以三年为程。士之学问浅深，平时同业诸生共闻共见，期满考试，或优或绌，参考三年之业，可得其详。其取人既不凭一日之短长，怀才者有必得之权，废学者无侥幸之望，考核明而人材出矣。三善也。西法各种，西人藉以富强，已收实效，皆有程式，我步趋其后，较易见功。由西文译作中文，以西学化为中学，不及十年，中国人才无难与泰西相颉颃。四善也。一科有一科之用，任使务尽其所长；一人有一人之能，驱策必久于其任。将见士气振作，人才奋兴。以之制物则物精，以之制器则器利，以之治国则国富，以之治兵则兵强，以之取财则财足，以之经商则商旺。政无不理，事无不举。五善也。

《易》曰："穷则变，变则通，通则久。"千古无不敝之政，亦无不变之法。中国文试而不废时文，武试而不废弓矢，所学非所用，所用非所学，平日之所用已与当日之所学迥殊矣。及至外患循生，内忧叠起，又举平日之所用者而一无所用焉！以一人之身而终身三变，精乎不精乎？幼学壮行之谓何？而国家犹勉策驽骀，期以千里，株守成法，不思变通，以此而言富强，是欲南辕而北其辙耳，其何裨乎！

吏治上

地方之治乱，视官吏之贤否为转移；朝廷求治，亦视用人何如耳。一县得人则一县治，一郡得人则一郡治，一省得人则一省治，天下得人则天下治。中枢之与督、抚，朝廷之腹心，官守之师帅，操用人行政之大权者也。夫国家设官，本以为民，其与民最亲，而贤否得失之间，动关国家之治乱者尤在州、县。何则？天下者，州、县之所积也，内而六部，外而两司、道、府诸官，皆考察此州、县者耳。伊古以来，未有民不聊生，而国家可以称治者；亦未有牧令非人，而疆臣政府可以坐致太平者。独奈何进身之始，科甲、保举、捐纳既已不一其途，而吏部铨选之章，率范之于掣签按轮之中，而不复问其人之贤否。及选补得缺，则需次日久，负债累累，廉俸不足以养其身家，黜陟不足以励其志气。不肖者恣睢暴戾，如蛇蝎，如虎狼。即上司风闻参撤，而乡里小民之死者已不可复生，断者已不可复续矣。

间有廉能之吏，一意兴利除弊，教养斯民，而知府之意见不同也，司道之威严可畏也。上官掎之，同寅笑之，众庶疑之，必溃其成而后已。故今之巧宦，莫妙于阳避处分而阴济奸贪，一事不为而无恶不作。上胺国计，下剥民生，但能博上宪之欢心，得同官之要誉，则天变不足畏，人言不足恤，君恩不足念，民怨不足忧。作官十年而家富身肥，囊橐累累然数十万金在握矣。于是而上司荐之曰干员，同僚推之曰能吏，小民之受其鱼肉者，虽痛心疾首，钳口侧目，而无如何也。噫！上下之间相蒙相遁至于如此，而犹日日言自治，是犹南辕而北其辙也，其必无成也决矣。

况上之任人也不专，用人也既不尽其才，又不问其能否。陆路之将可改水师，水师之将可调陆路；刑部之员可调工部，兵部之员可调吏部。强以所不能，而不专任其所以能，岂果有兼人之资，无事不精，故能随事胜任耶？正虑其所谓无不能者，乃竟无一能耳。徒伴食贻讥，一任颠倒于胥吏之手为可叹也。溯唐、虞之世，设官分职，各有专司，不相兼统，如契为司徒、皋陶为司寇、伯夷作秩宗、夔典乐之类，皆以其所优为者任之。未闻以敷教之事强皋陶，以刑名之事强伯夷，以典礼之事强夔也。是以百职庶司，皆能各称其职。

今泰西各国用人行政亦如是。其户部人员不能调刑部，陆路人员不能调水师。学古入官，量才授职，自何部何署出身，日久升迁，终于此部之首领而已。爵可崇，俸可增，而官不迁移，故职既专而事无旷废，任愈久而识更精深。富强之原，实基于此。查户部之外有农部，专考树艺之经；工部之外有商部，专讲贸易之道；兵部之外有邮政部，专管驿递之往来。外部即我之译署，内部即我之吏部，独无礼部之设，亦无铨选之条，百僚升降权归议院，期会之令出自君主，选举之政操自民间。用土人或久居其地者为官，无回避本省之例。盖既洞悉其风土人情，自收驾轻就熟之效也。西人云：泰西地方官非土人不用，非土人不举者，恐其不能尽知风土人情利弊。凡属身家清白有产业者，均许保举人材，考察录用，与中国上古行乡举里选之例无异。俞荫甫太史云：今州、县吏乃若佣力者然，计一岁之利，任一岁之事。其地诚肥饶耶，上之人不欲使久擅其利，满一岁率去之；其地诚瘠薄耶，其人又不待一岁而亟亟以求去。以故贤者莫能有所施设，而不肖者惟知饱其私囊。官与民漠不相习。一旦有急，城非不高也，池非不深也，米粟非不多也，兵甲非不坚利也，委而去之，疾视其长上之死而莫之救。然而曰吾将自强，正不知果在何日也。

听讼之事，派以陪审，而肆威作福之弊祛；列以见证，而妄指诬陷之弊绝。所谓爵人于朝，与众共之，刑人于市，与众弃之，兼听则明，偏听则暗者，昔闻其语，今见其事。而且，俸糈优厚，人无内顾之忧；职任精专，事有难宽之责。君民一体，上下一心，孜孜然日求有益于民，有益于国。否则，议院排之，国君斥之，不能一日居其位。此泰西诸国所以不言吏治，而吏治自蒸蒸日臻于上理者。彼此之情通，声名之念重，而壅蔽之患除也。

夫中国自秦、汉以来，以文法治天下，科条非不密也。其奉行而持守之者，非不严且明也。及其既也，适以束缚天下之君子，而便利天下之小人。官司益多，否塞益甚，堂廉益远，积弊益深。欲一扫而空之，诚非开设议院不可。即势殊地限，久而难变，亦当裁汰冗员，酌增廉俸，以渐通其隔阂，而渐化其贪婪。此自治之初基，亦即自强之本计也。夫天下虽大，其州、县不过千余，属牧令不过千余人，为上者合枢垣疆帅之才力精神，以慎选之，以严核之。敷奏以言，明试以功，赏必当功，罚必当罪，循名责实，至正大公，则吏治日清，民生日遂，国本日固，国势日强，而何畏乎英、俄？何忧乎船炮？何患乎各国之协以谋我哉？故曰：国以民为本。而致治之道，莫切于亲民之官；生乱之原，莫急于病民之政。所谓天下得人则天下治者，此之谓也。

英国授职之官，无论充兵官、议员、刑员，以及内政、外政衙门，大小臣工，皆须在众人前向天发誓，谓以后当忠心为国，笃爱朝廷，身许驰驱，为国家效力。发誓后方能任事。今泰西各国及合众国皆用此例。西俗：国家凡有兵祸，或匪人谋叛，或敌国来攻，朝廷志在安民，兴师戢暴，必令兵官誓众以安民心。其或官民谋逆，则令彼处地方官民皆对天矢誓。其内作者立时可睹见于颜色。朝廷即知为某也忠，某也奸，某也曲，某也直，有诸中而形诸外，自无所逃遁。然亦有刚愎不仁，强项不驯，不知敬畏帝天，虽有别谋，亦复当众同誓，以为口头言语，无足重轻。此等人为众所不齿，乃桀骜之尤之者也。

王爵棠星使云：法国政治以大统小，以内控外，体制与中夏略同。州、郡、邑、乡分设专官以理民事，而其权操之于上，咸遵一律，罔或违异。每一干端则设一官，若中国之州、县。凡膺是职者，必考授律例师，凡民间琐案，悉由其剖断。苟有稍涉疑似未臻平允者，则代为申详，上宪据法研鞫，俾成信谳。各乡、镇则另设甘门一员，如中国巡检之类。凡其所设各署，俱有专职，从不兼摄数事。大抵理地方民情者，统称刑讼衙门。而官有崇卑，如州、县、乡、镇等官其小者也，其上则有大衙门二十七所。如有事控于地方官，悬案不断或剖断不公，俱可复控诸所辖上司，遍历二十七所而后止。然此尚系琐细案件也。若值重大之事，其上另有专断之官，其职分约同中国按察使。各府中均设是署一所，凡有冤抑，听其赴愬，每年四期，每三月一集，开堂会鞫。并许被控者自选秉公耆老十有二人，届时质证剖理，惟毋得徇私偏袒。然后鞫者听两造之辞，以辨直枉，舍寡从众，期无诬屈，以为惩劝。其追理商民公私逋负，则有钱债衙门。其官由州、县百姓公举，三年一任，期满再举。但推选虽由民庶，而俞允仍归国主。凡乡民因索逋涉讼者，其数在一千五百福兰以下，即由州、县上司判决；若一千五百福兰以上之案，乃控于钱债衙门，为之比追。每府皆有驻防水陆兵丁，苟有犯案，统归所主办理。至于巴黎所有衙署不可胜数，凡国中官吏所断一切词讼，均必上闻。其有悬拟未决者，亦皆关白以定是非。其中办事人员均系著名律师。除上、下议院外，有参赞机密大臣，有执国政大臣，有总理度支者，有专司出纳者，有主军旅者，有榷税饷者，有专理户婚田土事者，有专理商贾事者，有治盗贼斗殴事者，有治列邦事者，有管属国地方事者。观其分职建官，颇能尊卑相御，内外相维，无畸重畸轻之患。其为部十二：曰内部，总理庶政兼摄群司，职同中国之首辅，本国事件咸听裁决。曰户部，专司出纳，国中一切财赋税饷皆其主持。曰商部，管通商事务。曰农部，管民间一切种植。曰工部，凡军械、火药、修治、建筑皆其经理。曰文部，掌管学校。曰兵部，主治军旅，凡调遣一切，皆其主政。曰海部，修战舰，治水师。曰藩部，管理各处属地。曰刑部，主持律例，兼理教案。曰创例院，筹议军饷，增改律法，皆其专政。以上皆以勋爵大员为之。国有大政，国主与此数人谋之，有机要事，皆得参谋议。同治十一年，国会别设军机一职，由上、下议院公举二十八人，伯理玺天德亦简派十五人。凡下诏谕、上笺奏，皆由此四十三人管理。据其报册，每年建官计文员约二十万人，可谓繁矣。欧洲各国度支往往出多入寡，皆因设官繁密，事不兼摄之故，而又给禄丰盈，食浮于人，以致经费常患不足。然秩虽崇而事克举，国中大小臣工，无不守法尚廉，不懈厥职。其在官者皆民之望，即贵至执政大臣，抑且以民之可否为去留。又其榷征税饷具有常度，涓滴必归公款，不得朘民为生。其所谓库臣者不过综厥大纲而已。其所谓理财者不过司出纳掌簿录而已。而所谓因循蒙蔽，侵冒剥蚀，干没克扣之弊，彼反无之。凡泰西各国大都如此，此可以想其立法之善矣。

按泰西民主之国，君民共主之国，各部长归宰相自择其人。如宰相一换，而各部长虽才德素优，与宰相不情投意合者亦必解组赋闲。我国家时艰孔亟，万难苟且姑安，急欲补救，量为变通。惟恐为不洞识时务或未经历练者所误，而反归咎于变法之人，故前篇有拟请朝廷简派亲王贝勒游历一说。今时不可缓，亟宜简派亲信之王公大臣，能通西国言语文字者更妙。随带缮译，游历各国。丰其经费，宽其岁月，考究各国水陆军事、炮台、战舰、学校、商务、刑律。如有才德兼优之老臣宿将，当奏请朝廷重聘回国，以其所长分派各部佐理，如素当户部大臣归户部，素当兵部者归兵部，素当农部者归农部，万不可以户部人员当兵部。去年以陆军兵官汉纳根当水师副统领已为外人所笑，且中国政教所学非所用，所用非所长，已素为各国轻侮。不致为官商所愚，是则变法自强无不得心应手矣！

吏治下

上篇论州、县为亲民之官，而贤否得失关乎国家治乱，然督、抚为朝廷之腹心，官守之师帅，统属之贤否，全在督、抚公正廉明，平日留心察视，不为人所蒙蔽，然后能甄别确当。一有偏私，则所贤、所否者皆不当矣。一省之司、道，佐督、抚以出治者也，而用人理财尤为藩司之专责。藩司之贤否得失，督、抚居其半。若督、抚大公无我，严加举劾，朝廷察其好恶以定黜陟，人皆有自爱之心，敢不称其职守乎？首府者，又督、抚、两司所寄为耳目，而藉以进退州、县，其责亦綦重矣。自有以人地相宜之条量移州、县，而后各省为人择地者十之八九，为地择人者十无二三。以尔车来，以我贿迁，驽庸竞进，以事贪婪，孰能尽心于民事哉？而以民事为事者，又每拙于逢迎，故黜陟不公则奔竞不息，源浊而流清，未之或有也。守牧有表率之责，大省不过十数州、郡，以督、抚、司、道之长才，鉴别十数员知府、直州之贤否何难？大郡不过十数州、县，小郡亦不过数州、县，以本管知府就近察数州、县之贤否何难？

愚以为甄别府、厅、州、县，必须分别等差。平素具有灼见真知，临时乃能因材器使，所谓可小知不可大受，可大受不可小知也。其未试与已试而不堪用者为一等；廉明诚静，有守有为，足以胜任地方者为一等；贤能出众，著有劳绩，可理冲繁之地者为一等。复将通省府、厅、州、县，查明肥瘠难易，一一分别注明，择其清正勤能尽心民事者，选以优缺，俾知瘠区不可规避，美缺不待钻营，则朴实者安分，而贤能者竞奋。吏治转移或在于此。要之州、县为亲民之官，与州、县切近而实临其上者是为知府。州、县之功过知府得以详之，司、道、督、抚而察其可否，以定其优劣。上之视知府重，则知府自视亦不轻，使州、县有所敬畏，而不敢不为好官。所谓一县得人则一县治，一郡得人则一郡治也。至于关差厘局每一缺出，百计营谋，幸进之徒往往有三五年不更替者。否则交卸彼局，而又接管此局。托词事关重大，非资熟手不能胜任，其实无地方之责，不过收支银钱耳，一谨愿之吏已足为之。乃有徇情市恩不畏物议，巧者获利，拙者向隅，以致关税、厘金日形短绌，己则饱填欲壑，惟利是图。若以治地方，宰百姓，安望其为廉吏乎？黜贪崇廉，任贤而斥不肖，是又在督、抚破除情面，一秉至公也。或云：朝廷下诏求贤，十数年来各督、抚所举皆门生故吏及业经简在帝心之臣，无一山林隐逸之士，负奇才而励品行，尚气节者终不得上进。无廉耻而善于钻营者竟得保举超升，惟知削下媚上，不问民生休戚，以讳言有事为解事，以苟且了事为能事，因循玩愒，相习成风。广东贿赂公行、赌劫之风甚炽。被劫者多不报案，因破案者百不得一，徒耗禀费、差费、勘验夫马费耳。官之为民亦可知己。间有洞识时务才德兼优者，率皆秉性忠正，不善逢迎，虽欲兴利除弊，往往事多掣肘，不克举行，亦有学西法而图自强者，又苦于不能知人善任，集思广益，多为洋人所愚，安得不为各国所欺侮乎？

善夫！剑华氏之言曰：今之督、抚才德兼优而洞识时务者鲜，类皆尸居暮气，非病于才力不足、精神过短，即病于情面太重、以公济私。有识见浅陋不识时务者，只知偏听节费以博虚名，往往前任遗政虽将来大有益于国计民生，惟尚未见其效者，无论其糜费几何，亦即裁撤，以致功败垂成，临时需用重新复议，非独缓不济急，而糜费反多矣。有好大喜功刚愎自用者，虽知时务，任性妄为，既不能知人善任，又不能量材器使，或采文字虚声，或重师弟年谊，有一人而兼数事者，因无阅历，以致为人所愚。迹其所为，皆糜费多而成功少，制造不及洋人之精，价值不如外来之廉，而旁观月旦多属庸中之佼佼者矣。至如平日官声本属平常，及晚年循资例进，洊升督、抚，暮气已重，遇事粉饰因循，只知饱其囊橐为子孙计，初不知国计民生为何事。论者佥谓：近日宦途风气，每以省事为老成，而甘于因循弛堕；苟勤于厥职，不惮烦劳，类招多事之嫌，执其一节之失，而并没其他事之长，坐令勇于任事者不若尸位之辈转足苟安而无恙也。

悲夫！人材之绌岂非由于不能造就人材之过哉！造就人材之权上在元首，下在枢廷。查泰西各国凡新任宰相视事之始，必自择其平日同志之人升诸朝廷，以为心腹，庶几议事和衷，办事无棘手也。故何律师《新政论议》谓复古之要有七，首择百揆以协同寅。并吏、礼二部而为一，名曰内部，宜添商部、学部、外部，合户、兵、刑、工而为八部。以一人为宰相，而八部之长使宰相自择其人。夫政者各有专司，不能越俎。政既为某部之政，则官必为某部之官，故升降黜陟必由该部定议，方能允当。繁文末节治体无关，于有谓之事而加之意，先于无谓之事而省其烦，故拜跪趋跄必概行除免，而杰士始来。故并吏、礼两部而为一，所以专责成而大得士也。商务不兴则不能与敌国并立，故加立商部。学部不设则国内无堪用之才，故加立学部。

今强邻日逼，时事多艰，正宜澄叙官方，安内而后可以攘外，亟当力为整顿，剔弊除奸，为百姓求贤父母，培养元气。督、抚、司、道以民事为重，府、厅、州、县亦罔敢不以民事为重？州、县不称其职，知府揭之于上司；司、道不称其职，督、抚立上弹章；督、抚不称其职，朝廷立予罢斥。整纲饬纪，除恶择贤，则一切病民之政皆不难扫除净尽矣。故正本清源必自慎用督、抚始。

泰西日报尝谓我朝内外臣工泥古不通今，所学非所用，偏重科甲，上下相蒙，植党营私，卖官鬻爵，不能量材器使，有一人而兼数任者。吏治不讲，流弊甚多，惟身家念重，畏难苟安，以聚敛为才能，以废弛为节俭，以因循为镇静，以退缩为慎重，以调停掩饰为熟谙夷情。凡事皆有名无实。所用刑具过于残忍，所学西法亦仅得皮毛。能洞识各国政治得失盛衰利病者无几。岂非教化未敷，尚未处处创立中西大小义学所致？若不通权达变，因时制宜，终难富强，无异土耳其风俗政治委靡不振等语。查光绪四年八月十四日英报论土耳其大小官员贿赂公行，曲直颠倒，有朝绾符而夕摘印者。苟且竞进，贿多者得善地，若贫而有才者，终不得预选。土王暨部臣明知，亦拘守成见，委靡不振。谓小亚西亚如此办理，恐难富强。何不通国更张？于是论议纷纷，渐有因循推诿，久之并前议亦不提。土国之病在于不迅断，欲振不振，非一次矣！所以然者，世官爵裔生长纨袴，未尝出国门一步，如井底蛙，何尝见一善政？民之颠连呼号如无闻见，即亲睹之而以为于我无涉，欲其保全疆土难矣！按中国未必如土耳其弊政之甚，清廉之官尚多，惟惜不洞识外国利弊情形，拘守成例，因循苟且，但顾身家性命耳。

噫！此皆道听涂说，未读列朝圣训及名臣奏疏之故。今特敬述一二为阅洋报而随声附和者览焉。恭读世宗宪皇帝批谕李敏达公雍正二年七月二十五日疏曰："封疆大吏关系国家隆替，若得有猷、有为、有守者二十余人，分布寰区之内，俾各莅临民敷宣教化，则天下大治计日可期矣。无如英髦罕觏，即能公之一字亦不易获。朕只得随材器使，量能授职，徐观后效耳。"雍正十二年批谕广东总督鄂文恭疏曰："身膺封疆要任，当远大是务，不宜见识浅狭。公私界限只在几微念虑之间，一涉瞻徇，即为负国溺职，重则贻累功名事业，轻亦难免物议于己，毫无裨益。无如烛理不明者比比皆然，每争趋些少光荣，以图目前快志，遂置日后无限悔吝于不计也。"仰见圣明虚怀集益，洞悉吏治利弊，知人善任，不拘定格，不主故常。

又读雍正二年七月二十五日李敏达公一疏，其中论用人之道，保举一端种种流弊，略曰：婪财纳贿，卖官鬻爵，其所恃结纳廷臣，年送规例。故穷奢极欲，毫无忌惮。至所用之人大抵非门客帮闲，则光棍蠹吏，以至微极贱、寡廉鲜耻之徒。不行夤缘钻刺之路，尚有何事不可为？甚至道、厅与堂官结为兄弟，微员认为假子。是以卖官惟论管钱粮之多寡，以定价值之高低。且题补多系赊账，止须印领一纸补后方勾通开销，果能照领全楚，则为廉干之员，再有美缺复又题升。用人如此，凡有才能而顾品行者，不惟无人援引，率皆怀抱羞恶，奉身而退。又谓用人之道所关甚大，举大吏不徒论其操守，更当考其经猷；不徒贵乎意见之不徇，尤当求其执持之无偏。且封疆重任，有统兵守土之权，若高言淡漠，必致武备不修；有察吏安民之责，倘激扬失当，必致人心不服。即有好官，用非其地，不惟不见其长，而适以彰其短，欲其胜任而愉快也难矣！若人、地不相宜，虽清官尚至流弊，况其节操未优者乎？此举大吏之不可不详慎也。至于保举有司，若不考其实验，而但录其才，则轻浮躁率、挪移科敛之弊即出其中。且仅采其声名，粉饰沽誉、钻营欺蔽之端亦寓其内。惟操守一节实心为难，然犹昭然于人耳目之事，真伪可以立见，止在保举者之公私耳。臣自履任至今，每细心阅历各属员，其庸碌无长、贪劣废弛者俱不足论。观其颇有声名、素称才能之员，一一考其实迹：有差委奔走之事，则长于办理，而抚字催科无一可取者；有长于吏治，而疏于出纳，以致钱粮亏空者；有利口捷给，论事多中，而于职守事务全无实济者；又有一等巧于钻营，专工窥探上司之性情嗜好，曲意迎合，甚而言动气象无不体贴效法，以求酷肖，遂致彼此投机，一遇保举舍此而谁？岂知图得保举则从前之官小而不少露锋芒者，至此得志而本色尽现，此又才用于诈伪，而其患尤烈者也。更有风厉之官不近人情，循良之吏反滋弊窦。凡此数等，皆以才名而多于地方有误。倘保举者仅以才能二字塞责，鲜有不贻害者。臣请嗣后凡保举各官，必令注明所长，不必讳其所短。验过成效，确有实迹，以备简用，必求人、地相宜，方有裨益也。既尽力任事，则非徒承办目下各项案件，遂为称职，当思培植地方元气，作何未雨绸缪？整饬通省属员，作何宽严并济？务期上有益于国计，下有利于民生。凡用人理财，经画久远，化导积习，惩创愚顽，稍为朝廷分劳宣力，方不愧于此心。且身为封疆大吏，必有经文纬武之才，博古通今之识，庶能不动声色，措置咸宜。

又鄂文端疏曰："窃惟国家政治只有理财一大事，田赋、兵车、刑名、教化均待理于此财，不得财则诸事不振。故孔子不讳言财，曰：'有大道本诸絜矩，而财非人不理，人非用不得理。故为政在人，人存政举，归诸一身。'是用人一事，自大吏以至于一命，皆有其责，而一身之分量等级，庶政之兴废优劣，胥视乎此，未可不勤勤加意者也。独是政有缓急难易，人有强柔短长，用违其才，虽能者亦难以自效，虽贤者亦或致误公；用当其才，即中人亦可以有为，即小人亦每能济事。因材、因地、因事、因时，必官无弃人，斯政无废事。朝廷设官分职，原以济事，非为众人藏身地。但能济事俱属可用，虽小人亦当惜之教之；但不能济事，俱属无用，即善人亦当移之置之。忠厚老成而略无材具者，可信而不可用；聪明才智而动出范围者，可用而不可信也。"又云："诸国各种蛮贼凭陵江外，忽出忽没，并无定所，肆其凶残莫可踪迹，不独劫人烧寨视为泛常，杀兵伤官亦目为故事。而文、武专司，懦者托言羁縻，巧者熟筹利害，纵报知督、抚、提、镇，率皆互相隐讳以为妥协。间有建议征剿者，非以为好事即指为喜功。此数百年相沿锢习，即近十余年来亦不无瞻顾者也。"

又史文靖疏曰："督、抚为特简之大员，信任专而委畀重，一切兴利除弊整纲肃纪之事，尤当不避嫌怨，不惮勤劳，不博长厚虚声，不蹈因循陋习，事事凛遵训旨，实力奉行。庶几民可以安，吏可以察，政可以举，教可以兴，贪墨知惩，豪强敛迹，盗风止息，国赋阜盈，文武协和，兵民辑睦，方无忝节制之重任，方无负简畀之殊恩。今试问心自揣，果能如此奉行尽善、经理咸宜乎？夫督、抚者，群吏之表率也。政治者，斯民之观化也。若大臣身任封疆，不能使地方日有起色，风俗日见雍熙，其何以膺节钺而无愧乎？故必行之一年则有一年之成效，行之数载又有数载之规模。而悠忽从事，苟且自安，皆当深戒也。虽才具或有短长，智虑或有深浅，而有志自励者无不可学习而至。试观今日督、抚，事事悉能仰遵圣训，而又克尽抚绥封疆之职，其吏治民风实有可观者，非仅行一文、张一示遂可为遵行不怠也，亦非举一吏、劾一官遂可为奉职无欺也。即不然，或奉谕旨勉行数事，畏天之威，矫饰一时者，皆不可为。臣心已殚，臣力已尽也。大凡人臣事君，此心惟知有君，而不知有人，不知有己，斯何以任封疆之重矣。盖心者身之主，此心既肯许国，自然公忠自矢至诚无欺，不必有意迎合，而办理之事协于至当不易之理，自能上契圣心矣。"

愚按：当时君明臣良，民康物阜，致治之隆非无故也。何西报尚谓我国君臣偏重科甲，用非所长，因循粉饰，不能虚心讲求吏治耶？然历观古今中外各国，无不有君子、小人。是在朝廷无偏无倚，使贤者在位，能者在职，是非黑白不致颠倒混淆，庶几源洁流清，共济时艰也夫！

通　使

昔汉武帝诏举茂才异等，可为将相及使绝域者。诚以出使之选，与将相并重，折冲樽俎，赞美皇华，胥于是乎赖。一不得人，则辱君命，损国威，所关非细故也。今中国与外洋各国通商立约，和谊日敦，设无使臣联络声气，则彼此之情终虞隔阂，虽有和约何足恃，虽有公法何足凭哉？使臣者，国家之耳目也，所驻之国，必知该国之情形，凡陆兵之数、水师之数、库款之所入所出、交涉之何亲何疏、商工船械如何，精细讲求。故泰西公例：凡通商各国，必有公使以总其纲，有领事以分其任，又虑威权之不振，简兵舶往来游历，以资镇抚，而备缓急，事或未协，彼此悉心公议，或请各国官绅裁断，以期必协而后已。其慎重也如此。

迩来中国人民出洋贸易佣工者，年多一年，不可胜计。中国之人经营出洋者，为天下之至众，故钦差、领事等官，比天下各国更宜加隆。顾中国未设钦差以前，外邦政府尚知爱护华民，多方招致；既设钦差、领事之后，外邦设法竟抽华民身税，极力驱除。或疑中国到彼争食，今其见逐，情理使然。夫争食者，岂止华民，何以不逐他国，而独逐中国？是其薄华民者乃所以薄钦差，薄钦差乃所以薄中国。薄钦差者何？为其不知西国之例，而动多可嗤也。薄中国者何？为其不行富强之法，而徒夸其大也。中国外部及出使各官，必须全用深通西学、深明西例之士，则庶乎其得矣。洋人每肆欺陵，无由伸理，乃仿西例，于各国设公使，于华民寄居之埠设领事，遇事往来照会，按公法以审其是非，援和约以判其曲直，保吾民，御外侮，维和局，伸国权，使臣之所系不綦重欤！夫通使者，中古邦交之道也。春秋时，贤士大夫必周知列邦政教之隆替、民情之向背、俗尚之好恶、国势之盛衰，探听各国军务消息人员，某国现用何样新式轮船、铁舰、炮台、枪炮？炮台形势如何？兵官才能如何？或探访不全，必能得其大概，虽糜费亦有所不惜。所派侦探之员，概须武员知兵事者，或随同公使前去，或另派游历，总之无处不有。平日洞知各国强弱盛衰之故，如有战事，则措施自中机宜矣。用能事大字小，各协其宜。今泰西数十国，叩关互市，聚族来居，此诚中国非常之变局，于此而犹不亟讲外交之道，遴公使之才，乌乎可哉！华民之出洋者，就南洋之西班牙、荷兰、英、美各属考之，岁输税银自一二元至百数十元不等。暹罗本我旧属，乃亦仿西法，岁征我民身税，否则拘作苦工。虽有公使、领事，其如鞭长莫及何。

曩者，法、越多事，彭刚直檄委潜赴越南、金边、暹罗、新加坡等处，侦探敌情，返粤后上书当道，略谓：法兰西侵占越南，其国危亡，已同朝露。然越南亡而暹罗、缅甸未即亡也。现在缅王暴虐，昆弟失和，英萌废立之心，缅不自安，转倚法援，为英所忌，恐逾速其亡。向闻暹、缅二国素称恭顺，附近各岛如英、法、和、西等国之属土，华民流寓其间者不下数百万人。亟宜简派公使驻扎南洋，所有南洋各国，如越南、缅甸、暹罗、小吕宋，及英、法各国属土之华民悉归统辖。即选各埠殷商，或已举为甲必丹中外信服者为领事，联络声气，力求自强。仍仿西人在华训练民团，以资保护，令各埠商民捐资购置一二兵船，公使乘之出巡各埠，庶信息灵通，邦交益固。声威既壮，藩属不敢有外向之心。以兵卫民，即以民养兵，一举两得，无逾于此。

或疑各埠华人多借洋人以自重，董事亦各树党援，不肯受约束于华官，持节南行，动多掣肘，可奈何？此则兵力之不逮，而权势所由不行也。非有水师兵舰出洋巡缉，不能折外人陵侮之心，非有老成练达精明强干之才，难以胜公使、领事之任。夫各国广招华工，美国独限制华工前往。外人之虐待，应如何设法保全？与国之苛条，应如何峻词拒驳，斯非使臣之责欤？

使臣简在帝心，朝廷用人自有权衡，固非卮言所敢论。至若每届使臣持节奏调人员，如参赞、领事、缮译、随员等官，尤当格外慎选。使臣、参赞、领事，识其国言语文字、律例，遇事可以立谈，情意必然相孚。盖参赞为使臣之副，凡交涉大事，彼之请于我者，或从或违，我之求于彼者，或可或否，皆赖参赞与使臣商定而行。使参赞毫无才猷，则使臣可者亦可之，使臣否者亦否之，亦安用此参赞为？故必熟悉情形，洞明利弊，始能匡使臣之不逮，而措置不至失宜。缮译、随员，则又使臣之喉舌手足也。凡事之大者，由使臣亲裁，小者必令其代理，或办署中案件，或与洋人周旋。至辩论公事，惟缮译是赖，曲直所关，轻重皆须得体。苟喉舌手足运掉不灵，必于全身有碍矣。若夫领事一官，关系尤重。华民百万，良莠不齐，小而钱债纷争，大而命盗案件，使臣之不暇兼顾者，调停审断，皆于领事是资。领事贤，则商民既安，邦交亦日睦；不肖，则矜情任情，不但流寓华民失其庇护，而且外人轻藐，口舌滋多，彼此往来必多扞格，难免不因此失和。所谓参赞、领事、随员、缮译，尤当格外慎选者此也。

似宜明定章程，毋得滥徇情面，援引私亲，必须以公法、条约，英、法语言文字及各国舆图、史记、政教、风俗考其才识之偏全，以定去取。就所取中明分甲乙，以定参赞、随员、领事之等差，不足乃旁加辟举，有余则储候续调。倘出洋多次，办事勤劳，允符人望者，即可由缮译、随员荐升领事，参赞备历各国，洊升公使。如有始勤终惰，或沾染洋习，措置乖方者，上则由公使特参，下则许同僚公揭，咨明总署，覆核得实，奏请除名。夫予以可进之阶，则群才思奋；课以难宽之罚，则不肖怀刑。庶外可为四国之羽仪，内可塞终南之捷径矣。自使臣以下各官，无论出洋久暂，务将所办各事，以及地方风土人情、国政、商务、工艺、土产，随笔登记，回国进呈，择要刊刻，以示天下。庶知彼知己，决胜无形。此三代询事考言之成法也。戊子岁曾遣京曹分往各邦游历，惜非王公大臣，又不晓该国语言文字，虽略知中外利弊，箸述等身，不能坐言起行，亦与缮译西书者无异耳。

抑更有进焉者。泰西各国，无论国之大小，公使皆以等第分班次。头等可随时入见，君主请茶会面商要事，不致隔膜。二等先期约定，止能接见外部，君主茶会势分不及。今土耳其、希腊、日本各小国，皆遣头等公使，分驻各邦，而中土堂堂大国，行走班次乃反居其后，于体统有关碍，于交涉亦动多掣肘。拟请嗣后驻劄英、俄两国使臣，均以头等派充，增费无多，而收效甚远，国体亦因之而尊矣。且出使官员，亦宜酌增公费，使之足用。昔总署所定出洋各员薪水，数本不多，今复经屡次核减，则各员必有以简陋贻讥外国者，惜小失大，甚无谓也。一切车马服饰，皆不可过事寒俭，以壮观瞻而尊国体。所驻之国，其官吏有应接见者，固宜交相拜访，询悉情形，其不应接见者，断不可率意往来，俾知使臣之尊贵，国制之严明。如是，则华洋之人见而敬服，专对有才，贤于十万师远矣。至如胆识兼优，声望夙著，当诤则诤，当从则从，当行则行，当止则止，回积议如转环，化巨祸为细事，使于四方，不辱君命，如汉之苏子卿，傅介子，唐之颜真卿、宋之富弼，炳炳诸贤，至今不朽。英风亮节，今岂无人，有志之士所为奋然而兴也。

游 历

今之谈富强者，动曰军火宜备也，铁路宜开也，制造与工艺宜兴，矿产与商务宜振也。庸讵知居今之时，处今之势，所以为致富之本、自强之基者，莫如上下一心。方今朝廷创办一事，聚讼盈庭，非无深达时务之臣，而每建一言，辄多格于群议，诚如总署所谓同心少，异议多者。洋务之兴垂六十载矣，求其知彼知己，不随不激，能为国家立一可大可久之策者有几人哉？夫民心不一，则国势日衰。而交涉之难调，由于意向之不定；意向之不定，由于主议之无人。欲求主议得人，非王公大臣游历外洋不可。

　　夫游历之法，昉于中国古时辖轩使者遍历四方，问俗采风，详察民间疾苦。此实游历之权舆。孔子一车两马，历聘诸侯，遂成素王之业。战国时仪、秦之辈，朝秦暮楚，掉三寸不烂之舌，声动侯王。当其周游各国，而山川之险易，政事之纯疵，兵力之孰弱孰强，人情之何爱何忌，无不揣摩简练，熟烂胸中。因得以审其机而投其间，虽纵横排〔捭〕阖，圣哲羞称，而其颠倒是非，运天下于掌上者，非假游历亦何由自成其才也。

　　降至今日，泰西各国尤重游历，尊如世子王孙，贵如世爵将相，莫不以游历各国为要图。虽道路崎岖，风波险恶，经年累岁，皆所不辞。经过之处，观其朝章得失，询其俗尚美恶，察其物产多寡，究其贸易盛衰，访其制作精粗，探其武备强弱。而于地利一事尤所究心，山川之险夷，出入之难易，路径之远近，江河海口之浅深，无不绘成地图载入日记，刊诸日报，纸贵一时。无事则彼此传闻，以资谈助，一旦有事，则举国之人胸有成竹，不难驾轻就熟，乘胜长驱。道里关山，画沙聚米。人第见其今日夺若干城，明日辟若干地，以为用兵之神速，而不知兵皆素习，谋皆豫定，无一不从游历得来，非一朝一夕之故也。

　　考二百年前，俄亦积弱之国。自其先君彼得见欧洲各国互长争雄，恐内治不修，外患将日亟，乃效赵武灵微服过秦之术，遍游诸国，访问利弊，延揽人才。归国后变通治法，振作工商，不二十年虎视一方，吞并弱小诸国，土地日大，兵备日强，卓然为欧西首国。游历之效如此。

　　比年，我中国亦知其益，故有派员游历之举。但闻每员薪水月仅二百金，以外洋用度之繁，应酬之巨，安得敷用？亦只深居简出，缮译几种书籍，以期尽职而已，未能日向各处探访，时与土人谘询也。且承命而往者，皆微员末秩，回国以后即使确有所见，亦安能大展其才。中国体制所关，经费有限，纵不能如西例尽人皆可出游，莫如选择王公大臣贝子贝勒及其子弟，通古今，识大体，晓西文。不晓西文即先令其学习。年力富强而未当国者，派往各国考求利弊，探访情形。丰其资装，宽其岁月，与我国使臣相助为理。夫今日之少年，皆他年老成谋国之良佐也。一旦躬膺重任，建议兴事，皆有真知灼见，自决从违，不致畏葸无能，亦不致拘牵偾事矣。

　　抑更有说者，自设海军以来，所备大小兵轮不下数十余艘，平日除会操载送官员外一无事事。何如派往各国游历，藉以保华民，张国势，周知外洋海港之曲折，岛屿之萦回，沙线之浅深，潮汛之长落，地势之要害，咽喉防务之布置疏密。并定以游历限期，或半年而瓜代，或一年而瓜代。既回国后，由当道而询外洋情形，并观其日记，实有心得，即照军营立功例奏奖。果如此讲求研练，十年以后，中国内外文武人才皆当辈出，决不致有乏才之患，亦何庸楚材晋用，雇募洋师，岁掷百万金钱，且为远人所窃笑也哉！

《盛世危言》卷三　富国

商务一

商务者国家之元气也，通商者疏畅其血脉也。试为援古证今，如：太公之九府圜法，《管子》之府海官山，《周官》设市师以教商贾，龙门传《货殖》以示后世。当时讲求商法与今西制略同。子贡结驷连骑以货殖营生，百里奚贩五羊皮而相秦创霸。即汉之卜式、桑宏羊，莫不以商业起家，而至卿相。郑弦高以商却敌而保国，吕不韦以商归秦质子，郑昭商暹罗逐缅寇而主偏陲。美总统躬营负贩。俄前皇彼得发愤为雄，微服赴邻邦，考求技艺，研究商情，而归强其国。泰西各国凡拥厚赀之商贾，辄目为体面人，准充议政局员。轮船公司往来外国者，亦邀国助。凡事必求便商情，课税必权其轻重。昔罗马尼亚有贾于俄者，富甲一国，俄王与结昆弟，有女遣嫁，遣使往贺。亦可见中外古今，不尽屏商为末务，孰谓圜阓中竟无人豪，顾可一例目为市侩哉？西俗呼为市侩者，如德国官典章程：每物估价给三分之二，每马克月利三分，凡六月为满，其私押则当值少而利重。此等虽系典商，最为官绅所鄙。其官督民开者以十三个月为期，息五厘而已。质物者必以购物质票为凭，否则以住屋租纸呈验，或令房东作保，违者不纳。

恭读康熙五十三年谕，曰："朕视商民皆赤子，无论事之巨细，俱当代为熟筹。"今官商隔阂，情意不通。官不谙商情，商惮与官接。如何能为之代筹？故来自外洋无关养命之烟、酒、蜜饯、饼饵等物，进出通商各口皆准免税。而华商营运赖以养命之米、麦、杂粮等项，经过邻壤外县皆须捐厘，遑问日用之百物。试为援比，大欠均平，皆因秉轴者不肯降气抑志，一经心于商务耳。方今门户洞开，任洋商百方垄断。一切机器亦准其设厂举办，就地取材，以免厘税。其成本较土货更轻，诚喧宾夺主，以攘我小民之利。我士商若再不猛著先鞭，顾私利而罔远图，存妒心而互相倾轧，徒使洋人节节制胜，中国利源不几尽为所夺耶？我商人生长中土，畏官守法；彼西商薄视华官，不谙外务，反得为所欲为。若华商有交涉繆辀之事，华官不惟不能助商，反朘削之，遏抑之。吁！是诚何心哉？虽然，官不恤商者，固由官制过于尊严，实亦国家立法之未善。纵有亲民之官通识时务者，亦不能破格原情，时与商贾晤对坐谈，俾知商务要领，得以补偏救弊。商务之不能振兴也，良以此耳。

昔年德国商人虽贸易有方，亦迫于官税烦苛，更迫于匪人劫掠，谋什一者无所得利，反多折耗。因而通国商人聚议立约，歃血会盟：每埠必有商会，彼此声气相联，互相保护，名曰保护会，亦名商会。如有爵员及官兵、盗贼恃强以害商者，会中人必协力御侮，不受欺陵；或有劫掠等事，械知四处，严搜密访，务使就获；倘国家有害商虐政，亦准其具禀，申诉裁革。此会一兴，商务大振，于是荷兰、瑞典、瑙威等国首效之，而英、法、西等国朝廷知其法善，亦准商人在本国设立公会，自为保护，以免他虞。今朝廷欲振兴商务，各督、抚大臣果能上体宸衷，下体商情，莫若奏请朝廷增设商部，以熟识商务，曾环游地球，兼通中西言语文字之大臣总司其事，并准各直省创设商务总局。总局设于省会，分局即令各处行商择地自设。总局则令各处行商，每年公举老成练达有声望之殷商一人为总办。由总办聘一公正廉明熟识商务之绅士常川住局，一切商情准其面商，当道随时保护。日本业已效法泰西，虽一介商民，有运土货出售外洋者，欲见某官，商务局董即赐函交其面呈使臣，为通介绍，毫无费用。中国能如是乎？如有要务，亦准其径达商部大臣代奏，请旨准行。而后商情自不壅于上闻矣！夫如是，则胥吏无阻挠之弊，官宦无侵夺之权，厘剔弊端，百废可举。商人亦得仿照西例，承办要务，必将争自濯磨，使货物翻新销流畅旺，上以仰承国家之要需，下以杜绝外洋之厄漏，安见商富而国不富耶？

至今日而策富强，倘不如是，内不足以孚信于商民，即外不足以阻洋商之攘夺。洋货入中国则输半税，土货出外洋则加重征。赍本纵相若，而市价则不相同：洋货可平沽，而土货必昂其值。颠倒错綜，华商安得不困？洋商安得不丰？倘有贤能督、抚大吏，洞明利害本原，奏请将厘金概行豁免，在江海巨埠者并归洋关，在内地口岸者改归坐厘，或由商务局妥筹别款，弥缝厘金之缺，何至华商受其害，而洋商独收其利也哉！

商务二

商以贸迁有无，平物价，济急需，有益于民，有利于国，与士、农、工互相表里。士无商则格致之学不宏，农无商则种植之类不广，工无商则制造之物不能销。是商贾具生财之大道，而握四民之纲领也。商之义大矣哉！

中国袭崇本抑末之旧说，从古无商政专书。但知利权外溢，而不究其所以外溢之故；但知西法之美，而不究西法之本原。虽日日经营商务，而商务终不能兴。凡大小学堂只知教习举业，不屑讲求商贾、农、工之学。故读书不能出仕者，除教授外，几至无可谋生。岂知西人读书各专一艺，如算学、化学、光学、电学、矿学、医学、农学、律学及一切制造各务，皆足以荣身富国乎？中国今日虽振兴商务，要当取法泰西。

盖西人尚富强最重通商，其君、相惟恐他人夺其利益，特设商部大臣以提挈纲领。远方异域恐耳目之不周，鉴察之不及，则任之以领事，卫之以兵轮。凡物产之丰歉，出入之多寡，销数之畅滞，月有稽，岁有考。虑其不专，则设学堂以启牖之；恐其不奋，则悬金牌以鼓励之。商力或有不足，则多出国帑倡导之；商本或虞过重，则轻出口税扶植之。立法定制必详必备，在内无不尽心讲习，在外无不百计维持。各国每埠皆设有商会，京都设商务总会，延爵绅为之领袖。其权与议院相抗，如有屈抑，许诉诸巴力门衙门。故商人恃以无恐。

昔年英吉利僻处一隅，闭关自守，曾不百年，其兴勃焉，则以极力讲求商政故也。京都皆开商务学堂，教习通商规例，以便贸易远方。时有精于商务之人特箸一书，谓商学之要有五：曰地学、金石学、地理学、植物学、生物学。书分四册，首言货物来源，次言工艺制造，三言古今商务兴衰、沿革、更变，四言近今商务。凡欧洲通商之地，植物、生物、金石内所得各物、所生材质，皆分门别类，言之綦详，以教本国学生，并教导他处商人，获益非浅。

或谓："商贾之事，只须略知贸易情形，即可逐蝇头之利。"岂知商务极博，商理极深，商情极幻，商心极密。欲知此道，不但须明旧日所传商政，并宜详求近日新法。近人思得新法，先视本国土宜，上占天时，下穷地力，究货产之盈亏：何物最饶？何产最良？或注意一种，或若干种，宜制何器？意有专属，其业始精，能使乍见者必生欣爱，欣爱者必须购用，庶得其道矣。如各种货物增出愈多，则新法更为繁琐。盖懋迁有无之事，匪独一家之利钝，并关一国之盈虚。

古者交易但贵布、帛、菽、粟，后世工艺大半弓、冶、箕、裘。此其中但有工于会计、识见过人者，则获利较优。故知市面之兴衰、货物之增益、销路之宏远，须仗聪明才智之士思深虑远，而后操奇计赢，胸有成竹。况商业至今日而愈繁，商术至今日而愈巧。此格致之学言商务者不可不知也。外国新植一物，新得一法，必笔之于书，以俟考究。据英商云：同治十一年，有英国医士在新加坡游玩，见土人手持一斧，其柄非木非皮，不知何物。遂询之土人，略知出处，即购此柄寄回英国，由博学士考求，知为橡树所制，其质柔脆可以伸缩自如。于是用橡树所制之器甚多。印度格克得海口有油铺主，一日见油盆之外，盘有树根丝缕缕明晰，主人大奇之，适制绳工匠某亦来同视，皆以为见所未见，遂将此物寄呈英国考究。知此根丝可以织布作袋制衣，倘与蚕丝拼合同制，乍见者竟莫辨其为真丝、为根丝也。嗣后日益讲求，采根丝组织布匹，通行国中。今北鄙苏格兰一带，根丝一项亦为入款大宗。一百年前美国有贩木棉赴英者，其时尚不能将棉花制物，后有艺术之士明制造之法，乃能以棉纺纱，以纱织布，于是制布分棉，成功极易。棉花销数极多，英国织布之业独胜他国，商务又为之一新。近年西人不独购中国鸡毛、羊毛、骆驼毛，且购猪鬃毛、黄麻、乱丝头、柏油、五棓子等物，运至外国，用机器制成绒毯、台布、窗帘、缎布、蜡烛、洋墨水，出售中国者甚多。我国如就地制造，以省运费，获利必厚。且闻四川有煤油井，有沙石，可以自制玻璃。当道者欲辟利源，胡不令商民仿行之？

中国不乏聪明材智之士，惜士大夫积习太深，不肯讲习技艺，深求格致，总以工商为谋利之事，初不屑与之为伍。其不贪肥者，则遇事必遏抑之；惟利是图者，必藉端而朘削之。于是但有困商之虐政，并无护商之良法，虽欲商务之兴，安可得哉？

日本自明治维新后，其大臣游历各国而归，洞识通商利害，谓：祛其害，得其利，则国富兵强；失其利，受其害，则民穷国困。究其避害受利之故，在讲求格致、制造机器、种植、矿务诸学而已。是以仿行西法，特设商部，通饬各处设立商务局，集思广益，精益求精。日本自设商务局后，如有洋商买卖不公，即告知商务局，集众联盟，不与交易。华商人心涣散，各自怀私挟诈，致使外人乘瑕蹈隙，坐收渔利。若茶价跌，则说货不对样，非退则大割价，所磅斤两吃亏尤多。凡华商买洋商之货，无不先银后货；洋商买华商之货，则先货后银。竟有延至日久不清者。商务种种吃亏，皆由人心不齐，亦地方官无以鼓励之所致也。事无大小，情同一辙。不独仿造中国土货，更仿造西洋各货，贩运外洋，价廉工巧，人争购之。如有亏折，商部大臣设法为之伙助，闻昔年日商仿西法制造之货号耗过重，不能销者，官为之拍卖，或运售他处。拍卖者，西法也，授意拍卖之人先登告白，订期招人，当众出价，以价最高者得之。俾再营运，无令中道气沮而业废。故二十年来，商盛课增，竟以富商者增国帑，而其捐赀报效之多，固无论焉。

今中国虽与欧洲各国立约通商，开埠互市，然只见彼邦商舶源源而来。今日开海上某埠头，明日开内地某口岸。一国争，诸国蚁附；一国至，诸国蜂从。滨海七省，浸成洋商世界；沿江五省，又任洋舶纵横。独惜中国政府未能惠工恤商，而商民鲜有能自置轮船，广运货物，驶赴外洋，与之交易者。或转托洋商寄贩货物，而路隔数万里，易受欺蒙，难期获利。

前顺德黎召民方伯曾集股创设肇兴公司，开庄伦敦，卖买货物，举余出洋总办，并请郑玉轩京卿、邓小赤方伯相劝。余答曰：商务一端必须统筹全局，果有把握而后可行。若预先买货待涨，非熟悉该处市情消长、货色盈虚不可。似宜先往外洋设一茶叶、磁器行号，兼代买卖丝、茶，或附搭殷实可靠之行。俟开办三年，熟悉该处贸易情形，然后大举。倘能奏请朝廷，所有各省军械悉归我行承办，聘一素精枪炮、轮船、机器之人考究，止收经手用费，不致洋行浮冒，以旧充新，则必两有裨益。况承办军械洋行，上海计有数家，岁须缴费二三万金，其利之厚可知。闻中、日之战，天津信义洋行承办军械，该行买办尚分得二十余万。其获利之厚，更信而有征矣。我公司得此利息，亦可赖以维持。奈方伯急于开办，谓所议难行，茶叶、磁器生意过小。乃大张旂鼓，请刘述庭观察、梁鹤巢司马开办，名肇兴公司，不及三年已停闭矣。由此观之，可知创办一事必须小试其端，先立于不败之地，逐渐推广，方可有功；若亟求速效，务广而荒，必至一蹶不振。然则名曰通商，于通之一字，总未能实践力行也。

近日朝廷虽有通饬各省督、抚振兴商务，及各制造局准招商承办之谕，惟官商积不相能、积不相信久矣！纵使官吏精明，愿为保护，恐继之者贤否莫卜，或有要求不遂，更速其祸。孰肯以自有之利权，反为官长所执？故殷商大贾更事多者，明知有利，亦越趄而不敢应召；即有应之者，恐其假托殷商认办某事，实则别有所图。十余年来，时有劣员串同奸商,或禀请当道承领某行捐费,广东各业炮台捐费,皆招商承办。或仿西法创办一事,托词业已集股若干,奉札到手,始设局招股,以公济私,既非股实,亦无长技,事终难成,而为其所累者已不鲜矣。

按西例,由官设立者谓之局,由商民设立者谓之公司。总理公司之人即由股商中推选,才干练达、股份最多者为总办。初未尝假于官,官特为之保护耳。今中国禀请大宪开办之公司,皆商民集股者,亦谓之局,其总办或由股份人公举,或由大宪札饬。凡大宪札饬者,无论有股无股,熟识商务与否,只求品级高,合大宪之意者。皆二、三品大员,颁给关防,要以剞副,全以官派行之。位尊而权重,得以专擅其事;位卑而权轻者,相率而听命。公司得有盈余,地方官莫不思荐人越俎代谋。试问外洋公司有此办法乎?且历观商务由官专办者终鲜获利。闻近年中国商情,惟棉纱匹头大占利益。上海纺纱局获利甚厚,而湖北织布局仍虞折阅。其故何哉?窃恐各委员不免仍拘官场积习,非但不知商务利弊,不通权变而已也。

故欲整顿商务,必先俯顺商情,不强其所难而就其所易,不强以所苦而从其所乐,而后能推行尽利。凡通商口岸,内省腹地,其应兴铁路、轮舟、开矿、种植、纺织、制造之处,一体准民间开设,无所禁止。或集股,或自办,悉听其便。全以商贾之道行之,绝不拘以官场体统。

或谓内地商务所以不振者,其弊有三:一、厘卡日增,商贩成本加重。二、卡丁、差吏额外需索。三、商夥任意舞弊,甚至拐骗、盗劫,不得申诉严惩。欲祛三弊,必须痛除积习,妥定新章。既仿西法创设商部,并通饬各府、州、县及各处领事,劝谕各设商务局,群策群力,同德同心。尤宜设商务学堂、博物院、赛珍会,以为考究之所。凡物产工艺不如人者,商务大臣与各商务局随时随地极力讲求,务探精意,分条剖晰〔析〕,普告众商。或有多财善贾,奇才异能,创办制造机器、矿务、轮船、电报等局,或博闻强记,箸书立说,均有益于国计民生者,当奏请朝廷给予匾额,以示鼓励。诚若此,则商贾中人材辈出,将见国无闲人,地无弃物,自然商务振兴,而阛阓日有起色矣!

商务三

中国以农立国,外洋以商立国。农之利,本也;商之利,末也。此尽人而能言之也。古之时，小民各安生业，老死不相往来，故粟、布交易而止矣。今也不然，各国并兼，各图利己，藉商以强国，藉兵以卫商。其订盟立约，聘问往来，皆为通商而设。英之君臣又以商务开疆拓土，辟美洲，占印度，据缅甸，通中国，皆商人为之先导。彼不患我之练兵讲武，特患我之夺其利权。凡致力于商务者，在所必争。可知欲制西人以自强，莫如振兴商务。安得谓商务为末务哉？

我中国自军兴而后，厘金洋税收数溢于地丁，中外度支仰给于此。夫用出于税，而税出于商，苟无商何有税？然中外司会计之臣，苟不留心商务，设法维持，他日必致税商交困而后已。四海困穷，民贫财尽，斯历代之所由衰乱也。

查英国设商部专理其事，于商务讲求最精，故收效亦最巨。派驻各国领事，岁将该国商务现在一切情形，详报商务大臣。余译有《秦西商务》一书，已详言之矣。法、美踵其迹，而亦步亦趋，均致富强。德于数十年前师法英人，设商学以教贸易，并立博物院罗致各国货物，以藉资效法而广见闻，故商学堂中人才蔚起，而德之商务大兴。奥国近亦讲求，分为三类：一则银行典质货物暨保险各事，二则制造各法及销售运货脚价，三陆地转运之法并邮政电报各事。是以泰西各国商务日振，国势日强，民生日富。然各国工力悉敌，出入损益，厥势维均，则不得不以亚洲各国为取财之地，牟利之场，此亦必然之势也。

夫亚洲各国贫弱者无论矣，其最大者首推中国，次则日本。故挟全力而俱东，争开口岸，勒订条约。设领事以资保护，屯兵舰以壮声威。或勒免关卡税、厘，或侵占小民生计。取求无厌，要挟多端，必遂其欲而后已。日本初亦受其朘削，至大藏省尽余纸钞，金银日稀，国势已形岌岌。厥后其大臣游历各国而归，窥见利病之故，乃下令国中大为振作，讲求商务，臣民交奋，学西洋之制造以抵御来源，仿中国之土货以畅销各国，表里图利而国势日兴。纸钞悉数收回，府库金银充溢。日本自平萨峒马乱后，至今积银赢四千万。此日本近日通商之实效也。日本既避通商之害，反受通商之益，于是亚洲之国受其害者惟中国而已。

夫以日本之小，且交受其益；以中国之大，乃重受其害者。何哉？病在讲求商务之无人耳。推原其故，上在官而下在商。官不能护商，而反能病商，其视商人之赢绌也，如秦人视越人之肥瘠。封雇商船，强令承役，只图自利，罔恤民生。私橐虽充，利源已塞。此弊之在上者也。至于商，则愚者多而智者寡，虚者多而实者寡，分者多而合者寡，因者多而创者寡，欺诈者多而信义者寡，贪小利者多而顾全大局者寡。此疆彼界，畛域攸分，厚己薄人，忮求无定，心不齐力不足。故合股分而股本亏，集公司而公司倒。此弊之在下者也。

欲求利国，先祛二弊；欲祛二弊，先自上始。必于六部之外，特设一商部，兼辖南、北洋通商事宜。昔英国思兴邦之略，首在通商，而政令所颁恐不便于商务，于是下令：凡欲选举为议政局员者，必其人曾以贸迁之事三次环游地球，乃得分此一席。于是在朝之士俱由商务而来，而商务遂甲于天下。我中国苟欲振兴商务，推广利源，曷取英国成法，仿行而变通之，以尽祛前弊乎！南、北洋分设商务局于各省水、陆通衢，由地方官公举素有声望之绅商为局董，凡有所求，力为保护。先讲种植、制造，次讲贩运、销售，如种茶、树棉、养蚕、缫丝、织布、纺纱、制造、毡毯诸事，倡立鸦片、煤、铁、磁器、火油诸公司。必使中国所需于外洋者，皆能自制；外国所需于中国者，皆可运售。而又重订税则，厘正捐章，务将进口之税大增，出口之税大减，则漏卮可以渐塞，膏血可以收回，此其权之在上，而必大为变通者也。

至于下则必于商务局中兼设商学，分门别类，以教殷商子弟。破其愚，开其智；罚其伪，赏其信；劝其创，戒其因；务其大，箴其小。使豁然于操奇逐赢之故。而后分者可合，散者可聚，小者可大，拙者可巧，诈者可信，贫者可富，废者可兴。再由各府、州、县札饬各工商设立商务公所。须如王君子潜所云：毋恃官势，毋杂绅权。商民工匠见诸官绅，皆缄口不言，恐犯当道之怒，祸生不测云。当听工商仿西法投筒自举商董。所举商董或一月一会，或一月两会。会日洞启重门，同业咸集，藉以探本业之隆替，市面之赢绌，与目前盛衰之故，日后消长之机。勿作浮谈，勿挟私意，何者宜补救，何者宜扩充，以类相从，各抒己见。司董择其切当可采者，汇而记之于册，一存会所，一存商务局。每年每季仿外国商务工艺报刊印成编，分遗同业户各一本，俾考市廛之大局，知趋避之所宜。夫而后百货通，百废举矣。商务局凡有所见，咨禀于南、北洋通商大臣。倘遏抑不通，即径达商部，一年一次汇禀情形。商部统计盈虚，上达天听。如是，则兴废当，谋画周，上下之情通，官商之势合，利无不兴，害无不革。数十年后中国商务之利有不与欧西并驾者，吾不信也！

若朝廷无熟识商务之大臣仿照西法，认真讲求，仍以科甲清班不谙商务之员俾主持商政，徒有兴利之空言，而无恤商之实效，因循粉饰，将见国困商亏，贫弱无可救药矣！

商务四

孟子曰："天时不如地利，地利不如人和。"斯理也，通于商务矣。夫贸易之道固以土产及土产所制之物二者为之纪纲，而国政民情未尝不与商务相维系，明乎此，而后商务可得而言矣。

英吉利，商国也，恃商以富国，亦恃商以强国。曷为曰商国也？专藉商舶以觅新地，辟新埠，纵横五大洲，遍布于中国沿海沿江地方，其与国政相维系者如此。艺术家日益精良，化学家日研新质，创耕稼新机以教农人，得粪溉新法以兴树艺，其与民情相维系者如此。窃尝究英国商务之所以兴旺者，其故有十三端，有为中国之可及，亦有为中国之难骤及者：曰地气清和，曰矿产甚富，曰国内水陆便利，曰海口多，此四者中国固有之，无不可及者也。曰百工技艺娴熟，曰首创机器擅利独多，曰赀本甚巨，曰程法尽善，用人得宜，曰商船多，曰五大洲皆有属地，曰言语为商务通行，曰通商历年最久，曰近日出口货无税，进口货亦不尽征，此九者他国亦有难兼，中国所未能骤及者也。

姑举中国商务情形论之一：一曰专业收放者为坐贾，此无甚远大之志，以彼出以此入也；一曰贩运出境者为行商，货不能得厚利于近地，必待转售于他乡，或数百里，或数千里，此其志在速销，以货往以货返也；一曰独商，商本不充者不能创设大庄，商资稍裕者辄喜独开生面。一曰夥商，人二为从，人三为众，向称股份者如是已矣。西商公司之法行，我商局大为一变。然止闻集股之害，终未见集股之利。

然则至今日而言商务，我君臣上下无不欣然艳羡，起而效之，独奈何不揣其本而师其末乎？揣本之道奈何？除设商部立商务局诸大端前已详哉言之，复有两说于此。

一在先明大地贸易兴旺之故也。地面近赤道者曰赤带，近北极者曰冷带，两带之间曰温带。其土产之利既不相侔，而飞、潜、动、植之象亦觉大异。推之五洲之物，一国之物，一省之物，均未必同，惟彼商人世处其中，或各精一业，或力兼数业，究其大宗之源，实亦不外讲求天生物产、百工技艺两大端。

一在先明城镇口岸兴旺之故也。地当孔道、位镇中央必开大埠，如中国之周家口、汉口、樊城，俄之麦思果，德意志之伯灵是也。江海相接，内通数省，上下数千百里，如中国之上海、英之伦敦、法之立瓮城是也。海口便于泊舟，为海道所必经，中国之香港久为英人占踞者是也。支河一线，内外通海，埃及国之苏彝士河是也。势扼河海要隘，地甚狭束，希腊与美国答陵湾是也。两海相夹，形如箕舌，南洋锁钥，东西咽喉，新加坡是也。以上七项皆商埠要区，能占地势之大利者也。既商地之利有七，凡为商者孰不思得一地利以自居，倘或能兼数利，而商务不兴旺者未之有也。

且夫天下商埠之盛衰，视水陆舟车为转移。有昔为荒区，今成天府者，如中国之香港、上海、燕台、牛庄等处。有昔为大埠今就衰落者，如中国之清江、周家口、樊城等处。观船舶之多寡，知河道必有变迁；观海道之飞轮，知中道河南、东道山东之必有衰落；观火车之渐通，知旱道必增巨埠。有识者固思捷足先得，亦惟多财者乃能力着先鞭也。况通商之利固有常经，亦多变局。

试观埃及国，昔年缘国属罗马，例应贡麦，埃民遂加意麦种，而麦产贸易之旺者数百年。德国有地名活登倍克，凡民间娶妻者令种果树若干本，其地至今多果利。此因国法而竟能盛兴商务也。昔年英国禁种黄烟，烟贾无利，今弛禁而烟贩遂盛。此以禁令宽猛而可觇商务兴衰也。英国海口昔时麦税甚重，面粉价昂，后减轻收税，面价廉而麦贩愈多。此以捐税轻重而可验商务兴衰也。又有两地物产同而贸易之兴旺则未必同，盖旱道多，山路险，运脚必重；铁路近，轮船便，运脚必轻。此以运脚多寡而可衡商务盛衰也。顾天下政教不能道一风同者，势也；而天下土地必须相其物宜者，理也。不同者原难一例相从，不宜者仍需互相补救。试观中、印善种茶，而英国善织布，故英人常购中、印之茶，而售其布于中、印也。法国善织丝绸，英国善铸铁器，故法国常购英之铁器，而售其丝绸于英国也。美国富棉产，英国精造船，故美国常购英之船，而售其棉于英国也。于此可见各处有本产，即各业有专门，父传子，子传孙，各守恒产，业精物美，而即以其有余，补其不足。此交易之各得其所者也。

至若天气温煦，雨旸时若，则土产之物必鲜美而价廉，是谓得天时者也。土质膏腴，地脉滋润，则所产之物必丰富而价平，是谓得地利者也。技术有师承，制造多心得，则所出之物必精美而价高，是谓得人和者也。"天时不如地利，地利不如人和。"明乎此，方足与言商务。吾愿言商务者，究其理而推行尽利可也！

商务五

国家欲振兴商务，必先通格致，精制造。欲本国有通格致、精制造之人，必先设立机器、技艺、格致书院以育人材，并由商务大臣酌定税则，恤商惠工，奏请朝廷颁示天下，悉如前篇所论。如有新出奇器，准给独造执照，及仿西法颁定各商公司章程，俾臣民有所遵守，务使官不能剥商，而商总、商董亦不能假公济私，奸商墨吏均不敢任性妄为，庶商务可以振兴也。查我国与泰西各国通商在日本之先，而商务、制造瞠乎其后者，皆因无机器、格致院讲求制造诸学，无商务通例恤商惠工，是以制造不如外洋之精，价值不如外洋之廉，遂致土货出口不敌洋货之多，漏卮愈甚。当道虽时欲整顿商务，挽回利权，究竟未知扼要所在，数年来工商生计愈见其绌。若再不悉心考究，徒效皮毛，仍如隔靴搔痒，有名无实，或言不顾行，势必至国困民穷，不堪设想矣！故书中反复详论广开学校及设技艺、机器、格致书院，撤厘订税、恤商惠工诸政，为当今致富之急务，非此不足补救万一也。

尝阅西书，英国每岁集刊《列国政治》一书出售，西名《土得士文也卜》，凡各国之政治、兵船、铁路、火器新旧多寡，国用土产等项，无不备载。论商务之原，以制造为急；而制造之法，以机器为先。中国自设立制造局，风气一开，凡一切枪炮、轮船、军火均能自造。惟物料仍需购之外洋，且剿袭西法，而不能尽得其秘，所以仍不能夺其利权。至民间近亦讲求机器：成衣用机器也，造纸用机器也，印书用机器也，磨面用机器也，碓米用机器也。然尚不过试行，而未能推广。今则缫丝机器规模宏大，出货甚多，而纺纱、织布之机器，则更利市三倍，推广愈甚。此商务之转机也。然各种机器仍须购自外洋，不特民间购取之不便。而洋人明知华人不能自造，往往格外居奇，要求善价，且多有以用过之旧物售之中国，而中国暗受其欺。且置一机器不知其所以然，而但知其所当然，偶一损坏，仍须倩洋人修理。设洋人不肯修理则有机器如无机器同，其有不受制于外人者乎？

人但知购办机器可得机器之用，不知能自造机器则始得机器无穷之妙用也。宜设专厂制造机器，择现在已经用过之各机器，先行仿造。然后向外洋置备各种未经购用之机器，一一仿造。虽不能自出心裁，远驾西人而上，而果能步其后尘，纵不能得外洋之利，则中国之利自不至外溢矣！各种机器自能制造，则各种货物亦自能制造。所造之物既便自用，且可外售于人，不致全以利权授外洋矣！外洋进口之货皆人力之所为，而中国入口之货多天生原质，以此相较，孰优孰绌，不待智者而知之。

且中国地居温带之中，所出之物悉较外洋为优，无如中国优于天工，而绌于人力。中国以为无用之物，如鸡毛、羊毛、驼毛之类，洋人购之、造之，人巧夺天，竟成美货。在华人以为洋人购此无用之物，可以得利，而不知洋人成货之后，售与华人，其什百千万之利仍取偿中国也。将来日本在内地通商，势必广制机器，华人所不知为而不能为，所欲为而未及为者，恐日人先我而为之。则外洋之利权既为欧西所夺，而内地之利权又将为日本所夺矣！现在风气之速，甚于迅雷，若不急思筹办，则日本创之，各国效之，华商必至坐困，无利可图，可不惧哉！

况丝、茶为出口货之大宗，年来养蚕、制茶之法均不如外国，其利亦渐为所夺，出口日减矣！尝考外国制茶新法，皆用机器以代人工，力匀而工省，制精而易成，无天雨不晴之虑，一切巧妙之处，日人已箸书详言之矣。蚕丝较茶出款尤巨，法人郎都近创育蚕会，用显微镜测视，凡蚕身有黑点者谓之病蚕，即去之，讲求日精，故所养之蚕较中国出丝恒多三倍。虽然中国向有治病蚕之法，惜未考求尽善，常为病蚕所累，出丝不多。洋关税务司康必达箸书详论其事，并遣人赴法国学习。利导可谓甚勤，奈华人积习未除，风气未开，尚罕信者。

考泰西各国最尚格致之学，有一事必设一会，集天下之深知此事本原功用之人，不厌繁琐，一一考究详察，以尽其利。譬如种田则必究其未种之先，何等种籽宜于何土，燥湿何宜；既种之后，必究其何以长茂，何以蕃实，必使业此者毫无遗利而后止。今访求养蚕各节，即此意也。泰西于蚕桑一事，亦设有会，托各国各就所产情形，专心考究。此会设有年所，其于蚕之一物如何生长，宜食何叶，何以肥壮，何以有病，如何医治；何以必到其时不食而眠，每次眠时是何形状；何以必到其时乃上山结茧，其茧是何色样，何以茧有大小；何以必到其时乃出蛾，其蛾是何色样，有无疾病；何以必到其时蚕乃发生，又何以一年内再生至五六生，即：二蚕、三蚕至五六蚕。如何使其不再生，而留其子使次年始生；所吐之丝何以有粗细韧脆，何以光洁，何以暗滞；何者为得天气之宜、地土之宜，究应如何蓄养，始无遗憾；所种之桑何桑宜何地土，何以茂密，何以虫生，如何去虫，何叶宜何蚕；又有各种野蚕，各种半家半野之蚕，何以为野，何以为半家半野，何蚕产何处，何蚕生何树，食何叶，何种可取回畜养，何种不宜取归，其蚕及蚕茧、蚕蛾、蚕子如何收取，如何功用。会中历年讲究，早得窍奥，不存私见，坦白大公，随时荟萃出书，布散各国，使人增长学问，有所仿效，俾无遗憾。但格致之学精益求精，无有止境，故是会仍就各国访求，不厌繁，不惜费，因蚕桑有关国计民生，亦皆各国公款所出，诚重其事也。

中国蚕桑之法讲求者，原不乏人，特忽略者众，只知其当然，而不知其所以然。仍用旧法畜养，衰旺委之气运，年产不能递增，端在讲求不得其道耳。至各种野蚕，则更无人过问，任其自生自灭，实亦大有利用。今欲华人能知取益防患之法，必得会中新出之书考究仿效，所裨诚非浅鲜。欲振兴商务者宜知之。

商船上

五洲商船最多者莫如英国，其次美、德、法，已将各国轮船、帆船数目详列商船表于后矣。查泰西国例，通商之船只准径到一埠，其余沿海、沿江各埠乃本国民船自有之利，外人不得侵夺。今各国轮船无处不到，获利甚厚，喧宾夺主，害不胜言。

日本昔年拟改国内各海口运货章程，凡有洋货已抵本境，均由本国商船运载分售，广开利源，免致喧宾夺主。西人以日本船数不敷，改制太速，且日境水道尽属海洋，非若中国之扬子江、美国之米西细比、巴西之亚马孙江，贯注国中绵长数千里，本国得以独擅其利也。今日本已如愿相偿，收回利权，已无洋船转口于境内各埠。

我朝廷亦宜设法保护商民，振兴商务，并换去关上洋人，庶无偏护，如日本设法卫商，使外来争利者亏本自退。载货水脚因争载而递减者酌复其旧，则中国商船之利悉归我有，否则仿外国例，岁助商船公司带书信箱水脚银数十万两。查各国皆有邮船公司，国家岁有津贴。闻英国每岁津贴轮船公司六十万五千镑，另津贴专往奥大利亚之船岁约八万余镑。法国一百零四万三千五百十三镑。德国一百万镑。俄国四十五万镑。意国四十万镑。日本八十八万元，今年又助银三百五十万元为推广往来各国邮船之费。多造坚固快利之船，分走通商口岸及华人寓居之埠，如南洋诸岛、北洋、海参崴及朝鲜、日本各口，皆可以运我土货，畅销各国。又添派小轮船往来各省内河。船中驾驶、管轮悉用华人，以免滋事。

今我国通商各口无论长江内河、苏、杭二州，皆任洋商轮船往来，是船业之利几尽为彼族所夺矣。士大夫既知轮船捷于帆船，旧式不如新式，岂无一二深明大利大害之人？辄以群疑众谤，动谓："轮船一行，恐绝旧日船户谋生之计。"深愿当道亟将帆船不及轮船之利，详细晓谕各船户。嗣后若不能尽改轮船，亦当多造新式帆船。或有商船出类拔萃者，当道尤宜奏请奖励，以期踊跃。

日本自效西法，商船日增。西报谓其自中、日交战六个月，邮船会社租船与国家，除一切费用外，净获银一百四十万元，其恤商可谓厚矣。中国能如是乎？招商局当中、日交战留在天津听差之船，用一日计一日，不用之日则不计，与日本邮船会社租与国家之船比较，虚耗不少。且所载湘军水脚照章八折，尚彼此推诿，经岁未付，而商局之受损良多。或谓："国家有漕米归招商局船装运，尚有利益可补。"不知近年漕米水脚不及运商米水脚之昂。且"拱北"轮船在锦州失慎轰沉，据船上逃回之中西司事口供，与同船逃回之兵弁供词大相悬殊，是以统帅未将船价给还商局，无从再问矣。西例：凡两船相碰、撞礁失事等情，概归水师衙门，由水师提督会同各船主审断。所运官家物件，刻薄者动须报效，间有行李数百件而不付一钱，反代出上下工力者，其弊若是。又有武弁、差役狐假虎威，如船上司事供应不周，任意拳打脚踢。欧西上等之人皆以守法知礼为体面，华人多有以不守法不拘礼为体面，所以各官与招商局有交涉者或有势力者，皆不遵局船规矩，往来不买船票，亦不先咨照船上预留房舱。此辈无论何时到船，房舱虽已为人所定，亦嘱船上管事开房入住。且住大餐房之客，例定每客准带家人一名，其家人不准住宿大餐房，彼亦留其同房住宿。竟有以朋友冒充家人同住同食者，亦有邀大舱之友到大餐房坐谈，各家人亦群拥而至者，不识避忌随处唾痰，为同舟之洋人厌恶，远避窃笑。而舟中上下之人敢怒而不敢言，恐得罪则祸立至，买办亦难自保。以上所论各节，事虽小而关系颇大。既有此弊，非但于商务有损，且为外人鄙笑，若不痛为革除，中国商务何能振兴！太古轮船知有此病，其洋人大餐房不许华人搭者，职是故也。所以华商之船不挂龙旗而挂洋旗者，职是故也。招商局尚属如是，遑问其余，欲振兴商务岂不难乎！

尝阅海关《通商贸易册》，核计由中国往外国公司轮船岁获水脚银约数百万两，往来我国各口岸之船岁获水脚银约八百余万两。闻晏尔吉云：太古代理往来中国各口江海轮船，除往来外国之船不计外，每年尚得水脚银三百数十万两，除开销外约余利银百数十万两。现在往来中国境内之船多属英国，既有此厚利，中国若不添船，日本闻知必遣船往来境内，将与英人争利矣。轮船招商局各船每岁约得回水脚银二百余万两，不过六分之一耳，况各船皆购自外洋，驾驶、管轮全属西人，漏卮甚巨。昔年招商局有江船曰"永宁"，用华人为船主，各国保险公司皆不允保险，故招商局创立仁和、济和保险公司，不为外人掣肘也。然轮船公司、保险公司不嫌其多。亟望我国家颁定商务通例、航海章程。凡海口设有灯塔，立有浮标，使知暗沙、暗礁。

造船之家须仿西例，同治十三年，英下议院议员以沉船之弊有十：水手过少，其弊一；载货轻重不均，其弊二；舱面重载过多，其弊三；船用马力过少，其弊四；瞒买保险过于原数，其弊五；造船时未得善法，其弊六；旧船更新继长增高，其弊七；载货浮于吨数，其弊八；年久失修，其弊九；贪行忘险，其弊十。故商部派员查访，设法禁止。由商部经验注册者，谓之上等。商政视其工程坚固与所用木之良楛，铁板厚薄，机器何如，必皆如式而后定其行海年限，不如式者不得往来。其处新船放行之日，往来其国各埠者，须设有验船官：一船主，一机器司。船主稽查舱面各件，机器司稽查舱内机器各件。如有损伤，嘱即修理。视其船之房榻、舢板、舱位阔窄，定其载货、载人多寡之数。如人逾其额，货逾其数者，皆罚之。前年太古轮船由牛庄返烟台，舱面载客过多，为风浪卷入海者百余人，地方官置之不问，殊可慨也！

每岁复禀请船政，遣国家机器匠至船详验机器有无损伤，铁板有无破坏。稍有不坚，定必修固。其行海所募水手，所带食米，必使足数，不足数者禁不得行。当船主者必有船主凭照，其船出海则船上人等一切皆听指挥。船主必记其所行于册，若有争辩等事，商务大臣即据其所记以定处分，使其慎重人命、货物，勿为利欲薰心，致蹈不测。凡禀请给照往来之船，亦当仿照西例，所取照费无过数元，只纳吨钞，不须另外报效。各国往来江海轮船，例无限制，亦不准人垄断。凡创办者俱无另外报效饷银，惟照例计船之大小，纳吨钞之多寡而已。令沿海要埠，中国公司轮船日增，利不外溢，诚塞漏卮、讲富强之一大端也！

商船下

上篇论各国商船多寡，保护商船诸法，验船要略。兹将上海中外轮船公司情形縷缕言之，俾咸知与外人争胜，其权操之有自。

余曩时总理宝顺及太古轮船公司事务，嗣又与洋人创办公正轮船公司及各口揽傤行三十余载。旋蒙盛杏荪、唐景星、徐丽之三观察采听商情，禀请傅相帮办招商局，曾同唐观察同至怡和、太古酌定三公司轮船水脚均分之约，出视南洋各口察看商务情形，叠蒙傅相札委总办局务，于中外商务利弊颇知梗概。

夫西人之胜于我者，以能破除情面，延揽人才，官绅属托有所不顾，亲友推荐有所不受，是以所用司事人等不但事情习熟，且为守兼优。董事由股东而举，总办由董事而举，非商务出身者不用。另举一极精书算之人，按月一查帐目。有事则众董集议，有大事则集股商会议，无事则于结帐时聚议。每年总办将帐目及生意情形刊成清册，登诸日报，俾众咸知。董事亦得各抒所见，以备采择。凡有益于公司之事，董事须竭力维持，否则必为人所轻鄙。此西国公司之通例也。

查轮船公司利弊甚多，大要有十：

一、总办为公司领袖，如不熟识商务，则不能知人善任，凡事为人所愚，措置失当，必有廉而不明之讥，待其悔悟，该公司已吃亏不浅矣。

二、管理船务者要常知公司有船若干，食水深浅，现往何处，各口进出货物盈虚，以及市价涨跌，庶胸有成算，不为租客所欺。

三、揽傲船虽未到埠，货宜先揽。如不先定，则耽搁船期。余见各处留船候货，所得水脚不敷耽搁之费者甚多。惟其弊在暗耗，人多不察耳。所以富商大贾及大揽傲行、轮船公司之有心计者，均曲体交欢，先有以固结其心，虽同日有船开行，其货物早已为我所有也。

四、凡置船有行江行海、载客载货之别，各口大小、水势深浅之分。内河水浅货少，船不宜大；外口水深货多，宜用大船。若船小载货无多，不能与人争利。

五、轮船机器贵用新式，烧煤少而行驶速。如贪价廉买旧式机器之船，烧煤多而行驶慢矣。

六、船主、管轮为一船司命之主，任大责重，十分谨慎，犹有不测之虞，稍涉疏忽，鲜不偾事。虽有学堂执照，仍须由历练中来。历观轮船之坏，非尽沉于飓风、大雾中，多因中酒疏略，刚愎自用，或艺术不精，以致有搁浅碰石、水锅炸裂等弊。然则选择船主、大副、管轮者可不慎欤？

七、公司船多，必须有总船主、总大车分别治理。如总船主非由船主出身，不知各船主优劣；总大车非由大车出身，不知各管轮优劣。优劣不分，人必不服。安有大学问者肯供其驱策乎？所以当总船主、总大车，如外国之升任水师提督，必须资格深，声望重也。

八、轮船上下货物，管栈与管码头坐舱，必须督率扛夫、堆工，毋稍耽搁。既货先预定，如千余吨船今早到，明早可开，至迟不过两日一夜。若每次耽搁一日，核计其中吃亏不浅。此着关系甚重，业船务者亟宜留意焉。

九、船中与栈房货物，坐舱与管栈，各宜督率小工堆高整齐，不许乱放，虚占地位，致少收水脚栈租之累。

十、坐舱夹带货物，少报客位，司栈多报力钱，偷漏客货，私收栈租等弊，均无难革除。要知事在人为耳。

当太古开办之时，只有旧船三艘，力与旗昌公司争衡，尚属得手，所以逐年添船，获利更厚。该公司所有轮船揽傤用人事务，归余与美人晏尔吉商办，选择熟识客商货多而可靠者，嘱渠分装各口揽傤，或加一九五用，或贴补房租，或货多准其荐一轮船买办，货至多者缺至优，以此羁縻，使其奋勉，为我招徕。

或谓："招商局因官有漕粮帮助，凡官荐之人，势不能却。"查西洋、东洋带信轮船公司，国家岁助巨款，过于商局运粮水脚数倍，当道概不荐人，亦何尝有此酬应乎？惟其能体惜商情，所以商务振兴也。按船局、商局司事人贵先谙练。今当道所荐者，非科甲则不士、不农、不工、不商向无历练之人，以期挂名文案，得支干修〔脩〕。或图船上坐舱之职，事由副手代理，彼则坐地分肥。或为分局帮办，时与当道酬应，于局事无裨，而糜费愈多。商局如是，别局亦如是。何能与人争胜？呜呼！西法不兴，谋生无术，凡得一官一差者，即有追随谋食之人络绎不绝，无以位置，其苦况难言，为他国所未有者也。或虑总办亏空，宜选公正廉明精明历练之股商为司月，按月稽查帐目，余事非其职守，不必预闻，以免掣肘。

至于造船、修船两端，关系最为重大。造船则先宜讲求新式绘图贴说，定造往来何处之船，其图应由总船主绘定，以新式为贵。如械知本局各船主有能出一新样，吃水浅，装货多，烧煤少，行驶快之船，请绘图贴说呈局考验。取用者赏银百磅，并嘱赴船厂监造以示奖励；纵不取用，其图说亦明白者赏银一磅，以补其笔墨之费。应用何样机器，何等材料，载重、吨数、马力若干，烧煤若干，行驶迟速，吃水深浅，皆逐一注明，照钞数纸，分寄有名各厂。开价寄至沪上总局开拆酌定，选一船主、机器师前往监造，或由监造登报订期投票，必须当众开拆，不须经手用钱，又免经手渔利浮开等弊。修船则防经管洋人与船厂通同作弊，有不应修而修者，指鹿为马，哄骗外行，欺蒙总理，皆惯技也。又须防同行密约，凡投票之价预加若干，同沾余利。种种弊端不胜枚举。非华商自设船厂不能止弊。日本尚有船厂数处，何中国竟不能自设耶？

以上所述各款，昔晏尔吉尝以为独得之秘，并劝余不可告人。余答曰："知之匪艰，行之维艰，未必人人品行端方，事事认真，不避嫌怨，尽心竭力为之也。"言虽自阅历中来，犹恐见识未广，愿质诸熟识轮船公司事务者。

或谓："内地设火轮船必有二弊：是导洋人内窜也，是令民船日废也。"不知通商自有界限，洋船所至必归洋关。若民船则由常关稽核，不归洋关，洋人无从藉口。日本江海各埠俱准民船往来，未闻洋人追踪而至者。譬之寓友于室，厅事园圃与友共之，所不与共者闺内之地，友亦自知其界，不敢阑入也。若鳃鳃然虑友之蹑其后，因不敢一至闺内，亦未免过虑矣。且先存此等见解，先发此等谬言，则刁猾洋商欺其不明洋务商务规例，乃从而生心，作得步进步之想，是启隙而令人攻也。

至于民船之废，更不足虑。轮船之多莫如香港，而民船不见其减。昔日上海漕米改装轮船赴津，亦云恐船户失业滋事，今已行之十余年，亦未见船户鼓噪滋事。纵或稍有减少，然所减在舟楫，所增仍在轮船，减此增彼，于民何损？彼民之能为大木船者，何不能为小轮船也？如必责轮船多事，是亦责舟楫者曷不为剖木之易也，责通商者曷不为坐困之易也？谋国谋家良有不得已之苦衷，矧无其弊而有其利耶？内地果设轮船，其船坚利足以御盗，周流荒僻足以弭盗，一利也；往还迅速，足便行旅，二利也；征调灵便，足便军旅，三利也；练习海疆屿澳支派汊港，足备水师之选，四利也；运载归总，不至走漏税、厘，五利也。

年来外国富强虽由制造之盛，亦因讲究通商始。口岸通商，人与我共；内地通商，我自主之。欲求中国富强，当改用轮船，由地方官出示晓谕船户，限期陆续先行试办。如逾期不遵或已试办数年，则不论何人均可仿行。如日本设邮船会社，仍设内地商船会社。轮船相为表里，以兴中国内地自有之商务，而收内地自有之利权。毋贪苟安而忘远效，毋信劣绅、奸商、墨吏之言，谓其有碍厘金，恐夺小民生计，以似是而非之词，颟顸塞责了事。闻有当道准行试办内地之船，而劣绅、墨吏受贿，必多方抑勒，令船户群起而阻挠之，终至不能行而后已。凡创办一事，必须大宪廉明，洞澈一切情形，方不致为人摇惑也。

保　险

保险有三等：一水险，二火险，三人险。水险保船载货，火险保房屋、货栈，人险保性命、疾病。盖所谓保险者，不过以一人一身之祸派及众人。譬一人房屋或行船遇险，由公司赔偿，而公司之利仍取之于人。如保房屋一千座，其中一座失险，则以九百九十九座之利银偿还遇险之一座，在公司不过代为收付，稍沾经费而已。人险亦然。大抵人生之寿，通算以四十岁为限，若至四十岁尚未命终，则以前每年所收之保银一概给还。且其人业经保险，若未至所保之期无故而死，则可得巨款，除丧葬外尚有盈余。此等便宜之事亦何乐而不为乎？货物保险，非独寻常之时，即遇战事、盗劫，凡意外之灾，皆可以保，惟价分数等：在兵祸中保险其价最昂，较寻常须加数倍；其盗劫等事次之，然亦与寻常保险不同，缘此等事非意料所可及也。

惟保险之法一行，每有奸商故将货物之价多报，以冀物失船沉，得以安稳获利。此等天良尽尽之徒，虽国家严禁，不啻三令五申，而利之所在人必趋之，仍多尝试。亦有将房屋托保，故付祝融者。公司中遇此等之人，别无善法防范，惟有付之一叹而已。

按保险之事始于明嘉靖二年，意大利国亦踵行之，皆由国家所保。其时每有奸商故将船只沉失于大洋之中，船中之人、船中之物尽付波臣，惟奸商预留逃命之地，乘船而回，向国家索赔。如是者岁有其人，后经查出重办，此风渐革。若火险、人险则始于康熙四十年。至乾隆二十七年，伦敦又设一保险公司专保人险。故同是保险，而所保不同。兹将章程分列如下：

水险章程：

一、船货等物须保至其所至之地，若未至其地被他人所夺者赔，为本国所夺者不赔。

一、船货出口，保险公司须考察船主及大、二副等技艺。若不能考察，任其出口，而船主不遵行船定章，因而失事者，过在船主，当由船主或船行赔偿；若船行、船主无力，仍由保险公司赔偿。各保险公司公请一船主考验各船管驾，才不胜任者不保。

一、两国交战，将口岸对禁，如局外之船强欲入已封之口，被局内战国将船物取去者不赔。倘先期与保险公司订明言，欲入某国封口，一朝失去，或可酌赔，然此款不在保例之中，不能援引。

一、船舶启行，须与公司订明开驶之期。若已定期，故迟一二日，不遵所定，比启行后以致失事者不赔。又所行之地亦有一定。若已定船至某处，忽欲折回，或绕至他处，因而失事者不赔。近年各公司因争揽生意，格外迁就，多未遵行。

一、船破损而不修，煤、粮少而不足，致开船后中途遇险者不赔。

一、甲船并货可值一百万，乙船并货只值五六十万，彼此相撞，如甲船沉失，则照乙船价值赔偿，不能赔足一百万。倘乙船沉失，则甲船当遵乙船之价赔偿。

一、船在海中遇风如当危急，或斫断木桅，或抛去重货，皆任船主自主。事后船中之物，则照数赔偿，所有抛弃之物则照原价赔给一半。

火险章程：

一、火险共分三等：一砖石之屋，二木屋，三草屋。砖石之屋其价每值一镑，险费一先令半，木屋二先令半，草屋四先令半。不照纳保费者不赔。

一、房屋忽遭雷劫，或自行放火者不赔。

一、机器制造厂房皆可保险，惟造火药厂及储火药栈则不保。

一、房屋及器用如保险二千两，被焚后固当照赔；或以后屋中再添置别物，其价溢二千两之数者，如实有确据，亦能照赔；倘以添置之物归他人承保，则由他人赔偿，原保公司不赔。

人险章程：

一、人险公司今改数等。或公司中已获盈余，可另行酌提若干，分给交保之人；或公司中盈余利息一年计算，公司中人可与交保之人均分。在交保者每年应出保险之费如五十元之数，若有盈余可取，则不满五十元矣。

一、人命之险虽可赔偿，惟实因病不可药者始赔。其短见致死，争殴致死，雷殛致死，犯罪致死，非命致死者不赔。

一、保险已至五年，其人或因万不得已之故而致于死，则可还其五年中之保费。

一、交保之后，或只保一年，明年不保者，则上一年保费不能给还。倘越一二年仍欲保险，则每保险银一镑，当罚加先令一枚；如保险订定银一千镑，罚先令一万枚。但只罚一次，以后不罚。

一、保险者须年在二十岁可保至四十岁。四十岁以外保费颇昂，必须逐岁递加。惟多病者不保，无居处者不保，妇人不保也。

商战上

自中外通商以来，彼族动肆横逆，我民日受欺凌，凡有血气孰不欲结发厉戈，求与彼决一战哉？于是购铁舰，建炮台，造枪械，制水雷，设海军，操陆阵，讲求战事不遗余力，以为而今而后庶几水栗而陆詟乎。而彼族乃咥咥然窃笑其旁也。何则？彼之谋我，噬膏血，匪噬皮毛；攻资财，不攻兵阵，方且以聘盟为阴谋，借和约为兵刃。迨至精华销竭，已成枯腊，则举之如发蒙耳。故兵之并吞祸人易觉，商之掊克敝国无形。我之商务一日不兴，则彼之贪谋亦一日不辍。纵令猛将如云，舟师林立，而彼族谈笑而来，鼓舞而去，称心餍欲，孰得而谁何之哉？吾故得以一言断之曰："习兵战不如习商战。"

然欲知商战，则商务得失不可不通盘筹画，而确知其消长盈虚也。孙子曰："知彼知己，百战百胜。"请先就我之受害者，缕析言之，大宗有二：一则曰鸦片每年约耗银三千三百万两，一则曰棉纱、棉布两种每年约共耗银五千三百万两。此尽人而知为巨款者也。不知鸦片之外又有杂货，约共耗银三千五百万，如：洋药水、药丸、药粉、洋烟丝、吕宋烟、夏湾拿烟、俄国美国纸卷烟、鼻烟、洋酒、火腿、洋肉铺、洋饼饵、洋糖、洋盐、洋果干、洋水果、咖啡，其零星莫可指名者尤夥，此食物之凡为我害者也。洋布之外，又有洋绸、洋缎、洋呢、洋羽毛、洋线绒、洋羽纱、洋被、洋毯、洋毡、洋手巾、洋花边、洋钮扣、洋针、洋线、洋伞、洋灯、洋纸、洋钉、洋画、洋笔、洋墨水、洋颜料、洋皮箱箧、洋磁、洋牙刷、洋牙粉、洋胰、洋火、洋油，其零星莫可指名者亦夥，此用物之凡为我害者也。外此更有电气灯、自来水、照相玻璃、大小镜片、铅铜铁锡煤斤、马口铁、洋木器、洋钟表、日规、寒暑表，一切玩好奇淫之具，种类殊繁，指不胜屈。此又杂物之凡为我害者也。

以上各种类皆畅行各口，销入内地，人置家备，弃旧翻新，耗我资财，何可悉数。是彼族善于商战之效既如此，而就我夺回之利益数之，大宗亦有二：曰丝，曰茶。计其盛时，丝价值四千余万两，今则减至三千七八百万两。茶价值三千五百余万两，今仅一千万两。杂货约共值二千九百万两。罄所得丝、茶全价，尚不能敌鸦片、洋布全数，况今日茶有印度、锡兰、日本之争，丝有意大利、法兰西、东洋之抵，衰竭可立待乎？次则北直之草帽辫、驼毛、羊皮、灰鼠，南中之大黄、麝香、药料、宁绸、杭缎及旧磁器，彼族零星贩去，饰为玩好而已。更赖出洋佣工暗收利权少许，然亦万千中之十百耳，近且为其摈绝，进退路穷。是我之不善于商战之弊又如此。总计彼我出入，合中国之所得尚未能敌其鸦片、洋布二宗，其他百孔千疮，数千余万金之亏耗胥归无著，何怪乎中国之日惫哉！

更有绝大漏卮一项，则洋钱是也。彼以折色之银，易我十成之货，既受暗亏，且即以钱易银，虚长洋价，换我足宝，行市昀变又遭明折。似此层层剥削，节节欺绐，再阅百十年，中国之膏血既竭，遂成羸瘵病夫，纵有坚甲利兵，畴能驱赤身枵腹之人，而使之当前锋冒白刃哉？

夫所谓通者，往来之谓也。若止有来而无往，则彼通而我塞矣。商者交易之谓也。若既出赢而入绌，则彼受商益而我受商损矣。知其通塞损益，而后商战可操胜算也。独是商务之盛衰，不仅关物产之多寡，尤必视工艺之巧拙，有工以翼商，则拙者可巧，粗者可精。借楚材以为晋用，去所恶而投其所好，则可以彼国物产仍渔彼利。若有商无工，纵令地不爱宝，十八省物产日丰，徒弃己利以资彼用而已。是宜设商务局以考物业，复开赛珍会以求精进。考《易》言"日中为市"，《书》言"懋迁有无"，《周官》有布政之官，贾师之职，《大学》言生财之道，《中庸》有来百工之条，是通商惠工之学具有渊源。太史公传《货殖》于国史，洵有见也。

商务之纲目，首在振兴丝、茶二业，裁减厘税，多设缫丝局，以争印、日之权。弛令广种烟土，免征厘捐，徐分毒饵之焰，此与鸦片战者一也。广购新机，自织各色布匹，一省办妥，推之各省，此与洋布战者二也。购机器织绒毡、呢纱、羽毛洋衫裤、洋袜、洋伞等物，炼湖沙造玻璃器皿，炼精铜仿制钟表，惟妙惟肖，既坚且廉，此与诸用物战者三也。上海造纸，关东卷烟，南洋广蔗糖之植，中州开葡萄之园，酿酒制糖，此与诸食物战者四也。加之制山东野蚕之丝茧，收江北土棉以纺纱，种植玫瑰等香花，制造香水、洋胰等物，此与各种零星货物战者五也。六在遍开五金、煤矿，铜、铁之来源，可一战而祛。七在广制煤油，自造火柴，日用之取求可一战而定。整顿磁器厂务，以景德之细窑，摹洋磁之款式，工绘五彩，运销欧洲，此足以战其玩好珍奇者八。以杭、宁之机法，仿织外国绸缎，料坚致而价廉平，运往各国，投其奢靡之好，此足以战其零星杂货者九。更有无上妙著，则莫如各关鼓铸金、银钱也，分两成色，悉与外来逼肖无二，铸成分布，乃下令尽收民间宝银、各色银锭，概令赴局销毁，按成补水，给还金、银钱币，久之市间既无各色锭银，自不得不通用钱币。我既能办理一律，彼讵能势不从同，则又可战彼洋钱，而与之工力悉敌者十也。

或曰："如此兴作诚善，奈经费之难筹何？"则应之曰：我国家讲武备战数十年来，所耗海防之经费，及购枪械船炮与建炮台之价值，岁计几何，胡不移彼就此。以财战不以力战，则胜算可操，而且能和局永敦，兵民安乐，夫固在当局者一转移间耳。第商务之战，既应藉官力为护持，而工艺之兴，尤必藉官权为振作。法须先设工艺院，延欧洲巧匠以教习之，日省月试以督责之，技成厚给廪饩以优奖之，赏赐牌匾以宠异之，或具图说请制作者则借官本以兴助之，禁别家仿制以培植之。工既别类专门，艺可日新月异。而后考察彼之何样货物于我最为畅销，先行照样仿制，除去运脚价必较廉，我民但取便日用，岂必从人舍己？则彼货之流可一战而渐塞矣。然后更视其所必需于我者，精制之而贵售之。彼所必需断不因糜费而节省，则我货之源可一战而徐开矣。大端既足抵制，零星亦可包罗。盖彼务贱，我务贵；彼务多，我务精；彼之物于我可有可无，我之物使彼不能不用。此孙子上驷敌中，中驷敌下，一屈二伸之兵法也。惟尤须减内地出口货税以畅其源，加外来入口货税，以遏其流。用官权以助商力所不逮，而后战本固，战力纾也。

考日本东瀛一岛国耳，土产无多，年来效法泰西力求振作，凡外来货物悉令地方官极力讲求，招商集股，设局制造，一切听商自主，有保护而绝侵挠，用能百废具举。所出绒布各色货物，不但足供内用，且可运出外洋，并能影射洋货而来售于我。查通商综核表，计十三年中共耗我二千九百余万元。从前光绪四年至七年，此四年中日本与各国通商进出货价相抵外，日本亏二十二万七千元。光绪八年至十三年，此六年进出相抵，日本赢五千二百八十万元。前后相殊如此，商战之明效可见矣。彼又能悉除出口之征，增入口之税，以故西商生计日歉，至者日稀。邻之厚，我之薄也。夫日本商务既事事以中国为前车，处处借西邻为先导。我为其拙，彼形其巧。西人创其难，彼袭其易。弹丸小国，正未可谓应变无人，我何不反经为权，转而相师，用因为革，舍短从长，以我之地大物博、人多财广，驾而上之犹反手耳。

夫如是，则中国行将独擅亚洲之利权，而徐及于天下。国既富矣，兵奚不强？窃恐既富且强，我纵欲邀彼一战，而彼族且怡色下气，讲信修睦，绝不敢轻发难端矣。此之谓决胜于商战。

商战下

语云："能富而后能强，能强而后能富。"可知非富不能图强，非强不能保富，富与强实相维系也。然富出于商，商出于士、农、工三者之力，所以泰西各国以商富国，以兵卫商，不独以兵为战，且以商为战，况兵战之时短其祸显，商战之时长其祸大。

善于谋国者无不留心各国商务，使士、农、工、商投人所好，益我利源。惟中国不重商务，而士、农、工、商又各自为谋，虽屡为外人所欺，尚不知富强之术。筹饷则聚敛横征，不思惠工、商以兴大利；练兵则购船售炮，不知广学业以启聪明。所谓只知形战而不知心战者也。形战者何？以为彼有枪炮，我亦有枪炮；彼有兵舰。我亦有兵舰，是亦足相抵制矣。孰知舍其本而图其末，遗其精义而袭其皮毛。心战者何？西人壹志通商，欲益己以损人，兴商立法则心精而力果。于是士有格致之学，工有制造之学，农有种植之学，商有商务之学，无事不学，无人不学。我国欲安内攘外，亟宜练兵将，制船炮，备有形之战以治其标；讲求泰西士、农、工、商之学，裕无形之战以固其本。如广设学堂，各专一艺，精益求精，仿宋之司马光求设十科考士之法，以示鼓励，自能人才辈出，日臻富强矣。盖利器为形，利用为心，有利器而不能利用，则人如木偶，安得不以制人者而制于人？故有治法必须有治人。

西人以商为战，士、农、工为商助也，公使为商遣也，领事为商立也，兵船为商置也。国家不惜巨赀，备加保护商务者，非但有益民生，且能为国拓土开疆也。昔英、法屡因商务而失和，英迭为通商而灭人国。初与中国开战，亦为通商所致。

彼既以商来，我亦当以商往。若习故安常，四民之业无一足与西人颉颃，或用之未能尽其所长，不论有无历练，能否胜任，总其事者皆须世家、科甲出身，而与人争胜夐夐乎其难矣！是故国家首贵知人善任，尤要洞识时局。如我力量不足，当忍辱负重，相与羁縻，待力量既足，权操必胜，有机可乘之时，则将平日所立和约，凡于国计民生有碍者，均可删改。如彼重税我出口货者，我亦重税彼进口货以报之，亦以恤我商者制彼商也。今当轴者不知振兴商务为开辟利源之要端，只知征商以媚上，凡有所需，非以势勒，即以术取。如广东往来内河轮船，每船已报效银若干，尚为各关卡留难阻滞，而卡员、差役往来附载皆不出舟赀。若挂洋旗之船，虽载货闯关，亦惟瞪目视之，无敢勒索。华商之货逢卡纳厘，多遭搜诘，时日耽延，不如洋人三联票子口税之便，安得不纳费洋人，假洋人之名以图利益欤？所以代报关之洋行日见其多，无异为渊驱鱼为丛驱爵耳。

我中国宜标本兼治，若遗其本而图其末，貌其形而不攻其心，学业不兴，才智不出，将见商败而士、农、工俱败，其孰能力与争衡于富强之世也耶？况乎言富国者必继以强兵，则练兵、铸械、添船、增垒无一非耗费巨款。而府库未充，赋税有限，公用支绌，民借难筹，巧妇宁能为无米之炊？亟宜一变旧法，取法于人，以收富强之实效。一法日本，振工商以求富，为无形之战；一法泰西，讲武备以图强，为有形之战。知己知彼，战守无虞。自然国富兵强，何虑慢藏诲盗？岂非深得古人"能富而后可以致强，能强而后可以保富"之明效也欤！

《盛世危言》卷四 富国

税 则

自道光二十二年大开海禁，与各国立约通商，洋人各货进口纳税后，即准由华商贩运各地，过关只按估价，每百两加税不得过于五两。维时，当事不知中国税额轻于各国四五倍或七八倍，故立约甚轻也。迨后天下多事，始创榷货抽厘之制，藉资军饷。厘捐最旺时，岁收二千万。今虽稍减，亦有一千五百万，取于商者甚微，益于国者甚大，较之按亩加赋得失悬殊。无如法久弊生，或因办理不善，或因设卡过多，避重就轻，遂增子税之条。查，初办厘捐时，洋人之货亦在各子口征课，尚无异说。迨咸丰八年十一月中西重订条约，始定洋货、土货一次纳税，可免各口征收者，每百两征银二两五钱，给半税单为凭，无论运往何地，他子口不得再征。其无半税单者，逢关过卡照例纳税抽厘。斯乃体恤洋商，恩施格外，较之华人其获利厚矣。

于是，洋商获利，华商裹足不前，迫令纳费洋人，论厘捐之轻重，纳报费之多少。托其出名认为己货，如洋人亏空，凡代华商报关之货不能控追，及代华人出名在租界所买之地，亦弄假成真矣。洋商坐收其利。有代华商领子口半税单者，有洋商洋船装运洋药各货者，有代用护照包送无运照之土货者。且同一土货由香港来，则准其报半税，无厘捐；若由粤省来，则不准报子口税，必报厘捐。同一洋货，在洋人手则无厘捐，在华人手则纳厘捐，无异为渊驱鱼，为丛驱爵，不独诪张为幻，流弊日多，且先失保护己民之利权，于国体亦大有关碍也。查香港、澳门无征收厘捐之例，商贾多乐出其途。

为今之计，不如裁撤厘金，加增关税，其贩运别口者仍纳半税，华洋一律征收。则洋人无所藉口，华商不至向隅，似亦收回利权之要道也。或虑西人不允，请俟换约之岁预先叙明，如有不利吾民有碍吾国自主之权者，准其随时自行更变，以豫为日后酌改地步。况据《公法便览》第三章论邦国相交之权及款待外国人民之例，注说甚明。其二节云："凡遇交涉，异邦客商一切章程均由各国主权自定。"实于公法吻合。彼虽狡悍，亦可以理折之也。

尝考泰西各国税额，各国之税无不随时变通：大约本国所必需之物，其税必轻，或免税，以招徕之。夺本国土产之利者，其税必重，所以保本国之利。凡无益于日用之物者，其税必重，以其糜费于无用之地，欲民间恶而绝之。凡物有害于民生，如鸦片之类，不准入口。至于税则随各国自定，而他国不能置议，欲增则增之，欲禁则禁之，以其货为内政而不妨由己订也。大致以值百取二十，或取四十、六十为率，最多则有值百取百者。美国进口货税，值四征三，商虽非之，然不能违抗。亦有全不征税者。盖于轻重之中，各寓自便之计。如洋酒、烟卷等物，外洋征税极重，在国中列肆卖烟、酒者，尚需纳规领牌。今中西和约，凡进口之吕宋烟、洋酒只充伙食，概不纳税。查中国通商章程第二段：凡有金银、外国各等银钱、面、粟、米粉、砂谷、面饼、熟肉、熟菜、牛奶、酥牛油、蜜饯、外国衣服、金银首饰、搀银器、香水、碱、炭、柴薪、外国烛、烟丝、烟叶、酒、家用船用杂物行李、纸张、笔、墨、毡毯、铁刀、外国自用药料、玻璃器皿，各物进口皆准免税。查泰西俱无此例，尤属不公。日本税关皆用土人。凡船用家用烟、酒等物照例纳税。往时出口税重，进口税轻，出口货少，进口货多，今则反是。凡所需外来之物皆仿西法自行制造，且免税或减税出口，使商务日旺，进款日多。我国无业者众，更宜设法仿行。又查日本来往货物必须尽由海关码头上栈，验税后方可放行，不准另设码头。内地凡租界巡捕房亦归日本人经理，其猎狗、猎枪、猎地仿外国例皆有税纳云。

今宜重订新章，一律加征。又如中国各种烟、酒、珠玉、古玩等物，本非日用所必需，虽加数倍亦不为过。查旱烟、水烟、皮丝、净丝、黄条、青条，各种岁销数十万箱，亦可谓巨矣！而土货出洋者税宜从轻。最妙莫如出口全行免税，进口则加重，庶己货可以畅行而来货自形壅滞，然恐一时难于办到，则加重入口税、减轻出口税似宜并行者也。凡我国所有者，轻税以广去路；我国所无者，重税以遏来源。收我权利，富我商民，酌盈剂虚，莫要于此。

总之，泰西税法，于别国进口之货税恒从重，于本国出口之货税恒从轻，查出口茶虽至粗者每百斤价值十两，亦须纳正半税关秤银三两七钱五分，连所抽厘捐，是值十抽五矣！进口货至贵者，例不过每百抽五，有失利权，大损国体。或全免出口之税。今日本已仿行之矣。其税于国中者，烟、酒两项特从其重，他货或免或轻，专以遏别国之利源，广本国之销路，便吾民之日用生计为主。国君须保百姓利权不为外人所夺，庶免生计日绌。其定税之权操诸本国，虽至大之国不能制小国之重轻，虽至小之国不致受大国之挠阻。盖通行之公法使然也。其或某国重收本国某货之税，则本国亦重收某国之税以相抵制；某国轻收本国某货之税，则本国亦轻收某国某货之税以相酬报。此又两国互立之法也。即此而推，因时制变之机权在是矣。

当日海禁初开，华人不谙商务，一切船只之进出，货物之稽征，皆委洋人经理。京都特设总税务司，前上海英领事麦华陀云：今之赫总税司虽不负中朝之任使，第信之过深，于征税之余，复令经画沿海之灯塔、炮台，赛会事宜亦责其派人总理。在赫德感深知遇，原无挟持之隐、侵蚀之私，而设官分职各有专司，材可兼人，事难兼任，以赫德勾当杂事则可，以总税司分承他务则不可。何则？赫德不能不死，替人岂必尽如赫德？维持国计者必切深远之虑，斯立长久之规。各口海关则设正、副税务司，帮同监督经理权政。税务司下又有帮办，自头等以至四等，每等皆分正、副。此外更有扦手，皆以西人承充，惟通事及办理汉文之书启、征收税项之书吏始用华人。夫中外通商数十余载，华人亦多精通税则，熟悉约章，与其假手他人、袒护彼族，何若易用华人之为愈乎？或谓："华人诚实者少，狡猾者多，用之恐滋弊窦。"不知税则既定，中外通行，耳目众多，观瞻所系，非若各省厘卡货税之数彼此不符，虽有奸宄，安能舞弊？

应请明定章程，择三品以上官员曾任关道熟悉情形者为总税务司。其各口税司、帮办等皆渐易华人，照章办理，庶千万巨款权自我操，不致阴袒西人阻挠税则，不特榷政大有裨益，而于中华政体所保全者为尤大也。

捐　纳

捐纳一途昉于汉之纳粟得官，本衰世之政，而行之于今，几视为终南捷径，窃以为此必须改革者也。

何则？官所以维持公道，若私心不绝，则必公道不明。捐纳者仕版未登，债台先筑，势必剥民偿欠、蠹国肥家。其或称饶富、号素封者，而以钱买官，亦复同于垄断，纵使清廉自矢，亦不能取信于人。夫鬻爵卖官乃弊政之尤，此盖古昔权臣乘便营私，借是以窃朝纲而收物望，所谓拜爵公朝、受恩私室也。今之捐纳几同市道，明相授受，固无虑此。且捐班中正多奇士，明白世事或胜于科甲之人。今欲一旦骤行废之，天下怀才求仕者，得毋因此而觖望？不知吾正欲使天下之人，人人皆可以为官，天下之士，人人皆可以从政。惟必先废乎此，乃能兴乎彼耳。

且夫捐纳之中，亦有数等。抱理烦治剧之长而屡试不售，怀御侮折冲之略而资格不符，捐纳不行则其人何以表见？矧与其奔竞权门、夤缘窃爵，孰若输赀国帑得遂明扬？此捐纳之实情也。今吾将于数等之中，为取才之方而公之以选举。若存捐纳之一途，则才将以无所鼓励而自废。以废才而授之政，非所以重名器也。官者出与民间办一切公事者也，其人而有能，则人必乐其为官。是官无求于人，而人有求于官。夫至人求而后为官，名器之重则真重矣，其能副乎民望可知也，其能善于从政可知也。以是治民，民必蒙其福。盖其人地与民相近，情与民相亲，必能视民事为己事，而于职自无废弛，民自日征其悦服矣。官民一气，而世或不治者，未之有也。而非先废捐纳不可。

夫取才者视其法之真伪，以真法取才，则真才出，而伪才去矣。以伪法取才，则伪才进，而真才亡矣。今当振奋之初，事求实效必自官场始。而官尚清廉，必自废捐纳始。官之大患曰贪，捐纳者输赀于国而欲取偿于民，求其不贪，安可得乎？夫国家不患有谋利之人，而特患其谋利之不善。盖利赖不兴则民生不遂，民生不遂则国势必衰。则何不令捐官之人转为商贾。作商得财，人皆仰之。作官得财，人皆鄙之。孰得孰失，不待智者而自辨矣。

中国民殷物阜，世之席丰履厚者最喜于邀爵秩以为荣。捐纳若设，则国家亦有所资。捐纳者当给以虚衔，而不畀以实官，是或一道也。至于豪商大贾、巨室富家，或乐善好施，或急公奉上，亦宜宠之以簪缨，荣之以衣顶，以励庸流，用知劝勉，亦为情理兼尽，惟不可使之身临民事。

夫捐纳之弊，其害已至于不可问。即使旅进旅退无所短长，而捐纳之例存，则为官失治平之本领；捐纳之例废，则从政得称职之真才。张弛之机，实系乎此。

盖捐纳既停，则凡人一技之长、一艺之擅皆可以为官，而有志于技艺者无不见其专长独擅，凡一法之善、一事之能皆可以入政，而留心者愈众。孰得而掩其所善、没其所能？如是，又何俟乎捐纳也哉？且天下之才有以鼓励之则无限量，吾将以无限量者收才，才皆入吾夹袋之中，是无才非吾才矣。盖捐纳留则才隘而私，捐纳废则才广而公，必然之势也。

民既不捐官而为商，宜令民间纠合公司大兴商务。如利薮可兴、办有成效者，国家给以称颂功牌。若生意不前折阅负累者，国家许其报穷免究。如此而商务不振者未之有也。今华商之善贾，虽西人亦自愧弗如。捐纳一废，则善攻心计之流皆转而为斗智投时之举，而国家之阴受其利者多矣。

且夫人之所重惟利与名，使为贾者不得为官，则人或以商务为浊流而鄙夷不屑，乃为官者正不嫌其为贾，则人将以商务为正路而黾勉以图。商贾中如有品行刚方、行事中节者，人必举以为议员以办公事，是求利中不失其求名之望，求名中可遂其求利之心。况官由众举而来，磊落光明，比捐纳者之婢膝奴颜声价百倍矣。

故捐纳行，虽欲求好官，决不能得；捐纳废，虽不欲求官，而官将辞之不得矣。且也捐纳废而后好官出，好官出而后公道明，公道明而后民志畅，民志畅而后国运昌。我国家宜知所务矣。

开矿上

五金之产，天地自然之利。居今日而策富强，开矿诚为急务矣。夫金、银所以利财用，铅、铁所以造军械，铜、锡所以备器用，硫磺所以制火药，石炭所以运轮轴，皆宇宙间不可一日或少之物。初不能雨之于天，要必采之于地，则矿务之兴，有益于公私上下者非浅鲜也。

《管子》曰：上有丹砂者，下有黄金；上有慈石者，下有铜、银；上有铅者，下有银；上有赭者，下有铁。此山之见荣者也。彼时化学未有专门，而矿学已精深若此。

历考泰西各国所由致富强者，得开矿之利耳。国家之督率也严，官商之集办也易，士民之期望也切，矿师之辨别也真。有机器以代人工，有铁路以资转运，故能钩深索隐，兴美利于无穷。

我中土地大物丰，万汇之菁华所萃，五金之盘薄郁积于深山穷谷者，更仆数之未易终也。如云南出铜、锡，山西、贵州出煤、铁，湖广、江西出铜、铁、铅、锡、煤，齐鲁、荆襄出铅，台湾出硝，川蜀出铜、铅、煤、铁，人皆知之矣。特以地产之多寡，体质之纯杂，矿脉之厚薄，矿洞之深浅，人不得而尽知，大半封禁未开，良为可惜。推原其故，由于明时矿税内监恣横，借开采之名，为搜括之实，海内流毒，天下骚然，故天下人谈虎色变，因噎而废食非一日矣。

国朝鉴明覆辙，乃一切封禁，以安民心，此一说也。又或任用非人，办理不善，激成变故，以致查封，此一说也。又以风水之说深入人心，动以伤残龙脉为辞，环请封禁。不知地形之凶吉，本无关于地宝之蕴藏，而庸师俗人辄生疑阻，此又一说也。

今者漠河之金、开平之煤、台湾之五金，各矿已有成效，而滇南一省专设矿务大臣，朝野上下间风气渐开，拘牵渐化矣。然利害各半，赢绌无凭，终未能有把握者，由于承办之未尽得人，开采之不皆得法也。约而言之，其事有六：

一曰选矿师。中国旧法辨薤葱，识器物，虽或偶中，未可为常。西国矿师辨山色，辨石纹，辨草木，辨矿脉，辨矿苗，钻矿穴，取矿子，化矿石，验成色，其言精实，较有可凭。泰西各国中尤以比国为最。野世城所设学堂规模宏敞，欧美各国多遣学生往学。今诚延比国头等矿师，勘查矿苗，审慎开采，勿使西人之游手无赖妄相羼杂，虚糜俸糈，则利兴弊去矣。

二曰购精器。中国开矿用人工，力费而效迟；西国开矿用机器，事半而功倍。今之言开矿者皆知之矣。或曰："用人工则贫民自食其力，以工代赈莫便于斯。用机器则夺小民之利矣，可奈何？"此其间有权衡焉。西人工贵而中国工贱，当以人力为主，人力所不及者以机器之力济之，则一举两得，然其中有不得不用机器者。开矿机器亦以比国所造为良，大要有三：一为注生气之器，一为戽水之器，一为拉重举重之器。更有力猛极大之器，尤比国所擅长。苟留心购订，择善而从，则运用在心，程功自倍耳。

三曰官督商办。全恃官力，则巨费难筹；兼集商赀，则众擎易举。然全归商办，则土棍或至阻挠；兼倚官威，则吏役又多需索。必官督商办，各有责成：商招股以兴工，不得有心隐漏；官稽查以征税，亦不得分外诛求。则上下相维，二弊俱去。与《会典》"有司治之，召商开采"之言，亦正相符合也。

四月购地给价。中国每欲开矿，民间动至龃龉者，以办事者倚势强占，不能尽顺民心耳。欲绝其弊，莫如购地时按亩查明，秉公估价，不使山民失业，致起纷争。其不愿领价者，即将地段估价几何，作为股本，付给股票息折，准其按年支取利息。如此持平办理，则民间有矿地者无不欲献之于官，尚何阻挠之虑哉？查西例：凡地面产业，其地下不能擅自开采。如知其地下有矿，可准其先凿一井探之。俟探明可采，即具禀矿政大臣，派员往验，准其在地下开挖若干界限，可挖至他人产业之地下，不准他人再于自己地面开井以与之争，因其未有官准也。如二家同在近处各开一井试探，则先见矿而先报者准给以若干界限，可开至他人地下，而其第二家不准再开矣。盖地面虽有业主，而地下之矿系公物，不属地面之业主，故国家可任意给与何人，准其开挖也。

五曰勿定税数。泰西各矿章程不同，然大致视其出产若干，按二十分而取一。或此矿已竭，勘验得实，即罢采停征。《会典》言：矿法视出产之多少，岁无常数，则税之多寡应视矿之衰旺以为衡。此理势必然，无中外古今一也。乃有地方官吏不习情形，率请改为定额，是税减即累官，矿竭更累商，官商均畏累，不敢议开采。查日本煤矿大小已开六十余处，其中用机器者十余处。中国用机器开者惟有开平、台湾两处，所以出数不多。推其故，非但集股难，亦因所抽税、厘过重。洋煤出口无税，进中国口岸每吨止完税五分，三年之内复运出口，不问自用、出售，概准给还存票。中国土法所挖之煤，每吨税三钱；机器所挖之煤，每吨税一钱。所过厘卡仍须照纳，开平局煤较洋人多纳一半税，如出口外国，在一年期内可以取回存票。洋煤只纳一正税，如出口别处及轮船用者，三年之内可取还存票。开平局煤如轮船用者不准给回存票。何异为丛驱爵，为渊驱鱼。诸如此类，商务何能振兴？不准给还存票，较外国抽税二十分之一，奚止多至数倍！所以缴费多而价值贵，不敌洋产之廉也。窃思以土法所挖者，必是股本不敷，皆赖手足之力，冀获蝇头微利，穷民亦藉此谋生，何反重其税，扶植外人以自遏斯民之生计？允宜斟酌变通，以卫吾民而塞漏卮。

夫有治人，斯有治法。督办之人必能耐劳习苦，身亲目击，因地制宜，审其山川，察其井硐，核其成本，计其销场，毋滥用私人，毋苛待工役，毋铺张局面，毋浪费薪赏。综计每年出矿若干，销售若干，提出官息税银及支销各项，此外赢余，以若干存厂，以若干均分，以若干酬赠执事，以若干犒赏矿丁，按结报明，张贴工厂，使内外咸知。庶几在厂诸人皆欢欣踊跃，联为一气，力赞其成矣。西人谓一国盛衰可以所产各矿定之，此言岂欺我哉？

方今各口通商垂六十载，西人之游历者遍于内地，内地之矿产，彼族无不周知。交邻通市，中外一家。当轴诸公，更事既多，成心渐化，凡有益于国计民生者，莫不参仿西法，次第举行，而但师其制造之精，不知其富强之本，则度支有限，日久何以应之？

近闻泰西各处矿苗开采殆尽，惟我中国如川、藏，如滇、黔，如台湾，如东三省，矿产饶富，莫不欣羡而垂涎。故英之入缅通藏，法之吞越逼暹，俄不惜千万帑金以开西伯利亚之铁道，阴谋秘计，行道皆知。与其拘泥因循慢藏诲盗，何如变通办理，取之宫中，以济军国之要需，即以绝外人之窥伺哉！

开矿下

各国之富，全赖矿产。英国矿产最饶，其国亦最富。昔有西人尝谓：山西煤矿共有一万四千方里，约可得煤七十三万万兆吨，以天下各国岁用三百兆吨计之，可供二千四百三十三年之用，且白煤居多，较美国白煤更坚。至于铁，则光绪二年曾有英国矿师郭斯敦遍历楚疆，勘寻矿脉，十七年又有名谢高礼者赴青、齐查验诸矿，皆云矿产甚多，五金遍地皆是。可知中国之矿不亚于泰西，特开采未能得法耳。试观漠河金矿，自李秋亭太守捐馆后，经理乏人，所得甚为有限。青溪铁矿，潘镜如观察督办时，初用小炉试办，颇获利益，及用大炉，诸多窒碍。云南铜矿虽由唐鄂生中丞悉心开采，而近亦未见起色。开平试办之细棉土，俗名红毛坭。所聘洋匠虽大书院出身，因尚无历练，以致所烧之土，成数甚少，不敌洋产价廉，亏耗停工。朱翼甫观察所开之三山银矿，陈昆山司马所开之潭州银矿，均为矿师所愚，亏折颇多。至于直隶平泉、石门，安徽池州、利国，山东潍县诸矿，则等诸自桧以下矣。其有把握者，以开平煤矿、大冶铁矿为最。查开平煤矿有九层可开，其煤质之佳甲于他处，南北洋兵轮、招商局船所用，大半取给于此。惜糜费颇多，不及日本煤获利之厚。大冶之铁由比国化学师白乃富验得，其苗甚旺，每百分中可得纯铁六十三分，与英之红色、法之棕色等矿不相上下，惜未能于相近之地寻有炼焦炭之煤矿而后开办，且镕铁厂不设于产铁之处，而设于汉阳，故亦糜费多而成本重。以上各矿督办、总办者，虽然精明，奈非其所长，未能深知矿师之优劣，遂致为人欺朦。可见创办一事，非素精其事而又专心筹虑周密者，必多中蹶也，可不慎欤！

夫中国之矿既如此之多且佳，则致富之道莫善于此。惟是矿产地中，采之非易，而识之更难。矿有层次浅深之别，必先明夫地学，而后可以辨其苗。矿有体质纯杂之殊，必先谙夫化学，而后可以区其类。近来泰西地学较前益精，谓地球土石皆由层累而成：一为新时石层，二为白石粉层，三为鱼子石层，四为得来斯层，五为比尔米安层，六为煤炭层，七为旧红砂层，八为昔卢里安层，九为甘比里安层，十为老林低安层，十一为化形石层，十二为花刚石层。土脉高下各有其位，考订既确，能知其矿在某层，不至贸贸然开采，枉费经营。若夫镕炼之法，则非化学不为功。盖各矿皆含杂质，如养、硫、炭、磷之类是也。未谙化炼则不能得其纯质，且火候或致不齐，坚脆必难如度。中国开矿往往不明乎此，任意高谈，动人听闻。及至兴工开采，每由择地不善，以致徒劳无功，即或偶有所得，又苦于镕炼不精，全不合用。惟有聘请外洋矿师来华指示，然前此中国开矿未尝不请矿师，惜来者皆南郭先生一流人物，名曰矿师，实则毫无本领。盖西国上等矿师在彼本国各有职司，安肯远涉重洋为人作嫁！其有甘于小就者，决非上等矿师。然则如之何而可？曰：当由总署咨行出使大臣，访明彼国著名矿师曾经开采有实效者，不惜重聘，延订来华，则西人亦未尝不为我用。如将来中国矿师多而且精，不必求诸外人，自然更无以上等弊矣。

有教士由山东致书西字报馆云：迩来中倭和局已成。中国急应兴利除弊，力冀自强，庶为上策。东省地方六千五百英里，人民三十〔千〕万，可谓地广人稠，甲于他处。无如利之所在，不知振作。即如开矿一节获利最多，乃竟置诸不顾。不知者以为因民间惑于风水之故，然我则谓大半皆为官长所误。盖华官性最畏葸，而心又贪婪，若令矿务一兴，工匠必多，工匠既多，颇易滋事，官甚畏之。如开办后矿苗既旺，官又思欲分肥，多方剥蚀，设法侵渔，以致半途而废者甚多。数年前离金州三十里之某处银矿，离本处一百四十里之铜矿，又一年前有友在省所开之铅矿，类皆旋开旋止，徒费经营。仅存某煤矿未停，亦以捐税太重，挑费太巨，势渐不支。他如兖州有土人私开银、铁各矿，非不得手，奈屡为官长所阻而止。故以目前矿务而论，东地富商甚夥，固不必官长集赀开办，无如动辄必为官长掣肘，遂至有利难图，有心人甚为惋惜。且铁路未建，车价甚昂，每日需洋一角五分，仅能行英路二里之遥，合华路六里。当中倭未用兵以前，有"广甲"轮船一艘往来烟台羊角浦一带，专运芦席等物销售，驳力既省，获利稍丰。近自此轮停驶，贸迁者不便殊多。我西人旅华有年，甚欲使华民同沾利益，奈中国积习已深，苦于爱莫能助，言之不胜扼腕云。吁！彼教士亦世之有心人哉。中国之官视同秦越，而外国之人代为惜之，不亦深可慨哉！

中国矿务不兴，利源未辟，其故有二：一由于官吏之需索，苟苴苴未至，必先托辞以拒，或谓舆情未洽，或谓势多窒碍，恐致扰民，由是事卒难行，每多中止。一由谬谈风水者妄言休咎，指为不便于民，以耸众听，于是因循推诿，动多掣肘，而有志于开矿者不禁废然返矣。夫开矿为中国一大利源，奈何任其蕴而不宣，坐致穷困？此犹富者积粟满仓而反嗟无食也。今各省理财之人明知中国煤、铁五金诸矿为至旺至美，而竟不能立时开掘者，皆为风水所格，谬悠之说信之甚坚，积习相沿牢不可破，以形家者言，遵守奉行同于圣贤经传，一孔之人凭其目论，若以为吉凶之来其应如响。使其说而诚，何以郭景纯为千古葬师之祖，而不能保其身？后世之擅青乌术者，何以其子孙未闻有富贵者？其虚诞伪妄不待明者而知之矣。

试观法人在越南开煤矿、筑铁路以裕富国之谋，而其国益强；日人近拟赴台湾开五金各矿，将来其国必益富。皆不闻为风水所阻。故欲图富强必先开矿，奈何徇俗流之见，而甘于自域也哉？中国既不能自开，徒增外人之垂涎。于以叹信风水而阻止开掘者，乃外人之功狗而中国之蟊贼也。至于西人之所讲风水，则大异于是。西人所至通商口埠，但择四山环绕，风静水深，以备停泊，舟舰可冀安稳而无虞。其所居之屋宇，只求其高燥轩爽，敞朗通达，街衢洁净而已。若择葬地，止卜高原远于民居，多植树木以泄秽气，且多数十家同葬，俟葬满再择别处。从未闻开矿辟路而专讲风水，以致多所窒碍者也。日本不讲风水，国祚永久，一姓相承至数千年。欧洲不讲风水，富强甲于五洲，其商民有坐拥多赀富至二三百兆者。由是言之，风水安足凭哉？是宜有以革之。秉国钧者，盍加以剀切谕导，用辟其谬，藉以转移风气哉！

技　艺

自《大学》亡《格致》一篇，《周礼》阙《冬官》一册，秦、汉以后佛、老盛行，中国才智之人皆驰骛于清净虚无之学，其于工艺一事简陋因循，习焉不讲也久矣。夫制器尚象，古圣王之所由利用而厚民也。

日省月试，既禀称事，劝工之典，并列九经。乃后世概以工匠轻之，以舆隶概之，以片长薄技鄙数之。若辈亦自等庸奴，自安愚拙，无一聪明秀颖之士肯降心而相从者。无惑乎器用朽窳，物业凋敝，一见泰西之工艺，而瞠目咋舌、疑若鬼神也。

上年恭读上谕，国子监司业潘衍桐奏请特开艺学一科，方汝绍奏请特开实学一科，著大学士六部九卿会同总理各国事务衙门妥议具奏。仰见圣朝励精图治、综贯中西，与古圣王制作之精心隐相符合。无如当轴诸公安常习故，以艺学为末务，遂使良法美意仍托空言。而天下多能博学之人，亦绝无自幼至长孜孜焉专精一艺，以期用世而成名者。盖工艺之疏，非一朝一夕之故，其所由来者渐矣。

夫泰西诸国富强之基，根于工艺，而工艺之学不能不赖于读书，否则终身习之而莫能尽其巧。不先通算法，即格致诸学亦苦其深远而难穷。所以入工艺书院肄业生徒，皆须已通书算，未通者不收。何则？欲精工作，必先绘图，则勾股三角弧之学不可不讲也。精于此而后绘图、测算，成器在胸，及其成物不失累黍，否则方隅不准，钩斗难工。英国伦敦设有工匠学堂，以为工技之成，弟子每不能及师，不免每况愈下，故令学工艺者先读工程专书，研究机器之理，然后各就所业，日新月异，不独与师异曲同工，且变化神明，进而益上。此工艺所由人巧极而天工错也。苟专设艺学一科，延聘名师，广开艺院，先选已通西文算法者学习，读书、学艺两而化，亦一而神，则小可开工商之源，大可济国家之用。

夫工艺非细事也，西人之神明规矩亦断非一蹴所可几也。今各省、各局机器师匠略晓机器、测算等学，彼此授受，绝少匠心，故廿余年来所造炮船枪弹皆式老价昂。惟闻江南制造局采各枪之长，新造一后膛枪，名快利，较毛瑟轻而且远，不知其坚与速均能胜人否。坚、轻、远、准、速，须一一精细考验，方知孰优孰劣，况闻英国又新出利蔻佛枪，较快利更远。我国直悬不次之赏，鼓励人材，使其精益求精，庶免有事之秋为他人挟制。否则亦器劣价昂，吃亏不可胜言。英国访事人享利·那门云："日本皆用新式苗也理地枪，其制造厂每日可出一百杆。"我国能如是乎？

查京都无工艺书院，同文馆只教外国语言文字、算学，各制造局洋匠纵有精通，然贪恋厚赏，未免居奇而靳巧。至者未必巧，巧者不能致，能致之巧匠又或不肯传。洋师之难得如此。且华人之心力未必远逊西人也。多有华人习学日久，技艺日精，而当道以其华人也而薄之，薪水不优，反为洋人招去。教习无法，考察无具，奖劝无方，一旦有事，制造无人，则归咎于华人之不可用。噫！岂华人果不可用哉？是主者之过也。是非专设艺院，则人才无由出，格致无由精，而技艺优劣之间亦无由真知而灼见。

西国之技艺以英、美为最精，制造各物价值多于土产各物。乾隆十三年，即一千七百四十八年，美国将士弗兰克令箸成格致书二，全部呈于国家，欲创设格致学堂，教习国中子弟，并开一公会，每期聚集通人，各抒所见，相与讨论发明。国家许其所请，因而美国化学日有进境，可与欧人并驾齐驱。乾隆十八年，英国特开艺术大会，无论巨商小贾、薄技片长，苟有能出乎其类、拔乎其萃者，则会主给予文凭以为积学之券。其有能造灵妙机器有利于人，则当奏准朝廷奖其才艺。此会一设，各人乐从，皆自出才力心思以博荣名。于是各国蜂起，争相仿效，无不有工艺院之设。若创一新法呈验有益于世者，准创者独享其利若干年。英国更另筹巨款，专为艺术商人奖赏度支之用。如心思灵巧能制新物，或累于家贫未能竟业者，并资以经费助其成功。斯时有美人雷瑙耳，慧质灵思，胜人数倍，于格致、制造各事均能细研其理，明道其法，国人重其才，公举为艺术会中总董。远近奇特之士均来造访，或议论终日，或执贽门墙。雷君不炫己长，虚衷博访，倘其才有可用者，则潜记其名以待他日网罗之用。英人之厚待人才如此，民风国运其有不隆然兴起者乎？近时美国，百工居肆，心思日辟，智巧日精，每岁所出新样之物多于英国。其工艺列科十二，别类分门。

吾粤邝容阶司马使美而旋，述美技艺院二十余所。每所约二百余人，教习各十余人。地基由朝廷给发，建院经费或拨国帑，或抽房捐。年费由善士输助，如不敷用，一学生收回金百元、二百元不等，稍有盈积，概免修金。所收学生，无论何国，必文法、算学均堪造就者方能入选。院中有工艺书，无制造厂，学成而后另进工厂阅历数年。光绪二年，美设百年大会，见俄国艺学院新制机器甚精，因师其法，在艺院兼设制造厂，俾得同时学习。故学生俱能运巧思，创新器，学期将满聘请有人。艺院日多，书物日备，制造日广，国势日强。凡有新出奇巧之物，绘图贴说，进之当事，验其确有实用，即详咨执政，予以专利之权，准给执照，并将名姓图说刊入日报，俾遐迩周知。所以有美必彰，无求不得，殚精竭虑，斗巧争奇，莫能测其止境也。

美国发牌衙门，发牌衙门西名拍吞，即考验各处所呈新出机器技艺、准给有权独造执照之处。各国规例亦大同小异。查西报记一千八百四十六年至七十六年，此三十年中各国出有若干新法工艺，并比较何国多，何国少，以见民间之工艺盛衰。如四十六年，英国发出独造执照四百九十三种，七十六年发出三千四百三十五种。英属地在北亚美利加喀讷塔，四十六年发出三十八种，七十六年发出一千二百五十二种。奥国五十三年发出四百六十种，七十六年发出一千二百九十四种。比利士四十六年发出四百五十七种，七十六年发出二千五百七十种。法国四十六年发出二千七百五十七种，七十六年发出五千七百三十四种。意大利五十五年发出二百二十四种，七十六年发出二百三十八种。布鲁士四十六年发出五十五种，七十六年发出四百七十六种。美国四十六年发出六百九十种，七十六年发出一万七千二百十六种。俄国新法初兴，发给无多，不过百数十种。惟年来各国技艺精益求精，无不日新月盛，所发执照已年多一年，其进款之多，胜于土产。顾各国准给独造执照之数，不尽是其本国新出技艺，有上等巧法，不独本国给发，即他国亦给，令其独造发售也。设总理一人考验机器，及画师、书吏各二十余人。每一礼拜呈验器物者不下七十余种，酌收牌费足敷公用。如此专门名家实事求是，制造所由日广，工艺所以振兴耳。

夫《周礼》考工居六官之一，《虞书》利用列三事之中。华人心思素多灵敏，自造新器古不乏人。如江慎修先生制木牛耕田，以木驴代步，法虽不著，闻取猪脬实黄豆，吹以气而缚其口，豆浮正中，可知木制牛驴必用机关纳气令满，即能运动自如，似亦通西法蒸气拨轮之理也。先生又制留声筒，其筒以玻璃为盖，有钥司启闭，向筒发声，闭之以钥，传诸千里，开筒侧耳宛如晤对一堂。即西国留声筒之法也。观此则知华人之聪明智慧实过西人。特在上者无以鼓舞之振兴之，教习而奖劝之，故甘让西人独步。且上年所遣出洋学生肄业，又未得其法。如当时考取已通中外言语文字三十岁以内者，赴外国大书院肄习，各专一艺，不过数年可以成材，又省初学之赀，无虑其年少变性，沾染西人风气，何致中途而废，制造各局尚用西人。今日本所需西人之物无不自行制造，其价较西来之货更廉，又与西人时出新样，较华人所制无不价廉而工美。小民生计尽为所夺。我国亟宜筹款，广开艺院，教育人才，以格致为基，以制造为用。庶制造日精，器物日备。以之通商，则四海之利权运之掌上也；以之用兵，则三军之器械取诸宫中也。此国富民强之左券也！

中国士大夫鄙谈洋务者，咸谓欧洲各国富强未久。实不知其强弱无常，盛衰迭变。余阅美国百年大会日报所载英、俄、德、法、奥、美六国富强之略，凡各国立国先后、人民多寡、国中贫富、国债经费之如何支销、土产工艺之如何征入，莫不清列。今择其大略于后，以备考核：英立国八百六十年，人民计共三十四兆三十万零五千人，其富共四万五千兆，国债共三千八百兆，而每年之费共四百一十五兆，土产所值每年有一百二十万，而工艺所出每年则四千兆。法立国共一千一百年，人民共三十七兆零一十六万六千，其富共有四万兆，国债一千兆，国费六百五十兆，土产二千兆，工艺二千五百兆。德立国一千一百年，人民四十五兆三十六万七千，富二万五千兆，国债九十兆，国费一百五十兆，土产一千八百兆，工艺二千二百兆。俄立国三百五十年，人民八十二兆四十万人，国债一万五千兆，国费六百兆，土产二千兆，工艺一千三百兆。奥立国一千一百年，人民三十九兆一十七万五千人，其富一万四千兆，国债二千兆，土产一千兆，工艺一千五百兆。美立国一百年，人民五十兆零一十五万，国债一千八百兆，国费二百五十七兆零九十元，土产七千五百兆，工艺八千兆。以上六国人民财赋、国债、国费、土产、工艺合而参观，亦可知大略也。然则其工艺之多，土产之盛，国人之富，亚洲远不及矣。何尚庞然自大鄙谈洋务者乎！

农　功

古之言曰："上农夫食九人，其次食七人，最下食五人。"同此土田，同此树艺，而收获之多寡迥乎不同者，农功之勤惰为之也。故水潦出于天，肥硗判于地，而人力之所至，实足以补天地之缺陷而使之平。昔英国挪佛一郡本属不毛，后察其土宜遍种萝卜，大获其利。伊里岛田卑湿，嗣用机器竭其水，土脉遂肥。撒里司平原之地既枯且薄，自以鸟粪培壅，百谷无不勃茂。犹是田也，而物产数倍，是无异一亩之田变为数亩之用。反硗确为沃壤，化瘠土为良田，地利之关乎人力概可知矣。且地之肥瘠何常之有？万里中原沟渠湮废，粟麦而外物产无多，地之肥者变而瘠矣。扬州之赋上下，今则畎浍纵横，桑麻翳荟，神京廪给悉仰南方，地之瘠者变而肥矣。三古农书不可考已，今所传者如《齐民要术》、《农桑辑要》、《农政全书》亦多精要，大抵文人学士博览所资，而犁云锄雨之俦，何能家喻而户晓？况劳农劝相，虚有其文，补助巡游，今无其事，民亦因循简陋，聊毕此生，盖官民之相去远矣。

泰西农政皆设农部总揽大纲，各省设农艺博览会一所，集各方之物产，用考农功，与化学诸家详察地利，各随土性，种其所宜。每岁收成自百谷而外，花、木、果、蔬以至牛、羊畜牧，胥入会考察优劣，择尤异者奖以银币，用旌其能。至牲畜受病若何施治，谷蟊、木蠹若何豫防，复备数等田样，备各种汽车。事事讲求，不遗余力。先考土性原质，次辨物产所宜，徐及浇溉、粪壅诸法，务欲各尽地利，各极人工，所以物产赢余，昔获其一，今且倍蓰十百而未已也。

西人考察植物所必需者，曰磷，曰钙，曰钾。磷为阴火出于骨殖之内，而鸟粪所含尤多。钙则石灰是已，如螺蚌之壳则及数种土石均能化合。而钾则水草所生，如稻藁、茶蓼之属。考验精密。而粪壅之法无微不至，无物不生。迩有用电之法，无论草、木、果、蔬入以电气，萌芽既速，长成更易，则早寒之地严霜不虑其摧残，温和之乡一岁何止于三熟，是诚巧夺天功矣。

其尤妙者，农部有专官，农功有专学。朝得一法，暮已遍行于民间。何国有良规，则互相仿效，必底于成而后已。民心之不明以官牖之，民力之不足以官辅之，民情之不便以官除之。此所以千耦其耘，比户可封也。

然而良法不可不行，佳种尤不可不拣。地属高亢，则宜多种赤米。赤米即红霞米，松江谓之金城稻，色红性硬，最为耐旱，四月布种，七月即收，今北地多有种之者。若卑湿之田则宜种耐水之稻。稻之利下湿者为稌，稌种有黏有不黏。黏者为糯，又谓之秫，不黏者为粳。氾胜之云："三月种粳，四月种秫。"最为耐水暹罗稻田，一至夏间有黄水由海中来，水深一尺，苗长一尺，水深一丈，苗长一丈。水退之后，倍获丰收。此低田之所宜也。其余花、果、草、木皆当审察土宜，于隙地广行栽种。如牛、羊、犬、豕之属，皆当因地制宜，教以牧畜，庶使地无遗利，人有盖藏。惟小民可与乐成，难与图始，非得贤牧令尽心民事，以教导而倡率之，未易遽有成效也。稽古帝王之设地官司徒之职，实兼教养。孔子策卫曰："富之教之。"其时为邑宰者，劝农课耕，著有成效。近世鲜有留心农事者。

惟泰西尚有古风，为民上者见我所无之物，或有其物而美不如人，必穷究其所以然，故效法于人，蕲胜于人。年来意大利、法兰西、印度、锡兰所种丝、茶，反浸浸乎胜于中国。曩有宁波税务司康必达见我养蚕未善，不能医蚕之病，往往失收，曾倩华人到外国学习，尽得其法，并购备机器，欲在沪仿行，格于当道未准。其机器尚存格致院中。

今粤东有肄业西学者留心植物之理，曾于香山试种莺粟，与印度所产之味无殊，犹恐植物新法未精，尚欲游学欧洲，讲求新法，返国试办。惟恐当道不能保护，反为之阻遏，是以踌躇未果。

我国似宜专派户部侍郎一员综理农事，参仿西法以复古初。委员赴泰西各国，讲求树艺农桑、养蚕、牧畜、机器耕种、化瘠为腴一切善法，汇为专书，必简必赅，使人易晓。每省派藩、臬、道、府之干练者一员为水利农田使，责成各牧令于到任数月后，务将本管土田肥瘠若何，农功勤惰若何，何利应兴，何弊应革，招徕垦辟，董劝经营，定何章程，作何布置，决不得假手胥役，生事扰民，亦不准故事奉行，敷衍塞责。如果行之有效，开辟利源，使本境居民日臻富庶，本管道、府查验得实，乃得保以卓异，予以升迁。仅仅折狱催科，只得谓之循分供职。苟借此需索供应，骚扰闾阎，别经发觉，革职之外仍重治其罪。重赏严罚以兴事劝功，天下之民其有豸矣。

盖天生民而立之君，朝廷之设官以为民也。今之悍然民上者，其视民之去来生死，如秦人视越人之肥瘠然。何怪天下流亡满目、盗贼载途也？以农为经，以商为纬，本末备具，巨细毕赅，是即强兵富国之先声，治国平天下之枢纽也。曰鳃鳃然忧贫患寡奚为哉？

> 或云：年来英商集巨款，招人开垦于殷鸟，欲图厚利。俄国移民开垦西北，其志不小。我国与彼属毗连之地，亦亟宜造铁路，守以重兵，仿古人屯田之法，凡于沙漠之区开河种树，山谷闲地遍牧牛羊，取其氄以织呢绒、毡毯。东南边界则教以树棉、种桑、缫丝、制茶之法。务使野无旷土，农不失时，则出货愈多，销路自广。而且东南各省皆宜树棉，西北各省更宜牧畜。棉花为纺织所必需，除种土棉外，更须试种洋棉。洋棉以美国南海岛种为最佳，西人尝用此花一磅纺丝长至一千尺，是为上品。大概土棉质硬丝短，不能织极细之布；洋棉质软丝长，经机器不致中断，所织之布细纫异常。余尝刊有《美国种植棉花法》一书分送乡人，并购美国花子在沪栽种，确较土花丝长，惟其性畏寒，一见霜则叶陨花枯，必须考究天气、水土相宜之处，方可播种。附志之，以告留心种植者。

藏　书

我朝稽古右文，尊贤礼士，车书一统，文轨大同，海内藏书之家指不胜屈。然子孙未必能读，戚友无由借观，或鼠啮蠹蚀，厄于水火，则私而不公也。乾隆时特开四库，建文宗、文汇、文澜三阁，准海内稽古之士就近观览，淹通博洽，蔚为有用之才，作人养士之心，至为优厚。而所在官吏奉行不善，宫墙美富，深秘藏庋，寒士末由窥见，及寇乱，洊经付之一炬。中兴将帅，每克复一省一郡，汲汲然设书局，复书院，建书楼。官价无多，尽人可购，故海内之士多有枕经葄史，博览群书，堪为世用者。通商日久，西学流传，南、北洋亦复广译西书以资考证。惟是穷乡僻邑闻见无多，疆吏亦漠不关心，置之度外，则傲僻孤陋，故我依然，然后知藏书之为益多，而广置藏书以资诵读者之为功大也。

泰西各国均有藏书院、博物院，而英国之书籍尤多，自汉、唐以来，无书不备，凡本国有新刊之书，例以二分送院收储。如有益于国计民生者，必膺朝廷重赏，并给予独刊之权若干年。咸丰四年间，于院中筑一大厦，名曰读书堂，可容三百人、中设几案笔墨。有志读书者，先向本地绅士领有凭单，开列姓名、住址，持送院中，董事换给执照，准其入院观书，限六阅月更换一次。如欲看某书、某册，则以片纸注明书目，交值堂者检出付阅。就长案上静看，不许朗诵。阅毕签名书后，何日、何处、何人阅过，缴还经手。该值堂年终查核，知何书最行。另有赁书楼，有股分者每年出书银四元，可常往看，各处新报俱全，只准借书两本，限两礼拜归还。如无股分者赁阅，每日计银两先付。阅毕缴还，不许携带出门及损坏涂抹。倘有损失，责令赔偿。特设总管一员司理其事，执事数百人，每年经费三十万金。通国书楼共二百所，藏书凡二百八十七万二千册。此外，如法兰西书楼共五百所，藏书凡四百五十九万八千册。俄罗斯书楼共一百四十五所，藏书凡九十五万三千册。德意志书楼共三百九十八所，藏书凡二百二十四万册。意大里书楼共四百九十三所，藏书凡四百三十五万册。奥大利书楼共五百七十七所，藏书凡五百四十七万六千册。法京巴黎另有一书楼异常宏敞，独藏书二百七万九千册。德京伯灵之书楼亦藏七十万册。罗马大书院除刻本外，更有钞本三万五千册，细若蝇头，珍如鸿宝，洵数典之巨观，博学之津梁也。

中国自都中《四库》外，镇、扬、杭三阁早付劫灰。其家藏最富者，如昆山徐氏之传是楼、鄞县范氏之天一阁、杭州汪氏之振绮堂、钱塘吴氏之瓶花斋、吴门黄氏之滂熹园、石冢严氏之芳茮堂、邬镇鲍氏之知不足斋、昭文张氏之爱日精庐、南浔刘氏之眠琴山馆，所藏古籍宏富异常，兵燹以来半归散佚。近日则吴兴陆氏之䀟宋楼，首屈一指，另建守先阁，请于大府，奏于朝廷，供一郡人士观览。其大公无我之心，方之古人亦何多让。独是中国幅员广大，人民众多，而藏书仅此数处，何以遍惠士林。宜饬各直省督、抚，于各厅、州、县分设书院，购中外有用之书藏贮其中，凡外国未译之书，宜令精通西文者译出收储。派员专管。无论寒儒博士，领凭人院，即可遍读群书。至于经费，或由官办，或出绅捐，比利时国届开国五十年之期，臣民咸釀金上寿，王受而置诸外府，曰："此众人之贽，将为众人求益。"饬议院议之。下院拟以此款开设格致院一区，广购图书器皿，用供国人探讨格致之学。英君主寿诞，臣民亦釀金筑一大博物馆，无物不备，为其君主寿，留名千古，与民同受其福，何乐如之。宜各国皆当仿行也。或由各省外销款项科场经费。将无益无名之用度稍为撙节，即可移购书籍而有余。仍常年储备专款，分派员役管理，稽查所有新书，随时添购。果能认真经理，数十年后，贤哲挺生，兼文武之资，备将相之略，或钩元摘秘，著古今未有之奇书；或达化穷神，造中外所无之利器。于以范围天地，笼罩华夷，开一统之宏规，复三王之旧制，极巍焕信景铄，皆于读书稽古二事基之矣。

今天下竞言洋学矣，其实彼之天算、地舆、数学、化学、重学、光学、汽学、电学、机器、兵法诸学，无一非暗袭中法而成，第中国渐失其传，而西域转存其旧，穷原竟委，未足深奇。若合天下之才智聪明，以穷中外古今之变故，标新领异，日就月将，我中国四万万之华民，必有复出于九州万国之上者。苟强分畛域，墨守规为因陋昏蒙，甘受人制，则印度、琉球、越南、缅甸其已事也。前车已覆，来轸方遒，有识之君子将何择焉！

《盛世危言》卷五　开源

议院上

　　议院者，公议政事之院也。集众思，广众益，用人行政一秉至公，法诚良、意诚美矣。无议院，则君民之间势多隔阂，志必乖违。力以权分，权分而力弱，虽立乎万国公法之中，必仍至于不公不法，环起而陵篾〔蔑〕之。故欲藉公法以维大局，必先设议院以固民心。

　　泰西各国咸设议院，每有举错，询谋佥同，民以为不便者不必行，民以为不可者不得强，朝野上下，同德同心，此所以交际邻封，有我薄人，无人薄我。人第见其士马之强壮、船炮之坚利、器用之新奇，用以雄视宇内，不知其折冲御侮，合众志以成城，致治固有本也。考议政院各国微有不同，大约不离乎分上、下院者。近是上院以国之宗室勋戚及各部大臣任之，取其近于君也。下院以绅耆、士商才优望重者充之，取其近于民也。选举之法惟从公众。遇有国事，先令下院议定，达之上院；上院议定奏闻国君，以决从违。如意见参差，则两院重议，务臻妥协而后从之。凡军国大政，君秉其权；转饷度支，民肩其任。无论筹费若干，议院定之，庶民从之，纵征赋过重，民无怨咨，以为当共仔肩襄办军务。设无议院，民志能如是乎？

　　然博采旁参，美国议院则民权过重，因其本民主也。法国议院不免叫嚣之风，其人习气使然。斟酌损益适中经久者，则莫如英、德两国议院之制。英之上议院，人无定额，多寡之数因时损益，盖官不必备，惟其贤也。其员皆以王、公、侯、伯、子、男及大教师与苏格兰世爵为之，每七年逐渐更易，世爵则任之终身。下议院议员则皆由民间公举，举员之数，视地之大小、民之多寡。举而不公，亦可废其例，停其举，以示薄罚。下议院为政令之所出，其事最繁，员亦较多，大约以四五百人为率。惟礼拜日得告休沐，余日悉开院议事。大暑前后则散院避暑于乡间，立冬或立春则再开院。议员无论早暮，皆得见君主：上议院人员独见，下议院人员旅见。议院坐次，宰相大臣等同心者居院长之右，不同心者居左，中立者则居前横坐。各国公使入听者皆坐楼上。德之规制大概亦同。盖有议院揽庶政之纲领，而后君相、臣民之气通，上下堂廉之隔去，举国之心志如一，百端皆有条不紊，为其君者恭己南面而已。故自有议院，而昏暴之君无所施其虐，跋扈之臣无所擅其权，大小官司无所卸其责，草野小民无所积其怨，故断不至数代而亡，一朝而灭也。

中国历代帝王继统，分有常尊，然而明良喜起吁咈赓歌，往往略分言情，各抒所见，所以《洪范》稽疑谋及庶人，盘庚迁都咨于有众。盖上下交则为泰，不交则为否。天生民而立之君，君犹舟也，民犹水也，水能载舟，亦能覆舟，伊古以来，盛衰治乱之机总此矣。况今日中原大局，列国通商势难拒绝，则不得不律以公法。欲公法之足恃，必先立议院，达民情，而后能张国威，御外侮。孙子曰："道者，使民与上同欲"，"可与之死，可与之生，而不畏危也"。即英国而论，蕞尔三岛，地不足当中国数省之大，民不足当中国数省之繁，而土宇日辟，威行四海，卓然为欧西首国者，岂有他哉？议院兴而民志合、民气强耳。

中国户口不下四万万，果能设立议院，联络众情，如身使臂，如臂使指，合四万万之众如一人，虽以并吞四海无难也。何至坐视彼族越九万里而群逞披猖，肆其非分之请，要以无礼之求，事无大小，一有龃龉动辄称戈，显违公法哉？故议院者，大用之则大效，小用之则小效者也。

夫国之盛衰系乎人才，人才之贤否视乎选举。议院为国人所设，议员即为国人所举。举自一人，贤否或有阿私；举自众人，贤否难逃公论。且选举虽曰从众，而举主非入本籍至十年以后，及年届三十，并有财产身家，善读书负名望者，亦不得出名保举议员，其杜弊之严又如此。考泰西定例，议员之论刊布无隐，朝议一事，夕登日报，俾众咸知，论是则交誉之，论非则群毁之。本斯民直道之公，为一国取贤之准。人才辈出，国之兴也勃焉。诚能本中国乡举里选之制，参泰西投匦公举之法，以遴议员之才望，复于各省多设报馆，以昭议院之是非，则天下英奇之士、才智之民，皆得竭其忠诚，伸其抱负。君不至独任其劳，民不至偏居于逸，君民相洽，情谊交孚。天下有公是非，亦即有公赏罚，而四海之大，万民之众，同甘共苦，先忧后乐，上下一心，君民一体，尚何敌国外患之敢相陵侮哉？

或曰："汉之议郎，唐、宋以来之台谏御史，非即今西国之议员乎？"不知爵禄锡诸君上，则未必能尽知人之明；品第出于高门，则不能悉通斯民之隐。而素行不可考，智愚贤否不能一律，则营私植党，沽名罔利之弊生焉。何若议院官绅均匀，普遍举自民间，则草茅之疾苦周知，彼此之偏私悉泯；其情通而不郁，其意公而无私，诸利皆兴，而诸弊皆去乎？故欲行公法，莫要于张国势；欲张国势，莫要于得民心；欲得民心，莫要于通下情；欲通下情，莫要于设议院。中华而自安卑弱，不欲富国强兵为天下之望国也则亦已耳，苟欲安内攘外，君国子民持公法以永保升平之局，其必自设立议院始矣！

> 今之公卿大夫，墨守陈编，知古而不知今；游士后生，浪读西书，知今而不知古。二者偏执，交相弊也。夫中国生齿四百兆，其中岂无一二通才洞悉古今利弊，统筹中外局势，思欲斟酌损益，为国家立富强之基？顾其人类多斧柯莫假，见用无由。即幸而事权在握，自谓可一展其才，然和衷少而掣肘多。往往创办一事，聚议盈廷，是非莫决；甚且谓其更张成法，蜚语中伤，谗书满箧。于是不得不出之因循粉饰，以求苟安，卒之豪杰灰心，而国势亦日趋于不振矣。西人谓我中国人材通病，京官曰畏葸，曰琐屑，外官曰敷衍，曰颟顸。畏葸者，同官互相推诿，不肯任怨，遇事动辄请旨，不肯任咎是也。颟顸者，利折锱铢，察及毫末，自负精明，不顾大局是也。敷衍者，蒙头盖面，但计目前剜肉补疮，只贪小利是也。颟顸者，徒具外貌，实无把握，空言塞责，不切事情是也。夫畏葸也、琐屑也、敷衍也、颟顸也，皆弊之太甚而不可不去者也。去之之道奈何？请一言以蔽之曰："是非设议院不为功！"

议院下

或谓："议政院宜西不宜中，宜古不宜今。"此不识大局，未深知中外利病者之言耳。余尝阅万国史鉴，考究各国得失盛衰，而深思其故。盖五大洲有君主之国，有民主之国，有君民共主之国。君主者权偏于上，民主者权偏于下，君民共主者权得其平。凡事虽由上、下院议定，仍奏其君裁夺：君谓然，即签名准行；君谓否，则发下再议。其立法之善，思虑之密，要皆由于上下相权，轻重得平，乃克臻此。此制既立，实合亿万人为一心矣。试观英国弹丸之地，女主当国，用人行政皆恃上、下院议员经理，比年得人土地已二十倍其本国，议院之明效大验有如此者。日本行之亦勃然兴起，步趋西国，陵侮中华，而犹谓议院不可行哉？惟必须行于广开学校人材辈出之后，而非可即日图功也。何则？泰西各国近代学校盛行，无人不学。且中外利弊登诸日报，妇孺皆知。凡有病于民者，如公禀政府改革，无不俯顺舆情，非昔日只顾在上者之权势，而不顾其民之疾苦也。

英国马恳西史记论欧洲各国上代亦以权势治民，其民迫求在上者改章易法，不许，则必有私自结党以立会而抗国者矣。普鲁士本专以君权治国者也，乃为君权最重之拿坡仑制其死命。普相赐德鹰伯爵忧之，以计笼络通国之人，使抗拿坡仑。嘉庆十二年，即一千八百七年。特设一会，名曰良民会。未几，通国绅士皆入其会。会中所订章程，其最善者为允许其民日后可自立报馆，任意议论政事，国家议员亦由民间公举。因而良民会之权亦因之以重，至其权力之从何而起，则终不轻泄于外也。普国既立良民会，嘉庆十八年，西历一千八百十三年。日耳曼列邦同具是心，猝然合而为一，以逐拿坡仑。日耳曼、奥斯马加、俄罗斯、波澜、希腊、法兰西、西班牙诸国人，皆苦人君治国，专恃权势，若不改旧章，不得不潜自立会，藉以整顿国家，乃允以立君民共主之国，会党即自然解散，匿迹销声。查欧洲各国民间既有举官以治国之权，即永无设会以害国之事。今各处大会党不在欧西，而在欧东，如俄罗斯一国，仍以权势治民，故有尼希利会党。十余年来，不但愚人入其会，贤者亦复乐列名于会中。其意谓民间受苦过深，故不但俄皇之大权在所必去，即凡兵士教会产业家室素所有者，全欲去其旧而谋其新，俟其铲除净尽，然后民间重联相爱相助之欢，国势振兴必远胜于曩日云云，此会中忿激过甚之言也。其余则大半无异心，故能去其积习，不专恃权势，而学欧西之体贴民情，上下自胥安矣。

考之欧洲各国上、下议院，近年新订公举章程。法兰西上议院员，由上议院自举者四分之一，由通国二十一岁以上人公举之议员转举者四分之三；下议院员，为通国中二十一岁以上所公举。比利时上议院员，由每年纳赋合华银六两以上之众民公举，下议院员，同上议院。奥斯马加上议院员，有君所命者，有世袭者；下议院员，凡民间年二十四岁以上薄有田产者，皆可公举。恒加利上议院员，大半世袭；下议院员，年二十岁以上之民每年纳赋合华银三两二钱者，皆可公举。普鲁士上议院员，大半世袭，亦有君所命者；下议院员，年二十五岁以上之民按纳粮之额数以分举官之员数。日耳曼联邦上议院员，各小邦政府所举；下议院员，比户可举。丹墨上议院员有为王所命者，其大半则由民间公请下议院员所举；下议院员，年三十岁以上之民所举。英吉利上议院员，有君命者，有世袭者；下议院员，凡民已纳赋赈贫者，比户可举。意大利上议院员，君命之；下议院员，凡民年二十岁以上每年纳赋合华银四两者皆得举。希腊仅有一议院，其议员皆成丁以上之民所举。葡萄牙上议院员，有君命者，有民间公请下议院员公举者；下议院员，凡民一年中入款在华银八十八两以上者，皆可举。荷兰上议院员，各省会所举；下议院员，凡二十三岁以上纳赋华银六两以上之民，皆得举。俄罗斯无议院，大权皆操之于君。日斯巴尼亚上议院员，君与各大会馆所举；下议院员，举官会所举。瑞士上议院员，各省会所举；下议院员，凡男子年二十一岁以上者所举。瑙威仅有一议院，其议员分作两班，凡民二十五岁以上有田产值华银一百三十二两者，皆可举。瑞典上议院员，各大会馆所举；下议院员，凡民年二十一岁以上有田产值华银二百二十四两者，皆可举。塞尔维亚上议院员，王命之；下议院员，凡年二十一岁以上之纳赋人所举。罗美尼亚上议院员，有田产若干者即可举；下议院员，凡民成丁能识字者即可举。

议院之设，原以示大公无我，上下一体也。西国以公议堂为政事之根本，既有议院，君不得虐民，而民自忠于奉上。猗欤休哉，此三代以上之遗风也！

公　举

公举之法，即乡举里选之遗意也，汉代行之，得人称盛。盖使士崇秋实，不尚春华，人务经纶，不争词采，而化行俗美，端赖乎此。中国取士以科第，专尚时文，较所举贤良方正，孝弟力田，先器识而后文艺者，相去远矣。近代设官之意，惟重杜弊，如以此省之人往彼省而筮仕，彼省之人来此省而为官，似欲阴胁其人，使不能赡宗植党，以厚施要结民心，又欲明制其人，使不能泄怨报恩，借公事愉快己意。控驭之法似为得宜，不知朘剥百姓，贻误地方，呼吁无门，最为下策。何则？

凡人性情，作客者不如桑梓之真挚，况言语殊异，不若同声相应之投机。人地既已生疏，情意不相联属，休戚无关，肥瘠莫问，充其量也，官见民而生憎，民见官而生畏。名为民之父母，实则民之寇仇。故今之官剥民则无微不至，不计其至再至三也；保民则始终膜视，不闻其兴利除弊也。夫设官所以安百姓，而非所以危百姓；所以利地方，而非所以害地方。今乃特设一法，必使易地服官，而利害安危仍不免于参半，且变本加厉，则安在其为善法也。法之善者必使有安无危，有利无害，众心共惬，人地相宜，可大可久而不可废者，其惟公举之一法乎！

查泰西公举之法，已详于《议院》论内，有一乡公举之人，有一县公举之人，有一府公举之人，有一省公举之人。凡身家清白有产业若干者，方可举人。今则无产业有俸糈，而确系土人、身家清白者，亦可举人。其预选举者，须年在二十五岁左右，有产地于国中，品学兼优，操守廉洁者，方得被选。亦有但问其才力能否胜任，不必问其身家殷实者。考各国选举议员之例，为民主、君民共主等国最重之典章，议员即民间之委员，由县而府，由府而国。而事之利弊，民之好恶，胥藉委员以达之。为委员者，将出其所学以济民之困，而养民之和。凡军国大政，其权虽决于君上，而度支转饷，其权实操诸庶民。是君民相维，上下一德，皆此例为之。顾其例偏重于举之之人，则尤为有理。盖必使举人者不限于资格，然后能各供所知；而于所举者必严其限制，然后能杜绝虚声也。至于陪审公正人员，亦向择于众百姓中，凡仕宦、教读、乡勇，及不谙文字本有职守者，皆不预其列。

虽然，公举议员陪审之法固甚善，亦由泰西学校多、教育人材之盛所致，矧其无处不设日报馆，无人不观日报，中外之事老少咸知。我国学校尚未振兴，日报仅有数处，公举议员之法，殆未可施诸今日也。盖议院为集众是以求一当之地，非聚群嚣以成一哄之场。必民皆智慧，而后所举之员乃贤；议员贤，而后议论措置乃得有真是非。否则，徒滋乱萌，所谓欲知其利，当知其弊也。现我国无公举之法，有保举人才一途。惟保举人才之大员，必先度自己之器识如何，才猷如何，而后能知他人之器识是否宏通，才猷是否卓越。如其但有保举之权，而于时务一无所知，学识一无所长，则何能知属员之贤否而保荐之？况知人则哲，惟帝其难；以貌取人，失之子羽。可知仅以言貌取才者，不失之伪，则失之诬。世之有才者未必有德，有德者未必有才。才德兼优之士，必不肯轻易近人，不愿干谒当道，终身伏处草茅。富贵人罕识其面，则又何从而知之？即或知之，亦得诸耳闻而非目睹。若夫奇才异能，专精于天文、地理、算学、格致、制造诸学者，皆属艺事，可以考试而定其优劣，此诚显而易见者矣，然亦非督、抚所能定。盖督、抚未必于以上诸学皆能窥其门径，则又何从辨人之学问浅深哉？况各部堂官，各省督、抚皆由科甲出身，其所识皆门生故吏，世好姻亲，无非名、利两途庸俗之人。平日又未暇吐铺握发、延揽人材，故昔日所举亦无非奉行故事、苟且塞责而已。从未闻荐一山林隐逸、市井遗贤，岂今无傅说、孔明、侯生、景略其人者乎？今国家既下诏求贤，凡位列宰辅及部院名公、封疆大帅，既遇此难得之遭，自必踊跃欢欣，各举所知，以仰答求贤若渴之意。然荐贤者，平日既未于海内奇杰留意物色，则此时举以应诏，自难必果系千人之英，万人之杰，踌躇四顾，中选者颇难其人，不得已而始以亲旧中之稍有节操，或以箸书立说自炫者取以塞责。其于体国经野之谟、拨乱反正之略，茫乎未有得也，曾何裨于实用乎？尤甚者，则以奔竞为能，以干求为事，或奔走王公之门，或夤缘津要之路，且有丐显者作尺一书为之先容者。辟幸进之门，广苞苴之路，而人才自此不可问矣！亦求才者未能虚心，则人才不免裹足，徒为躁进钻营者之资耳。故曰：欲祛官吏弄权躁进钻营夤缘之习，当必自广开学校、教育人材、复行乡举里选之法始。

公　法

公法者，万国之大和约也。中国为五洲冠冕，开辟最先。唐、虞、三代，相承为封建之天下；秦并六国，改为郡县，历汉、唐以迄今，莫之或易。其间可得而变易者，宗子之封藩，疆域之分合也。其虽变而莫之或易者，概不得专礼乐征伐之权也。然均有相维相系之势，而统属于天子则一也。统属于天子一，故内外之辨，夷夏之防，亦不能不一。其名曰有天下，实未尽天覆地载者全有之，夫固天下之一国耳。知此乃可与言公法。

公法者，彼此自视其国为万国之一，可相维系而不能相统属者也。可相维系者何？合性法例法言之谓。夫语言文字、政教风俗固难强同，而是非好恶之公不甚相远，故有通使之法，有通商之法，有合盟合会之法。俗有殊尚，非法不联。不能相统属者何？专主性法言之谓。夫各国之权利，无论为君主，为民主，为君民共主，皆其所自有，他人不得侵夺。良以性法中决无可以夺人与甘为人夺之理，故有均势之法，有互相保护之法。国无大小，非法不立。《尔雅.释训》云："法，常也。"可常守也。《释名》曰："法，逼也，逼之使有所限也。"列邦雄长，各君其国，各子其民，不有常法以范围之，其何以大小相维，永敦辑睦？彼遵此例以待我，亦望我守此例以待彼也。且以天下之公好恶为衡，而事之曲直登诸日报，载之史鉴，以褒贬为荣辱，亦拥护公法之干城。故曰：公法者，万国一大和约也。

今泰西各国兵日强，技日巧，争雄海陆，将环地球九万里，莫不有火轮舟车。我中国海禁大开，讲信修睦，使命往来，历有年所。又开同文馆，习西学，译公法，博考而切究之，如此详且备矣。然所立之约，就通商一端而言，何其矛盾之多也？如一国有利各国均沾之语何例也？烟台之约，强减中国税则，英外部从而助之，何所仿也？华船至外国纳钞之重，数倍于他国，何据而区别也？中国所征各国商货关税甚轻，各国所征中国货税皆务从重，何出纳之吝也？闻鸦片在孟加剌每箱征银六十磅，中国税银十磅，中国出口茶税每箱仅征银百元之七五，不足一成，至英人入口所征不下四五成，即茶与鸦片较之，其公道为何如？外国人至中国不收身税，中国人至外国则身税重征。今英、美二国复有逐客之令，禁止我国工商到彼贸易工作，旧商久住者亦必重收身税，何相待之苛也？种种不合情理，公于何有？法于何有？而公法家犹大书特书曰："一千八百五十八年，英、法、俄、美四国与中国立约，嗣后不得视中国在公法之外。"又加注而申明之曰，谓得共享公法之利益。嘻，甚矣欺也！

然则如之何而可？曰：约之专为通商者，本可随时修改，以图两益，非一成不变者也。税饷则例，本由各国自定，客虽强悍不得侵主权而擅断之。宜明告各国曰：某约不便吾民，某税不合吾例，约期满时，应即停止重议。其不专为通商者，则遣使会同各国使臣，将中国律例合万国公法两两比较：同者彼此通行，异者各行其是，无庸越俎代谋。其介在异同之间者，则参稽互考，折衷至当。勒为通商条例，会立盟约，世世恪守，有渝此盟，各国同声其罪。视其悔祸之迟速，援赔偿兵费例，罚锾以分劳各国。若必怙恶不悛，然后共灭其国，存其祀，疆理其地，择贤者以嗣统焉。庶公法可以盛行，而和局亦可持久矣。

虽然，公法一书久共遵守，乃仍有不可尽守者。盖国之强弱相等，则藉公法相维持，若太强太弱，公法未必能行也。太强者，如古之罗马，近之拿破仑第一，虽有成有败，而当其盛时，力足以囊括宇宙，震慑群雄，横肆鲸吞，显违公法，谁敢执其咎？太弱者，如今之琉球、印度、越南、缅甸，千年旧国，一旦见灭于强邻，诸大国咸抱不平，谁肯以局外代援公法，致启兵端？不特是也，法为德蹶，俄人遽改黑海之盟，法无如之何也。土被俄残，柏林不改瓜分之约，各国无如之何也。然则公法固可恃而不可恃者也。且公法所论，本亦游移两可，其条例有云：倘立约之一国，明犯约内一款，其所行者与和约之义大相悖谬，则约虽未废已有可废之势。然废与不废，惟在受屈者主之。倘不欲失和，其约仍在两国，当照常遵守，至所犯之事，或置而不论，或相谅革免，或执义讨索赔偿，均无不可。由是观之，公法仍凭虚理，强者可执其法以绳人，弱者必不免隐忍受屈也。是故有国者，惟有发愤自强，方可得公法之益。倘积弱不振，虽有百公法何补哉？噫！

日报上

古之时，谤有木，谏有鼓，善有旌，太史采风，行人问俗，所以求通民隐、达民情者，如是其亟亟也。自秦焚书坑儒以愚黔首，欲笼天下于智取术驭、刑驱势迫之中，酷烈熏烁，天下并起而亡之。汉、魏而还，人主喜秦法之便于一人也，明诋其非，暗袭其意，陵夷而肇中原陆沉之祸。唐、宋代有贤君，乃始设给谏、侍御诸言官以防壅蔽，而清议始彰。然以云民隐悉通，民情悉达，则犹未也。欲通之达之，则莫如广设日报矣。

泰西各国上议院、下议院，各省、各府、各县议政局、商务局、各衙门大小案件，及分驻各国通使、领事，岁报新艺商务情形，凡献替之谟、兴革之事、其君相举动之是非、议员辨论之高下、内外工商之衰旺，悉听报馆照录登报。主笔者触类引伸，撰为论说，使知议员之优劣，政事之从违，故日报盛行，不胫而走。其名目有日报、月报、七日报、半月报之别。其体裁有新政异闻、近事告白之分。或一季一出，一年一出，迟速不一，种类攸分，如律家有律报，医家有医报，士农工商亦各有报。官绅士庶、军士工役之流莫不家置一编，以广见闻而资考证。甚至小儿亦有报纸，文义粗浅，取其易知。夫强民读书，而民莫之应；不劝民阅报，而民自乐观。盖新闻者，浅近之文也，增人智慧，益人聪明，明义理以伸公论，俾蒙蔽欺饰之习一洗而空。是以暴君污吏必深恨日报。亦泰西民政之枢纽也。近年英国报馆二千一百八十余家，法国报馆一千二百三十余家，德国报馆二千三百五十余家，美国报馆一万四千一百五十余家，俄国报馆四百三十余家。总各国计之，每一国有三四千种，每种一次少者数百本，多则数十万本。出报既多，阅报者亦广。大报馆为国家耳目，探访事情。每值他邦有事，与本国有关系者，即专聘博雅宏通之士，亲往远方探访消息。官书未达，反藉日报得其先声。官家以其有益于民，助其成者厥有三事：一、免纸税，二、助送报，三、出本以资之。故远近各国之事无不周知。其销路之广，尤在闻见多而议论正，得失著而褒贬严。论政者之有所刺讥与柄政者之有所申辩，是非众著，隐暗胥彰。一切不法之徒，亦不敢肆行无忌矣。中国通商各口，如上海、天津、汉口、香港等处，开设报馆，主之者皆西人，每遇中外交涉，间有诋毁当轴、蛊惑民心者。近通商日久，华人主笔，议论持平。广州复有《广报》、《中西日报》之属。大抵皆西人为主，而华人之主笔者亦几几乎摈诸四夷矣。日本无郡不有日报馆，惟禁报馆妄言，以肃观听。英、美、比三国无禁报馆言事之条。我各省当道亦宜妥订章程，设法保护，札饬有体面之绅士，倡办以开风气。如英国《泰吾士日报》馆主笔者，皆归田之宰相名臣，自然无勒索财贿，亦名驰中外矣。

今宜于沿海各省，次第仿行，概用华人秉笔，而西人报馆止准用西字报章。无事之时，官吏设法保护，俾于劝善惩恶，兴利除弊，以及人才之盛衰、风俗之纯疵、制作之良窳、泰西各国政事有何更改、兵制有何变迁、商务制造有何新法足以有益于人者，精心考核，列之报章。大小官员苟有过失，必直言无讳，不准各官与报馆为难。如有无端诋毁勒诈财贿者，只准其禀明上司，委员公断，以存三代之公。执笔者尤须毫无私曲，暗托者则婉谢之，纳贿者则峻拒之。胸中不染一尘，惟澄观天下之得失是非，自抒伟论。倘有徇私受贿，颠倒是非，借公事以报私仇，藉巧词以纾积忿，逞坚白异同之辩，乱斯民之视听者，则迹同秽史，罪等莠民，可援例告官惩治。如谓当道挟恨审断不公，准其登报以告天下，庶公论不稍宽假。有事之际，官吏立法稽查：于本国之兵机，不宜轻泄；于敌人之虚实，不厌详明。则常变经权，操纵在我。较今日之禁止华人而听西人开设者，其是非是失损益为何如也！

夫报馆之设其益甚多，约而举之，厥有数事：各省水旱灾区远隔，不免置之，膜视无动于中。自报纸风传，而灾民流离困苦情形宛然心目。于是施衣捐赈，源源挹注，得保孑遗，此有功于救荒也。作奸犯科者明正典刑，报纸中历历详述，见之者胆落气沮，不敢恣意横行，而反侧渐平，间阎安枕，此有功于除暴也。士君子读书立品，尤贵通达时务，卓为有用之才。自有日报，足不逾户庭而周知天下之事，一旦假我斧柯，不致毫无把握，此有功于学业也。其余有益于国计、民情、边防、商务者，更仆数之未易终也。而奈何掩聪塞明，钳口结舌，坐使敌国怀觊觎之志，外人操笔削之权，泰然自安，施施然甘受他人之陵侮也！

《盛世危言》卷六　开源

日报下

《新政论议》云："宏日报以广言路。"是日报者，即古乡校之遗意、今西国议院之滥觞，为公是公非之所系，众好众恶之所彰。故西国日报之设，上则裨于军国，下则益于编氓。如一乡一邑，凡公约条议各节、会议时诸员之言词举动，皆列于报章，详其得失，而民隐无不通，民情无不达也。一案一讼，凡两造律师所办之事以及判断时陪员之可否如何，皆登诸报纸，记其精详，而民心无不惬，民志无不伸也。

若夫官家之颦笑、京国之传闻、各国之约章、列邦之强弱、战守之情形、时务之缓急、物料之价值、市道之衰旺、股份之低昂、店铺之开歇、田宅之鬻售、创举之节略、生意之授受、学校之抡选、人材之兴举、民情之向背、船舶之往来、铁路之接续、邮寄之便捷、百工之处所、行客之姓名、官员之迁调、货物之出入、关税之征收、都邑之公项、司事之诚伪、医道之善法、药物之灵异、矿务之奇赢、格致之日进、植物之丰歉、杂技之优劣、陪员之轮值、水旱之灾祥、生死之报章、婚姻之纪事、案牍之消长、军政之筹画、公务之兴作、工作之需人、外国之时事、异邦之习尚、海外之奇谈、天气之寒暑、风汛之休咎、善士之品题、奇人之传记、书说之新奇，凡有益于国计民生、日用行为、性命身心者，则无不录，录无不详。虽极之高人之片词只字，愚妄之荡检败行，足以寓劝惩，使人鼓舞而兴感者，无不罗布发明，俾阅者快焉劝焉。征信质疑，莫善于此。

盖秉笔者有主持清议之权，据事直书，实事求是，而曲直自分，是非自见，必无妄言谰语、子虚乌有之谈以参错其间，然后民信不疑。论事者可以之为准则，办事者即示之为趋向，使大开日报之风，尽删浮伪，一秉真胏。主笔者、采访者，各得尽言无隐，则其利国利民实无以尚之也。英国议政者，必以日报为众民好恶之所在，而多所折衷。法国之从政者，则以日报为足教官吏而不敢违背。若夫医学、化学、天学、即象纬历算。海学、行舟测量之法。电学、艺学、矿学，以及治兵课士、军装战舰，皆必另设一报。不惟详言其事，而且细绘其图，此又利世利民而欲与天下人共趋于上理者也。

夫日报逐日阅之，殊不费时，随事求之，必有新获。中国泥守古法，多所忌讳。徇情面，行报复，深文曲笔，以逞其私图，与夫唯诺成风，嗫嚅不出，知而不言，隐而不发，皆为旷职。故中原利益无自而开，即民情亦不能上达，告谕亦不得周知。若日报一行，则民之识见必扩，民之志量必高，以此愈进愈深，愈求愈上，吾知其正无止境也。今如欲变法自强，宜令国中各省、各府、各州、县俱设报馆。凡为主笔，必须明外国之事，达公法之情。地方有公事，如官绅会议、陪员审案等，则派访事人员亲至其处，援笔记录，务在真实详明。凡外国日报所登有关于中国时事，及新出火器奇技有益于国计民生者，皆须译录。至各省及都会之地，其日报馆每日所出新闻，必以一纸邮寄京师，上呈御览。其有志切民生，不惮指陈，持论公平，言可施行者，天子则赐以匾额，以旌直言。不准地方官恃势恫喝，闭塞言路，偶摘细故，无端封禁。如主笔借此勒索，无故诋毁伤人名节者，不论大小官绅，当控诸地方官审办，并准两造公举中外陪员听讯。如果属实，则照西律，分别轻重，治以禁锢之罪，重则在禁作苦工而已。如是，则国势之隆无不蒸蒸日上。夫如是，《春秋》之笔褒贬从心，南、董之风斧钺不惧，将见直道复行于天下矣。

训　俗

天下之治乱孰为之？民心之善恶为之也。民性本善也，其不幸而流为匪僻者，非生而恶也。生长乡间不闻教化，耳目所蔽，习与性成矣。户口蕃衍，俯仰无资，饥寒所驱，铤而走险矣。承平之日，上下断断然日惧以桁杨刀锯，而陷于死亡者累累然相续也。其或上失其道，则揭竿斩木，弄兵潢池之中。幸而将帅得人，士卒选练，萃群策群力，不分首从，草薙而禽狝之。而此伏尸流血，绝脛断脰者，皆国家不教之愚民也，反之仁爱之天心，忍乎不忍？

古者悬书读法，以士乡礼饮酒化天下于尊亲礼让之间。所谓观于乡而知王道之易易者，皆有实心实政以诱掖斯民，所由俗美化行，而乱萌潜杜。秦、汉以还，以文法治天下，欲尽愚黔首，以惟所欲为，古意荡然一无存者！我有民而不能自教，彼佛、老二氏乃得恃其天堂、地狱、修斋、忏悔之说乘隙而入之。其本意固亦劝人为善也，而愚民靡然归之若流水。二千年来之君若相，亦自以为国家之教化未足以遍及斯民，姑听客所为，而淫祀之兴遂盈于天下。自有明万历以后，彼天主、耶稣之教亦得以势胁利诱，肆其簧鼓而瞷我之虚。法兰西之君臣专以传教亡人之国，阴谋诡计，四海皆知。既已诱致南交，取越南如反掌矣！中国之户口四万万而终不自教，听外人取而教之，恐祸患之乘，更有非意料所及者。然则有民而不能自教，其病之中于内者，推原祸本，则粤、捻诸乱所由生。此前事之不可不惩也。昔年发逆、外夷之祸皆起自东南，今广东赌博之盛、盗贼之多，甲于天下。若无教化，甚为杞忧。其忧之伏于外者，环顾中区，则俄、法诸邦所同觊。此后患之不可不虑也。

我朝列圣相承，追踪三古，特颁《圣谕广训》，令官吏岁时宣讲，以劝化愚民。今上复颁雍正①时《钦定劝善要言》一书，用扶世而翼教，所以为斯民计者，周且挚矣。惟朝野上下大抵奉行故事，置之高阁，则考察未及、经费未筹之所致也。今各州、县教官几同疣赘。似宜责成教官三、八宣讲，而府、县就近稽查。仍筹经费，听讲者款以饔飧。劝化若干，记以簿籍，岁由学政综核其成。著有成效者，保升知县。此城邑宣讲之法也。各乡各镇在三百家以上者，由教官遴选公平之生监、绅耆，亦筹经费置立公所，按期宣讲，听讲者授以餐。劝化若干，籍而记之，以申于教官，转详学政，移咨吏部，三年有效，量予出身。此乡镇宣讲之法也。所讲以圣谕要言为主，而以孔孟之道、程朱之学旁通曲畅，务求有当于人心。行之二十年，而天下风俗有不焕然丕变者未之有也。我国朔望讲乡约、讲圣谕于矮屋之下，或庙宇檐前，何如西人按七日一聚会于大庙堂中，列椅而坐，肃然静听。讲经者皆饱学宿儒，非华人之讲乡约者仅识十六条圣训而已。我国无知者多，宜饬各省教谕认真宣讲圣训。尤望官绅集赀，请黉门秀士科甲人员，如泰西之牧师，于各州、县按旬宣讲圣教于学宫，或庙

①　八卷本将"雍正"改为"顺治"。

宇客堂之中。不论士、农、工、商皆可入听，以正人心。大抵人心不正，由于风俗不善；风俗不善，由于教化未敷耳。

至于海外贸易工作之商民不下数千百万，五方杂处，良莠不齐，赌杀凶殴之案层见叠出。其性情良懦者则入天主、耶稣之教，舍正道入异端。蚩蚩者氓莫非天朝之赤子，恝然竟置之度外，岂仁人怙冒之心？今海外通商各埠既设领事以抚驭华民矣，似宜就地筹捐，建立书院，以教聪颖子弟。仍广筹经费置备公所，按时宣讲《圣谕广训》、《劝善要言》，或由领事延聘达人，或由领事自莅，每逢朔望及礼拜日期，逐条宣讲。听讲者亦记以籍、授以餐。岁申出使大臣稽其功过：勤者优奖，违者扣除，并于折内声叙。

至中外宣讲之人固须品学端粹，亦必辩才无碍，始足动人听闻。有一华人入西教充牧师，在教堂宣讲，听者甚众。嗣因与其师不合，出堂下乡宣讲孔孟之教，听者益众。可知口给之所关为至巨也。彼佛、老浮游之论，天方、天主荒唐牵强之辞，何足与我中土之圣道王言互相比拟？果得认真经理，他日太阳首出，爝火皆消；洪钟一鸣，万声皆寂。万姓既改恶从善，永无犯上作乱之萌，万邦亦一道同风，咸知学圣尊王之义，所谓凡有血气莫不尊亲者，此其权舆要领矣！高见远识之君子慎勿以为迂也！

铁路上

夫水行资舟，陆行资车，古之制也，民生自然之利也。至今日而地球九万里，风气大开，以日行百里计之，环球一周，累年不能达，文轨何由一？声问何由通乎？天乃假手西人以大显利用宜民之神力，于是而轮船、火车出焉，以利往来而捷转运，风驰电掣迅速无伦，诚亘古未有之奇制也。中国版图广大，轮船之利亦既小试其端矣，独火车、铁路屡议无成，聚讼盈庭莫衷一是，窃未见其可也。

美国西北之佘山郡，濒海旷远，自设铁路近通东部，遥接金山，于是百货流通，商贾辐辏，户口陡增百万有奇，此铁路之便于通商也。

德、法构兵时，德提督谓法使曰："如战，则我国可于十四日中在边境集军十万，粮械俱备。"后果践其言，克获全胜，此铁路之便于用兵也。

俄国所筑西卑里亚之铁路，不日可成，其道里所经与俄之圣比得罗堡京及墨斯科城一气衔接，所属大西洋之地与珲春扼要之境亦节节相通。考欧洲至上海，若取道苏彝士河，历程四十四日，若取道美洲干拿打，历程三十四日，有此铁路不过二十日可到。就通商而论，其地贯欧、亚两洲之北境，将来各国行旅多出其途，俄人即可坐收其利。若偶有边衅，则由俄京至中国边境仅半月程。而我调饷征兵，动需岁月，急递甫行，敌已压境矣。

今英、法、俄三国争造铁路以通中国，包中国之三面，合之海疆已成四面受敌之势矣。英由印度造一路逾克什弥尔北抵廓尔喀，分支至西藏之大吉岭与藏地为邻；一路由缅甸之仰江以达阿瓦，径距滇边。一拟自英属缅甸琅玗埠头以达江泓，一自缅甸路江口摹耳曼埠头以达云南之江泓，一由巴漠直接滇疆，西人目为天生路路。法由越南造铁路以通云南、广西。俄自东北彼得罗堡至西北西伯里亚一带之地，凡造铁路一万余里，循黑龙江而南，告成而后商贾往来便捷。愚民无知，惟利是从。我能保护之，则百姓，我之百姓也；我不能保护而人能保护之，则百姓，即为人之百姓。缅甸之属英，越南之属法，琉球之属日本，吉林、东北各部之属俄，其明证矣。

且口外荒地甚多，开垦甚便，一有铁路，内地无业之民相率而至，膏腴日辟，边备日充，商旅日集，大利所在，人争趋之，荒远辽阔之区一变而为商贾辐辏之地。而我之境内未有铁路，则荒凉者如故，贫瘠者如故也。彼此相较，贫富相形，而欲边境之民尽甘槁饿而不为敌人用也，其可得哉？若彼以一旅之师长驱直入，则边陲千里阒其无人，蹙地丧师可以立待。故敌无铁路，我固不必喜新好异为天下先；若人皆有铁路而我独无，则必败之道，必不能支之势也。外国有行军铁路，宽径尺余或二尺，地面不必铺平，下置木桩，驾以铁樑，用则搭，不用则卸，仿而行之，运兵载粮尤为简易。火车以美国之式为最善，工价则中国较廉，故旧金山车路皆雇中国人兴造。至铁轨需费尤巨，必须自造，若购之西国，则失利多矣。

自河运改行海运以来，轮舶往还费省而效捷。议者或虞海道不靖，敌兵邀截，欲复河运旧制而劳费不遑恤焉。何如以议复河运之费，移开铁路之为愈也。盖尝访诸西人，其利有十：

所得运费除支销各项及酌提造费外，余皆可助国用，其利一；偶有边警，征兵筹饷，朝发夕至，则粮台可省，兵额亦可酌裁，其利二；各处矿产均可开采，运费省而销路速，其利三；商贾便于贩运，贸易日旺，税饷日增，其利四；文报便捷，驿站经费亦可量裁，其利五；中国幅员辽阔，控制较难，铁路速则巡察易周，官吏不敢逾法，其利六；二十三行省可以联成一气，信息便捷，脉络贯通，而国势为之一振，其利七；中国以清议维持大局，拘挛束缚颇难挽回，有铁路则风气大开，士习民风顿然丕变，而士大夫之鄙夷洋务者亦可渐有转机，其利八；岁漕数百万石，河运、海运皆糜费无算，一有铁路则分期装载，瞬抵仓场，巨款可以撙节，其利九；各省所解京饷，道路迢远，鞘段累重，中途每致疏虞，铁路既通，则断无失事之患，其利十。有十利而无一害，复何惮而不行哉？

而尼之者则曰："造路之后，夺铺驿夫役之利，一害也；修路之时，庐舍、坟墓当其冲者必遭拆毁，二害也；他日猝为敌乘，祸发倍速，三害也。"

不知铁路之旁，其左右歧路，人、马皆能行走，火车所运货物应于某处卸载者，仍须车、马接运，且物产之流通益广，则人夫之生计益增，何害之有？铁路遇山巅水曲均须绕越，架空凿洞亦可驶行，庐舍、坟墓亦犹是也，何害之有？中国所购兵轮、商舶苟有器无人，皆可资敌，何独于铁路而疑之，独不可宿兵以守之乎？且地当敌冲，临时折断铁轨数截数十丈或百丈，彼即无能为力，而我腹地仍得往来自如，何害之有？往者议造轮船、电报，群疑众谤，几费半途，既而毅然举行，至今日而天下之人异口同声共知其利。矧铁路之利倍于轮船，而中国陆路之多倍于沿海，何可迟疑顾虑，坐误机宜，致他日受制敌人悔之已晚耶？查西商承办铁路，如有军务，先为国家运兵、运粮，缴费脚力照算，不使商人吃亏，有余暇方准装运客货。

往年晋省洊饥，费数十金不能运米一石，一石之米须分小半以饷运夫，得达内地济饥民者寥寥无几，饿殍之惨，言之痛心。设有火车，断不至是。况当日运费数百万金，苟移造火车亦可成铁轨八九百里。今虽事后之言，而得失之数必有能辨之者。

夫中国大势，西北土满而东南人满，若有铁路以流通之，则东南之闲民可以谋生于西北，西北之弃地可以开垦如东南。政在养民之谓何，而忍听其贫瘠流离竟不一为之所哉？

铁路下

中国西北陆路居多，行动辄需车马，挽运颇觉艰难。丰年苦于谷贱，凶年苦于谷贵。如有铁路，则农民无甚贱甚贵之苦，奸商亦无所施其居奇之技。李提摩太云："西国自兴铁路以来，从无储粮备荒之议，盖以储旧不如籴新之为愈。"

俄国又借铁路之速以侵占人地，观其通市于回部、西北，皆由铁路造成，始逐渐肆其兼并之志。查我国嘉庆七年，即西历一千八百有二年，俄罗斯与波斯人交战。道光四年，俄罗斯有一大帮商人至波斯贸易。十八年，俄罗斯与波斯立约，俄得地两处：一名爱里湾，一名纳其湾。二十八年，俄罗斯在阿拉海立炮台，此俄在亚西亚之东部第一次建炮台也。咸丰十年，与中国立约，得吉林东边地，名海参崴。是年，又在伊犁一带用兵。同治四年，俄占图其斯丹地方，现建为省。七年，俄占撒马尔，立水纳法撒省。八年，占里海东地名克那罗波。九年，在里海东得密加罗与姆那加里两处。十年，占伊犁。十三年，占波奇洼，立亚姆大耶省。光绪二年，又占可卡里，立非加拿省，在茶突地方设立炮台。六年，在里海东试造铁路。七年，又占亚斯卡巴地方。八年，归伊犁与中国。九年，里海至黑海铁路造成。十年，连占美尔洼、沙那克并普里克尊等三处地方。十一年，又占苏飞卡、亚可巴两处地方。十二年，又占巴图稳地方。十三年，又占克尔奇地方。十四年，由火车到撒马尔。其铁路业已全行造成。里海东西有六千里左右地方已为俄侵占殆尽。

总计俄罗斯，康熙二十一年全境有五百六十万方里，至雍正三年已有六百八十万方里。从前止十一兆人，近日水、陆路途俱通，全境有八百五十万方里，有一百二十兆人。足见俄国开通一处铁路，即侵占一处地方，可知铁路之制，于商贾交易、货物往来犹其余事，而独至军旅之事关系尤非浅鲜。

凡有铁路之处，一有兵端，非特邮传信息不虑稽迟，即意外警报，仓卒征调，克期立至，使敌营侦探者几疑飞将军之从天而下也。

夫地方之有铁路，譬如人身血脉流通，手足灵捷，猝遇意外，呼吸之顷，臂指相使，四肢并举，自无掣肘之患。其未建铁路者，则如风痹之人，半体不遂，举动不灵，横逆之来，无可相助，亦惟任其侮辱而莫之御也。讵不大可惜哉？所以两国交战，总视何国能克日集兵，速而且多者即操胜算。若无铁路者，一旦敌人压境，非但兵粮不易调集，即部署有方，亦仓皇莫济矣。

今俄国殚心竭虑在亚西亚东部制造铁路，约五六年后即可告竣。西卑里亚铁路现已加工，限于西历一千八百九十八年一律造成。彼时由俄国至中国新疆伊犁、吉林东三省等处，不过数日，重兵可分驰并集。兴言及此，曷胜悚惧！

总之，铁路之造，在中国今日实有万难缓图之势。惟创办之初，务宜考较以何国立法最善，何国经费最省，何国机器最新，何国火车最稳、最速而又价廉。

据美国铁道艺学士夹阜云："英国本境有地一亿二万一千方里西程，有铁路二万一千里。法国有地二亿零四千零九十二方里，有铁路二万八千里。美国有地二兆九亿三万九千方里，有铁路十九万二千里。英、德、法三国地方较美国小，而所造铁路且有一定之路程，较美国地方广大，从东方省会到西方省会，有大铁路数条，其取径均不相同，遂有比较之法。若此路车费昂，有别路较彼便宜者，可由国会聚议，另辟以利商民。所以美国运货搭客之价廉于各国。英国米地郎地中铁路，行一西里之远，每吨货需钱二十文，美国只需钱十二文。如系美国裴脉特之铁路更廉，每吨不过费钱六文。盖英、德、法铁路火车至今尚多旧式，美国铁路最多，生意极广，承办铁路巨商又互相争利，故新式之车日出日精，力速而车稳，价廉而工省也。"特录其言，以告筹办铁路者详细考之。

王爵棠星使曰："芦汉铁路之议迄未举办，津辽铁路之兴亦未展拓，大抵以经费难筹，且防外人专利耳。不知外洋轨路皆集商股而成，或限数十年，或十余年归入公家。一遇军事、赈务，即限内亦尽公家运用。虽以公司承办，匠师、董役而集股招工购料，无不取资内地。尝访询公司数家，虽各国章程微有增损，大抵商人所取偿者只运价一端，而地方之因以振兴者所益甚大。且既归商承办、承运，则防守之费、养路之费皆其所出，又较胜官为经理也。该公司等又谓：'中华工人物料、食用皆倍贱于外洋，则造价自较省于外洋，是在临时估核耳。'"

按王星使之言，与沪上西商之言相同。惟中国各省土地辽阔，若非分段承办，犹恐缓不济急。近闻中西商人钻谋承办者颇多。若由国家筹款开办，糜费必多；专归华商接办而无西人相助，恐巨款难集，成功不易。似宜归中西股商合力招股，分段承办，较易竣事。

西报论："中国创造铁路，所有章程允宜取法于美国，以得自然之利。传闻有一美人姓极弗司者，向来经理铁路事宜，其人已与某大宪晤商，愿由吴淞至金陵，仿美国法承办一至坚至廉之路，每一点钟能行六十英里，限一年内告成。十一年内由其人包办一切，所装之货每一英里仅收运费洋银一分，每一座客收洋银二分。十年之后将此路归还中国。某大宪以此事不欲归外邦人经理，却之。然极弗司如以此事向他国承揽，他国政府自必从速允诺。而极弗司复语以愿为代筑是路，每一英里需洋银四万五千圆，铁路、火车及各项器具皆全，亦未允许。本馆之意：中国宜让外邦人试办，俟数年后诸事皆已熟习，然后收回。先将此费移修水道，以佐铁路而握利权。"

查泰西铁路有为商务设者，有为军务设者，有兼为军务、商务而设者。今二十三省所造干路，诚如美、德所造之路，于军务、商务均有裨益。各国铁路公司进款，国家岁抽税银甚巨。日本国家抽铁路税与泰西抽入息税相仿，三百元至一千元一分，一千元至一万元一分半，一万元至二万元二分，二万元至三万元二分半，三万元以上三分。可知其利国利民矣，而奈何不即举行也哉？

电 报

电报创于丹，成于美，继乃遍行于泰西，山海阻深，顷刻可达。各国陆路电报皆设于国家，商民发电者官收其费，以所入济局用，而岁有所赢。用之兵间，尤足以先事预防，出奇制胜。普、法之战，普人于大军所到之区遍设电线，而尽毁法人之电线，法京声息不通，遂以败法。所谓先发制人，后发制于人者，非电报不足以当之矣。

国家版图式廓，幅员之广，冠绝寰区，各省距京师远则数千里，近亦数百里，合沿海、沿边诸属国、属部、属藩周围约四五万里，鞭长莫及，文报稽延。近日番舶畅行，华、洋杂处，兵机万变，瞬息不同，一旦有事疆场，飞章入告，庙算遥颁，动稽时日，而彼以电线指挥如意，如桴应鼓，如响应声，一迟一速之间，即胜负所由决矣。

近年各省电线八达四通，其为利便，人皆知之。而创造之初，几经辩难，几费经营，始克于群疑众谤之中，翕然定议。成见之不易化，而风气之不易开也若是。电报如此，则铁路可知，今日之排斥火车，亦犹当日之阻挠电线也。

电线字码皆中华字数，数千百字皆由数字所生，从一至十，交相编辑。曩承玉轩京卿及盛杏荪、刘芗林、唐景星、朱静山诸观察公禀傅相札委会办津沪电线，时曾与同事著有《万国电报通例》、《测量浅学》、《电报新编》各书，各电报局及各口书局均有售者。如有机密，可先约定照电报号码或加或减，则外人不得而知。今使署及各埠殷商，亦有另编号码合数字而成一字，费用更省，事机更密，而消息更灵。故电线、轮车、铁路、火器四事孰为之，天为之也，天将使万国大通，合地球为一统，非是不足以利往来、速文报也。

迩日外国盛行德律风之法，略如传声之器，亦藉电线以通，百里、数百里之遥，彼此互谈，无殊晤对。各国商埠及其国家行用浸多，费用尤广，亦电报之别格矣。又闻照德律风之式用电气写字，此间举笔而书，彼处亦照式而写，笔迹分毫无误。

惟电报虽已畅行，而造线配药之法，中国知者甚罕，岂西人故秘其传欤？抑华人心性粗疏未能深求其故欤？盖电之为用，际地蟠天，今所用者未及一万分之一，约而言之，生力、生光二事而已矣。

电报取用之气，系意大利人嘎刺法尼及佛尔塔二人考验制成，由以强属与金属相感而生，谓之湿电法。用红铜或用白铅薄片数对重叠，每对隔以强水浸透之厚纸，复以二铜丝联之，即能生电。佛氏云因其纸易干，则机滞无力，乃以玻璃杯为电池。后又有人造长箱，内以磁片分为数十格，箱盖下安铜、铅薄片数十对，以铜条联之，每对一格，内储强水，用时但加盖于箱，则二金相感，生电较多，其力愈旺，而湿电之学大兴。寻丹国人倭氏复创磁、电二气合一之说，法人阿拉格与安贝尔二人复以铜丝绕成螺形以验之，电气每绕一匝则力倍增，以铁能生电，而磁能吸铁，是为磁铁电学。于是英人惠氏及设电线于伦敦，法、美因之，遂以遍行于天下。英国总司电局比利斯自言：一岁中必辗转思议，务使后来之法较诸往昔益为灵便。以前发报每一分钟止发七十五字，今每分钟可发六百字矣。

夫因仍者易为力，而创始者难为功。若中国能就其已然，精求其理，陆线、水线、打报机、测量表、干湿电药水皆能自行制造，无假外求，更复触类旁通，别成奇制，天下之大，岂无能者？亦由董劝之未得其人耳。现在所用材料皆购自外洋，总计漏卮，为数颇巨。电报学生测量未准，停报久而虚耗多，电码时有舛错，电杆亦多朽折。外国电报皆用铁杆，日本则用铜杆。我国亦宜概换铁杆以垂久远。近闻德国电杆有拆下埋于地中，以免损坏，且用兵时以之传信，则电由地中行，敌人亦莫识其所在，而用亦可久也。各局总办、帮办宜由报生、司事推择淐升，其巡丁亦当分别等差由下递升，以期精益求精，用资鼓励。

外国陆路电线俱归国家主持，惟水线往来乃归商办。今我国电线已环绕于十八行省间，仍宜由国家购回，派员专办沿边要地，逐次扩充，严定章程，节省糜费。他日如有军务，即照西例不收商报，庶机密重事无从泄漏，而维持操纵，于国家之政体所保全者亦多矣。查西南承办电线，如在中国之英商大东公司，丹商大北公司，所设海线，如有军务，例应委员常住该公司报房稽查，不准传递暗码，所有明码电报亦须委员看过，无碍军务者方准传递。

曩奉神机营札委在沪采办军械及侦探中外军情，时苦电线未通，机事不密，因购德律风四具，军线百里，进呈醇贤亲王，力辞奖叙，冀开风气之先。今时甫十年，而电报已通行天下。道与时为变通，后之君子幸勿泥古违天，轻以人之国家为孤注也。谓予不信，请俟将来。

西国自设电报以来，千里传音捷于影响，可谓神矣。惟深山大泽人迹罕到之区未能遍设，其为用也仍有所穷。复创为光报以继之，能影射于九百里之外。其法：射影者背日悬圆镜一，测日而聚其光，每三百里更设一方镜接射之；收影者设三角镜向日取影，得所射书焉。报书则如射者法。近英伐苏鲁被围，曾用以请援兵。

查得电灯火有险，须上下有物遮隔，方不碍事。又电灯线与电报线、德律风线及更钟之线不能相遇，遇则电火必走。各线内是以务须装固，勿令相触。又电灯线于发电时，如偶断折，则断线尖头上必有电火冲出，射于木料或易燃之物，立即焚烧，触于人身则有性命之虞。留心时务者宜知之。

邮政上

古之时草檄飞书，置邮传命，上有驿站以通文报，下有使命以达书函。至于边陲关系尤重，孔道则称台、站，沿边则曰卡伦。元宪宗于瀚海中间沿途设卡，后人纪其勋绩，乃与伐宋并称，其重且要也若此。

中国邮政内隶于兵部，外统于臬司，塘、汛、铺兵星罗棋布。凡朝廷之诏旨、臣工之章疏、本管之上下文移、隔省之关提、照会，统谓之公牍，或由马递，或用铺司。遇有军务，羽檄飞驰，又必增设驿马。公家之费累万盈千，而积弊所丛，时虞旷误。近各省复设文报局以捷信音，至商旅、工役人等过都越国，偶有私信，局寄艰难，道路浮沉，无从追究。国家岁费百万之款项，养数万之人夫，设官数百员，置驿数百所，以为有利于国欤，而稽延贻误，时有所闻，国固未尝利也。其商民之音问，则秦越肥瘠漠不相关，于君民一体之意久已忘之，习而安之矣。

泰西各国向亦如中国驿站，专送公文，不寄私信。乾隆间，经德国上、下院会议，谓此法止便于国，不便于民，因于国中城、乡、市、镇商民聚集之区，遍设书信馆，统以大员，派员经理，凡公文私信莫不递传。嗣后各国亦皆仿行。近日英、法、美复于上海设局经理，其事自常年用费外，所入之款岁有赢余。可知邮政一端其利甚宏，其效甚速。轻而易举，无耗费之虞；远而可通，无濡滞之虑。所谓上下均利而无所不利者也。

中国幅员最广，而邮政不行，跬步之间远于千里。人通而我塞，人速而我迟，人明而我暗。日皇皇然忧贫患寡，而不知大利之所在，即在便民便国之中也；日汲汲然筹饷练兵，而不知隐患之所伏，即在无见无闻之内也。十余年前，各国约商邮政办法，举地球各国通为一制，彼此互传，日本小邦亦与其列，以中国拘泥古制，摈而弃之。

法京巴黎斯，前岁清单核计往来书信：英人约每人四十封，奥人三十五，瑞人三十，美人二十一，德、荷人二十，法人十七，意人七，西班牙人六，葡人五，日本人三，俄人二，而中国之人亦未与其列也。国体所关，即开外人轻侮之端，以为不及日本。日本近日讲求邮政，逐渐扩充。长崎领事余眉云书云：自丁丑年起，该国邮政局总结岁收银八十一万三千余元。除经费七十六万八千余元，尚余四万五千余元。不数年间岁收已至一百四十二万四千余元。支销大小官员廉俸一万零八百余元，局员工俸及雇西人数名，又津贴该国轮船公司、商务公司，捐助各处学校等项经费银一百三十四万七千余元外，尚余利银七万六千余元。可谓能自收利益者矣。各国向设书信馆于日本各埠，今全行撤去。凡西人书信均归该局邮传，而邮政之利权毫无渗漏，所有经费出于商民信赀，公文往来，资以津贴。每年所余巨款悉归国家，而来往程途克期可达。商民信件取赀极廉，以故上下翕然，同声称便。

夫制无分今古，法无论中西，苟有益于民，有利于国者，行之可也。必鳃鳃然刻舟胶柱，欲如太古之老死不相往来，则庄、列之寓言，佛、老之余沈，绝圣弃智，剖斗折衡，又岂特邮政一端而已！非鲰生一孔所敢知矣。

邮政下

难者曰："创办邮政必先设局，合中国二十三行省计之，设局之数盈千，款何从出？局既林立，支用纷繁，安保不入不敷出乎？"

曰：无虑也。美国邮局共六万四千三百三十七所，前岁清单，计一年中售出印记、信面等三千四百兆零四十万六千五百七十三件，收赀六十四兆二十万九千四百九十一元。其利息之丰厚如此。况中国幅员甚广，风气日辟，信件必多，即收赀亦必畅旺，安有不敷之虑！若为省费计，则莫如就现有之电局、船局先行试办。盖轮船、电报本与邮政相辅而行，西国轮、电所通之处即邮政所行之处。今中国轮、电业已畅行，倘即于局中附设邮政，则事半而功倍矣。

难者又曰："泰西各国凡邮本国信件，远近悉取二分；邮至外国则取五分。中国如仿此而行，岂能获利？"

曰：创行邮政，参酌西法可也。创办之始，取赀不必过廉。盖西人每兴一事皆厚集赀本，广事招徕，并由国家提款相助。初虽折耗，久则赢余。今中国赀本无多，稍形折耗，人言蜂起，必将不支，故信赀不得不稍重者情也，亦势也。似宜分路之远近而定信赀之多寡：其在五百里以内者取赀洋一分五厘，千里之内取赀二分，千五百里之内取赀二分五厘，二千里之内取赀三分，其余以次递加。开办之初，先将天下路程某处至某地若干里一一标明，粘贴局门，刊印成书，以昭定式，庶使寄信者一览而知，且杜送信工人娄索酒赀之弊。

难者又曰："驿站之设已经数百余年，所用人役无虑数十万人，皆恃此为生活。今一旦仿西法设邮政，自应裁去驿站，而此数十万驿夫何以谋食？势必揭竿为乱，劫夺频仍。昔有明末造，因裁驿站盗贼蜂起，饥馑洊臻，遂开流寇之祸。前车之覆，吁！可危也！"

噫！为此说者真因噎废食之见，不足与谈经世之务者也！明时所裁驿夫，既不善为调遣，又不善为抚循，故不免迫而为乱。今仿西法公私兼办，需传递者更倍于前。至内地轮、电不通之区，自应仍用驿夫，以资熟手。惟昔则工赀克扣，糊口儿致无资，今则薪费丰盈，谋生反有实济耳。法宜于开办之初，将各省驿夫查明综计若干，即以现在驿站改为邮政局，驿官改为局员，专送内地公私文报、信件，取资之数与海疆轮、电各局远近一律，以广招徕，不得任意低昂，致小民不便。至夫役等人，留其精壮，汰其老弱，工俸亦一律加增，赏罚严明，勿蹈从前之故辙，斯可矣。

难者又曰："近来信局愈设愈多，倚此为生者不可胜数，一旦创办邮政信局，无利可图，势必胥动浮言，从中作梗，可奈何？"

而不知此亦无难也。开办之时，宜由地方官约齐信业董事，晓以大义，告以邮政一端实为利国利民起见。自某月日为始，各信局一律闭歇，不得阻挠，并劝各信局出赀入股，每年从优分给官利，以示体恤。其不欲入股，愿改图别业者亦听之。至信局业已入股，其中夥友亦不可尽使投闲，令每局保送二三人以凭委用。如是则情义兼尽，本末皆清。其各局工役人等，即可收入局中，以备差遣。何梗之有？

难者又曰："外洋邮政皆有公司轮船往来各国，故推行日广，权利日增。今中国轮船罕能至外洋，曩者'和众'轮船偶至美国，竟被苛待，从此遂无出洋之议。虽兴邮政，安能夺彼利权乎？"

曰：前者泰西各国欲合五大洲之邮政联为一气，因中国章程不同，故未商办耳，固未尝外视中国也。当兴办之先，须照会各国外部大臣，请将邮政定章详细译覆，以便照章办理。随后即设公司轮舶往来外洋，传递信件。况华人旅居外洋新旧金山、檀香山、新加坡、槟榔屿、古巴、秘鲁等处者，不下数百万人，既有公司轮船，则华人来往，捎寄信件，即可自托本国之船，利息之丰可操左券。迨行之已久，土货可自运出洋，洋货亦可自运进口。是亦夺回利权之一大转机也。

难者又曰："西国办理邮政，于海口则有轮船，于陆地则有铁路，是以传递迅速，消息灵通。今中国沿海各埠轮舶通行，而西北各省铁路未达，即创行邮政，岂能如西国利便乎？"

曰：欲使西北各省利于巡行，亦未尝无法也。当择要途创设木路。木路之法简而易行。所置木式如大方木梁，其车轮有两种：一为辅轮，宜配折边式之车，并令车不离其木梁；一为正轮，托车体之重，直行于木面。若两轮比较，当以辅轮尤为合用。查辅轮乃西人普剌煞所创，倘正轮或断或脱，则仍可藉辅轮之力而不至倾覆，有时道路弯曲亦可径行。故为邮政计，宜于西北要区广造木路。况中国所产树木甚多，可饬地方官各按所辖地段采取沿路之木以资造路。其便有六：木路之费较铁路省十之七八，举办自易，其便一。造车、修车较煤火之费亦省十之五六，其便二。铁路之面日久虽可翻用，不过一次，若木条则可翻二三次，其便三。造成木路所需时日约当铁路三分之一，是时亦可省，其便四。车行甚稳，公文信件不致遗失，其便五。铁路宜直不宜曲，故须开山凿洞、绕道而行，若木路则弯路亦可行，可免开凿之费，其便六。木路已成，将来若铺以铁，便成铁路，是木路实铁路之先基也。盖全地大势譬之人身，土地犹肌肤也，财货犹膏血也，而文报之往返犹脉络之贯通也。不有邮政以联之，则跬步之间无殊千里，偶有睽阻，声息不通。尫羸跛躄之夫，岂足与马足车轮争强斗捷哉？识者亦可以憬然悟矣！

《盛世危言》卷七　开源

银行上

《易》有之曰："惟圣人能以美利利天下。"故利于己而不能利于人者，非美利也；利于民而不能利于国者，亦非美利也。自华洋互市以来，中国金钱日流于外，有心世道者咸思仿行西法，以挽回补救之。而无如逐末忘本，得皮毛遗精髓者比比然也。夫洋务之兴莫要于商务，商务之本莫切于银行。泰西各国多设银行，以维持商务，长袖善舞，为百业之总枢，以浚财源，而维大局。兹略举其利民利国之大要言之。

银行之盛衰隐关国本，上下远近，声气相通。聚通国之财，收通国之利，呼应甚灵，不形支绌，其便一。国家有大兴作，如造铁路、设船厂，种种工程可以代筹，其便二。国家有军务、赈务缓急之需，随时通融，咄嗟立办，其便三。国家借款不须重息，银行自有定章，无经手中饱之弊，其便四。国家借款重叠，即或支应不敷，可以他处汇通，无须关票作押，以全国体，其便五。国中各殷实行家、银号、钱庄或一时周转不灵，诸多窒碍，银行可力为转移，不至败坏市面，商务藉可扩充，其便六。各省公款寄存银行，各海关官银号岁计入息约共数十万两。需用之时支应，与存库无异，而岁时入息仍归公项，不致被射利之徒暗中盘算，其便七。官积清俸，民蓄辛赀，存款生息，断无他虑，其便八。出洋华商可以汇兑，不致如肇兴公司动为洋人掣肘，其便九。市面银根短绌，可藉本行汇票流通，以资挹注，其便十。有此种种便益，是民生国计所交相倚赖者也。

况银行获利之丰更有可得而言者。中国银行、钱庄赀本不过数万，开拓场面，联络声气，能者可岁获余利二三万金。银行赀本既雄，流通中外，其获利之可知者一也。殷商富户银行存项，例定一年期者息五厘，半年期者息四厘，三月期者息三厘，时有往来者息二厘，若转放各处则七厘、一分不等，不到期即取回者无息，其获利之可知者二也。外国存款甚多，不过三四厘息，遇有要需均可互相补救，其获利之可知者三也。银行钞票通行市面，百数十万视若现银，不费来源之息，而得无本之利，其获利之可知者四也。提单票来自远方，见票一二月利息连汇水统收，其未到期还银者，回头息只付一半，其获利之可知者五也。汇票押款过期一日仍作一月计算，其获利之可知者六也。银行所置之铁门石栈堆放所押货物，计出栈租、火险，其费视他业甚廉，其获利之可知者七也。况银行生意较别项尤为稳当，只有汇票及押款押票而已，即钱庄借银必用殷实庄票，限期不过数天，押款必须的实，照市价七折至五折为限。不论何处汇票，先收银而后付票，事事踏实，处处认真，其获利之可知者八也。便于人者如此其多，获于己者如此其厚，所谓以美利利天下者，莫要于斯矣。

泰西有官银行、商银行。又有贫民银行，系官绅商贾乐善为怀，特设以贫民存款，代为支放，月给利息起见，或设于各商埠，或设于各村乡。若水手银行则设于各兵船，或陆路屯防之所。因负贩之辈利逐蝇头，信手得钱，恐易挥霍，中国贫民如男女佣工积蓄之赀存于小铺，生息多为亏逃。其荷戈执戟者买醉赌钱，罄囊尤易，令将手中所蓄存之银行，积少成多，可为防贫之计，便民之法周矣。今香港、上海招集中外股本创设之汇丰银行，亦仿其美意，增立新章，代贫民收储银洋，由一元至百元皆可代为收存。每人积至五千元为限，每元岁给息三厘半，随时可以提用，诚便民良法。惟一月之中存银者以百元为率，百元之外则归入下月。一年以一千二百元为度，满五千元则归并大数，不在零存之数。息银则以三厘半按月计算，以本月所存最少之数为准，譬如月头存入百元，越数日支取六十元则止存四十元，月底或又存三十元、二十元，虽并存有八十元，或九十元，而计息仍照四十元结算。此则银行之于中取利也。然此原不足为银行病也。盖人向银行存款至少非千金、百金不可，若百元以内，其细已甚。银行意主便民，收此奇零之款，存银之人或今日存入，明日支出，彼亦不得不为代劳，是不啻众人之总帐房，苟不予以沾润，谁乐为之？虽然，此举虽善，所利者中人之家耳。今有人于一日之中偶获四五元，十数元，而需用不过一二元，其余银无可安放，若置之床头，则恐随手浪费，即藏诸箱筒，犹恐突遭肤箧不翼而飞。更有长作寓公并无家室者，有此大帐房，得一元则存一元，余两元则存两元，该银行予以存折，随时可支，虽朝存夕取不以为厌。即存折遗失，拾得者亦无所用之，盖存银之时必签名总簿，日常支取，亦必签名。所签与总簿字迹相符者乃付，不然则否。故存折虽失，亦自无妨，并可与银行商立补折。立法之善，蔑以加矣。

其银行所出钞票，每张一元至五百元，到处通行。商银行所出者必须经官验看，核其存库银钱若干，始准出票若干。如用出现银钞票一千元，须有现银二百元备为零星换银者取用，非国钞可比。俄国钞票有值银九亿万卢布之多，与各国寻常银票不同。其国库空虚，藉此腾挪，不能持票收银随时兑换，市价亦有涨跌云。若今之洋商所用银票，并不由中外官吏验看虚实，不论多少，惟所欲为。闻英商汇丰银票在粤通用之票百余万，该行已获利二百余万之谱。虽有华商股份，不与华商往来，即有股实华商公司股票，亦不抵押，惟外国公司货物、股票均可抵押。西商操其权，而华商失其利；华商助以赀，而西商受其益。强为区别，是诚何心？中国钱庄赀本二三万，放款数十万，稍有倒欠，呼应不灵。所谓"倒持太阿，授人以柄"者非欤？今为之计，非筹集巨款创设银行，不能以挽救商情而维持市面也。

银行下

说者谓："中国自兵燹后帑藏空虚，加以水旱灾荒无岁不有，欲创设官银行，款将何出？纵竭力筹集，而中国人情向多疑阻，迨来集股亏折，闻者咸有戒心：始疑其不成，继疑其不稳，终疑其不能长久。惑之者半，沮之者半，而事终不成矣。且华人之富者喜置房产，而不喜经营，存储之银决不肯轻易出借，亦不肯轻易借人之银。其贫者虽欲借银，而无货物、产业作抵。银行虽设，必不如西国获利之丰。"

是说也，知其一而不知其二者也。今不设银行则已，苟设银行，其利益甚大，而筹款亦无难也。何则？数百万之成本在民间集之不易，在国家筹之即亦无难。应请先设官银行于京师，简派户部堂官督理，即将四成洋税拨作银行成本，约得库平银九百万两，查各海关岁收洋税银二千二百余万两。其外省分行，即将该省洋关税饷、地丁钱粮归其代收候解，其中入息不少。仍由藩司督理，以专责成，此官银行之法也。设票十万，每股百金，不分官民，悉听入股，各督、抚札饬府、县劝谕富商，集办尤易。准其行钞票，官银行亦许通融，并不勒索。此商银行之法也。至于一切条规悉仿西法。

查西国银行创自英人约翰拉乌，后人相率踵行，获利日溥，所出汇单虽数万里之遥，克期无误。如有折阅，一切存款、钞票例必如数赔偿。所出钞票动至数百万，每岁行中存本之多寡必与钞票出入之数相抵，由官查核，不至钞溢于银，方能取信于人，持诸久远。中国如设银行、行钞票，亦当先定妥善章程，用顶厚洁白纸为质，以铜板镌刻精细龙文，上列满、汉文字以及"皇清宝钞"字样。钞既造成，盖用部印，并盖银行钤记，以示信于民。民间以钞易银，可随时随地向银行支取，绝不留难，俾知存钞无异于存银，且携银反不如携钞。盖钞票有一两银一张，有十两银一张，有五十两银一张，有百两银一张者，进出一律，有轻赍之便，无耗折之虞。如妥议钞章，尽杜流弊，奏请朝廷颁示天下，官、民通行，合十八省计之，不难销流数千万两，得此巨款，腾挪生息，利莫大焉！惟开办之始，尤宜晓谕商民人等，凡厘捐、关税、捐款、地丁一切报效、输纳之款，及职官廉俸、兵丁口粮一切支放之款进出，一律俱以银钞各半为程，开诚布公，昭示大信，则上有好者，下必有甚焉者矣。每岁由官查核钞票行市者若干，本银存行者若干，必使钞、本相均，否则再行纠本，查清之后刊登日报，俾众周知。

惟银行用人实为第一难事，亦宜仿照西例。官总其成，防其弊而不分其权。一切应办事宜，由股商中慎选一精明干练、操守廉洁之人，综计出入；另举在股董事十人，襄赞其成。重其事权，丰其廪饩，激以奖劝，警以刑诛，庶利多而弊少耳。所虑者，银行既设，各处皆设分行，其中帐房需人，司事需人，书契需人，招徕商客又需人，大行数百人，小行数十人，用人既多，钻谋必众。附股有荐举，亲友有恳求，达官显宦有嘱托，远近踵至，良莠不齐，偶有疏虞，即生弊窦。薪水或支用过度，钞票或作伪混行。甚至荐托愈多，无从位置，推而却之，恐碍情面，乃提送干脩，少则数金，多至数十金，年复一年，漏卮无底。是皆有损于银行而贻无穷之弊者也。宜仿西法：凡银行所用之人皆由公举，不得私荐，责成官绅及诸股董各就所知保荐才能廉洁之士。荐而作弊，举主坐之，倘有亏蚀，荐主罚赔。以众人之耳目为耳目，以天下之是非为是非，则弊绝风清，当亦庶乎其可也。

然而，押款不实，其弊犹可虞也。盖设立银行大半恃放息为利，中国钱庄放息以六七厘为率，多则一分，尚多亏负。今银行取息不能更重于钱庄，格外轻微又恐亏耗，况放息如徇情面，则所出之款项溢于所押之货值，银行已阴受其亏，偶有数户卷逃，被累辄至巨万矣。乌乎可？欲救其弊，亦必以西法为归。西国银行与人交易必有押款，抵押之法以估价为度，如货物值十成者，所押不过六七成，多至八成而止。合同各执，载明限期，如过限期不还，即将所押之物拍卖偿抵，倘拍卖之价不足所押之价，仍向欠户追还。其实在无力贫民亦有报穷之举，乃始归之折阅。

是以银行虽有亏累，为数无多。所在官司亦认真护持追究，不似中国官吏动以钱债细故，膜外置之也。其所放之款，月杪必结，以视中国之曲徇私情，彼此往来漫无限制，终至被累不堪者，判如霄壤矣。似宜令出使大臣将各国银行详细章程遍行缮译，然后准情酌理择善而从，以官护商，以商辅官，用商务之章程屏官场之习气，内外合力，期在必成，上下同心，联为一体，则通之四海，行之百年，度支无匮竭之忧，亿兆有转输之利，而国家万世之业，亦且有苞桑之固、磐石之安矣。

虽然，徒善不足以为政，徒法不能以自行，欲设银行，仍戈自建立商部始。盖既立商部，必定有商务通例颁行天下，保护商人，使商务日新月盛，而后银行可开，钞票可设，上下通用，自然大获利益。且同一钞票，中国用之而多弊，泰西用之而无弊者，无他，信不信之分耳。民情不信，虽君上之威无济于事；民情信之，虽商贾之票，亦可通行。中国前行之钞，立法未尝不善，其后吏胥因缘为奸，卒不取信于民者，无商部以统率之也。故欲用钞票，须先设银行；欲设银行，须先立商部。泰西国帑皆存诸银行以为根抵〔柢〕，而出钞票以为凭券。金人分钞十等，至大十贯，至小极于百文，太嫌琐屑。今银行所出番票，自五元起至百数止，其数适中。若中国则尚可加重，拟分三等：曰千两，曰五百两，为大钞；曰百两，曰五十两，为中钞；曰十两，曰五两，为小钞。如用银圆及制线，数亦如之。既定等差，再求式样。查美国钞式有二：小者长一寸五分，阔二寸五分；大者长二寸，阔五寸。用钢板镂精细花纹，机器刷印，每纸必经数器乃成，以防弊也。中国既拟为三等，则式样、大小即可视数之多寡而定，大抵长以四寸为始，递加至八寸止，阔各如其长之十七。用机器造成洁白厚纸，内用暗码，则伪造之弊不禁自绝矣。其利皆归诸国。中国官项悉存诸库，徒供官吏侵挪，而西号之汇兑、商家之期票反得彼此往来，以沾什一之利。市侩专权最为可痛，今既自设银行收回利权，当先存国本，然后再集商股，乃足取信于民。至集股之法，首当保定官利。中国自矿股亏败以来，上海倾倒银号多家，丧赀百万，至今视为厉阶。盖中国公司集股时，官则代为招徕，股散时官则置之不理，是以视为畏途，无敢再与股份者。查西国定例，倘国家欲举一大事而力有未逮，则听民间纠集股份，国家让以利益，且为保利若干，亏则官为赔补，多则官取赢余，故虽数百万金咄嗟可办。中国能设商部，当仿此法，奏明国家保定官利，每年由官给发，则人人倚信，而集股自易矣。

铸　银

洋银之入中国，自乾隆间始，式样各异，制度不同，初亦不甚通行。立约通商以来，行流始广，凡洋人履迹所至，无论通都大邑、僻壤穷乡，通用洋钱，而中国纹银反形窒碍。其故何也？盖洋钱大者重七钱二分，小者递减，以至一角五分。市肆可以通行，无折扣之损；囊橐便于携带，无笨重之虞。较之纹银，实属简便。纹银大者为元宝，小者为锭，或重百两，或重五十两，以至二三两，用之于市肆，则耗损频多，有加耗，有贴费，有减水，有折色，有库平、湘平之异，漕平、规平之殊，畸重畸轻，但凭市侩把持垄断，隐受其亏。若洋钱则一圆有一圆之数，百圆有百圆之数，即穷乡僻壤亦不能勒价居奇，此民间所以称便也。

西人以其畅行中国，不敷市廛之用，每年续铸运入，约计数百万以上，获利之券操自外人。尝考中国洋钱，多来自墨西哥。墨西哥有铸币局十一处，岁出二千五百万银圆到中国、越南及南洋各岛。墨西哥为北亚墨利加民主之国，在美国之下，巴拉马诸小国之上，以钱面作鹰文，故曰鹰洋。又以英人贩运居多，亦曰英洋。又有本洋者，则来自西班牙属土小吕宋，近日愈少愈贵，不复来矣。每圆计重七钱三分，运入中国，极贵时可抵规银八钱，即江苏平常市价总在七钱三、四、五、六分之间。沪市卖空买空，昔年每元已涨过八钱。中国人因此亏耗者不知凡几。其利之厚了然可睹。中国如不自行鼓铸，则其害正自无穷也。

按：洋钱之质皆非足色，各国所造大半俱系九成，或有不足九成者，运之来华则皆照银兑用，并不实核分两，只照市价长落，此中无形之折耗为何如也！其害一。且银色既低，又免进口之税，以此钱购我货物不下千百万，时价虽有长落，成色毫无添补。其害二。以货售我，大都取宝银而归。彼旋得宝银，即旋铸洋钱，仍售诸我，于中取利往复无穷。其害三。每元或抬价一二分，三四分，甚至六七分，暗中剥削，为数无穷。其害四。

今如自造，其利亦有数端：铸之既多，则洋钱来源自稀，足夺西人利权。其利一。用之既广，保财源亦崇国体。其利二。银圆既非足色，鼓铸即有赢余，一切开销皆可取给于此，而无耗折之虞，其利三。分量之高低一律，价值之贵贱从同，便商民而维市面。其利四。既有此四利，而又可除彼四害，亦何惮而不行乎？

夫中国钱币古分金、银、铜三品，其行于世也谓之国宝。自应一国有一国之宝，岂应挽用他国之宝？名不正，言不顺，以宾夺主，损国病民。闻外国多用本国自铸银钱，别国银钱不准通用。中国法网宽疏，故数十年来因仍不改耳。

美国铸银钱之法，由镕化而鼓铸、范围、淘洗、印花、錾印，计大者每分时可成八十枚，小者每分时可成一百二十枚。积十五分为一刻，则大者成一千二百枚，小者成一千八百枚。鼓铸如是之速。况银钱成色不过九成，以中国足银铸之，每元必有数分之利，即每十元必有数钱之利，由此类推，其利息之厚，为何如也？香港、东洋日铸大银钱万元之机器，如分铸五角或一角或五分者，每日可铸五万枚，应用机器共三十余种，运抵上海约值银二万余两。即以日成之款计之，每日约获利银三分，除工费、利息、保险一切约耗银一百二十元外，尚净余银一百七十元，利亦可谓厚矣！

或谓："自行铸造经费过多。"不知每元所加银水其利已厚，且外洋铸银尚有铜质挽和，以此项余利移作制造之费，已绰有余裕。是所昂之价即所溢之利也。但西人好利而守信，又有化学师监造，故成色一律。西例：凡铸洋银，当道必奏请朝廷颁示天下，无论官商，发粮纳饷，一体通行。如化学师当众镕化铸造之银，有成色不符定章，重数不足者，例必严办。今湖北所铸之洋银，本地官商亦不通用，因当道未能悉照西法办理也。华人嗜利而寡信，并无化学师监造，故流弊百端。道光中言官陈洋钱之害，廷旨饬筹平准之法。时侯官林文忠公巡抚江苏，见民间洋价日增，遂铸七钱三分银饼以代之。初亦便用，未几而伪者、低者日出，遂使美意良法废而不行，可为太息！

窃意中国铸银须仿宝泉局事例，严定章程，由户部设一总局，惟核收而不铸造，分饬各省督、抚拣派廉洁精于会计之大员，专司鼓铸银钱之事。奏定花纹铸列年号，成色必有定准，毋许任意低昂，犯者重惩不贷。铸成后由督、抚亲验，随意抽提千百元送户部总局核验。其核验之法须用化学机器，盖金、银质软，用以铸钱不能不略搀铜质，然承铸官吏难保不日久弊生，况日日鼓铸，累万盈千，苟不验明，何以杜伪？故户部宜设铁柜一具，凡各省呈缴样钱，严加封锁，填明年、月、日、时，以备核验。验明一律，然后监铸官从优保奖，准令颁行，可缴钱粮，可作捐款。凡上之取于下者不加平，不补色，悉照本质分两，不得私加洋厘名目，则流通必畅，而利源不致外流矣。如申江钱业之造空盘，暗贴西商之利，其害更甚。往往欲将市上洋银一气收尽，抬价居奇，以致坐贾行商莫不暗贴重利，以补彼封闭银行之费。倘银由中国自铸，其弊必不至此。且必须限定七钱二分，与洋钱丝毫无异，其余半元、二角、一角、五分亦须与彼从同，方可通行抵制。或更搭铸金钱，均无不可。总期分两轻重不亏，成色划一不二，易于鉴别，便于兑换。官法严于上，民信孚于下，则市肆流通可翘足待。更参用泰西之法，他国金、银各钱入口，皆作九成，不得与自造者一律通行，此万国之公例也。泰西各国皆用本国之银，如俄用卢布，法用马克，德、奥用福禄林，英用喜林，美国用打拉，外国银钱不许通用。

中国若仿行此法，则自造之银日见畅行，外来之洋不禁自绝。转移大局莫要于斯。直隶藩库之钱粮银锞，以二两为率，银色甚佳，人皆便之，江西之方宝亦然，他省均不能及。可见事有专责，则弊无由生。兴利有则，防弊有法，是在督率承办之得人耳。

纺　织

黎召民方伯曰："富强之道，不外二端：彼需于我者自行贩运，我需于彼者自行制造。"诚哉是言也！

进口之货，除烟土外，以纱布为大宗，向时每岁进口值银一二千万，光绪十八年增至五千二百七十三万七千四百余两，内印度、英国棉纱值银二千二百三十余万两，迩来更有增无减，以致银钱外流，华民失业。洋布、洋纱、洋花边、洋袜、洋巾入中国，而女红失业。煤油、洋烛、洋电灯入中国，而东南数省之柏树皆弃为不材。洋铁、洋针、洋钉入中国，而业冶者多无事投闲。此其大者，尚有小者，不胜枚举。所以然者，外国用机制，故工致而价廉，且成功亦易。中国用人工，故工笨而价费，且成功亦难，华民生计皆为所夺矣！如棉花一项，产自沿海，各区用以织布、纺纱，供本地服用外，运往西北各省者络绎不绝。自洋纱、洋布进口，华人贪其价廉质美，相率购用，而南省纱布之利半为所夺。迄今通商大埠及内地市镇城乡，衣大布者十之二三，衣洋布者十之八九。呜呼！洋货销流日广，土产运售日艰，有心人能不怃然忧哉？

方今之时，坐视土布失业，固有所不可，欲禁洋布不至，亦有所不能。于无可如何之中，筹一暗收利权之策，则莫如加洋布税，设洋布厂。西贡进口布税：漂布每匹值洋三元半者须纳税一元三角，是值百抽三十七矣。扣布每匹值洋三元一角五者须纳税一元三角，是值百抽四十矣。今中国洋布税值百者仅抽其五，甚有不及五者，如扣布每匹止纳税四分，洋布之宽三十因制、长四十码者每匹仅纳税钱余或八分、四分，轻微尤甚，此不啻授以利权，畅其销路。所由进口日众，获利日丰也。今若改章加税，使价值渐贵，运售渐艰，则土布之销场渐旺，失之东隅，收之桑榆，未为晚也。况换约之限期以十年，届期毅然行之，必有成效。然既杜洋布之来，尤须自织洋布，以与之抗衡。通商大埠及内地各省皆宜设纺织局，并购机织造，以塞来源。

查纺织工作共分三层：首曰轧花。西国轧花向亦人力，自英人怀德尼出始创机器，而利便百倍于人工。西人综计每亩棉花岁收六十六斤，人工轧花每日可得净棉三斤许，必须历二十二日始轧成一亩之花。自机器行，则日半已足，敏捷可知。况棉中杂质又可提清，松匀洁白，华人皆喜用之。次曰纺纱。工分十二层：曰打花去土，曰弹花成片，曰梳棉成带，曰引棉成条，曰初成松纱，曰引长，曰卷紧，曰纺经纱，曰制纬纱，曰络纱成绕，曰合绕成包，曰提检废棉，皆有机器纺成，倍精倍速，所亟宜仿行者也。三曰织布。工分六层：曰络经，曰理经，曰浆缕，曰织缕，曰折布，曰印花。其机器有大有小，不但程功捷速，而织成布缕亦精细圆匀，胜于人工倍蓰也。

论纱布之利，各国莫不讲求，尤以英为巨擘。当西历一千八百六十八年，棉花厂有二千四百七十处，织机有四十万座，纺纱挺子有三千二百万根。以后逐年添设，局厂日多，纱布运往各邦以亿万计。其棉花皆采自美国、印度，织成纱布运售于美、印、中华。技艺既精，心思尤巧，所由独擅利权也。年来日本机器织厂日增，所织各种棉布运入中国销售者亦日见其夥。今中国已于上海、汉口设局纺织，果办理得法，以自种之花织自用之布，工贱价廉，无须运脚，实可收回利权。惟华人用洋布者过多，两局纺织不能敷用，倘再推广设局，遍及于内地各区，除销本国外，并可自派轮船运售于元山、釜山、仁川及南洋各岛，则纱布之大利何难与泰西、日本诸国抗衡哉！

余尝与同志戴子执太史、龚仲人、李韵亭两观察、蔡嵋青部郎、经莲珊主政，集股银四十万，公禀傅相奏设上海织布局，限期十年，不准他人挽夺。如限期内有欲添设者，或另开纺纱厂，均由该局代禀，酌抽牌费，津贴创办开销、改造织机专用华棉历年耗费，函请驻美公使容纯甫观察，于美国织布厂选一熟悉纺织诚实可靠之洋匠来沪会商。据云土花丝短，恐于现成之机不合。当令缮译梁君子石亲带土棉数十担回美试验，将改好之机器织出之布寄回中国，皆云与洋布无殊，遂决意创办。先定机器二百张，拟俟人手娴熟，陆续添机，以免糜费。嘱子石在该国织布局讲求利弊，以免欺朦，并嘱考究外洋种花之法，天气水土如何方与花性相宜。先购花子旋沪试种，以期日后推广，仿织细布。所置局地，先与同事诸公邀洋匠于沿江等处，以杨树浦之地最宜。共买三百余亩，每亩价银五十元，而同事者有禀傅相谓不应买租界外江边之地者。未知此地其利有三：地沿江滨，上落货物便易，大省扛力，一利也。不在租界，不纳工部等捐，二利也。地面宽阔，又近马路，价极相宜，三利也。现在纱纺等局均设近布局，地价大涨，每亩已值银三百两，是既为布局省费廿万矣。地已购，机已定，洋匠已聘到之时，沪上洋商有拟设纱纺局，请其公使向总署理论，亦觊我华工价廉，获利更厚也。

不料，布局失慎，所有机房付之一炬。今傅相奏委盛观察集股重兴矣。余前购杨树浦地三十三亩在布局之侧，连涨滩约五十亩，旋粤后为人盗卖，余返沪后乃知已归布局。自顾安贫乐道，与世无争，故将原契检出，持赠布局，惟冀其利日巨，机日增，大开中国之利源，广辟重洋之商务，此则区区之私，所日夜祷祀以求者耳。

查癸巳年，金镑涨，汇水贵，洋布、洋纱价亦因之大涨，沪上纱厂获利甚厚。湖北织布局已开办数年，适逢此会，自应获利甚丰，何以去年传言尚有亏折？岂经手办理者未得其人欤？考泰西纺织各厂，皆设自商民，即制造船、炮、枪、药各厂，亦取办于民厂为多，即有一二官厂亦悉用包工之法，与民厂无异，所以无冗工，无滥食，计工授食，而制造日精，且无物不用机器，既事半而功倍，亦工省而价廉，一切所制又复精巧绝伦，故能运之来华，推行尽利。我国创一厂，设一局，动称官办，既有督，又有总，更有会办、提调诸名目，岁用正款以数百万计，其中浮支冒领供挥霍者不少，肥私橐者尤多，所以制成一物，价比外洋昂率过半。而又苦于无机器，以致窳劣不精，难于销售。由是而论，通商之利宜其独让西人也。

今欲扩充商务，当力矫其弊，不用官办而用商办。如民间有能纠集公司精心制造者，地方官查勘属实，即应奏明国家为之保护，并仿照西例，如前篇所论，技艺精通者给予奖牌，庶有志之士咸思出奇制胜，独步一时，而商务之兴可立待也。

垦 荒

中国伊古以来，以农桑为本。内治之道，首在劝农。阡陌广开，闾阎日富，似于耕作垦荒之事，我行我法，得以自用其长矣。以天下大势论之：东南多水，农功素勤水利，农田宛存古意，故漕米百万上贡天庾。然地狭人稠，民力将竭。西北多旱，民情素惰，偷安视息，收成之丰歉一听之于天。土旷人稀，未垦之荒土、荒田以亿万顷计。如东北之吉林、黑龙江，正北之热河、河套，西北之科布多、新疆南北两路之罗布淖尔等处，绵亘千里，一望无边，土著不识耕耘，地利终于废弃。外如西南川、滇、桂、粤之边境及广东之琼州，东南之台湾内山各处，榛芜未辟，遗利尚多，疆吏漠不关心，动为外人侵占。而内地烟户过密，生齿日蕃，土地之所生几几乎不能自养。古圣王处此，其哀多益寡、酌盈剂虚者，必有其道矣。

比年大开海禁，闽、粤之蒸庶出洋谋生者，实繁有徒，以致南洋各埠、新旧金山、英、美、西、葡各国设立苛例杜绝华人，在彼者亦逼作苦工，流离困辱。中国之边境苦无人以实之，而忍听吾民之逼迫羁栖，飘零海外，窃以为非计也。

夫有人有土，有土有财，自古已然，于今为烈。混同江东二千里之地，徒以无人开垦，广远荒凉，置同瓯脱，故俄人不费一兵，不折一矢，泰然而窃据之。而东三省之边防日棘，使当日者有十万华民耕牧其地，则俄人不敢过问，国家永保边陲，何至重烦朝廷之东顾哉？

乃今之言边防者，汲汲然言选将，言练兵，言筹饷，言制器，而不能言移民垦荒以实其地，谁与我守此疆圉，而防人侵轶乎？千里馈粮，士有饥色，虽有精兵名将，又岂能不饮不食、枵腹荷戈以与敌争此土乎？故垦荒一事，不知者以为老生之常谈，知者以为切时之要策也。

谓宜通饬边疆督、抚，将沿边荒地派员探测，先正经界，详细丈量，必躬必亲，毋许疏漏，绘图贴说，详细奏闻。然后综计，一夫百亩，招募内地闲民携家前往。籽粮牛种，官给以赀；舍宇堤防，官助其力。附近各省通力合作，岁筹闲款，移粟移民，边帅抚恤招徕，勒以军法。四五年后，酌量升科。三时务农，一时讲武，仿屯田旧制，设官分治。或将军、流以下各犯分别远近，酌给资斧，准其携眷远行，以实边塞，则且可驱莠以化良矣。

此其间有数利焉：内地贫民免迫饥寒流为盗贼，一利也。边陲要地自开遗利，免启戎心，二利也。他日敌人侵轶我疆，边民各保身家，人自为战，三利也。比年整顿海防，饷力已竭，安有余力以顾边防？如此则兵出于民，饷生于地，四利也。沿海贫民即可移垦台湾、琼州各处，何必远适海外为人轻藐欺陵，五利也。

林文忠之言曰："泰西各国不足虑也，终为中国大患者，其俄罗斯乎！"近日俄人费万万帑金以修西伯利亚之铁路，阴谋诡计，行道皆知。而中国惟西北一边空虚最甚，自吉林、黑龙江袤延以达于西藏三万余里，安能日日应敌，处处设防？除此移民实边，更无善策。而功非旦夕所能竟，事非晷刻所可成。非朝野上下间一德一心，得人而理，期以廿载，不能收安边克敌之功。曲突徙薪，今日已恨其晚矣。若之何苟且因循，坐使万里疆陲他日束手而失之强敌也？

旱　潦

伊古以来，御旱防潦之法莫善于黄帝之井田、大禹之沟洫矣。何则？平原千里，川渠畎浍，经纬相通，大雨时行，容水有地，河流顺轨，潦不为灾。及乎雨泽不时，旱暵为患，而沟洫所积之水浸灌有余，滋润土膏，流通地脉，苟非七年之旱，未足以困我烝民也。

惜乎列国相争，各图自便，商鞅创广地之议，沟洫湮废，变为阡陌，贪小利忘大害，古圣王之良法美意浸至荡然无存，而黄河之患亟矣。夏、秋之间弥月不雨，则禾黍枯槁，千里赤地矣。自汉以来，当事者尚知治理河渠以资灌溉，迄刘、石构乱，东晋南迁，中原文献焚荡几尽，而东南十省沟渠水利转存皇古之遗，大河南北之间水利无存。水患日亟，土地之肥者忽瘠，民庶之富者忽贫。唐乃漕江、淮之粟以给关中，宋亦浚汴河之渠以通转运，自元、明至本朝而后，则正供数百万悉仰南漕，上下嗷嗷然若婴儿之待哺，于是而河运、海运之说纷然起矣。

比年北五省水旱偏灾无岁不有，山西之旱一，河南之旱一、水一，山东、直隶之水则至再、至三。每次公私赈款辄至数百余万，皆出于度支正项，或南中义捐。岁岁告灾，其忧未已，而穷民之转徙于沟壑者尚不知几千万人，此开辟以来所未有也。

夫北方数省之民岂能长恃赈款为生乎？官吏之抚治此方者，又岂能长以告籴劝捐为事乎？幸也南中好善之士不乏其人，出己之有余，济人之不足。然救灾恤邻之举可暂不可常，可一不可再，岂能长恃此无源之水以活此亿万涸辙之枯鱼乎？不可得已。前者郑工既决，国家不惜费千万帑金以塞之矣；兹者永定河屡决，复特简重臣屡拨库款以兴大工而规久远，所为防潦之策区画者似无弗周。至于御旱之方，寂然未有善法者。窃以为皆治其末，而非治其本也。

治本奈何？曰：《周礼》之成规，开渠、种树而已矣。夫井田不能复，而沟洫犹可渐开；富教不易言，而树艺必宜急讲。开渠之法宜饬疆吏檄行所属，查明各州各县旧渠若干，存者若干，废者若干，若何兴修，若何筹款。然后略仿元人之法，每省简一大员为水利农田使，轻车简从，分行各州、县，测量绘画，旧渠之宜复者复，新渠之宜开者开，必顺人心，必随地势，著有成效，优奖超升。并董劝民间，自于田畔多开沟洫，民力不足，官助其成，岁岁修治，毋许湮塞。英人于印度高地筑塘蓄水，宽数百顷，按时开放，售之于民。中国及东洋本有凿井筑池之法，均可傍收博采，因地制宜。此开渠之法也。

泰西数十年来于种树之事极为尽心，特设专官如古者虞人之职。自树木广植后，不特名材美木获利无穷，且树旁之田瘠者变而为腴：因树根能吸土膏，能烂沙石，故碙确之地悉化膏腴也。无水者变而有水：因树木能放养气，能润本根，故干燥之区咸资灌溉也。而且根株盘结，沙石化为土壤，松脆变而坚凝，墙岸益坚，堤防愈固，则御旱御水无所不宜。古所谓一年之计树谷，十年之计树木者，非虚言也。中国种树古有专书，汉、唐以来官不过问。自粤、捻构乱，燕、齐、晋、豫诸省所有树木斩伐无余，水旱频仍，半由于此。即可责水利农田使，相劝督率于田侧隙地，广植林木以复旧观，有斩伐者罚赔不贷。至于蚕桑之利及松梓、果、蓏〔蓏〕一切有利之植，尤必随时广种，以厚民生，岁岁增加。十年则官伐而售之，仍以此款修理川涂，广兴水利。此种树之法也。

夫以上之法皆中国自有之，且尽人能言之，无所谓高远难行、神奇莫测也。然而小民不知远计，各便私图，非官为倡率之则苟且因循，年复一年而荒废愈甚，遇有灾歉则坐待赈济，或相率逃亡，比户荒凉，滔滔皆是。且开渠则各惜尺寸之地，种树则谓非旦夕之功，可与乐成，终难图始，蚩蚩者氓大抵然矣。

或曰："如款项不足何？"而不然也。今日一省告灾，捐赈动数百万，今年之赈甫毕，明岁之灾又来，庚癸频呼，良难为继。苟每省岁拨五十万金以开渠种树，西例：凡伐一树，即须补种两株。立法甚美。今各省既兴矿务，筑铁路，所需木料日多一日，亟宜明定章程，责成地方官设树艺局，招致勤廉士绅，专讲种植，要使境内无旷土，无童山，其利泽溥长何如也！教之树蓄，本王政之所先，幸勿以事物细微而忽诸！得人而理，合力以成，御灾荒而垂久远，比及数年，成效昭著，中原万里，虽终古无灾可矣。夫焦头烂额固不如曲突徙薪也，亡羊补牢终胜于临渴掘井也。事有必至，理有固然，所谓大用之而大效，小用之而小效者。幸毋疑为迂阔，忍听销沉，长恃此有限之赈捐，欲以救无穷之百姓也！

赛　会

泰西以商立国，其振兴商务有三要焉：以赛会开其始，以公司持其继，以税则要其终。赛会者所以利导之也，公司者所以整齐之也，税则者所以维持而调护之也。中国于此三事皆未能因时制宜，取长弃短，无惑乎日日言商务而商务愈不可问也。

夫作者之谓圣，述者之谓明，人工有巧拙精粗，物质有良窳美恶，自然之理，必至之情也。得彼之法而亦趋亦步，则拙者有时而巧，粗者有时而精。守我之旧而不见不闻，则良者可转而窳，美者可转而恶。此泰西各国所以有博览会之设也。

溯赛会之事，创之者英京伦敦，继之者法京巴黎。嗣后迭相举赛，各国亦起而踵行。奥则设于维也纳，美则行于斐剌铁蛋，日本则举于东京。萃万宝之精英，罗五洲之珍异，百年之内炫异争奇，此亦万国大通必有之事矣。洎我圣清光绪十九年，即西历一千八百九十三年，美人赛会于希加哥，为科布伦探获美洲之日，阅寒暑四百周。其气象规模尤极天下之大观，为古今所未有。其会分四大部，议院选派通国各会为第一部,希加哥本邦之以利奴瓦会为第二部,女董会为第三部,襄助会为第四部。四部之外又举一人为会总,以总其成。分院共计十五:一农工院,一种植院,一生灵院,一渔务院,一矿务院,一机器院,一运务院,一工艺院,一电务院,一技艺院,一政务院,一林木院,一邮政院,一文艺院,一邻政院。有条不紊,无美不臻。所建地基共七十余亩,各院房屋占地合五百万平方尺,其中花果、草木、园囿、池塘无所不备。所收之费,计股赀五百万元,希加哥续凑五百万元,预计游赀约一千七百万元,售照会等项一百万元,会毕折卸物料值银三百万元,共应收美银二千一百万元。所出之费,计地基等项一千二百七十六万六千八百九十元,建造等费三百三十万八千五百六十三元,开院费一百五十五万元,共银一千七百六十二万五千四百五十三元。据此计算,本可赢银三百万元有奇。嗣因人役过多,费用过大,又请议院拨助五百万元。然游人逐日增多,不致亏耗也。

美人于此一会不惜工本如此,岂特以为观美哉?诚以"一物不知,儒者所耻",而万物皆备,圣功所基。此会角九州万国之珍奇,备海澨山陬之物产,非此不足以扩识见,励才能,振工商,兴利赖。开院之经费抵以每人每日之游赀,数百万金钱取之如寄,而客馆之所得,饮食之所资,电报、轮舟、铁路、马车之所费,本国商民所获之利,且什百千万而未已焉。地虽寥落,商贾骤兴,费亦浩繁,国家无损,此利国利民之见于当日者也。凡人耳无所闻,目无所见,则虽有良法美意,亦苦于效法之无从。今萃各国之工艺以斗巧争奇,则我所已能者可以精益求精,我所未能者可以学其所学,较之凭虚臆造,难易迥殊矣!合各洲之物产以比较优劣,则本国所已有者应如何益务扩充,本国所未有者应如何渐行推广,较之孤陋寡闻者,智愚悬隔矣!不必家喻户晓,而可以开愚贱之心思;不必越国过都,而可以发颛蒙之耳目。故各国当赛会之后,其民之灵明日辟,工艺日精,物产日增,商务日盛,此利国利民之见于后日者也。夫事至国与民皆利,上与下交益,目前与日后均收效无穷,而独于古所未有而疑之,西人所有中国所未有而弃之,此何说也!

比年以来,中国之商务衰矣,民力竭矣,国帑空矣,事事不如人,事事受制于人,而侈然曰:我大国也,彼小国也。既不能令,又不受命,本有致富致强之道,而自暴自弃,不见不闻,一任吾民之困苦颠连,而漠然不以为意,圣贤之用心固如是乎?

故欲富华民,必兴商务;欲兴商务,必开会场。欲筹赛会之区,必自上海始。上海为中西总汇，江海要冲，轮电往还，声闻不隔。赛会之款集股招商，而酌提官款以为之襄助，建屋辟地必广必精。届期照会各国外部，将工艺制造各种物件一体入会陈设，派有名望之人比较得失，品评优劣。自南洋大臣以下均自至会场观览，以重其事，先期出报，知照中国十八省。各镇各埠工、商人等，均准入会游观。应需何物即可出赀购买，定立价目，无伪无欺。酌收游赀，以助经费。均仿各国赛会章程办理。仍先由出使大臣知照各国，详译立会旧章，参酌中西，务期美善，其有裨民生国计者非浅鲜矣。

如虑中国此时工艺尚未讲求，不能如各国之精益求精、卓著成效，则可如日本办法：先于内地各镇、埠试行工艺、农桑、矿产、耕织各小会，胪列中国自有诸物，而他国有何新法、新器则官为购置，以扩见闻。仍酌收游赀以助经费。嗣后逐渐推广，每岁扩充，期以十年，不惟远胜东洋，当无难与英、美各国齐驱并驾矣！

或疑此项经费为数颇巨，事前既无所出，事后又无所归。不知设会之后，游人必多，所收游赀应足相抵。况今日各镇、埠迎神赛会，无益之费累万盈千，游手好闲者动辄因而肇事，何如移此项赀财以开博览之会，则美利既难悉数，而积弊亦可顿除。此裕民足国之先声，即致富通商之实效也。五行八政，探《洪范》之精；制用理财，挈《周官》之要。当事者高见远识，一转移间而已矣。

> 泰西各业莫不有会。商人有商务会，兵官有兵官会，格物士有格物会，读书人有文学会，天文学士有天文会，地理学士有地理会，丹青学士有丹青会，机器师有制造会，种植人有花木会，医士有医学会，习算法者有算学会，讲格致者有化学会、电学会、光学会，业蚕桑者有蚕桑会，武弁有功课会，农功有赛物会。至各省、各郡、各邑莫不有会，而善举之会尤夥不胜数。英京一处多至五百余所。其他国、他邑可知。虽立法各有不同，而讲求实效及救人救世之苦心，则无不同也。

> 凡会所皆建大屋广厦连云，深堂容众。与会有名者皆可至会所中读书，习学各艺，借榻居处及招宴、议事、论公，聚集同志考究得失，弃短从长，一示大公无我、善与人同之美意。其所以必分门别类者，盖取专门而后可名家之意。故一技可名，微长必录，而后众善毕举，万物皆备也。西士李提摩太《泰西新史》言之綦详，兹特摘论其大略如此耳。

曩者王爵棠星使自法返沪，谓法国艺文会即艺术会，其所习实不止术艺。法人谓文学之事，大之足以治国理财，小之足以资生制器，欧西文学昔推法兰西为巨擘，书院林立。彼都人士靡不呫哔，辛勤力求，淹博于天算、舆地、格致、机器诸学，精益求精，标新领异。为师长者尤加甄别，始得与此选，无滥取，无徇情，数十年来各国无不争相讲求于学校，论中已详言之矣。然欧西各国公牍来往皆用法文，以法之儒者最称博雅也。商家多用英文者，以英人通商最早、最广也。特于巴黎设立总会。会中为首者约计二百人，薄给禄糈，稍足酬劳而已。外尚有四十余人，自愿不受俸薪。余则襄办三十六人，躬亲细务者二百二十人，以故责专虑密，训迪有资。会中分类有五：曰亚格得尼，专习词令。曰亚格得尼别列列达，专习文辞，兼攻考据。曰亚格得尼得赛恩士，专习技艺，其中区分条目凡十有二门，如医学、数学、格致学、药学、机器学，各务专精求通理要。曰亚格得尼特布遏士，专习匠事，丹漆雕镂，制作音乐，必穷精良微妙之境而后已。曰亚格得尼德赛恩士摩拉黎士抑波黎特，讲求经济，考察律令，以通制度典章之要。此五端乃其大者。至于外会亦归总会经理，如考求遗闻往事，则有安特瓜里恩之会。崇尚博学广问，则有飞啰麻狄之会。讲明格物致知，则有拿查辣耳希式多黎之会。详究地理舆图，则有依阿格拉飞格尔之会。审察各国风土、民情、山川、人物，则有式达特士特尔之会。攻治百工材艺，则有飞啰德取匿之会。专讲剖割人物，凡人物有患病中毒死者，例得割剖验视，以审知其受病之所在。西医中有此一端，然亦必其人自愿捐躯乃可。李时珍《本草》木乃伊之讹，殆即由此传闻耳。则有亚拿多迷格尔之会。辨别耕种、播植，则有亚格黎格耳查拉尔之会。其他若赛画会、赛花会、赛马会，无不各有会场。先期布告各新闻纸，届时远近咸集，藉以讲求其孰良孰楛，孰妍孰媸，孰宜寒孰宜燠，孰可转移孰为定质。其优者例得奖赏，并载之新闻纸，俾通国咸知以资鼓励。下至豢养牛、羊以及各色犬类，亦莫不有会，宜其硕大蕃滋，为中土所不能及也。

修　路

王道平平，古帝王致治之一端也。昔者司空平道视途，修闾氏为之禁驰驱以防践踏，衔枚氏为之禁歌泣以示端严。诚以道路之修否，可觇国政之兴废，可征人事之勤弛，商务之衰旺系之，行旅之苦乐因之，市面之兴衰系。然则王者重修路之政，具有深心，非若告朔虚文，在可有可无之列也。

今泰西各国皆设工部局，司理道路桥梁，以时修葺。化艰险为平易，变敧侧为整齐，以水车洒尘埃，以木车收垃圾，街道洁净迥异寻常，非若中国各府、州、县，道路则任其倾圮，污秽则任其堆积。官虽目见耳闻，不啻司空见惯，置诸不理，盖修路之政久废矣。今一县有应修之路，一府有应修之路，推而至于一省以及二十二行省，无省不有应修之路。京、津为往来大道，官、商、士、工皆荟萃于一途，固应随时兴修，俾安行旅。乃参差不一，凹凸不齐，平时两马一车已难行驶，偶逢霪雨则平地顿成泽国，车马运于水中，贸贸然如瞽者夜行，无路径之可辨，因而倾覆伤损时有所闻。而且通州至齐化门，四十里石路久坏，倾侧颠覆不一而足，而部中报销修路之费为数颇巨，大都入官吏私囊。问凹者曾填之使平乎？未尝填也；问松者曾砌之使固乎？未尝砌也。徒侵吞经费供挥霍之赀而已。吾不知司空所司何职，竟置国计民生于不顾，抑独何哉！

大抵修路之法，办理得宜，其费轻微，其效远大，其经久不变则利于通商惠工，其化险为夷则利于征兵运饷。曩者山西兴修四天门路程，西起晋省榆次县什贴镇，东迄直隶获鹿县土门口，绵亘三百八十余里，其间险阻居多。盖四天门踞太行之脊，古称井陉天险，上而蹬道盘曲，下而河滩纡回，行旅往来无不动色相戒，商民交困无可如何。因而民力凋残，商务败坏。后经按段兴修，大路则填平缺陷，其土石相间之处，或护以拦〔栏〕栅，或镶以石砌，或专用石工。径狭者培土累石，以增其厚。山峻者堑岩划壁，以益其宽。道旁开渠以免积潦停滞，随架桥梁以便车马行驶，由是艰险之区悉变康庄孔道，民咸赖之。可见修路之效远且大矣。不特是也，如国中往来大道一律整齐，则运费必轻，物价必贱，用物与造物之人两得其益。譬如开煤矿，运道不便，价值昂贵。一旦修整旧路或建造铁路，则运费减半，而煤价即减四之一，是修路于运煤有益也。制造工艺之事，悉赖转运灵通，方能销场畅旺。一旦运道既便，则进货之费较省，成本自轻，造成后贩往四方，获利必重，是修路于制造有益也。他如商务、农务及凡百商旅，无不均沾其益，此修路之政所以宜亟行也。英国自一千七百六十年起，境内通商各口，凡水陆桥梁山川险阻，莫不一律修整平坦可行，由是旅客之往来，货物之运载，康庄大道随意驰驱，而商务因之起色。凡有土产概易贩运，不致滞于一隅云。

今宜饬令天下各省，就目前所有官站一体扩充：狭窄者开而阔之，崎岖者填而平之。兴办之法，若自首至尾逐渐开筑，不特费用浩大，抑且难速奏功，不如饬各省州、县，各按所辖地段，采办物料，督率营勇同时起工。如此则事有责成，不致互相推诿，而分筹经费亦不至于拮据。抑有说者：凡造铁路皆须平治道途，今将尖站兴修，即照铁路之宽阔为率，则将来欲造铁路时无须另行修路，但加以横木、搁以铁条而事已毕，是修马路者即异日造铁路之始基也。惟当先订章程以资激劝，凡办理得法速征成效者，立行保举不次升迁，怠玩无效者酌予薄罚。

其修法当仿泰西各国：有石路、土路、碎石路、黑膏路、铁末子路，皆便转输之力，较中国沙土坎陷相去不啻天渊。今凡租界所修马路，大都下铺石块，宽窄立侧不一其形。石块之上则用泥土碎石铺匀，然后以人马机器拽铁碌碡往来旋转，压愈重则路愈坚固，轧愈多则路愈砥平。阔以五尺为度，亦有一二丈、四五丈者。盖繁盛之地必宜稍宽，冷落之区不防稍窄，皆视地势为之。其路心宜高，以免霪潦存积。所用之石，必质刚性韧、文理细密者方能耐久。中国可用青石、砂石、花刚石铺以为基，须厚一尺，虽极重车马行之亦无轧碎之虞。

然而有兴修之法，尤当除兴修之弊。历来内外大小衙门承办修路工程，假如估银八万四千五百六十七两，分为十成，每成八千四百五十六两七钱，名为八成到工，余二成为节省费，承修官分其一，司事人等分其一，其实则工尚无八分，至多不过四成。积习相沿，牢不可破。即有廉洁之员，奉公守法不敢公然侵挪，然其能核算工程者百无一二。而司事吏役遂串通工匠人等，舞弊营私，互相蒙蔽。故地方兴一事，开一工，虽有诚正人员总理其事，但能保己之廉洁，不能禁人之浮冒，此弊相沿久矣。

今为修路计，与其暗蠹以饱私囊，不如明给以彰公义。凡承办官员酌给公费，吏役有随同照料之责，营勇有分段开筑之劳，均宜酌定新章贴给费用，以养其廉。嗣后所办工程不准丝毫浮冒，如敢复萌故态，扶同徇隐，但查出工料与修费稍有不符之处，即从重治罪。如此罚一儆百，庶上下不敢相蒙矣。更有一法可以不动公款，当令城乡绅富量力输捐，专修本邑道路。其有捐输巨款者，奏请优奖。修成后选派委员及本地绅董合办工程事宜，随时修理，不准堆积垃圾，不准倾弃污秽，违则必罚。夫然后各省城乡市镇无不焕然一新，斯天下行旅皆悦而愿出于其途矣。

余见上海租界街道宽阔平整而洁净，一入中国地界则污秽不堪，非牛溲马勃即垃圾臭泥，甚至老幼随处可以便溺，疮毒恶疾之人无处不有，虽呻吟仆地皆置不理，惟掩鼻过之而已。可见有司之失政，富室之无良，何怪乎外人轻侮也。况通商各埠，江边、海边之地，当道理宜填筑马路，如洋人租界一式，以便往来。仿照租界章程设局，日夜轮派巡捕，按段巡查。月收车费、各家灯捐、垃圾捐、各船码头捐，以备费用。

余昔年在粤东创设开平煤矿局，填筑轮船码头之时，曾与同志集赀，具禀当道拟承筑城外河边一带涨坦，以免占筑者日填日广，致河道日狭日浅，一切经费归承办者出，不领公费，惟筑成之余摊归承办者拍卖，开销有余则提二成分酬办事者之劳，此外尽归地方公用。后以谋利者纷纷递禀争办，许以重贿，因此不敢涉手，事终无成，可见凡事创办之不易，非当道者知人善任不能成也。

今上海租界地价极昂，上海英、法、美租界地价，每亩三四千两至八千两之多，浦东地价每亩二三百两多至千余两，何不效英、法开通海底地道以便往来。城南由十六铺以上至高昌司庙，北界虹口以下至吴淞一带，河边涨滩均宜填筑马路，仿照香港填地公司章程出示晓谕：先准子母相生之地即缴填筑各费，给予印照管业，如逾限不缴，则将其地拍卖以充公费，至巡捕费、垃圾捐及灯捐、大小车捐、各船码头捐，悉照租界章程办理。不独于有司无损，亦可大壮观瞻，且宵小辈容留无所，于地方不无裨益也。

《盛世危言》卷八　强兵

练　将

古之为将者，经文纬武，谋勇双全。能得人，能知人，能爱人，能制人，省天时之机，察地理之要，顺人和之情，详安危之势，凡古今之得失治乱，阵法之变化周密，兵家之虚实奇正，器械之精粗巧拙，无不洞识。如春秋时之孙武、李牧，汉之韩信、马援、班超、诸葛亮，唐之李靖、郭子仪、李光弼，宋之宗泽、岳飞，明之戚继光、俞大猷等诸名将，无不通书史，晓兵法，知地利，精器械，与今之泰西各国讲求将才者无异。

查泰西职官重武，武员均由武备学堂出身。《欧游随笔》谓其视把总如庶常，千总如编检，守备则已开坊矣，都司以上如京堂，副将如阁学，提镇比之尚书。盖武员可以兼文，文员不能兼武。考其初入武备学堂肄业，欲为日后考任中军将官者，其年须在三十七岁以内，或曾任兵官五年，其请假之时应行补足，须有统领官所给高才优行凭照，统领官不得随意荐人入学，日后有事当惟该统领是问。须有考取都司凭照，不必任都司。须有医生凭照，言其身体强壮，能胜营官重任，兼善骑乘。方准其入堂肄习中军韬略。学堂课条有七：一、常算法并代数、勾股、割圆术。二、自古及今各国兵志，及战场行军之处。三、炮台营垒各法。共分两种：一长久炮台营垒，海口边界等处；一暂时炮台营垒，如战场所筑者及攻击炮台营垒法。四、地利。即远近、险易、广狭、死生。五、谋攻。疑兵、伏兵、诱敌各法。六、兵律。七、学英国言语，或德国言语，或俄国言语。每年六月间考以上兵官一次，择其超等复令勤习，以备考任中军将官。所考之七种兵阵、艺学，皆预定分数。若各学分数尚不及半，设预定四百分，如分数只得一百九十八，不及预定分数之半。则不得入选。须于分数过半之中，择其尤者再入学堂肄习两年。首年底又须甄别优劣以定去留，不合式者去之，留馆者学足二年，复令赴步兵、马兵、炮兵、工兵各军营中阅历各数月，至是始克成材，可为将官，辅翼将军治理军政。

其难、其慎如此，非如中土将帅不习武艺、不读兵书、有勇无谋、一时徼幸成名者可比。况位尊爵崇、富贵已极，平日优于自奉，性耽安逸，不能与士卒同甘苦；无事之时只知酒色怡情，赌博逞志，及其临事又复贪财借命，如是人谁肯为之用哉？朝廷不知其暮气已重，以其老于军务，遇有战事即饬其募勇御敌。其营中亦仿西法操练，奈非武备学堂出身各营官皆未谙韬略，又无胆识，皆以钻谋为能事，不以韬钤为实政。是兵官不知战，安望教兵以战？纵有西人为之教习步伐，确似整齐，枪炮亦皆命中，无非兵法之绪余耳。

泰西兵官云其大要固不在此，练兵先须练胆，使其耳目习于钟鼓旌旗之间而不乱心志，安于斩刈杀伐之际而不慑。未经战阵之兵，虽训练娴熟、器械精利，一旦猝临大敌鲜不目骇心惊，手足无措，苟非将帅得人，法令严肃，未有不鸟兽散者。故外国练兵必设假敌与正军对列，互相攻击，出奇设伏，因地制宜，一如交战状，俾习惯于平时。不如是则临事仓皇，而欲战必胜、攻必克也难矣。

余于癸未年曾将泰西水、陆军学堂及技艺学堂章程大略，缮呈醇贤亲王暨曾忠襄、彭刚直，请于各省仿西法设水、陆军武备学堂，选各营兵、官身体精壮，年约三十余岁，能通书史而有胆略者，又选曾习枪法、颇有胆识，年三十左右，身体强壮之武科之员，不论武生、秀才、举人、进士、侍卫。分为二班：已通中西文字、算法者为第一班，延武备学堂出身兼有阅历之师教之；不通泰西文字、算法者为第二班，先入初学堂，延深通中西文字、算法之师教之。必如西士所云，要由武备学堂出身，熟识《武经七书》、中外兵法、测算、天文、地理、图说，及古今战阵胜负根源，乃能鞠旅陈师，为三军之司命。又于南、北洋设水师学堂及练船，一切舟楫、樯帆、测风、防飓、量星、探石、枪炮命中，凡行船布阵一切诸大端，必须悉如泰西水师事事精能，庶他日敌船犯境，与其交仗，指挥操纵悉合机宜，不致临时手足无措，徒糜巨饷也。

盖泰西水、陆诸军将帅非由武备院、韬略馆及水师学堂出身，并久历战阵、资格极深者，不得任其职，所以当水、陆军提督者皆老成谋略优长之选。犹备有参佐数员，常与运筹决策，以资历练而审机宜。临敌之时何处安营，何处进剿，何处设伏，何处可断其粮道，何处可截其援师，地势、敌情了如指掌，绘图遍示，使一军谙悉情形，有恃无恐，以故战胜攻取如响应声，岂今日有勇无谋、不知天时地利之将，只驱士卒，仅扎死寨打硬仗、野战、浪战者所能胜任乎？呜呼！全军之性命系于将帅，将帅之存亡关于国家，可不慎欤？故吾谓练兵必先自练将始。

练兵上

内安外攘莫先于兵，整旅行师莫重于练。兵可百年不用，不可一日不备。古之时春蒐夏苗，秋狝冬狩，其训练之勤如此。今之为将者不言练兵，而专言募勇，营哨粗具，重费饷需，观美徒存，难收实效。行成则立加裁撤，戒严又仓猝招罗。不知训练端在平时，岂猝募即可驱以临敌耶？夫部卒之强弱，视将领之贤否，岂在强分兵勇之名目？承平已久，习气渐深，以较曾、胡当日平贼之师，相去远矣。虽有强悍之勇，而训练不得其人，则有勇与无勇等。昔土耳其因埃及省反，请德国将军毛奇相助。毛奇进营阅操毕，云："兵皆新集，势不相敌，不可交战。"后竟如所言。泰西陆兵之强首推俄、德，水师之精群让英、法。然操练精熟，枪械犀利，步伐整齐，大抵各国从同，惟兵卒之强弱，仍视将帅之贤愚耳。

查泰西之民，年至二十一，悉隶兵籍。俄、德、法兵制，已略详于《民团》论内。以故举国皆兵。凡遇军务，仓卒应征，莫不有勇知方为国效力。其枪法、阵法、口号，平时本训练已熟，退归团练期内，每年仍调操两次，以免生疏。大小将官均由武备学堂肄习期满，而又曾在行伍步兵、马兵、炮兵各营阅历数月者，方授以职，武可兼文，文不能兼武。每岁国君大阅，计陆兵、水师野战各一次，操时与对敌无异。每营有司粮食者，有司制造者，有司修理器械、建造炮台者，有司造筑铁路、桥梁者。西国行营有机器司，有工兵专司营造，不事折冲，盖兵而匠也。有司制备兵食、料理医药、疗治疾病者。其讲求之不遗余力如此。

营规则水、陆两军各分三等：水军之制，首以熟悉舟楫为一等，次以娴习枪炮为一等，终以兼习陆战为一等。水师巨舰可容千人，而指挥进退、列炮排枪，惟帅主之，山川形势、风云沙线，亦惟帅详之。此水军之大略也。

陆军分炮兵、马兵、步兵，各为一等。再于步兵之中又分作三枝，曰：猎队、象队、大征队。猎队执短枪，附剑枪末，藉引前锋，多开而寡合。象队执长枪，附戈枪末，如张两翼，依傍而夹辅。大征队则如火如荼，轰雷掣电之师矣。马兵之中亦分作四枝：一为侦探轻骑，挺长矛疾驱前军数百里，苟非控纵素娴，人马精妙，弗克胜任。一为追逐轻骑，佩长剑，挟短枪，乘敌败北时用之。一为介胄铁骑，亦佩长剑，挟短枪，攻坚破锐用之。一为变化精骑，或骑，或步，兼擅其长。大炮兵只分攻、守两等：守则守护城台，用炮之最巨者；攻则摧击敌垒，用炮之稍次者。必也明攻、守之法，习转运之劳，一切药码随时齐备，整顿城垣、炮台、船舰、器械诸事，均伊所职，虽马、步两军恒兼力作，未若炮兵之辛苦弥甚。此陆军之大略也。

考欧洲各邦，以战立国，争雄角智垂二千年，凡阵法之变化，号令之疾徐，船械之良楛，枪炮之利钝，无不日夕讲求，确有程度，非若中国重文轻武，稍一承平，便目兵事为不祥。况文则拘牵而不识精义，武则粗鄙而未闻韬略，纵有黄帝《握奇》、太公《阴符》、孙吴心法、诸葛八阵，或置之高阁，或视为陈言，古法既昧源流，西法又耻追步，何怪乎积弱之难振也！

方今各国勤修武备，兵额日增，约略数之：奥国八十五万七千名，凡步兵千名有马兵一百三名，炮四尊。步兵所携辎重四十七磅。每兵岁需准中国银约一百二十五两。俄国在欧洲者一百四十万二千名，凡步兵千名有马兵一百七十八名，炮四尊；在亚洲者十一万八千名，凡步兵千名有马兵九十名。步兵辎重六十八磅。每兵岁需约一百两。意国七十六万五千名，凡步兵千名有马兵五十名，炮三尊。步兵辎重五十九磅。每兵岁需一百二十两。德国一百七十六万一千名，凡步兵千名有马兵一百十七名，炮三尊。步兵辎重六十一磅。每兵岁需约一百一十二两。法国九十七万七千名，凡步兵千名有马兵一百十九名，炮五尊。步兵辎重六十二磅。每兵岁需约一百三十五两。英国五十三万八千名，凡步兵千名有马兵一百三十三名，炮四尊。轻马兵负二百二十磅，重马兵二百六十磅，步兵负辎重六十二磅。每兵岁需约二百六十两。英吉利兵册载马兵一万七千二百五十名，步队十二万八千六百二十四名，大炮手三万四千九百二十四名，工匠兵五千七百一十名，其余守护粮局、运解军火、保护医官之兵不计。另本国守兵十五万一千四百九十一名，备调兵三十二万二百四十一名，香港、摩儿大岛、安地儿士岛三处共守兵二千四百八十一名。皆食于官厨，每日给杂费一息零，肘有黄绦者一条加一边士。然兵皆嗜酒，不能耐劳，近年人多不愿充当，挑选缺额亦常将就录用。荷国十万名，每兵岁需约一百二十五两。比国九万三千名，每兵岁需约一百二十两。丹国四万八千名，每兵岁需约一百两。瑞典二十四万四千名，每兵岁需约五十二两。土耳其三十万名，每兵岁需九十二两。西班牙二十万名，每兵岁需约一百六两。希腊五万名，每兵岁需约一百六两。葡萄牙七万名，每兵岁需约七十五两。瑞士十八万名。美国三万六百七十名，步兵辎重五十三磅。巴西二万五千二百八十名。秘鲁四千六百七十名。欧洲之民几悉充兵籍，无事则各执其业，有事则备征调。此即中国古时田赋府兵寓兵于农之法也。西国人民土地远逊中华，徒以精益求精，遂能雄视海外。

我中国中兴以来，将帅得人，士卒用命，似于兵事颇能精进，然有不得不急为整顿者：额设旗、绿制兵六十万。马兵月饷一两五钱，步兵一两二钱，守兵仅一两，非特无以赡家，且无以糊口，况日本近仿西例变成法：凡兵士战死者，由官给其父、母、妻月费银拾元，子女由官养至十六岁止。其入籍者多老弱无赖之辈，鲜精强克敌之夫。升平日久，旧额虚悬，余兵顶冒，营务废弛，至斯而极。粤、捻之乱，群以制兵不可用，而湘、淮练勇遂告成功。夫制兵既不可用，即当随时裁革，更补练勇以节饷需，何至今两项兼支，坐耗粮饷？因循粉饰，内外同之。况前招练勇虽曰精强，而今则老迈衰颓，亦几与制兵相等。

计惟将各省所设制兵、练勇，一律仿西法操选。每省练兵若干，其不入选者汰之，就地另募精壮补充。月饷悉归一律，由各省督、抚设立粮台，按月由粮台点名给发，不准虚报。如粮台短发，准统领、营、哨申详告诘，以杜侵扣。应发号褂、绵袄、绵裤、帽、履等件不准于月饷扣除。泰西军制：驻防统领之下有熟谙武略者十员为中军官分司其事，如总司训练，如炮台教师，如总理输粮货，如总理军火，如总理钱库，如医官等项，又有总监武营事宜官一员。虽然大小兵官、委员司事兵、马、军火、药弹、营垒，一切军政俱归统领管辖，及预备整齐，分调兵丁，升黜军士，惟每阅七日必总核一次，将所黜陟人等备文申报上司，故无虑有虚额之弊。其兵弁月饷乃归总理钱库支应，所收支径行达部，不必会同统领转详，致多曲折，于是互相稽核，各有顾忌，所以绝无克扣兵饷之弊也。既欲杜其克扣之弊，各统领、营、哨之薪水宜丰；又欲得兵勇之死力，其月饷亦宜稍厚。兵之口粮尚未能养赡一家，谁肯效命疆场？以致万众离心，遇战则纷纷溃散。如敌兵月饷多，我兵月饷少，彼以倍加口粮而诱动我军心，我当临战酌增。或死后周恤其妻子，或当兵至期满五十余岁者仍酌给予口粮若干以终其身，藉此固结兵心，自无不奋勇图报也。查各国兵数概无虚额以少报多之事，惟中国有之。且营官利心重者不独以少报多，且扣其号褂、粮价等费，层层剥削，所余无多，如行山路时值雪天，芒鞋、草履立时破碎，赤足长征，劳苦万状，皆统帅不爱惜兵士与同甘苦，何能使其赴汤蹈火而不辞耶？各兵弁所战之处，当如普、法之役人人皆有战地详图，举山川、城市、险要所在，兵粮所聚，戍守所至，何处可以安营，何处可以设伏，何处可断其粮道，何处可截其援师，地势、敌情了如指掌。不但求利器以击人，尤当精掘筑以避人之击。或谓："我军只知用地营。"不知地营为掘筑之一端，仅恃此技而不练掘筑全法，必为敌困，故坡、堆、濠、垒等法均宜讲求。泰西军中有工匠兵，又有机器匠为之教习。凡架桥、渡河、掘濠、筑垒皆机匠指示为之。盖工匠素娴工作，规矩、绳墨、训练皆精，事半功倍，不劳而成也。如训练精勤，勿稍疏懈，必须每日小操，每月中操，每岁大操。凡兵弁之号令视十将军，十将军之号令视大将军，以次递传，整齐画一，而将军又以时察其勤惰，严其赏罚。号令严密，皆平时教习而成，步伐止齐，川流山立，殆不愧于古所称节制之师也。

泰西公例：随营医生不论本军、敌军一视同仁，互相诊治，旗章以白边红十字为号，彼此概不加害。又于军中络一篮舆，标题其上，有受伤者舁归就医，经历敌营亦无伤害。即交锋被获，令其指天发誓不预军事，立行释放，倘归复求战，彼国将帅必正其罪。此亦古人不重伤之遗意欤。

或曰："所论仿西法设书院，练将才，明地理，识敌情，制利器，足食，足兵，额无空设，饷不虚糜，无兵勇之分，尽成劲旅，法则善矣。其如款绌何？"曰：今日养兵、养勇之费，总计逾五千万，而有事之日仍纷纷召募，实无可操必胜之权。何如及此闲暇之时整顿经营，以期养一兵得一兵之用乎？古云：兵不凤练，与无兵同；器不精利，与徒手同；利器不得人而用，与无器同。查京师暨各省驻防兵二十万有奇，各省绿营兵六十万一千六百余人，各省练勇在外，据英人琅提督云可用者不过二十万，且无铁路，征调为难，各省畛域之见未销，一省有事，邻省不相救应。同此额饷，同此制兵，在精不在多，留强不留弱，亦在为上者破除情面，痛革积习，一转移间而已矣。

练兵下

阅泰西史记，一千七百五十七年，英国通商印度公司夺印度马特拉司东北本加利一省，以三千二百人而敌印兵六万。全省户口三千万尽归英商所辖治。可知兵在精而不在多。

今我国凡遇战事，皆募勇御敌。中倭启衅以来，榆关内外防营林立，计淮军、湘军、铭军、奉军、甘军、新毅军、老毅军、嵩武军、定武军名目纷如，至有二三百营。兵力不为不厚，无如人各一心，营各一名，政出多门，不相统属。每当遇敌，其怯敌偷生者非溃即逃，否则各守一方不相策应，但得敌不来攻，即自幸偷安旦夕，纵观别军败衄，亦恒如痛痒无关。甚者逍遥局外，调遣不前。合之虽二三百营之有余，分之实二三十营之不足，以致兵威日蹙，敌焰弥张。说者谓将领固属无能，而亦营制散漫，帅无专统阶之厉也。

客有自行伍中来者为言：关外各营遇有寇警，不特彼此各不救援，且兵之于将，将之于帅，上下离心，俨同冰炭。其将官有有薪水而无经费者，有并薪水、经费一概无着者。每营发饷五百人，其克扣与否毫不过问，足额与否亦不过问。或有令带二百或三百人为一营者。张曰张营，李曰李营，营勇号褂并不刊别前、后、左、右、中等字样，由总统发下寸许字条，上书：某某著带二百或三百人驻扎某处。接条之后，即当委扎〔札〕，持向粮台挂号，按月领饷。其营哨官费用以及什长津贴，即在勇饷内匀扣。最巨之勇响，每关银六两有发四两八者，每关银四两八有发四两二者，有发三两二者。扣军米五钱，又除零星花费，每人实得不过一两有零，且有领饷或系库平，而发饷又系湘平者。又有开招时书明不扣旂帜、号衣，届期又一一扣去者。勇丁自糊口而外，所余有几？安肯效命沙场。遂有临阵反奔溃散、哗乱抗叛之患。

故泰西兵制我国有不可及者四端：练之以手足，习之以号令，导之以超越，二三年之后始给以火枪，中国无如是之课程也；授之以舆图，教之以兵法，中国无如是之训教也；优其饷糈，英吉利一兵之费岁需二百余金。日本一兵平时月给十元，出战者月给十五元，衣服、帽履、粮食皆给自国家。恤其伤亡，伤者终身食饷，死者厚恤其家。中国无如是之经费也；且营官无幸进，军器尽精良，屹如山岳不动，中国无如是之坚整也。虽中国亦仿西法练兵，计已十余年，而仍不能强者，因将帅非武备学堂出身，未谙韬略，又无胆识，惟延西人教习口号，步伐整齐、枪炮命中而已，不知此特兵法之绪余也。

尝闻泰西兵官云：其大要固不在此。夫未经战阵之兵，虽训练娴熟、器械精利，一旦猝临大敌，鲜不目骇心惊、手足无措，苟非将帅得人，法令严肃，未有不鸟兽散者。查外国练兵既行以上所论四端，又于操练之时必设假敌与正军对列，互相攻击，出奇设伏，因地制宜，一如交战状，俾习惯于平时。不如是，则临事仓皇，而欲战必胜、攻必克也难矣。中、日之战我军无一胜仗，职是故也。非但陆兵如是，水师亦复如是。余闻琅提督当教习时，常于月黑或风雨之际忽传令操演，而学生苦之。自琅提督去后，不复勤苦操练，所以鸭绿江之战闻我各船弁兵茫然无所措其手足也。

泰西交兵不杀俘虏。其在官者皆有文凭佩之身，被俘出示文凭，则以官礼处之，饮食、居处以官为差。或与约不任战事，即纵遣之。被俘者不允所约，则禁制之使不得逃，俟战事毕释归。或允不任战，及归又请领兵。主兵者责其失信，常至罢黜。盖各国常视彼此所以相处之厚薄以为报，不欲失信于敌。既允不任战而又遣之，则以后被俘者敌人皆引为前鉴，必不复纵遣之，而承其害者多矣，而又有失信负约之名，故于此不敢苟且也。此是《使西纪程》之言。而沈粹生又云：同治十三年，各国在比都会议战事条款，立约颁行。凡敌人入境，民皆充团练，各有练首，仍归地方官管束，衣服有一定款识。军器皆须手持，若暗中藏匿，即以盗论。非团练而手持军器被敌擒获者，听其处治；团练则不得杀害，监禁而已。两军相当，攻城下邑，自公房、战舰、轮路〔船〕、火车、电报、电线之外，浪取民间一物者杀无赦。不得以毒饵投水中，不得用毒枪、毒刃，不得暗放开花炮弹，不许杀降，不许杀随军贸易、使令之人。若敌人得地后，民或不服与之为仇者，以作乱论。又同治三年，各国在瑞士会议：护持受伤者其左臂上有白带，上具红十字或兵部及将军印信，敌人不得伤害。

今中、日之战，各西报访事人俱云：日兵残杀、奸淫、掠劫，与野人无异。然日人既学西法，岂不知公法战例乎？又闻台湾百姓之不服，非尽属义愤，亦由新例过严有以致之。岂不闻罗马、拿破仑之故事乎？若徒事残酷，遇屋则烧，遇人则杀，良非治道，必为千万世人唾骂。日本其知之否乎！

民团上

今之民团，即古田赋出兵与唐用府兵之遗意。如湖州赵忠节、绍兴包义士，自捐兵饷，训习民团，捍卫一方，始终不怠。又如澧州五福团、岳州平江团、四川中江团、江苏六合、金坛团，及河南、广东所练民团，无不实事求是，胜于无用之额兵远矣。

泰西各国自同治十年起，例定举国之民皆充兵籍。闻章程最善最严者俄、德、法三国。俄例：除官医验系疲弱免充外，凡年至二十一，报官充兵，不准规避替代。以十五年为限，入营操演六年，留名回籍候调九年。择其年富力强者披坚执锐。年迈就衰者防堵要隘。同治十三年新例：凡欧洲俄境之民，二十一岁者先至营中学兵五年，五年后或仍为营兵，或为藏兵。既作藏兵，定制十八年为期，以备国家不时之需。亚洲境内之民，二十一岁均至营中学兵七年，复当藏兵六年。高加索境内之民，二十一岁均至营中学兵三年，复充藏兵十五年。兵制有六种：一营兵，二炮台守兵，三各处汛地防兵，四一等藏兵，五二等藏兵，六义兵。各有其职：第一等藏兵每年操演二次，每次操演四十二日。第二等藏兵不能以常兵相例，惟国家危急时则团练操防，藉资保护云。

德例：除残疾、老弱、孤子外，无论富贵贫贱，年二十隶营伍，充战兵三年，充留后守兵三年，充教习一年，又退归团练五年。每岁两操。万一有事，当听调遣。若年至四十五以上者，仅守本国，不列战兵。如文学之士优于武略不入兵籍者，然事值危急亦出而集赀团练，以保地方。

法例：凡部民年二十岁至四十岁均充行兵或守兵，各兵分隶各队，后充营兵五年，战兵四年，留兵五年，戍兵六年。战兵者，二十岁至二十四岁，壮丁也；留兵者，曾经历行阵、退老休息者也；行兵、戍兵俱随时派驻各要隘者也。凡受伤残疾之兵，皆给衣食以终其身。更有免充兵丁数条：如家无父母，惟有独子，例应留养幼弱者，免之。或寡妇之子，或其父远出，子须留养其母者，免之。父母年七十以上，子当留养，或长子，或长孙、长曾孙，均免之。兄弟两人长者免充，或其兄业已当兵，其弟亦免之。兄弟或有当兵受伤阵亡者，俱免。此外，如已入水龙会书院师弟、义塾师长、官学教习、肄业学生及学杂技、杂艺之人，并著名之画师、传教之绅士，及年幼留养，或读书未成，或现有事业，出外贸易，经官报明者，亦准免充。以上各节，各城俱有武官考查，专司厥事。凡幼丁子弟报官已行娴习何技者，经官考试相符，然后注册，当义勇一年乃准除名，听其自便，免充行兵，而一年内糇粮、器服均须自备。

英国兵官屡经考验，人无幸进，惟军台有报捐之条以助饷需。官兵而外有民兵。城、乡店肆住户愿充者，先报名注册，每处千数百人或二三千人，绅士领之，给以火器。每七日操演一次，立的命中。勤练则酌赏年费，疏旷则责缴火枪。每年秋，校阅其技，国君召聚各乡，亲行校阅。择其尤者六人，树的远至二三百步，命中者赏以功牌。复命与官兵合操，赏亦如之。有戎事保守乡间，并不征调远出。

大抵泰西各国寓兵于民，有警则人尽为兵，顷刻可集数十万。费不縻而兵自足，民相信而国以安。昔普国君臣卧薪尝胆，国人莫不同仇，卒以胜法。欧美各邦近亦是则是效，精益求精，争雄海外。

中国地广人众胜于他国，宜使各省慎选知兵任事之员，设立武备院，参仿西法教习。沿海州、县及边疆各人民，先择里长，设局训练，教以刀、矛、枪、炮等技。一俟学成，则教其所管十人，十人学成，则各教其家人，使人尽知兵，同心敌忾。统归地方官管辖，于农隙时加比校，察其贤否，明其赏罚。如有才识过人、防御得力者，或保官阶，或加奖叙，以资鼓励而备缓急。其民兵未尝学问者，更为设馆延师，五日赴局宣讲圣谕、乡约一次，及古来兵法阵图、名将事迹、克敌致果等事，使忠义之心油然而生。处处团防，村村联络，声气相应，休戚相关，国无筹饷之艰，兵无远调之苦。将见士皆劲旅，民尽知方，转弱为强，在此一举。纵内地一时难尽举行，何妨先于东南沿海边郡简员试办。如行之有效，则以渐推行于各省，遍及于诸边。此亦足以补兵屯之不足。而他日俄、英、法三国沿边之铁路告成后，直接三边，劲旅强兵朝发夕至，庶我有以御之。以此知民团之练实为万不容已之要图也。

民团下

余见近年各省当道札饬绅士团练者矣，实则有团无练，有民无兵，虽多不足恃也。而各绅当为练长者，则又互相推诿，皆以经费无出为延宕之词。富者既不出钱，而贫者更不肯出力。间有挨户捐签，搜索商农小户，所得无几，或反中饱私囊，仍不足供买枪炮子药之用。故有名无实，不过奉行故事耳。尝见民壮所持者皆锈刀、旧枪，所习者如戏台演武，往来街道势同儿戏，于事何济？徒以号褂衔灯恐吓乡愚而已。

若求团练有实济，必须不拘资格，各省选一公正廉明、有心世道，且能知兵享之员，准其专折奏事，并有权会同地方官筹饷，选买枪炮子药，一切收支之数每岁刊布示人，以昭大公。使人人阅看，似较报销尤胜。

团练之法则仿外国章程：凡年届十六岁至四十岁者，不拘贫富贵贱皆须报名学习一年。西例有免充兵丁者数条，亦当仿订。选其贤能者充什长，已知兵事者当队长，或百长、千长，量材分职。每日或每月三、六、九日。定时齐集操练，俟操练纯熟，则禀请当道会同提、镇阅看，或与兵勇对操，以别优劣，庶知观感奋勉。如恃其父兄富贵，不肯报名学习者，送官儆戒后仍令出而学习，务使人尽知兵，可备征调，何忧外侮？西士云，中国兵勇多是临时招募，往往未见敌人而先已乱施枪炮，迨子弹已尽，而敌以大队乘之，无有不立溃者。此时亟宜悉照西法练民团，使人人知兵，兴艺学自精制造，变学校以育人材。若仍泥占不变，或所变因总其事者不精其事，只知惜费，必致授受不精，有名无实，终为外人欺侮、挟制而已。

或虑民心良莠不齐，恐有意外之变。如设立保甲、连环保结，皆能防患未萌，又何惧之有？当今之世与古昔情形不同，防外侮更重于防内患，练民兵庶足以助官军，可不因时制宜，亟为应变之举乎？

查泰西各国大半以民为兵，惟英国各处、各乡皆有团练局，与中国之团练局不同。招募土人操练，于有事之秋守御本土，以补额兵之不足，虽战时补作额兵，亦不强令越省，所穿戎服与额兵同。凡团练局有兵官一人、兵目数人常居局中。应募者先由兵医诊验，其身体强弱合式方准入募。如系革斥额兵、逃兵，辞退之羸兵，与夫手艺工匠、学徒等类皆不入选。亦有步兵、炮兵、炮工之别，分列等差定例，当勇六年，期满如愿再当，准加四年，以四十五岁为限。初当者二月至六月事操练，每年约操五十六日，余时各执恒业。其所订章程甚详：有巡抚遴选乡勇、千总之条，有甄别千总课程，有招募乡勇年限，有训练乡勇条规，有乡勇俸禄条规，有乡勇军装、医药条规。法皆妥善，似可采用。

如我国不能举国尽充兵籍，亟当效英国招募乡勇之法，认真照办，非但于地方大有裨益，且免有事之秋东征西调，水土不服，糜费往返水脚及骚扰地方之患也。

水　师

中国海疆袤延万余里，泰西各国兵舶飙驰轮转，络绎往来，无事则探测我险易，有事则窥伺我藩篱，从此海防遂开千古未有之变局。居今日而筹水师，诚急务矣。顾其中纲领约有五端：曰轮船，曰火器，曰海道，曰水营，曰将才。

何以言乎轮船也？泰西自设轮舟，民船之旧制尽改。其始皆木壳船身及寻常之明暗轮耳。继则木壳护以铁板，名曰铁甲船。继而船身全易铁壳，而水线上下所护铁板愈厚，船头另装绝大之钢刃以冲碰敌船。船面或造旋转铁炮台，以便四面分击。铁甲厚至十余寸，而海上咸称无敌矣。然船身太重，吃水太深，行驶既难加速，造费尤倍常船。于是蚊子船、快碰船之制复出。

快碰船者，行海备战之船也。船坚且速、炮大而远者为佳。船身全用钢壳，不取其厚，并无铁甲，配炮大而不多，船头仍装钢刃。体质既轻，吃水自浅，转动自灵。另出新意造为极速极省煤之机器，每点钟能行二十余海里，胜可速追，败可急走。敌欲击以大炮，取准较难；欲冲以水雷，躲闪较易。且碰船之为用，两舟回翔迎距，相机一搏，如鸷鸟之下击，捷不及瞬，势险节短，惟快乃神。否则，反受碰于人，而利害天渊矣。

蚊子船者，助守炮台及海口之船，状其眇〔渺〕小而名也。船长仅十五六丈，吃水仅六七尺。船身低矮。进退自如。船载一巨炮，弹子恒重八九百磅，合数船即有数巨炮，抄袭由我，分合自如。纵使敌人破我一船，损失不过十余万。设破敌一大船，其损失辄以数十万计；破一大铁甲，则一二百万计矣。俄、美蚊船之制，复稍以铁甲护之，尤可突险进攻，此以小制大之妙用也。

现在西国水师除寻常兵轮外，新造之大铁甲日少，而快碰、蚊子两式日多。惟其不胶成见，故能出奇无穷也。

今日中国既有历年造购之兵轮，又有新增之大铁甲、快碰、蚊子等船，并自造鱼雷各艇，似宜酌分巡、守两事：蚊子船专助守炮台、兵轮，以防海口；快碰等船及鱼雷各艇专主进攻、袭击，敌至或分抄，或合击，得机则进，失机则退。我能涉浅，能埋伏，能更迭出没，而又有铁甲以为坐镇，有炮台以为依附，有海口以握要冲，有蚊船以为救应，敌必不敢冒险而深入矣。

至巡海之船，拟分三大支：一巡直、东，为北洋；一巡苏、浙，为中洋；一巡闽、粤，为南洋。每支酌配大铁甲一二号，兵轮船四号，快碰船四号。择善地以立水营。无事则梭巡东洋、南洋、印度洋及美洲、非洲、澳洲、欧洲各岛、各埠，由近而远，逐渐游历，以练驾驶，习水道，张国威，护华商。有警则北、中、南三支互为声援：敌窥一路，则守者拒之于内，巡者击之于外；敌分窥各路，则避实击虚，伺隙雕剿，或三路同出，使敌疲于接应，或彼出此伏，使敌无隙可乘。至各路攻守机宜，必藉内地电线互通消息，乃能联络一气。如此而敌犹敢轻犯者鲜矣。倘现在各船尚未足数，似宜竭力购足，俾得成军，如德之露台水线带，英之旋台铁甲堡，尤新式之最佳者，增购三四号或更多。仿造快船、碰船、蚊子船近日水师总以快船、快炮为佳。各数艘以备临阵补阙应猝之用。

论者曰："如此布置，非费千百万金不能有成。目下帑项未充，费何从出？"不知天下大势须筹全局。敌之敢于窥我者，以我力之未足也。试观从前海疆有事，一役之费动辄一二千万金，而百姓之损失尤多，国威之摧挫不少。今乘无事之日筹赀自固，使敌不敢生心，国计民生均受其益。移有事时之用项于无事之时，未雨绸缪，保全于无形者实大。语云："亡羊补牢，未为晚也。"此轮船之当筹者一也。

火器另有专条，兹不赘叙。若夫海道，尤非蹈常习故可以从事矣。测海之法，英国为最备，无论商舶、兵舶，每次行海，必将逐日所经之水程、所遇之风色、所探海底之沙土、所测某处岛屿之礁石，绘图立说，归而呈于海部衙门。海部再将各船所记参互考订，以验海途之险易。苟何处有疑，则派船专往测之，不因其地之冲僻而有所歧视。兵船之上，必有学生沿路测量、绘图，彼此考证。其讲求之勤切如此。今中国海道，隔省即不能知，甚至隔府、隔县亦不备知。近来轮舶聿兴，常行之道不敢谓毫无所见。试问各口之迂捷、浅深、沙线、礁石能一一洞彻乎？各船管驾、舵工能一一留心乎？未可知也。

英国于我中国海疆，自混同江而南，以迄于越南一带，某省、某地无不刊成海图，详载一切。全图之外，冲要者另为分图。或沙线变迁，即随时另刊新图，听人售观，毫无隐秘。似宜择其所刊年、月之最近者，购至中国，设立专局，选精晓洋文之士译绘重刊，分派各处水师、轮船，责令管驾人员各于所到之地，按图覆考，相符者注明相符字样，不符者即改注该地的名。外国往往不知某地的名，即任取一名呼之，每有未符。其沙礁深浅或有迁移、改换，即随时改注。若原图有漏，即详为补载，限以半年，将已经注改者缴局一次，由局再给一分，如法查注，亦以半年一缴。如是两年查缴数次，当可作为定本，由局核刊，分给兵轮领用，则各船皆有依据，纵素未涉历，亦可按图而索，临事不致张皇。惟测量注改，此时管驾未必深谙，必先由水师学堂派拨测绘学生，令其随船办理。此海道之当筹者一也。

轮船之有水营，犹陆路之有城垒，必进可以战，退可以守，乃能动出万全。况水师首重天时，暴风、重雾、寒冰皆须慎避，安能不亟筹寄泊之区乎？若未历海疆，何由洞澈？且水营重地，纵华、洋人等指称某地相宜，必须老成熟悉者审慎履勘，方可举办。然其理与法有可得而言者。

如北洋之经营旅顺及威海卫，诚中外所翕然称许者也：设炮台以资捍御，设船坞以备修艕，设陆营以通接济。握东、奉最狭之隘口，拱畿甸最要之门户，而设处又非西国应行轮船之地。我据全势以临敌人，雄固无逾于此。然旅顺口内港水浅狭，不能停大舶，屯多船。形势似尤以威海为第一：居南北适中之地，控扼朝鲜、日本之水道，近岁经营，洵非虚设。至于中、南两洋，则江苏之舟山、广东之南澳，均宜及时筹布。其地自成险要，并无洋舶辏集，大可建立水营，船坞、陆营后路亦可近通接济，皆设险置守之要区也。平时军火、粮饷以十之一二扣存水营，而仍以内地存积为根本。就目前而论，北洋莫善于天津机器局，南洋莫善于闽省船政局。至中洋之上海机器局，则密迩通商口岸，地势平衍，无险可扼，似较津、闽为逊，但经营二十余载，一旦未易改图，是在他日之斟酌而变通耳。倘遇有警，则内地所积之军火一切或增拨水营存储，或酌分海疆紧要省分，务使我能济急，而敌不能扼阻袭取，是为尽善之策。此水营之当筹者一也。或谓验收铁甲船之法，其要有三：一在考究全船。究重心之斜正，隔堵之布置，碰锋之坚利，舵机之灵捷，炮位之运动，及机器、水缸、水门、药弹舱、战台、鱼管等处位置。一在讲求炮械。德国克虏伯大炮制成，先用满药施放，藉验炮身之坚及贯甲之力。德国水师俱用克虏伯炮械，虽操法与英国稍异，而专用是炮者定臻精密。一在试演慎重。俾知轮机之满力，转圜大小，船性之左右，炮弹之迟速。中国"济远"船，德厂所造也，而英厂颇訾议之。昔阿模士庄厂匠师槐特说帖云"济远"船内有数处不及同时兵船之造法：一则分舱御水之法未妥也。尤可虑者穿甲下各舱，如锅炉舱长约占船身三分之一，若于下面薄铁板处钻一孔，水即易入。一则穿甲舱面虽固，然全装于水面之下，其浮力与平稳均未尽善，倘船边有水击穿，则水入穿甲之上，甲未损而船或沉矣。一则舵柄未经保护也。前面炮台及烟囱、风舱诸口不宜用直甲保护等语。凡为监督者不可不参考也。

船既坚矣，图既精矣。而驾驶未悉，仍与无船同也。火器利矣，而施放未习，仍与无火器同也。水军成矣，水营立矣，而士卒未习；士卒习矣，而将领未得其人。是以军与营资敌也。美提督查弗而弒于辛巳年春，曾由天津缄致其旧金山一友，其中言："余驻天津六阅月，稔悉中外交涉未能浃洽，缘西人每有轻视中国之处。查通商之利英为大宗，是以事多挟制，若美国则无是也。年来中国购造铁甲兵船，说者谓中国有水师矣。惟与西国相较则甚弱。现船上尚用洋人，未必肯以中国之心为心。各公使又在细心察视，不欲中国骤强，是则中国亦未可谓有水师也。"故日本步武西法，水师将士自幼皆入学读书，历加考拔，派至练船练习。其水师提督固悉驾驶，且通英、法水师阵法，自能升旂号令各船布阵。而兵弁、水手一律整齐。闻西人之作壁上观者咸谓彼国水师与泰西无异矣。其陆军则仿德国，募民为兵，训练三年，令归田里。一旦有事，招之入伍。虽远在异国，不得不闻召即赴。兵虽散处各处，然已训练三年，与临时招募以市井少年充数者有别。又闻其统兵大员必由学校出身，学既成，则航海至泰西，隶名军籍，勤加练习，劳苦不辞，如是一二十年必由兵士而升为武员。然后回国重用，如山县有朋、榎本武扬之流，今之位尊爵高、独当一面者，皆昔在欧洲充黑衣之籍，执戟荷戈者也。不特武员为然，即文员亦莫不然。闻明治维新，子爵伊藤博文欲详考欧洲之俗，深苦不得入门，乃依某西官当贱役，阅十余年始归，现贵为首相矣。夫然，故将才尤重。

西国育才之法：有专书，有专师，分门别类，循序致精。虽有一二稍嫌繁重，而上不以为纡，下不以为苦，盖习俗使然。

今中国水师似宜再聘英国海军宿将，如琅提督认真教授者。西报云：前北洋水师总教习琅提督及前福州驾驶学堂有一洋教习，皆能悉心教授，奈诸生苦其功课多、立法严，借端公禀当道开除，未尽所授，闻者惜之。所有南、北洋兵船、铁舰均派归训练，优者升，劣者降，以杜幸进。至各省所设驾驶学堂，皆延西师，分门教习。已升至第一班者即派登舟历练，勿使久居学堂耽安闲而糜岁月。盖在船练习，利有数端：实事求是不尚虚谈，利一；阅历风涛，能耐劳苦，利二；增长胆气，遇险不惊，利三；巡游岛屿，堪资闻见，利四；随事察验，预觇才器，利五。各班之中有志趣远大、识虑警敏、心地纯实、功力精进、胆气凝定、身体坚壮、耐劳安分者，皆属有用之才，存而记之，以资器使。英国水师官甲必丹伯力儒在英京武备大会宣言于众，曰：日本仿西国政务，势渐炎炎，非仅取军械之一长而已也。他日为将领，为偏裨，为教习，为司机，为头目，即在其中，最下亦可为精卒，为匠手，为听受约束之兵丁壮役。若登舟之后，性情骄狠、颓惰轻浮、贪诈生事，一切不堪造就者，虽权贵子弟，立予剔除，以肃军纪。如是而人才不兴者，未之有也。

泰西之水师莫强于英、法，而兵船之制度则尤以英为最精。盖他国水师兵丁兼充水手，英则另有水手专管行船，不分兵丁之力，较各国为尤胜。英国水师船中有童子军七千余人。俄国战船虽不及英国之多，亦有童子军五千人。教习驾驶者有兵船学堂，有商船学堂，以船为学堂之所，每学堂肄业者三百人。至兵船纪律，自将领以至兵丁，皆不准无事登岸闲游及任意住宿。惟礼拜日可给假上岸，亦不能留岸住宿。我国兵船俱未能恪遵法度，此所以有日本十五年之案也。唐景星观察曰：我国兵船与英国兵船同在烟台。日落时，我国兵船时有小艇拢岸，英国兵船无一小艇湾泊。而军政宽严可见矣！海军章程虽有施教之法，考校之方，奈虚应故事。各兵船月有公费数百两，为船上灯油、机器房车油、绵纱、绵纱绳、油船等用，因系管驾所包，致船舱机器檫抹不勤，应油不油，应换不换，故船身各件易坏，而后膛炮机亦致生锈。如统领果水师学堂出身，而又公正廉明，认真考察，断不致为人蒙蔽至此。

因水师全权非若泰西归于水师提督。我国升降赏罚、战守机宜皆权自上操，然军情万变，事必乘机，若遥为节制，纵不掣肘，必多迁延贻误。各省督、抚、将军、都统皆有统领兵弁之责，试问其深谙武备否？既素未悉统领材能，复何从知偏裨优劣，而遽委以举错升调？虽无私心，亦恐难期尽善，况假之展转贿赂者乎？昔丰顺丁中丞办事精明，闻某以贿赂而得管驾，故亲坐该船验其能否。该管驾与司舵者预为关说，视其所吸烟杆嘴为表，指东则曰东，指西则曰西。丁中丞竟为蒙蔽。可知非深于此道者，必受人欺也。

查西例，武员升降皆由兵部。水、陆提督黜陟，以其部下畅晓戎机、选选获胜仗之武员升任，从无文职大僚而权能举错及委任军事者。今中国于军制不能复古，悉效西法，即训兵口号亦仿西音。夫欧西兵法精益求精，如英之阿林邓、法之拿破仑等兵法，尽可与孙、吴兵法参用，惟训兵口号宜改华音，非但易习，而又得体耳。

中、日战后，德员汉纳根曰中国取败之道有二大端：一曰无统帅。各督、抚自保封疆，分而不合；一曰无名将。各提、镇未谙韬略，暗而不明，刚愎自用。职此二端，必难望戮力同心，克操胜算。而原其流弊之极，不得不咎中国立法之凉。盖中国律例，地方官失守城池罪当斩首，故各省督、抚以下莫不栗栗危惧。有事则自顾疆土，遑暇舍己从人。中国兵将虽众，实则各自为谋。泰西军制：凡将帅、武弁须由武备院肄业生考充。兵弁以次递升，必其学成然后致用，以得充兵弁为荣。中国虽亦以行伍出身为正途，但左文右武，且视兵之流品为最卑，而凡阀阅之子弟、博雅之生徒，皆以入营伍为大耻。无赖之辈始贪其月饷而趋之，日积月累，或以侥幸蹿保，或以钻营涔升。今专阃大员之拔自行间者多此类也。十步之内必有芳草，吾未敢抹煞，谓若辈尽无可用之才。特其扬旗动鼓之时，既惭祈父之爪牙，又鲜兔置之心腹，及至独当一面，心雄万夫，徒以学问未深，练习未精，斯识见终于未广，忽遇枭雄之敌将，非交绥而遽败，即闻警而先逃。其罪可诛，其情可悯，而师徒挠败之羞，固早已决诸平日。所望者创巨痛深之后，发愤为雄，或如德之胜法。故军中缺陷之处，吾辈迭经具禀声明，深冀总师干者因屡败而痛除积痼，幡然一变。不料其泄沓至今，此我辈所怅然失望者也。

按西人关心中国者，皆箸书立说，谓中国水师未精，将帅无人，不惜大声疾呼，愿举国猛然警觉矣。今英、俄、德、法、日、意莫不以水师长驾远驶。我中国海疆辽阔，海口又多，诚如张香涛制军疏云："防不胜防，守不胜守，无论如何海军终宜复设。"亟宜多贷洋款，借材异域，设水师学堂，练船，定造新式铁舰、快炮。英上院公爵马君云："海战之胜负在铁舰翻陈出新，大炮去迟易速。"可谓深知当务之急，岂可以威海之覆，因噎而废食哉？

英国以水师为重，另分一部曰海军，设立大员五以司厥事。其人必深明水师诸事，乃足当其任。一曰总理，有综核一切之权，虽属文职，必由武备院出身而兼理枢密院事务。尚书二员：一管船厂，一云总理船厂制造船舰。一管行船。一云管理转运粮饷事宜。侍郎二员：一管汇兑购置，一云总理购置物料一管出入帐目。一云司理银款别设监督一员，由议院转调升降，职与五大员同，皆归国家黜陟。其下又有司官十员：曰协理官，曰管船官，曰会计官，曰机料官，曰转寄官，曰管工官，曰管炮官，曰管票官，曰管膳官，曰医官。此外别有数官不归海部者：曰海国公所长，曰行船会长，曰天文学长，曰水师学长。侍郎与会计官同司出纳，因而另分两司专理各处船坞事宜：第一司内管机器者一员，管各工料之加增者一员，管理木料者一员，验工及清帐者各二员；第二司内管煤者一员，管船厂数目者三员，管购置物件建造楼房者各一员。通国船厂之称头等者四处，称二等者四处。属地船厂十有五处四等。头等船厂皆有专员管理。水师提督所辖系船舰、兵丁，及学习船中操演，考稽各事，更有管辖、巡捕之权。平时弹压，战时防守，虽不兼理船厂，亦可随时访察而入告焉。

或谓：中国海军大臣及司理者，各司厥职能如是认真乎？能深明水师诸事乎？昔年中、法失和之时，法人在海面搜查各国商船，何以中国不能照办？据深通西律者云："因未照公法设立战利法院耳。"

然则战利法院之设，亦当今要政，不可缓矣。查战利法院又名司海法院，日本已经仿设，颁有一定章程，名为捉拿敌人船货衙门。我中国尤宜聘精于泰西律例、万国公法者，及早商办。如不能自强，不设海军，不制铁甲，虽有名目，似难施行，徒有瞠目视之而已。

船 政

今欲维时局，扩远图，饬边防，简军实，上则固我疆圉，屹雄镇于海防，下则富我商民，通外洋之贸易。乘时奋发，思患预防，其必以船政为急务矣。计自闽、沪设厂仿造轮船，华人颇能通西法造机器，充船主，日进不已，创始之功甚伟。盖费千百万之帑金，积廿余年之功力，仅而有此，而议者犹谓机器可废、工厂可停者，何哉？虽然开其端矣，似仍未探其原、握其要也。外国轮船近来用铁壳者十居其九，闻更有用钢壳者，其实非钢，乃铁之极精者也。非特木料日少，木价日昂，且铁质坚而施功易也。中国造船无论木、铁、钢、铜等料，无不购诸外洋，纵使价不居奇，而运载有费，行用有费，奸商之染指有费，其成本已视外国悬殊，况质之良窳难辨，应用何料，购自何厂，皆惟洋匠是听，去取迁就，安能保其无他？或购矣而未尽适用，或用矣而仅图饰观，非独糜费，更恐误事。况出样、绘图、督造、试验，无一不资于洋匠，艺未必皆精，工未必皆勤，而月薪动以数百金计。工料如此，无怪造船之费每昂于购船，而得力反逊于所购之船也。

及今图之，亟宜筹开铁矿以裕钢铁之源：访雇精于镕炼、深于化学之洋人，详加指示，而广选聪颖之子弟就而学之也。铁有三种：质纯者为熟铁，含炭者为生铁、钢铁。熟铁之性柔，生铁、钢铁之性硬。其炼法亦自不同，有斐斯迈法，有希门慈法。今中国欲合于造船之用，莫如用别色麻法。普国有一钢厂，设别色麻炉二座，每座七吨半。每十二点钟为一工，能进料七百八十二次，每五十工能成钢铁块七千二百六十四吨。神速如此，法亦简便：先将炉座安置妥贴，以生铁置其中，鼓以空气，将异质烧去，历三十分时已成熟铁；再于熟铁内加炭质数分，便成坚钢；将钢倾于模中，而以压水柜加大压力，使其空气之泡尽出，则所出之钢光匀平滑，无蜂窝之形。盖压力既加后，钢汁每长一尺即缩小一寸半，是以内外坚凝，无参差不齐之弊。

并宜选心灵体壮、通达中文、稍通洋文者，分门学习。先与洋师议妥，教成一人加酬若干。西人贪利，当无不悉心相授。中国煤、铁等矿廿一行省无处无之。各矿大开则物料充牣，一切无须仰给于人矣。然既筹船料，尤须讲求船工也。似宜由造船官厂选择各省子弟心灵体壮、通达中文、稍通洋文，年在二十左右者，取具亲族保结，资以川资旅费，饬赴各国最大船厂分门学习制造轮船一切之工。并遴老成精练员、绅各一人，携带繙译督同前往，以资约束，课其功业，核其勤惰。凡有不堪造就者立遣内渡；如有别滋事故，按例惩治，罚及原保之人；倘学业精进，查考等第，按季酌奖。每月将所办情形驰报官厂总办覆核，十年之后学成回华，分任出样、绘图、督造、试验等事，届时优给薪水，予以官职，即可不用洋匠递相传授。中国之大，何患无才？特患在上者无以鼓励之，裁成之，或加膝而坠渊，或朝令而夕改，此所以言海防、言洋务五十年，糜费帑金以万万计，欲求一缓急可恃之才而竟不可得，则上之意向不定为之也。

夫五十年来利源之外溢也多矣！今中国船厂专供官用，商家所置大小轮舶皆购之西人，利源外溢遂无底止。窃谓船厂既开，工匠毕集，积日为月，积月成岁，工有止作而薪俸仍不能停也，国家需用之船，但能敷用，原不必制造过多，况一年能造若干？漫无限制，费时旷日，浮冒虚縻。诚能仿泰西之法，稍严其课，而稍宽其章，凡制造官船尚有暇晷，并准代中国商民制造船舰，则华商知船局可以自造，必愿购诸中国，而不愿购诸外洋。但使价值不致悬殊，则行海商船皆赴官厂置办，收其余息，公款日舒，而外国船厂之利权皆渐归于我矣。事有宜以全力搏之，不可惜小费而误大谋者，此类是也。开矿之事似宜商办而官为护持，出洋学习之事则宜由官厂举办，而南、北洋为之纲领，统归总理衙门综核以考其成，庶京外官商联为一气，乃能经久而无弊也。

上篇论制造局工程漫无限制，费时旷日，浮冒虚縻，一日之工分作两日，因督工者非工师之才，动为工人欺朦，故修造之船反较外洋所费更巨。然上海、福州制造局之船坞縻此巨款，既不造船，又无商船修造，岁修兵船无几，亟宜设法变通，招商承办，如归轮船招商局与洋人合股承办，可期两有裨益。惟恐不识时务者，必泥于中西合股为碍，不知船务非他务可比，因洋商船多，且事属创办，非此不能招徕生意。更须设法保劝商会，招本国商人增添大小轮船往来内外各埠，毋授利权于彼族，致成喧宾夺主。观日本轮船、铁路日臻隆盛，皆利权自握之效也。

《盛世危言》卷九　强兵

海防上

呜呼！筹海防于今日，盖夫人而知其难矣，抑知所以难者奚在耶？防海于昔日易，防海于今日难。昔日之艟艨楼船，不敌今日之铁甲飞轮冲风破浪也。防海于远易，防海于近难。

昔日泰西各强敌，越国鄙远而来，今南洋各岛悉为占据，则边鄙已同接壤，郊坰无异户庭也。况中国自东北迄海南为省者九：曰黑龙江，曰吉林，曰奉天，曰直隶，曰山东，曰江苏，曰浙江，曰福建，曰广东，绵延万余里。其海口最著者，则曰：混同江、黑龙江、海参威、珲春、牛庄、旅顺、大沽口、烟台、威海卫、吴淞口、崇明、乍浦、定海、玉环厅、马江、厦门、汕头、台湾、南澳、香港、虎门、珠江、老万山、七洲洋、雷州、琼州、北海。其余零星港口可寄碇停泊及用浅水小火轮突入，尤指不胜屈。于此而欲节节设防，期如磐石之固，则备多而兵分。是故备北则南寡，备南则北寡，备中则南、北俱寡，备此省则彼省又寡，无所不备则无所不寡，此设防之所以难周也。

为今之计，宜先分险易，权轻重，定沿边海势为北、中、南三洋。北洋起东三省，包牛庄、旅顺、大沽、烟台为一截，就中宜以旅顺、威海为重镇，势如环玦，拱卫京畿，则元首安也。中洋起海州，包崇明、吴淞、乍浦、定海、玉环、马江为一截，就中宜以崇明、舟山为重镇，策应吴淞、马江各要口，则腹心固也。南洋起厦门，包汕头、台湾、潮阳、甲子门、四澳、虎门、老万山、七洲洋，直抵雷、琼为一截，就中以南澳、台、琼为重镇，而控扼南服，则肢体舒也。

今国家虽已设海军衙门，而皮毛徒具，精义未详，呼应不灵，规模未备，则犹未能言实效也。西国军制：海军可以节制陆路，陆路不能节制海军。盖洋面辽阔，军情瞬息迁变，必非陆路所能知也。今中国海军提督无事则归疆臣节制，有事则听督帅指挥。疆臣与督帅均非水师学堂、武备院出身，不知水战之法，素为各管驾所轻视。所以昔年有马江之败，今有威海、旅顺之失。是宜就海军衙门王大臣中选一水师学堂出身之大臣为巡海经略，总统南、北、中三洋海军，但听枢府之号令，不受疆臣之节制。两国既下战书，即许以便宜行事。有事则联为一气，今春威海告急，南洋兵轮坐视而不一救，致为西人非议。无事则分道巡游，四季四小操，岁终一大操。于三洋设三提督以统率之，每督标设左、右二总镇以分统之。提督居大铁甲船，总镇驻中等轮舰，其余将弁各居所带之船。就三洋中各择要害，多储煤斤，如北之旅顺、威海卫，中之崇明、舟山，南之台湾、南澳、雷、琼等处，即用舟师扎为水营，不得上岸建造衙门，安居而逸处，及嫖赌冶游。

每岁三洋兵船交巡互哨，所到之处务以测沙线、礁石、水潮深浅为考绩。每岁于三洋所辖兵轮中，各抽一船出探南洋各埠，如越南、暹罗、小吕宋、新加坡等处，由近及远，徐及于印度洋、波斯海，水道沙线、风潮礁石，绘图具说，坐言起行。夫而后逐渐前进于红海、地中海、大西洋、太平洋，皆无不可到之理。

一旦海上有警，则调南洋各海船以扼新加坡及苏门答腊之海峡，迎击于海中；次调中洋台湾、南澳之舟师，为接应、包抄之举；再次则调北洋坚舰，除留守大沽口及旅、威二口外，余船亦可徐进中洋，弥缝其阙，坐镇而遥为声援。此寇自南来之说也。若自混同、黑龙江北下，则反其道而应之。如由太平洋直抵中洋，则南、北皆应之。兵法云：善用兵者势如率然。率然者，常山之蛇也，击首则尾应，击尾则首应，击其腰则首、尾皆应。此今日海防大势所最宜取法者也。

若夫船务坚快，炮务命中及远，粮、煤、火药务精且备，将领务得智勇之人，水阵务操演纯熟变化，水道务测探审细周详，是则当世时贤人人皆知之，人人能言之，更毋俟鄙人哓哓借箸也。谨筹其布局大略，以为上赞高深之助云尔！

海防中

上篇论水师分南、中、北三洋，势如常山之蛇，击首则尾应，击尾则首应，击其腰则首、尾皆应。如北洋有事，除大沽、旅顺、威海等处防守外，宜分船两队：一防守海口，一出洋游弋。防守者以两铁舰、两雷船、一蚊子船为正军，一驻山东之成山角，一驻高丽之鸭绿江口，东、西对峙，见敌至即击之。游弋者以四快船、八雷船为奇军，梭巡不绝，往来于成山、鸭绿之间，一遇敌船则一面与之交仗，一面发电通传，东、西两营同出围击。如此布置，则渤海为雷池，而威海、旅顺成堂奥矣。

或谓旅顺地势，黄金山炮台太高，止能击远，不能击近。倘敌船沿鸭绿江湾遵海岸而北，逼近黄金山、左背山低之处，用桅炮翻山悬击山下之船澳、北面之船坞，一时皆毁。纵口不失守，如修船何？其虑一。口外西北距近羊岛，无炮台亦无守御，恐敌船寄泊于此，而用小舟渡兵上岸。其虑二。旅顺濒南后路接连大连湾，由大连湾再北约金州交界处，地势如人颈忽然收束，东、北两面皆海。北则近牛庄海，南面则大海。狭仅七十里。倘敌人于此登岸，坚筑营垒以断我后，再以铁舰游弋口外，以扼我前，则旅顺遂成绝地，援兵、军火、饷道皆不通矣。其虑三。有此三虑，亟宜预防。后路多筑炮台，左近港汊犹宜添布水雷，常驻铁舰雷船，斯可有备无患。闻西人云，我中国各口炮台，后面无炮亦无重兵坚垒，多顾前而不顾后。如昔年洋人之入北通州，抄大沽炮台之后，马江之战亦抄福州口炮台之后，所以往往为敌人所算也。况一炮台有数炮，而测量准头放炮者只一人，多至两人，未尝于每座炮位专派定一精于测量准头之人，动至顾此失彼，因小失大也。

或又谓用王大臣出为巡海经略，其论固当，惟必须于王大臣中公举一娴谙军旅、熟知水军事务者膺此重任，方能实力经营。尤须久任不移，乃能上下一心，日求精进。当今王大臣耆年硕德虽不乏人，求其能深知水军事务、胆识俱优者，恐难其选。似宜于王公、贝子、贝勒中推选年富力强、有志军旅者，先赴外国水师学堂观政三五年，学习有成，乃授此任。如英国太子当兵船伙长之例。数年之后，督率有人，挟持有具，可以日臻富强矣。闻日本王之弟亦学习水师，将为统帅。德国武备院尚有日本人肄业，或在步队，或在马队，或在炮队。又有四武员今至俄国学习行军之法。前海军教习琅提督云：中国重文轻武，往往小视海军将弁，故世禄之家不喜入军籍。且各兵弁死于战者无以抚恤其妻子，和议成后即遣散归家，所领口粮不敷回乡水脚之用。如昔日马江之战，某炮船出洋学生充当伙长，燃炮伤毙孤拔者，其船被敌击沉，浮水回见大帅，仅给银三元。非但水脚不敷，且医药无着。查西例从无。游勇营中受伤者，即为医治。为武员者，皆折节读书，不徒血气方勇，多有亲王子弟、宗室近支投入水、陆军营效力者。水陆将弁必须由武备、水师两学堂出身，否即久历戎行、迭获胜仗亦不能升为武官，只拔为哨长、水手头而已。中国海军提镇多由营伍军功溽升，亦有由陆路人员升调得。既不深知水师事务，又未经出洋训练观战他邦。毋怪昔年各海口之战，我国兵官皆彷徨失策，措手无从，非尽因洋人不守公法未示战期而即开仗也。

昔年彭刚直公督办广东防务时，有谓守海口不如守内港，宜舍虎门炮台专顾黄埔、沙路之说。刚直以其议下询诸将士。余时任营务处，对曰：其说本自魏默深，云："守外洋不如宁海口，守海口不如守内港。"盖当时水师未精，无铁舰、水雷护卫故耳。今若不守外洋，则为敌人封口，水路不通。若不守海口，为敌人所据，施放桅炮，四乡遭毁。彼必得步进步，大势危矣。愚见现无铁舰，虽不能出战外洋，惟既有炮船、水雷，仍可扼守海口、内港。所云沙路。黄埔、鱼珠之炮台，极应固守。虎门为合省门户，地势扼要，有险可守，尤不可废。惟海口炮台易受敌攻，不似内港易守，必须护以铁舰快船成犄角之势，布置水雷不使敌船近前。所放水雷之处，须派兵船看守，勿为敌人偷进。若使铁舰出战，宜张铁网以避水雷，备鱼雷以破敌舰。海口以内，炮台守备尤宜周密。然后敌船不能闯越。至统兵大帅，当于早晚或风雨晦明之时，出其不意，传令操演，恍若偷营劫寨，观其各部有无准备，以验其平日之勤惰。凡兵船、炮台之司炮者，必须精于测量，方能命中及远。测量之法甚多、甚微，必须知我之炮台高低，我炮弹药力如何，每秒去多少远，敌船每秒约行多少远，风潮或顺或逆，庶有准绳。因筑一炮台，所置各炮糜费甚巨。今为省数十两之费，而不预先讲究测量诸法，以致有名无实，诚为可惜。纵能击中一二炮，亦幸中耳，岂得谓之有把握哉？宜饬令营官监临不时打靶，日发几炮，中几次用簿记明，核实认真，无使虚糜火药。刚直公深以为然。

若水师人员尽如刚直公置身家性命于度外，事事认真，集思广益，讲求整顿，何事不成？西报谓："中国固守成法，科目政治决难更改。纵深知积弊，择泰西之善者行之，然犹讳疾忌医，不肯实心实力，惟略示变通而已，有名无实。我西人无庸畏惧，尽可放胆为之。"又谓："中国水师未精，边防未固，将才未足，铁路未成。"年来日本讲究水师，频添战舰，多置军械，及遣人分住各口，设贸易馆，习方言，托名学贾，实则交结匪人，时入内地暗察形势，绘图贴说，其志叵测，恐终为中国大患。俄、英、法三国属地，铁路皆将筑至中土，托名商务，意在并吞。倘俄、法合力侵犯，水陆并进，南北夹攻，恐西人之大欲将不在赔费，而在得地矣！俄、法有事，英、德、美、日必以屯兵保护商人、教士为名，亦分占通商各口，后患之来不堪设想！

噫！彼族之贪如此，中国之弱如此，天时人事之循生迭起、相乘相迫又如此，而谓我中国尚可墨守前规，不亟亟然早思变计哉？此天下有心人所为扼腕忧心、痛哭流涕而长太息也！

海防下

昔者马江之战，兵船全数摧破；威海之役，复举新旧战船尽为敌人所虏。见哂于外人，贻讥于小国，南、北洋之所恃，一旦几于烟消烬灭。

说者谓："海军设立之时，心有所恃，致招外侮之来。今既片艘无存，不如自安孱弱，静以待时，若再剜肉补疮，造船购炮，将见国用日至于不支，而军事未必有起色。欲御侮而适以召侮，殊非万全之计。"

不知有海军之时，尚不足以御外侮，若并此而无之，则重门洞开，内皆酣睡，有不启盗贼之心者乎？且海军为陆军之佐，表里相扶不能偏废，闭关自守患在内忧，海禁宏开患在外侮。内忧之起，陆军足以靖之；外侮之来，非海军不足以御之。

自仿行西法以来，机械日精，虽训练未必认真，而已非从前可比，内忧自可无虑。若外侮之来不能预料，现虽群联辑睦，而鲸吞蚕食之心何国蔑有？其所以不即发难者，欲将中国利权尽夺，然后任其施为也。日本以兵力相胁，要求挟制割地通商，不啻导其先路焉。以一区区岛国，鱼肉中土尚不难如取如携，若俄、德、英、法诸大国久已雄视天下，以中国为可欺，一旦蠢然思动，其势力较日人为何如？如人之患病，然其发愈迟其患愈重。

西人惟利是图，以后通商之口愈多，交涉之事愈杂，若以势力不敌，处处顺受，事事听从，何以为国？若一龃龉则皆以干戈从事，犹孤客夜行，手无寸铁，突遇强寇，将何以御之？割台湾，偿兵费，择口通商，丧师糜饷，可以为前车之鉴矣。犹不亟讲求兵备，力图自强，即欲求为贫弱而不可得，又安望能洗丧师之耻，复失地之仇哉！

说者又谓："战于大洋不如战于沿海，守外港不如守内河，敌国之师长于水，我国之兵长于陆，以空海上之地为瓯脱，诱之深入，聚而歼之。"

不知海疆一失，如人之血脉不通。凡泰西各国无不设立海军，岂可因噎废食，海防自此遂可不设乎？闻广东水师学堂业已裁撤。此真不揣其本而齐其末也。从来讲备边者，必先利器，而既有利器，则必有用此利器之人。器者，末也；人者，本也。驾驶船舶，施放枪炮，辨识风云沙线，测量经纬度数，能纵横驰骤于洪波巨浸之中，历风涛台飓而不惊，当炮雨弹林而不慑，火龙百道神志愈闲，一舵在手操纵自如，变化不测，进退疾徐，皆以敌船为准，占上风以求必胜，俾敌船无所施其技，而后其用乃全，是皆人为之也。船坚炮利，器械精固，乃其次也。考马江、鸭绿江、威海之失，因事权不一，且统帅、管驾均未得人。泰西观战诸舰将素皆奉其海部之威令，赴汤蹈火所不敢辞，及见南舰优游，置北难于不顾，未免动色相告，诧为异事。然日本则思之烂熟矣：华舰有南、北、闽、广之殊，陆军有湘、淮、旗、绿之别，明知两军相见，彼此必不相救应。争城掠地，易于拉朽摧枯，是以心气愈肆，胆气愈豪，皆谓水陆奔驰，我以全力相贯注，如入无人之境耳。今战氛已息，积弊毕呈，西人将勒成书，用垂炯戒。

尝闻鸭绿江助战之西人名坍而者言：中国铁舰虽大于日本，而行驶不及日本铁舰、雷船不速。目击日本"吉野"舰所发快炮，络绎不绝。"定远"、"镇远"两铁舰仅发一炮，而"吉野"之炮已约有四十弹丛集我舰，是人在舱面测量准头之法实无所用。且我舰甫开一炮，烟历十四分钟不散，手足忙乱，我军因是为敌所乘。若炮弹中实以泥土，虽中敌船亦不能炸，更无论矣。

又英《太晤士报》亦言：鸭绿江之战最足发人深省者，莫如快炮。日本"松岛"、"岩岛"、"桥立"三舰，各有计重英权五十吨之大炮，日人不用。中国则"定远"、"镇远"纯用大炮，而开放甚缓。日舰之伤华舰，非大炮力也，皆藉小而极速之炮胜之。观乎此，则亡羊补牢可以知所变计矣。若幡然变计，所置船炮其速可与外国并驾齐驱，而统帅、管驾仍未得人，亦适以资敌耳。

今欲求得人，必先储才，而储才之法于前篇《学校》、《考试》、《水师》、《练兵》、《技艺》、《火器》论内已详言之矣。当此创巨痛深之后，正宜兴卧薪尝胆之思，枕戈待旦，洒涕誓众，励精图治，奋发有为。以中国之大，岂无英雄智奇之士足佐中兴？天下不患无人才，患所以求之者未至耳。上以此求，下以此应，桴鼓感召，捷于影响。朝廷亟宜讲求认真仿办。蒿目时艰，群雄四逼，若再因循，恐必蹈印度之覆辙矣！

边防一

自古以来，皆有边患。周之猃狁、汉之匈奴无论矣，降至晋、唐以迄宋、明，其间如氐、羌、羯、鲜卑、突厥、契丹、蒙古，莫不强横桀骜，至本朝而后尽隶版图。似今日边防易于措置，而不料为边患者，乃更有海外诸邦也。

间尝盱衡时势，综览坤舆，而知今日之防边尤重于防海。以常理测之，海属外，陆属内。大海旷邈无垠，陆则有物产，有城池，得寸则己之寸，得尺则己之尺，故陆路为天下所必争，即边防为兵家所极重。譬之人身：京师腹心也，边塞则手足、皮毛、肌理也。善养身者，卫其手足，护其皮毛，固其肌理，偶有燥湿风寒，不能乘隙而入，则根本益固，神气益完。否则外感纷乘，四肢不保，一举一动，皆蹈危机，腹心虽存，岂有生理？此边防措置所以不可疏也。

况中国四边，东至库页岛，南至台、琼，西至噶什喀尔，北至外兴安岭，无一不界强邻。一有衅端，逐处可以进攻，随时可以内犯。将来设有不幸，弃玉帛而动干戈，其必由陆不由海也，无疑义矣。盖海战虽各国所长，然必远涉重洋，又不能于海中长较胜负，相持既久，仍须登陆，孤军无继，此危道也。彼西人心计最精，岂肯趋难而舍易。前此法人扰我闽防，特因失利于刘军，欲取偿于中国，我又未能随机应变，致酿兵端，非果有谋我之心也。使果有侵地之志，或分兵而虚扰，或合力以专攻，则必由陆而不由海。故今日之中国防海既难从缓，防边更为要图。

然而，边地广矣，在南则与法之越南、英之缅甸交界，在西则与印度比邻，在东北、西北由东三省、内外蒙古逶迤而至新疆，又在在与俄接壤，皆强邻也。防英乎？防法乎？抑防俄乎？曰：防俄宜先。盖俄人包藏祸心，匪伊朝夕，纵不即发，亦必阴耸日、法两国先与我开衅。逮我兵疲力倦之时，彼之西伯里亚铁路已成，必突如其来，借端渝盟。为我边患亦已数见不鲜。咸丰八年，乘中国方有兵事，据我乌苏里江东之地五千里，诳占我沿边卡伦以外之地万余里。薄人之危，幸人之祸，其处心积虑可想而知。又与日本易唐太岛，即库页岛。储军械，屯重兵。近来造西伯利亚铁路，由彼得罗堡直达珲春。查铁路之造，虽所以便用兵，亦所以兴商务。是以各国铁路大都造于繁庶之区。今俄人独不惜巨款造于不毛之地，非有狡谋更何为乎？故曰防俄宜先也。

然而防俄防于西北乎？抑防于东北乎？曰：昔日以西北为急，今日以东方为重。何以言之？俄之精华富庶皆荟萃于西，故其枪炮之屯藏，部落之雄壮皆在西境。若与中国有隙，必先扰动新疆。倘西伯里亚铁路造成，则由彼国京都达我边界，调兵运械不过瞬息之间。是其今日之东路已便于西路数倍，况我京师首善之区，正居东北。故中国及今筹备防务，当先于东北之奉天、吉林、黑龙江一带，俟有余力，再兼顾新疆。此亦先难而后易，先急而后缓之道也。

且夫措置防务，非可徒托空言也，非可狃于近效也。是宜添练防兵以联声势，建筑炮台以扼要冲，赶造铁路以便营运，增设电线以灵消息。行军瞭望向惟专恃远镜，若无高山可踞，则所视亦复不远，虽猱升竿颠，略能瞭敌，然竿高不逾百尺，三英里之外目力穷矣。今英国兵曹拟用轻气球，高可至七八千尺，以气之加减为升降，以代竿楼之用，凭虚俯视，百里之外宛在目前，而所视之远近迥不相侔矣。而尤要者在乎多筑土垒。土垒者，防边之急务也。昔罗马称霸欧洲，大者畏威，小者向化，即以土垒之功。盖有土垒，则据高临下，敌必不克骤攻，我又藉以遮避，易于伺击。明嘉靖时，西班牙王喀尔五与敌交锋，患敌之众，急筑土垒，敌不克攻。越日援兵至，遂以获胜。万历十三年，西班牙用土垒之法攻恩脱尔，亦获大胜。嗣后欧洲有三十年大战，皆以土垒之坚否分两军之胜负。然则土垒非防边之首务哉？

尝闻罗星潭观察云：筑垒之法，必须营垒如回字形。凿四方空处之土，深五尺，累四面为墙，下厚五丈，上厚三丈。所凿低下之处修营房，两傍如街，然其街心挖沟作回字形，中心则凿池蓄水，惟留一方竖柱竿，以绳上下而望四方。如是，则营房在土中，地高于人矣。房则盖竹木泥土，外覆城顶，后接池边，中临街心，势陡而土厚，旁高而中低。敌击以开花弹，前堕城外，后堕池中，中堕沟下。弹虽开花，于我无损。即使弹落房顶即炸，而竹木泥土皆软厚之物，柔能制刚，似可无虑。若用钢弹击我，则墙厚数丈，小弹亦难穿矣。西国筑土之法亦犹是欤？今东三省，崇山峻岭所在俱有，诚使扼其险要，多筑土垒，则进攻、退守绰绰有余。所谓王公设险以守其国者，此之谓也。

虽然，武备讲矣，防务固矣，而不筹足食之道，仍不足以持久也，是非屯田不为功。屯田之法创于汉文帝，募民耕塞下，为行屯之权舆。

及赵充国留屯金城，而屯田之利始普。晋、唐以还，其制屡更。有所谓军屯者，如汉武元鼎六年，初置张掖、酒泉郡，而上郡、朔方、西河、河西，开田官斥塞，责六十万人戍田之是也。有所谓民屯者，如唐初行民屯。及天宝间，天下屯田岁收一百九十余万斛是也。有所谓商屯者，如明永乐间，下盐商输粟于边之令，每纳米二斗五升给盐一引，小米每引四斗。复令近边荒闲田地得自开垦，使永为业。商人惮转运之劳，无不自出财力，招致游民，以事耕作是也。

今东三省土壤沃饶，水泉丰溢，诚使参酌成法，择善而行，则数年后，贫瘠之区，皆可变为富庶。况以民养兵，而兵可不溃；以兵卫民，而民可无忧。兵民相依，人自为战，而边防安有不固者哉！

边防二

防边之要著，固莫急于东三省矣！其与东三省壤地相连、安危相系者，尤在朝鲜。朝鲜世守中国藩封，不侵不叛。我中国亦处之甚厚，待之独优。比来遣员理其商务，使开口岸与各国立约通商，所以抚绥之者不遗余力，诚以朝鲜与奉、吉毗连，实为东北之屏蔽。其地存则东三省之基固，其地亡则东三省之势孤。欲固东北之边，实以保朝鲜为第一策。

然保之亦有难焉者。其国小而弱，比之春秋则犹晋、楚间之郑也，比之战国则犹齐、楚间之滕也。而又不思自强，不知自奋，不能兴自然之利，不克培有用之才。其地自图们、鸭绿二江以迄南海、巨济，袤延一千三百余里，土饶，矿产金沙尤多。俄人早已逐逐眈眈，欲踞之为外府，然后徐图东省为并吞囊括之谋。日本亦有心图此久矣。是朝鲜一隅，为俄、倭所共争，亦中国所必守，然恐非中国独力所能支。何则？朝鲜交患俄、日。俄之土地广，兵甲强，以取朝鲜不啻以虎搏犬。数年后，其铁路造至珲春，一旦有衅，济师运饷，速于置邮。中国虽欲保之、援之，而缓不济急，纵百战百胜，恐援兵既至，而朝鲜已蹂躏不堪矣。日之对马与釜山仅隔海岬数十里，朝发夕至，势类探囊。

为今之计，独力当俄、日之狡谋，不如合力以制俄、日之锋锐，此连横之策不可不讲也。其策奈何？曰：无事之日，结英吉利同心合力以拒俄、日，中、英联盟则与俄、日势均力敌。两国或能知难而退，可不折一弓，不绝一矢，不伤一卒，不费一钱，而朝鲜有磐石之安，东省有金汤之固，便孰便于此者。

或谓："英人贪诈，素轻中国，若与连衡，彼未必从，即从矣，或阳助我而阴助俄、日，或乘间窥朝鲜以取渔人之利，可奈何？"而不然也。俄人贪而无信，天下莫不知之，苟吞并朝鲜，东得志于亚洲，西必横行欧土。势同东帝，浸假而进窥印度，亦英人所深忌也，故数年前有巨文岛之占踞，藉分俄势。日人得志于朝鲜，亦非英所乐闻。岂有不交中国以保朝鲜，而反助俄、日之理乎？若虑其乘间窥朝鲜，则又不然。英人商务交涉中国，财产颇巨，本无东封用兵之志，贪小利而启大害。吾知其必不为也。

况近来英国保泰持盈，颇愿中国自强，共图拒俄之策。诚以其国势虽在欧洲，而印度、缅甸既属于英，命脉精神，皆在亚洲之内。英东方商务较各国首屈一指，其防人之攘夺也，盖无日不廑于念，虑俄并朝鲜，则东海之利权与英匹敌矣。英以香港为外府，自通商以来，缔造经营不遗余力，迄今繁华富庶遂为各岛之冠。南洋、新加坡等处皆设埠头，货物之丰，阛阓之盛，俄人岂不垂涎？一旦既得朝鲜，势必旁溢横出，香港近在咫尺，岂能安枕无忧？即南洋大局，亦岂能毫无变动？不特是也，俄谋印度之心未尝一日忘，朝鲜既得，则筹饷有所，屯兵有所，不难逐渐而西。英人虽强，恐难相御。日本尝自称东方复出一英国，此言实深中英、俄之忌，决不愿其坐致强大也必矣。然则朝鲜之存亡，亦英、俄盛衰之所系也。朝鲜亡于日本，则日本得陇望蜀，势必与俄力争东三省。俄强固于英不利，日强亦未必为英利也。闻日本之志不浅，商务亦日盛，惟恐不得朝鲜、东三省等处，终为俄并，日、俄势力太相悬殊，不能久敌为虑耳。窃思日本与中国原属一家，最善合中国以御西人。昔欧洲普攻奥，已割奥地，今奥不计宿仇，与普连盟，同御俄、法，久无边衅。曷若与英同保朝鲜？布告各国：公同保护，一若欧洲之瑞士或如埃及故事。朝王请各大国派一大臣公同佐理，凡事会商后仍奏请裁夺。如各大臣有徇私不公忠体国者，则占三从二，照会其国，另选别位。俟国富兵强之时，即尽用土人。无论何国不得贪其土地，最为妙著。世之侈言以夷攻夷者，妄也。若利害相同，则虎豹可驯而为我用，况彼亦觍然人面乎？孙武子曰：善用兵者，屈人之兵，而非战也。必以全争于天下，故兵不钝而利可全也。是必于无隙之时，先与英订立密约，昔闻英国拟与中国订立密约以拒俄，日本亦欲连衡中国，均拒而不许。方今之世俨同战国，各国多有连衡互相保护者。我中国欲仿远交近攻之法，宜速结英、德、美以拒俄、日。盖英不愿中土瓦裂以坏商务，德不愿俄、法分占中土益其富强，美立国定章不占人地，惟贪我国铁路、矿务、商务之利，或为我援，助我将材，售我船炮。庶俄、日均有所顾忌，不敢轻于动兵，而后朝鲜可固。朝鲜固则东三省亦固。是我保朝鲜仍不啻自保边疆也。虽然，中国仍须发愤为雄，英国方能互相保护。若待至海疆为人蚕食、国势衰弱之时，始欲与英人订立密约，必不成矣。因议边防而纵论及之，世有深明大局者，当不以余言为河汉也夫。

昔者乐毅伐齐，必先联赵；诸葛守蜀，首尚和吴。盖有所备，必有所亲。尝考列国争雄之世，得一国则数国必折而受盟，失一国则诸国皆从而启衅。故择交之道得，则仇敌可为外援；择交之道失，则邻援皆为仇敌。诚宜审时度势，效法前贤。上篇所论拟结英、日以拒俄，如日有异心则结英、德以拒俄、日，如法有异心则合英、德、美以拒俄、法、日，以期保护东方商务，彼此均有裨益。乃甲申年所作也。

今英以中、日之战遂弃中而联日，前后异辙。我当此创巨痛深、强邻环伺之时，虽变法自强，亦不可孤立无援。亟宜与俄、德、美联，许以开矿、借款、铁路之利。不可仅与俄联，恐为其所陷也。

尝闻云间蔡子曰：西伯里亚之铁路日渐展筑，仅能至珲春，不得太平洋经岁无冰之海口，势将何所用之？即使俄之君臣顾念邦交，不愿损害中国，而一国之全力侧注东南，岂俄廷之所能遏？

又使英国善自为计，助华以拒俄，俄人未易拒也。中国又全无足以拒俄之道，英将何以为计乎？法人初取越南，继割暹罗，惟思阑入云南，以罔通商之利。俄又恐英国截其南下之势，阴助法以扰英之南服，使英不能兼顾。法既得俄助，益长其入滇之气焰。英阻之不能，听之不可，恐他国著我先鞭，削其商权而夺其利薮，遂欲由印度以入西藏，或由缅甸以入云南，而毕会于四川。

四川，天府之国也，其民数十兆，既庶且富，又有扬子江之上流曰金沙江迤逦而东，直达吴淞海口。故中、日之战英遣兵船在吴淞海口梭巡，不准日船入扰。又英员葛洪自亚洲东部探路而归，语于英人曰："英之视四川，犹俄之视满洲也。俄缘通海之故不能不入满洲，英缘通商之故，其能不入四川乎？"法报又云："四川与云南、贵州毗连，皆越南接壤之地。"英、法奢愿狂言，于斯毕露。

既不能结英、日以拒俄、法，即当结俄、德、美以拒英、法、日。然皆非自强不可。必能自强，乃善结邦交为虚势，以佐其外。否则外势虽固，内力销沮，则助我者即反而先噬我也。可不惧哉！

《盛世危言》卷十　强兵

边防三

古之边患不过一隅，今则南、北、东、西几成四逼矣。古之御戎不过数国，今则书文车轨遍及五洲矣。自非总揽全局，必不足以御人。苟非思患预防，亦不足以立国。是以防边之道虽以防俄为急，而英、法亦不可不防。

鄙人生长海澨，粗识洋情，目击时艰，孤怀忠愤。前奉檄赴南洋各邦侦探敌情，遂历越南之西贡、金边，暹罗之都城，英属之新加坡、槟榔屿等处，纵横万六千余里。东南尽海，西极印度、孟加拉，北至滇、黔之边境。轮舟来往一苇可杭。道光季年，海氛四起，英、法二国以兵舶侵扰。南洋如暹罗、越南、缅甸，精华繁盛之区先后为他人所据。

我云南一省五金矿利甲天下，英、法觊觎已非一日。特三国蔽其外，未能径入藩篱。今暹罗虽存，受制英、法，越南已为法占，缅甸复被英吞，是云南一隅绝无屏翰之可恃矣。尝闻英、法遣员游历黔、滇、西藏、缅甸、越南诸境，绘图具说，简要精详。并见英铁路图：以深贡为始基，向北直穿缅甸全境，由蛮暮入云南永昌；又迤东行，穿葛亮、老挝，经缅甸三境，由阿瓦京城会英铁路入云南永昌；又迤北行，穿越南北圻，由天洞山入云南蒙自县境。英、法蓄谋已数十年，曩曾探悉外情，密禀粤中大帅，诚恐不出十年，二国火车必交萃于滇境。滇中兵燹甫息，库藏空虚，倘不及早防维，一旦强邻入寇，何以应之？是宜亟筹固滇之策也。

夫滇之永昌、思茅、蒙自，以及毗连缅、越各要隘，皆须镇以良将，守以精兵，多筑坚台，广列巨炮，克敌利器精益求精。今滇省所用枪炮购自西国，委员由粤、沪解往，所费甚巨，重大之炮，难逾峻岭。转运之艰如此，何如就省创设机器局，购置西国合用之机器，延请西国精于机器之人，教我华工自行制造。一切枪炮军械日新月盛，则守御之具无虞缺乏矣。更开采五金各矿以充军饷，绝敌人之窥伺，壮边塞之声威，则地宝之丰出为世用，何至呼庚呼癸，动费川、湖协济之款哉？

至西藏与印度毗连，英人于数年前兴兵侵据我独脊岭外地千余里，嗣后订立和约：水西流之地皆归印度，东流之地归于西藏。番民虽不服，无如何也。今英人设埠通商，渔其货财，利其土地。盖藏地遍产五金，绰思甲土司地连俄境，与蜀之打箭炉诸处，金沙、银矿随在皆有。英之游历者处处搜采泥石，携之而去，垂涎之意行道皆知。苟非刻刻提防，安不忘危，整顿边防，开采各矿。西藏不保，蜀境岂能久安？

或谓："泰西各邦，款关通市不过贪利而已，原无兼并之心，岂愿中外战争致为贸易之碍？各国公论亦可畏也。"不知英夺缅甸，法并越南，一朝铁路告成，窥衅云南，进扰西藏，入图巴蜀，兵由陆路，势若建瓴，并不扰及通商大口，贸易何碍？各国何词？然则筹备之方，其可缓乎？

孙子云："毋恃其不来，恃我有以待之。"御敌者以自强为本，以自守为先。不能战，安能守？制器难，练兵难，筹饷难，得将才以制器、练兵、筹饷则难之又难。兵法曰：器械不精，以其卒与敌也；兵不习练，以其将与敌也；将非才武，以其军与敌也。可不慎欤？西藏、川、滇现虽安堵，积薪厝火一发难收，未雨绸缪，是所望于深识远虑之君子。

边防四

陈君还之久居缅甸，尝遍历缅甸、前后藏、印度毗连之地，己丑秋初归，语余曰：

"缅甸水道伊里洼里江，南北三千余里，通至滇界土司地。其水道最要之区土名贴交墩，一名上石坑，即前明分界处，湾曲甚多，两旁皆崇山峻岭，有一夫当关、万夫莫开之势。大罗江之西由蛮暮、新街至孟碤等处，其地数百里，皆前明孟养土司之地，土名孟养。此中多产翡翠、琥珀、树胶、梗木等材料，而胶树取胶尤胜于阿非利加。按五大洲产树胶处，惟缅甸与阿洲耳。

"当英人据缅时，曾遣人窥探该处均无华人，遂尽为所有。如先派拨华兵数十名驻守，彼必不敢夺取。既夺取，后华兵始至，彼反行文询诘总理衙门：'凡孟养司属地新街、蛮暮等处，究竟谁属？'我朝执政未悉其中出产，恐酿事端，遂许尽归英国。今但以野人为界。山之内外皆土司地，与云南迤西等处毗连，由蛮暮分三路通滇界：一通腾越，一通龙陵洲。英人已有铁路由仰江即英属埔头。达阿瓦，即缅甸京城。二十六点钟可到，另有铁路由印度孟加拉达阿桑。现拟一由阿瓦达滇之思茅；一由阿桑达缅甸之老玉厂、新玉厂、琥珀厂、产树胶之地，入迤西诸部；一拟由各厂至孟硐，直至格萨。较前所绘之铁路尤捷云。此英、缅近年交涉情形也。

"至北印度与前后藏只一路相通，名怕里阔二内，有地三百余里，属哲孟雄，雪山内土名竹木，山外土名锡起。哲孟雄酋主面许英人在其界内修筑马路，每月私受英人银一千路卑，名为请英保护，而英则直受之为附庸矣。藏王闻英人越界筑路，即责问哲孟雄酋主，而酋主佯作不知。藏王乃率兵出关据守。英人嘱其即退，逾限不退，立即开仗。英人攻退藏兵，旋据其地，后复强要入藏设立领事通商焉。此英、藏近日交涉情形也。

"今观云南界连后藏，与缅甸、印度接壤之处险要尽失。惟有阴结土司，勿使外向，凡通缅甸、印度各要隘，均须坚筑炮台，广列巨炮，慎选精兵，严密守御。尤须驻藏大臣与之交涉，操纵自如，固我番民之心，遏彼觊觎之念，庶可稍免后患。"云。

边防五

光绪十一年英兵进据缅甸之初，前使臣曾惠敏先与英外部会商。立君存祀既不可得，英人自以骤辟缅甸全境，喜出望外，是以有允曾惠敏三端之说。界务一端，则愿稍让中国展拓边界，盖指普洱边外之南掌、掸人诸土司，听中国收为属地也。商务二端，则以大金沙江为公用之江，在八募近处勘明一地，允中国立埠设关。八募即中国之所谓新街也。当时曾惠敏以未深悉滇地情形，持论稍觉游移，又因中外往返商查之际，未能毅然断而行之，仅与外部互书，节略存卷，旋即交卸回华。次年英署使欧格讷与总理衙门议立缅约五条，又以三端尚非定局，遂未列入约中。

至十八年，朝廷命前使臣薛福成与英外部议界，盖在欧使立约之后已六七年矣，查阅使署接管卷内有曾惠敏议存节略，英文参赞马格里又系原议之人，屡赴外部重申前说。外部坚不承认。据称西洋公法，议在立约之后不可不遵，议在立约以前不能共守，以其有约为凭，既不叙入约章，必有所以然也。

英人自翻前议，虽以公法为解，实亦时势使然。当其并缅之始，深虑缅民不服，及缅属诸土司起与相抗，万一中国隐为掣肘，彼则劳费无穷，因不敢不稍分余利以示联络。彼之所以骤允三端者，时为之也。既而英人积年经理，萃其兵力、饷力戡定土寇，复于缅境之野人山地稍用兵威胁服，收其全土，磐石之形已成，藩篱之卫亦固。彼之所以忽靳三端者，亦时为之也。

前议三端既不可恃，则展拓边界之举毫无把握。且查滇边诸土司，虽或久隶中国，然自乾隆以后往往有私贡缅甸，以图免扰而固圉者。英人执此为辞，来索缅甸固有之权，则或指为两属，或分我边地，殆事势之所必至。若中国既失藩属于前，又蹙边境于后，非特为邻邦所窃笑，亦恐启远人之觊觎，殊非计也。适值十七年秋、冬以后，英兵游弋滇边，常有数百人以查界为名阑入界内，去来焱忽。野番土目惊耸异常。英兵常驻之地，则有神护关外之昔董暨铁壁关外之汉董。英人用印度武员之谋，窥逼近界，以至沿边骚动，风警频仍。云贵总督王制军虑启衅端，迭经电达总理衙门，由前使臣行文照会外部，斥其违理，责令退兵，又屡赴外部苦口争论。英兵稍自撤退，滇边暂能静谧。

查野人山地绵亘数千里，不在缅甸辖境之内，若照万国公法，应由中、英两国均分其地。曾惠敏尝有此意，而未申其说。薛使因复照会外部，请以大金沙江为界，江东之境均归滇属。明知英人多费兵饷占此形胜，万万不肯轻弃，然必借此一著，方可力争上游，振起全局。外部果坚拒不应，两次停商。外部所稍依允者，印度部复出而挠之；印度部所稍松劲者，印度总督复出而梗之。印督至进兵盏达边外之昔马，攻击野人，以示不愿分地。经薛使相机理论，刚柔互用，总理衙门复向英使欧格讷辩论，力伸划江为界之议，因以滇境东南让我稍展边界。

乃与印督商定于孟定橄榄坡西南边外，让我一地曰科干，在南丁河与潞江中间。盖即孟艮土司旧壤，计七百五十英方里。又自猛卯土司边外，包括汉龙关在内作一直线，东抵潞江麻栗坝之对岸止，悉划归中国，约计八百英方里。又有车里孟连土司辖境甚广，向隶云南版图，近有新设镇边一厅，系从孟连属境分出，英人以两土司昔尝入贡于缅，并此一厅，争为两属，今亦愿以全权让我，订定约章，永不过问。至滇西老界与野人山地毗连之处，亦允我酌量展出。其驻兵之昔董大寨虽未肯让归中国，愿以穆雷江北现驻英兵之昔马归我，南起坪陇峰，北抵萨伯坪峰，西逾南嶂而至新陌，计三百英方里。又自穆雷江以南、既阳江以东，有一地约计七八十英方里，是彼于野人山地亦稍让矣。其余均依滇省原图界线划分。惟腾越八关界址未清，或称汉龙关。自前明已沦于缅，天马关亦久为野人所占跨，则八关仅存六关，经薛使再三争论，此二关亦归中国。又前年英兵所驻之汉董，本在界线之外，因其扼我形势，逼处堪虞，向彼力索，外部亦愿退让，以表格外睦谊。于是界务乃竣。

窃维数十年来，西洋诸国竞知中国幅员辽阔，又有不争远土之名，一遇界务交涉，鲜不为耽耽〔眈眈〕之视，意存蚕食者。于是琉球、越南、缅甸以藩属而见吞，香港、九龙、海参崴以边隅而被攘，甚至有睨及朝鲜、议及台湾者。中国素守好大喜功之戒，避开疆生事之嫌，得之则曰犹获石田，失之则曰不勤远略。顾石田弃而腴壤危矣，远略弛而近忧迫矣。我视为荒土而让之，彼一经营则荒土化为奥区，以夺我利柄。我见为瓯脱而忽之，彼一布置则瓯脱变为重镇，以逼我岩疆，伺间蹈瑕〔暇〕，永无底止。岁朘月削，后患何穷！故必择一二事以全力争持，然后可以折狡谋而挽积习。

此次勘界之役，虽获地无多，而裨益有五：风示各国，俾勿藐视，一也。隐备印度，杜其窥伺，二也。保护土司，免受诱胁，三也。捍卫滇边，防彼勘进，四也。援用公法，稍获明效，五也。有此五益，始知曾惠敏所商展之界，迄今时异势殊，稍有窒碍。盖南掌诸部近已尽归暹罗，争之已觉不易，而掸人各种惟康东土司最大，其地与车里相仿佛，英人欲据以遮隔，法、暹两国断不肯舍，抑且离我边境较远，控制不易，固不若今日之所展皆在近边也。

边防六

曩尝论我国宜仿"远交近攻"之法，结英拒俄，同心力以巩边疆。今于中、日战后，始知英之不能为我援者。其故有四：一、见我大局糜烂，练兵制器徒袭皮毛，兼以强邻环伺，势难彼此相助。二、英之国势今日渐趋重印度，欲强印度即藉此阴窥滇、藏。我之弱，彼之幸也。甲申之役，乘机而覆缅甸。其包藏祸心已可概见。三、恐将来印度与中国同时有事，英势难分兵保卫，且其情形与昔日之保土耳其不同。土弱则俄得肆志于地中海，于英为不利，中弱则彼得侥幸于我之西南，不惟于英无所恤，亦且有利存其间也。四、英在今时，五洲皆有属土，方且保泰持盈，不欲轻启邻衅，恐一败蹶，有土崩瓦裂之虞。其日报又言："欧人当为政于亚洲，不愿亚人得自为政。如黄人指亚洲人色黄。欲立互相保护之约，必竭力以阻之。"所谓司马昭之心路人皆知者也。

今我国当创巨痛深之会，英、美皆作壁上观，独俄人仗义执言，邀同德、法，使日本还我辽东，复为我贷银作保。虽俄有私意，安知我不能藉此自强，而遽听俄之自取乎？况俄主尝对我使者言，请中国变法自强，以御外侮。其欲我国振兴，得以互相维系，殷勤之意未必全为伪语也。俄主劝中国变法以御外侮，明知中国积弊已深，一时不能骤变，为我取还辽东及代保贷款，其待我之优厚何如？窥俄人之意，欲在将来开衅之时，借此以塞各国之口，令各国毋得为中国奥援，未可知也。若我国不善与之联络，即如昔年俄欲伐土，先请英、德、法、奥、意五国君臣督责土耳其举行新政，土仍不听，五国君臣怒其背已，而任俄人用兵，皆作壁上观。此其前车之可鉴者也。且俄人之隐为我中国地者，非止一次矣。昔英人于上海兴筑铁路，俄人不平，飞报国中，登诸日报。而后英廷始知其由。俄使于烟台席间告李傅相曰：今当轴者志在整顿营伍，练习卒兵，然必以理财为先。否则有人无器，有器无财，其弊一也。烟台之役，英方有索于中，俄使乘此而发相劝之语，可见俄廷非无意亲中国也。

光绪十七年，长江一带民教不和之案迭起，延及内地，焚毁教堂，杀伤教士。各国公使以中国办事迟延，不能保护教民，屡向总署诘责。时值哥老会煽惑人心，蔓延益广。公使拟令水师登岸自卫，告于总署，推德国公使巴兰德为领袖。中国政府止之不可，事将成矣，幸俄国驻京公使不允，其事遂寝。说者谓洋兵登岸名曰自卫，实则与用兵无异，倘使肇祸，大患即在眉睫之间，俄国不允而止。凡此皆与我中国交谊之厚，显而易见者也。

条陈时事者皆曰：通商事起千古未有之变局。中国兵威不振，财用日匮，商民交困，皆因劫于条约，太阿倒持，反主为客，而商务亏绌，以至于此。今日时局之可忧，而亟宜措意者，恐不在俄而在英。自光绪元年至十五年，中外通商银价出入赢绌之数：中国共亏银一万五千五百六十一万余两。至十六年，英国赢银至六千零八十万四千三百一两，合之俄、美等国补入中国之银二千五百四十一万余两，中国一岁亏银至三千九百九十四万八千九百四十一两。此有贸易之册可稽者。国困民贫，端由于此，年复一年，更不知伊于胡底。世俗徒知俄之壤地扼我肩背，而不知英之商务实朘我膏脂。日本一岛国，洋药一项犹首在禁例。中国竟甘受其毒而不拒之，果何为者？

为今变计，莫若联俄以制英。俄羡印度之富，不肯一日去诸怀，诚能结以大信，共敦睦谊，中、俄既亲，我又能变法自强，则日本亦就我范围以兴亚洲，彼此整顿商务，力图富强，互相保护。中、俄、日可世为婚姻之国，合力以驱逐英、法、荷，占据印度，索还暹罗、缅甸、越南、南洋各岛，仍使立国，听该国择其贤而有才者以主其民。如此同声相应，同气相求，有弊即除，有利即兴，又何虑洋烟之不能禁乎？

或笑曰："英人朘我膏血，犹狐狸也；俄人性情猛鸷，犹虎狼也。狐狸媚人以取精英，使人形脱肉削。而至于夭亡，命虽失而躯壳存也。虎狼伏于山林而不动，似驯扰而不为害，一旦长啸跳跃，出而噬人，则吾侪无噍类矣。"不知此其说似是而实非也。泰西诸国通商亚洲，如英、如俄尤关系中国之大局。顾英与我远而恒有龃龉，俄与我近而尚形辑睦，英、俄相忌而复相制。我在今日亲英则俄忌，亲俄则英忌。惟俄自画疆遣使以来，世修和好，未改前盟。况今俄之所以待我者独厚，东方之事，俄固大有造于我也，则我尤当乘此时结俄以为援，亲俄以自固。

要之，泰西诸国无不具有深思远虑，不可测度。特以英力已雄，俄势尚缓，审时度势，自宜亟与俄亲，藉以备他日指臂腹心之助，推为主盟，所谓举虚名以悦之，而我亦无损焉者也。速建铁路达满洲之边界，俾得接西比利亚铁路，所谓输实利以酬之，而我与有利焉者也。中、俄之势联，而后日人乃不敢肆其陵侮，英、法亦不敢行其觊觎。英国既以商务夺我利薮，涸我利源，又且贩售鸦片，毒痛人民，为中国之漏卮；时生事端，横加需索，坏中国之大体。海疆诸衅亦皆英为戎首。左相之收复新疆，俄则为我接济军食，嗣后还我伊犁，未尝失好，虽欲求割帕米尔一地，但据地界为言不为过甚。

英、俄两两相较，果孰善孰恶耶？论者但以地势迫近为虑。英之属土不距我尤近乎？我中国地势辽阔，控扼南北，实握天下之关键，而英昔者尝欲强中以御俄，今见我之不竞，反思媚日以抑中。毁轮舟而不敢索赔，辱领事而不知问罪，柔茹刚吐，抑何可笑？然则俄人之结好于中国者，其意岂不欲亲我以制英哉？且英未尝不虑俄之与我合也。前者日本与俄立约易岛，英人讹传中国与俄立合兵之约，通国震惊，盖恐俄藉此以窥印度也。异日者，倘使英或与他国有事，俄人必乘间而攻印度，此固英所深惧也。故亲俄即以制英，亦以慑日。今中、日交争甫罢，嫌隙在心。中、俄相联，日人必惧，或将转而亲我。或谓中、俄合则日与英联，然中国果能发愤为雄，励精图治，悉如日本之变法自强，训练十年，水陆俱备，日、英无难抵御。惟同在亚洲互相攻击，唇亡则齿寒，徒为渔人得利。中国宜开诚布公，勿念前仇，亦与日合，以践兴亚会之约，庶不为西半球各国所侵害也。

或曰：强弱未可同处，结俄以拒英，犹避虎而进狼。夫人特不自强耳，徒恃夫人力固无济也。人既为虎狼，我独不能为狮豹乎？且谋人而使人知之，此危道也。我之亲俄，而于英之和好固无妨也。英在今日亦未尝不欲结中以保全印度。原拟结英、德以拒俄、日，未尝不为良策。今观英之所为，乃势利交也。昔年英欲结中，尚未知中国兵势之弱。如今日不思卧薪尝胆，励精图治，非但不能结英，并不能亲俄。即亲俄，亦无济于事，终为强邻侵夺耳。闻俄、英、法、德早已蓄志绘图剖分土地，日、意亦思预其列。呜呼！梁燕不知大厦将倾，醉翁不知卧舟已漏，时势急矣！宜速借材异域，练兵制器，以治其标；广学校育人材，以固其本。譬诸战国之齐，附秦则秦强，附楚则楚奋。中国而善自为计，不动声色，联络于二者之间，以恒享其安，则国势自能巩固。然后发愤为雄，亟自整顿，天下之事岂有不可为哉？惟是简遣使臣，往驻各国，而尤当加意者莫如俄，使才之选要当郑重。总之，内有以结其欢，而外无所招其忌。慎固边防，宣扬威德，即寓乎此焉。是亲俄正所以弭俄也。英虽狡谲，必不能以此为我病。

凡近俄疆者，防守之要，一切整顿，军营、戍垒必当焕然改观。而于俄界买卖之处设立领事，以资保护，且加派采访。简练戍兵、骑队，必用熟识俄语之华人。尤宜专设书塾，肄习俄国语言文字，预以储他日之用。遣发幼童往学各艺于俄京，言语通而后性情洽浃，无隔阂之患，因以考其舆图物产，稔其山川道里，察其国政人心，明其土风俗尚，更进而交其贤豪长者，而后亲俄之实效可睹已。

嗣后遣使至俄，宜用专驻而无兼使，尊其爵秩，重其事权，且必如今日王爵棠星使，庶为无忝厥职。既还侵地，复贷巨款，优待之隆，前所未有。昔春秋、战国之际，群雄纷峙而能道结强邻、威加与国者，胥此道也！

俄、英、德、法、美、日，今天下之雄国也。中国屏藩尽撤，俄瞰于北，英睒于西，法瞵于南，日眈于东，且英、法、美、德、俄、日先后向中国皆索有租界，为侵占之先机。我国亟宜变法自强，连衡御侮。查美国在墨州地旷人稀，尚无远图之志。英、法、德、俄、日散居欧、亚两洲，地势毗连，铁路、轮舟无远弗届，不免有恃强陵弱、蚕食鲸吞之虞。各国莫不讲求武备，诈力相角。

中国往年见爱于英、日，均欲连衡；今则见弃于英、日，易生仇隙。前后歧视之故，皆因败于法、日之战，为人轻视耳。

上篇拟变法自强，联俄以制英，勿为英人所侮，释嫌以交日，勿使日人多疑，如德之与澳、意连衡，庶外人不敢觊觎。然非变法不能富强，非富强不能合从、连衡。所谓势均力敌，而后和约可恃，私约可订，公法可言也。

当今公使、外部大臣，其辩诈恒如古之苏秦、张仪，故其言未可轻信。试观中、日"高升"轮船事可知矣。甲午季夏，我国欲租英商"高升"轮船载勇赴朝鲜。驻韩城之参赞唐少村太守知日意，电禀北洋大臣，请其改图，恐日人必不许"高升"之勇登岸，非嘱返国，即拘赴日本，或为彼轰击。当道犹疑不决，询于天津英领事。英领事即电询其驻京公使。公使电覆云："无碍，可以前往。"且云伊与日公使交最密，断不致失好。当道均信以为然。不知日人蓄谋久矣。当日主议婚之期，已嫌我国无物寄赠。而日报声言数千年之邻国薄我如是，将来必有以报之。去春南、北洋水师大操，法参赞对日外部曰："中国水师无用，正可乘时取之。"是英、法皆有乐灾幸祸之心。否则何以"高升"击沉于海，英廷不肯力追，又不与俄、德、法联盟以遏日势之焰乎？

且天津游勇恨"高升"船为日人轰击，所伤之勇多其同乡至好，闻"重庆"船大餐房内藏有日奸，遂登船骚扰，有类日人面貌者致为所拘。北洋大臣闻信，即饬委员向该船及英领事处致意抱歉，应可释然。而英人心犹未足，须"重庆"船来时鸣炮廿一响，方允息事。英廷尚以为办理得法，升为头等公使。外国均以此为辱，得无欲令日人知其不助中国之意乎？

且日本在朝鲜之勇无礼于英领事，较华勇在津无礼于商人情节较重，而英廷不责索日人赔礼，或云英领事之夫人被日兵倒拉，推之沟中，英廷不责日人赔礼，反将其领事撤任。可见其相待日人之心矣！专与中国计较。可见理绌于势，则公法亦不可恃。当今之世，智取术驭，甘言难凭。

查西报载：光绪六年，英国将中、英、法交界瓯脱之地以畀中国，并说不可转赠他国。今中国假俄、法、德之力，向日本索还辽东，而法请用瓯脱之地以相报，传闻已立约界之，尚未知确否也。英相国沙侯遂致书法国，云：中、法之约断不承认。于是各日报遂大发议论，谓英拟索舟山，德商亦劝其国家亟宜在东方谋取一地，以为屯聚水师之所，或云舟山，或云厦门，其命意立言已可概见。所谓岌岌乎其殆哉，正今日中国之局势矣。

然近窥德之附俄，似有名无实，英之与德、奥、意合从亦已露其端倪。英又欲联日以壮声势，果合五国水师陆军兵力之强，佐以英、德国库器饷之丰，决非俄、法可敌矣。纵俄、法合盟，决其不敢妄动。若中国尚不因时制宜，变法自强，必致为人欺侮蚕食，诚在意中也。各西报屡逞三国瓜分之妄词，并云瓜分地图业已画好，虽尚未形诸实事，要不可不深戒而预防。

前篇谓盱衡时势，亟宜联俄以制英、日，和英、日以制俄，非特俄可与英战，实欲藉俄与日合，藉日和英以拒俄耳。盖俄皇彼得临终顾命有云："朕欲举亚洲之全境俾尽服于俄，今乃赍志而殁，惟愿后之子孙终成朕志毋忽。"故二百年来其后皇世世守之，亦无人能强令忘之者。且西报往往声言："欧人当为政于亚洲，不愿亚人得自为政。"是其气吞亚洲之意大可见矣。又岂日人之福哉？况日本箱馆近于俄国，若待英国有事，则合从之约散，而中国之势分，斯时噬脐无及，悔之晚矣！吾愿日本通达治理之士夫其再思之。

边防七

余阅剑华道人《天下大势通论》，深服其洞识中外情形，十年前已知倭有今日之变矣。凡中外识时务者佥谓：倭当日设兴亚会令人钦羡不已，不知特欲懈我中国之防耳。其时倭人处心积虑，日夜以图我中国，藉口于问罪生番以发兵端。故王广文《台事窃愤录》云：倭人之侵台湾，即灭琉球之渐也。其灭琉球，即将来据朝鲜、扰中国之渐也。兴亚之会言犹在耳，而为朝鲜一役陵侮我上国，侵轶我边疆，震惊我畿辅。及我遣使议和，犹且据台湾，割辽东，索赔兵饷二百兆，反为天下之罪魁祸首。

此端一开，凡贪我土地者皆将效尤，以我中国为中矢之鹄。恐此后海疆有事，咆哮挟制之来必变本加厉矣。观中倭构衅数月，各遣战舰前来，虽云保商，作壁上观，究欲同沾利益。盖中国土壤膏腴，矿苗繁富，各国狼贪虎视环伺其旁，纵不为屠门大嚼，亦望分我杯羹。故中倭和议既成，俄索东三省边隅以通西伯里亚之铁路，则由黑龙江达海参威无所阻矣。法索广开滇、粤口岸，则潞河、湄江两国之轮船皆可行矣。德索天津租界，则东方商务得以广为开辟矣。然则原其初心，岂真大公无我，济弱扶倾也哉？

考俄、法素以开边为长技，机有可乘必将先动，英虽持盈保泰，德纵不敢轻为戎首，如俄、法忽肆其蚕食之谋，英、德亦难遏其贪心。甚至日、荷、意、葡等小国，亦皆将哗然而起，群相角逐矣。从来邦交之得失，系乎国势之盛衰，大抵势殊物异，情随事迁。吾见往日鄙倭者，今联为心腹之契而蠲睚眦之仇矣。英之"高升"被倭击沉，领事无故被辱，均不复问。有赠倭主以宝星而示亲好之意矣。俄、德两国亦赠倭主以宝星。各国日报又无不扬日而抑华。倭报劝其君以联俄，英报劝其君以联倭。呜呼！势强则理亦强，势弱则理亦弱，势均力敌方可以言理，言公法。

古之治国者无不远交近攻，今海禁宏开，轮船无处不通，西伯里亚之铁路将成，又无远弗届，合地球五大洲各国成一大列国，如春秋、战国之世矣。就五大洲国势论之，美洲至大者美国，惟开基未久，旷土尚多，且法传公举，南北不和，屡易总统，无志远图。阿、奥二洲全为欧人所占，亚洲亦渐为欧人所侵蚀。欧洲大小各国，无不专恃兵力，借传教、通商二事为嚆矢，到处并吞，作封豕长蛇之荐食。

查欧洲各国在外占人土地者，曰俄、曰英、曰法、曰德、曰意、曰日、曰荷、曰葡等国而已。葡、荷、日至今国小兵微，我无足畏。奥。意国债已多，岁征入不敷出，只可自守。德、法盛衰无常，民心不靖。英自救土耳其不终，再伐黑海不克，徘徊观望，自顾属土散布亚洲，时恐不能兼顾，已露外强中干之势。俄则跨欧、亚二洲，毗连一片，气局之阔如高屋建瓴，大有手擎六合、口吞八荒之概。如其国能君民共主，上下一心，东合中华、日本，可为亚洲盟主；西合德意志、法兰西，可为欧洲共主。惜无上下议院，仍以权势治民，时有尼希利会人结党肇乱，十余年来不但愚人入其会，即智者亦乐就焉。会中之意，谓民间受苦过深，不但俄皇在所必去，凡兵士、教会、产业、家室之素所有者，全欲去其旧而谋其新，俟其铲除净尽，民间重联相爱相助之欢，国之勃兴必远胜于昔。而俄主曾弗恤此也，历代皆好穷兵黩武，远交近攻，计在兼并，藉以恢扩其版图。惟西报有谓其举动皆光明磊落，不若英人以强陵弱，东侵西夺，动引万国公法附会其说，利则就之，害则避之，恤邻之义荡然无存。昔俄、土议和，欧东底定，虽英人之力居多，然其保土耳其即保印度也，况土以居比鲁岛赂之。英自居其功，阳为保护，阴实挟制之。土王拟更税额，责成诸总司征收，英人以为非是，而又代拟整顿小亚细亚章程，迫土行之，部内钱谷悉英员掌握。土人不胜其愤，曰：英之友睦，酷于俄之攻伐。凡所规画，以收揽事权为心，独断独行，几不知有土国。西报久已详论，非鄙人敢妄加褒贬也。闻俄人注意东方，甚思觅一海口以练海军，垂涎朝鲜久矣。若准其假胶州湾聚水师以过冻，西伯利亚铁路直达辽阳，则东三省恐为俄有。法有越南、金边，兼割暹罗，而窥滇、黔、两粤之地，琼州已在其中。英有香港、印度、缅甸、南洋诸岛，思蚕食三藏、西蜀，尚拟据舟山以扼长江险要，溯流而上。日本新据台湾。德亦思金门岛为屯兵之所。盱衡时势，各国如下棋然，已于扼要处遍布一子为先声。如中国不亟自强，各国群起纷争，不堪设想。

我国亟宜痛除积习，如日本之变法自强，结俄以拒英，联日以制俄。若不善为联络，而中、日又互相攻击，正合俄人之意，其必乘我之敝，借端渝盟，诚如剑华所论：西必据伊犁而震天山，驱叛回与我为敌，则新疆失于指顾，而关中为之侧足；东以一军由珲春渡黑龙而窥吉林，则关东戒严，京师不能安枕；且必遣水师占元山，牵掣日本，以图朝鲜；必约法人同时启衅，侵占滇、粤，亦遣水师牵掣英国。今日得寸则寸，明日得尺则尺。初若无足重轻，而积久必受其患。强邻日逼，势难展舒，则日本亦在其掌握中矣。中、日唇齿之邦也，日人苟明哲，欲兴亚洲，当开诚布公与中国共订密约，连两国之屏藩。如朝鲜、西藏固宜保护，光绪十一年，英人之据巨文岛也，原所以扼俄。近日俄之图班慕也，欲以扼英。英、俄互相猜忌，俄之强，英之弱也。俄人若得高丽，与日本仅一水之隔，日人亦有所不利。果能西结英人，东联日本，约以共保高丽，且明告天下万国，请以高丽、西藏为兵甲不到之国，准各国通商，同于泰西之瑞士、比利时、卢森不尔厄，则高丽、西藏可以长存，不至为他族所据矣。至暹罗、越南、缅甸等国，亦当于异日徐图恢复。并嘱其布告各国，如欧洲之瑞士，准其自立于各大国之间，无论何国不得贪其土地，庶足保亚洲之旧国，而为中夏之屏藩也。吁！何计不出此？岂欲待俄人出而执亚洲之牛耳哉？

边防八

中、日之战自始至终中国未获一胜仗，其故不可不详细考求，虽《防海论》、《练兵论》附篇约略言之，意未详尽。余闻中外金云：中国将帅无才，文员为帅，纸上谈兵，并无历练，安得不败？惟知平日克扣兵饷。兵饷克扣，素有怨言，安肯死战？勇多新募，绝无死战之心；将各一心，各不相救；水陆分界，呼应不灵。非但操练不熟，临时手足无措，且军械不精，或有枪无弹，或弹不配枪，欲省费而费反多。船、炮亦不如他人之速。身为将帅，事不躬亲，临战则相率退避。兹将德员汉纳根、美外部福世德及西报所论中外现在情形，摘录于后，以期当道触目警心。

汉纳根云："前者中国之败，由于武备废弛，且将领未得其人。以目前大局言之，当事诸公多狃成见，不知振作，万难托以军事。其轻视武员之习，又非始于今日，纵有才具非常者，亦不愿出而效力，盖恐徒劳无功也。以中国定制言之，各官皆循序而升，原未可目为无用，然虽位臻极品，亦不尽由历练而来。其身居显要之大员又皆昧于审时，暗于度势，询以当今最要之军务，率皆茫然莫晓。中国被挫于日，竟至如是之甚，复被外人耻笑，其弊皆缘于此。愚尝谓中国之人才原非逊于他国，今竟战无一胜，事由泥守古法，罔知变通，以为得一勇敢之人自能所向无敌，不知有勇者亦须济以机谋，参以见识，始能决胜于疆场也。此次与日构衅，始终皆望言和，未尝大修军实。至事势危急，则望欧洲各国居间调处，如斯而已矣。试以水师言之，虽欲有所作为，亦受各官掣肘，不能妥贴布置。前者李傅相曾命我与丁军门同心拒敌，我亦乐于从事。至去年十一月二十一日，与日军战于大东沟海面，可谓一场胜仗。然所以制胜者，只有铁甲二艘，而所备之炮弹、火药俱已用尽。中国各官并不再筹供给，以致全军束手，渐至愈趋愈下，无可挽回。我曾往谒京、津大员，直陈无隐，论及军械握要等件，各大员皆弗以为意，且疑有叵测之心。至本年二月杪，始略思整顿，则未免太迟矣。我自一千八百七十九年初就中国北洋之聘，甚欲使所部营伍焕然改观，卒以屡劝不从，索然意阻。当李相经营北洋港口屯驻水师之际，曾命我至旅顺、威海、大连湾等处察勘一切，无如所献各策俱不能见诸施行，因有数大员只知自顾私囊，出人意料之外故也。此次议和之先，以为欧洲大局将必为之摇动，不意只有俄国出阻割取辽东一节。然俄之干预辽东，实有私意存焉。不知中国能由此振兴否？刻下中、日之衅未尽敉平，而揆度中国之意似即作为了事。日本之迫胁高丽，本属最要关目，中国亦置不理，惟听欧洲各国与日本如何结束而已。倘有最好机会，能使中国振兴自立，固属甚善，然或如前此酣睡未醒，不思鼎新革故，亦未可知。"此番议论于中国利病可谓洞若观火矣，不知当道诸公亦有入耳而会心者乎？

英国《泰晤士日报》云："中国经此磨折，如浓睡者之受惊而醒，当急以日本之变法为法。吁！一二世后祖宗不辨子孙矣。谓中国日后大兴，如人远游而归，子孙成立，不能辨其面目也。倘仍懒惰骄傲，动称远人为夷狄。吁！一二世后为日本之印度矣。此语虽过，当亦不可不防。"

又，英国《新史日报》云：近事之万无可疑者，俄必在大东方再觅海道以练水师，与英、法争雄。俄于波斯湾、黑海口两路，久为欧洲各大国封禁，海军不能舒展。今幸有机可乘，或命公使婉商，或遣将军豪夺，谁能阻之？英、日两国势难安枕，而日廷尤为棘手。何也？日之先图朝鲜者，侮华而兼防俄也，乃仍不能息俄之焰。东方尚可为乎？或谓俄、法、德起而阻日本之割辽东，英则效寒蝉之噤声，惟恐得罪于日人，转与俄、法勾通，或与南洋各处土人互相联络，用以窥我属土，是不啻釜底加薪，沃膏炽炭，必将受无穷之患矣。噫！英于今日惟存持盈保泰之心，畏强陵弱，茹柔吐刚，由识者观之，瞭然窥见其底蕴矣。

又，英国前任外部大臣福世德曾两预中、日议和之役，追溯中国致败之由，始悉中国臣工多恃气而自矜，专务虚憍，庞然自大，而于安内攘外之谋毫不留意，甚至畿疆震动，海寓惊惶，昔日盛名归于乌有，不特倭人生欺藐之心，即与中国辑睦之邦，今昔交情敬肆大相径庭。中国当此创巨痛深，仍不于胜负得失之故，穷究本原，大加整顿，窃恐前车之陷，后辙益危。徒鳃鳃然以丧地偿饷为耻，不思力矫前弊，痛除积习，卧薪尝胆，以图自强，庸有豸乎？西人曾以瞌睡汉目中国，曾惠敏公作《先睡后醒论》驳之，而不知睡者其常也，醒者其暂也。观于今日之事，人方以为殆哉岌岌，岂料卧榻之侧，鼾声渐起，深可惜哉！余初入都门，殊有厚望中国之心，以京师为人才渊薮，名公巨卿必有挟持经世之略励精图治，舍旧谋新，即挫败之余，犹足丕振洪猷，图雪国耻。及察其居心行事，竟无一人焉识时务而具真才者。夫以中华之大，人材之众，盈廷济济，乃只有此不谙外务、徒读死书之流。呜呼！我将安望哉？总而言之，欲振兴中华之国体，当从实事求是始；欲实事求是，当从借法自强始；欲借法自强，当从贵戚重臣邀游列国、精习艺学治道始。如是，中国其庶几乎。

汉、福二君所言，其望中国也可谓深且至矣。无如中国诸弊迭出，积习甚深，若责以事事变更，人人奋发，势必有所不能。况际此国步艰难，似不可操之太急，惟变经国之至要者三五端，庶或挽目前之危急。计惟重爵禄以抑贪婪，减额兵以练陆勇，备铁舰以壮水军，建铁路以维商务，开矿务以裕财源。能于此数者切求善法以经理之，务令实心实力足与欧洲雄国齐驱并驾，自可转弱而为强，转败而为功也。夫当日朝鲜难作，西人方且晒日本之轻举妄动，初不料中国一旦失地丧师，至于此极。呜呼！伊谁之咎哉？

薛星使云："俄罗斯一国，商务之旺不如英，水师之盛亦不如英；地产之富不如法，工艺之良亦不如法；陆师之练不如德，学问之精亦不如德。然则俄当为英、法、德诸国所弱矣。而诸国非但不敢蔑视之，且严惮之者，何也？俄之形势广博无垠，以一面制三面，有长驾远驭之威，有居高临下之势，且旷土既多，以其地之产养其地之人而有余。是得地利。秋、冬结冰，入夏始解，虽有强兵猛将不足以病俄。拿破仑第一墨斯科之役，乃其前鉴。是得天时。俄之君权特重，非若各国有上下议院之牵制，且其开国较迟，所用将相大臣颇有纯朴风气。是得人和。惟俄之立国有与西洋诸国不同者，所以一切要务虽多不如诸国，而诸国终无如彼何，且视俄为头等强国，各有瞠乎其后之势。况俄与西洋诸国政俗略同，讲求要务数十年后，商务未必不日旺，武备未必不日精，工艺未必不日良，学问未必不日新。以俄之诸务不如西国，尚得最强之胜势，若其一旦诸务与西国相颉颃，则若决江河沛然莫之能御矣。此英、德诸国所以长虑却顾，而隐忧莫释者也。夫俄不有事于天下则已，俄若有事于天下，东则中国当其冲，西则土耳其当其冲，中则印度当其冲。而细察俄之隐谋，则注意印度为尤甚。然果使印度折而入于俄，则中国与土耳其亦岂能一日高枕而卧？英之执政知俄之觊觎印度也，早已密为之防。余窃闻俄皇之论亦颇踌躇审顾，不欲轻动，其用意在绥抚其民人，辑和其部族，垦辟其荒地，联络其邦交，沉几观变，引而不发，固有虎豹在山之威，然后以其全力生聚、教训，积至数十百年之后，地广人众，势力且十倍英、德诸国，相机而动，纵横四出，谁能阻之？昔者战国之初，六国合力摈秦，而秦乃闭关息民、养精蓄锐者数世，迨开关出师，六国皆从风而靡，莫之能敌。俄之机势大与秦类。盖积之愈厚，则机愈固；蓄之愈久，则势愈雄。今日者俄如多事，固天下之患也；俄竟息事，尤俄国之利也。然则中西各国将若之何？曰：尽其自治、自强之道而已矣。若俄之所以自谋，则非他国所能与闻也。"

按：薛星使之言颇中肯綮。今者，中、日之约，俄、法、德驻华公使联衔照会总署，声称"我等以辽东为日占，必碍东方平安大局，力劝日本让还贵国以保平安，非有爱于贵国。倘贵国嗣后别生变故，我等仍不干预，请勿倚恃"云云。其用意深远，智者无不知之。虽日本业已允退，尚索加银五千万两。我朝此时虽未允给，俄、德、法必将酌量定数与之。倘日人不允，兵亦不退，俄必用兵驱之出境，而所用兵费必向中国索还。计非上策，曷若请各国公断令日兵早退，以免地方缉捕废弛，盗贼横行。在日本理当知机顾全亚洲大局，不宜索加兵费，宜亟就此机会与各国订立后约，无论何国嗣后不得侵夺辽东等处。诚如俄、法、德所云"以保东方平安大局"，不较诸索加兵费所益更大乎？而辽东、高丽百姓同受其福，俄、法、德之高义名垂千古，岂不为宇内诸国所心折哉？

古觇民情，今觇国势。觇国势者，觇其武备之若何。弱者事事循理，迫于势也；强者事事挟势，恃其力也。国之小者无不事大，而国之大者竟无有字小者矣。为可慨也！足见世变日亟，有国者宜早自强。惟当今之世，各国皆怀幸灾乐祸之心，冀邻国之弱，而不愿其强，以弱则易就范围，而强则难争利便。观俄与勃为邻，勃自谓得俄保护，向与有约：准俄干预内政。然勃欲修武备以图强，兴铁路以求富，俄皆阻之，岂非欲勃之贫弱，将来折而入于俄乎？俄国讲求武备，志在蚕食，英则长驾远驭，觇敌国之势以为向背之机，即《商书》"兼弱攻昧，取乱侮亡"之义，亦兵书"攻瑕不攻坚"之说也，即谚所谓"强则仇者亦来亲，弱则附者亦相背"。各国蒐军实，讲武事，汰惰弱，演阵法，考求强弱情形，非仅以备武员、具兵额而已，亦知非此不足以保升平之局，所谓能战而后能守，能守而后能和，时刻不忘战，正所以止战也。

查欧洲头等之国五：曰英，曰俄，曰德，曰法，曰奥。二等之国四：曰意大利，曰荷兰，曰西班牙，曰土耳其。意国虽在二等，近日力图振兴，骎骎乎有欲列头等之势。三等之国六：曰葡萄牙，曰丹马，曰瑞典，曰瑙威，曰比利时，曰瑞士。又有土耳其所分之四国：曰罗马尼亚，曰布加尼亚，曰希腊，曰塞尔斐亚，殆皆四等之国也。以上十有八国，虽大小相维，强弱相制，立约联盟似莫能并，然天下之势有分必有合。禹会诸侯于涂山，执玉帛者万国，至春秋则数十国而已，至战国时则仅七雄而已，泗上十二诸侯虽有若无。今头等之国莫不虎视鲸吞，且铁路、轮舟无远弗届，向所设施者已为商贾辐辏之区，将见欧、亚、阿三洲二、三、四等之国及埃及、阿富汗、摩洛哥、高丽、暹罗诸邦，必为头等之国所并，诚如春秋之世将变为战国仅存强大者而已。

中国之弱，罪在嬴秦，焚书坑儒，变先王之道以愚黔首。降至隋、唐，又专以科目取士，束缚其民，笼络英俊，千余年来无敢或改。隋、唐时科目甚多，登进之途颇广。明初始以八股取士，故明时有亡于八股之谚。查亚洲各国之积弱非弊在科甲取士，乃皆以门第论人，并限于资格，墨守成章，人才不出，而农工商贾又为当道所剥削之故耳。今不能闭关自守，四海一家，势殊事异，各国既莫不推诚布公，各思新法教育其民，以期富强，我皇太后、皇上圣德日新，励精图治，师长弃短，断自宸衷，顺民情，广学校，知己知彼，变法自强。以人民之众，矿产之富，何难乘欧、亚二洲水陆交通之世，混而为一？中国之强岂不在分而后合、乱而后治之时乎？是则四百兆人民之所切望也夫。

江　防

中、日和议，增开通商口岸，此后重庆、沙市、苏州、杭州，轮船必往来络绎，然则今日江防与昔日情形固不同矣。查中国长江内河水师向用长龙舢板，于光绪十一年曾经当道会议，欲先令长江之水师舢板裁减，将营哨弁兵额缺酌量裁并，即以裁出之饷添制浅水轮船，分隶巡防。

或谓：昔曾文正偕彭刚直创造舢板以来，平发逆，安行旅，厥功甚伟，未可更动，且长龙舢板较小轮船之利便有五：

一、江上盗贼出没于蒲滩蓼淑之间，浅港分歧之所，轮船纵小，亦必长十余丈，吃水已深，不能涉浅，若遇劫掠盗船，一经掉入浅隘芦荻丛杂之处，则不能穷追搜捕。

二、制造轮船每艘需价万余两，长江水师由厘金项下每岁助饷八十万两，即概以制造轮船计，仅得船八十艘耳。酌裁一半，仅可得船四十艘。现在水师分防五省，舢板兵船星罗棋布，节节梭巡，故盗贼无从伺隙。若每镇酌减一半，所减之舢板则多，所添之轮船则少，恐分布汛地不能周密，宵小乘间窃发，势所不免。

三、不能弭盗，则商贾之挟重赀贩运者必畏缩不前，各卡厘税必然减色。

四、查师船一只不过二百余金，计须合四十余师船之费始能造一轮船，则制造之费巨。师船三年一修，所费无几。轮船则机器偶坏，船身偶损，非重价雇倩洋匠不能补治，则修理之费巨。师船水勇月饷不过数金，轮船则司事之人皆须厚给廪俸，则资养之费巨。师船鼓枻即行，驾驶灵便，轮船非用煤火即不能行，所费尤巨。统而计之，轮船之糜费何止百倍于师船。

五、师船持舵掉桨，犯浪冲风，全恃人力，非壮勇不得滥充。轮船全恃火力运其机器，虽怯弱亦可从事，久之人习于逸，兵以日疲，将来徒有水师之名，其流弊直与绿营无异。

按：以上五者皆按时论事，节省经费，非亲历而深知者不能道，其公忠体国之心于期可见。惟今日苏、杭、重庆通商，往来之小轮船多于梭织，与昔日情形不同。新式轮船吃水之浅，船身之长，亦可与长龙舢板相仿佛，虽芦获丛杂之处，平日既测量有素，至时尽可穷追。则首款不足虑矣。

轮船造价不一，有数千两、有万余两者，既一时无力多造，每省先造数艘试办，以开风气。庶逆风、逆水之时，师船不能前进，轮船亦可拖带，见有贼船，无虑追之不及。如每镇酌减一半，无舢板者有轮船往来游弋，宵小贼船何敢窃发？则第二款不足虑矣。

既宵小贼船不敢横行，行旅必安，各卡厘金何致减色？且商贾挟重赀者皆趁洋轮。此第三款不足虑矣。

师船一只不过二百余金，其价虽廉，不能逆水行舟、冲风破浪，只可防宵小，不能防外寇。如无轮船，设有外患，非舢板可御。且轮船司事廪俸不甚昂，水勇月饷向给数金，今百物皆贵，欲得其死命必须酌加，使足以赡其妻室。至机器船身有坏，不必雇倩洋匠，既置有小轮船数十艘，应于湖北或江南制造局左右开一船澳，以备修理，无事可以揽造商船，或交江南制造局代修亦可。则第四款不足虑矣。

轮船持舵、升桅、掉桨之人亦与师船无异，非身体坚壮而善于泅水、驾驶者不得滥充，既仿西法，尤宜认真挑选，不时操练，凡有不合定章者应即随时裁汰，何虑有绿营气习？夫水、陆兵勇之强弱，亦视乎将帅之何如耳。其第五款不足虑矣。

今泰西各国及日本维新之后，凡内河、内江水师向日用舢板帆船者，皆已尽改轮船，因时制宜，正当如是。曾文正、彭刚直昔年创设长江水师，原为破发逆、防土匪起见，不料今日重门洞开，防外寇更甚于防土匪。

况曾文正曾有言曰："今日吾辈以长龙舢板之水师克平发逆，以成一时之功，然天下事变动不常，此种水师船未必永足为将来战守长江之用。是则在后之人神明变通耳。"老成之言毫无胶柱鼓瑟之见，真足令后贤心服。

按中国与法、日交兵之时，各口多以重价租买小轮船传递信息，尚未骚扰内地，已属靡费不少，何如及早筹防。拟请当道于长江内河水师亟宜整顿裁减，随时添置轮船，与长龙舢板互相表里，以壮声威，弭患无形，有裨大局，洵非浅鲜。惟前车可鉴，必先讲求水军将才，苟无其人，虽有兵舰亦犹马江、威海、刘公岛之水师而已。

炮 台

尝闻泰西水师战法以兵船为用，以炮台为体。有兵船而无炮台，则能战而不能守，外强有余者，而内固恒患不足。虽有守口巨台，而无前后炮台为屏蔽，为救应，则亦必为敌乘。此兵家之至言也。

迩来欧洲各国炮台营构日精，往往不惜工费。前刊《火器》篇中所论英国阿姆斯脱郎厂武员孟格理符新制暗台，藏炮地中，俗名地阱炮。敌人无从窥，炮弹不能及。其炮以水机升降，见敌至则升炮击之，可以圆转自如，四面环击，燃放之后炮身即藉弹药坐力退压水汽，徐徐而降，复还阱中。其法先掘一阱，藏炮于中，上施钢盖，适与地平，所用炮手两人亦伏地中，以防敌弹飞堕。距阱稍远，多筑土堆，阱东土西，使敌疑惑。开炮之顷，烟焰迷天，不能辨炮在何所。又备小望台一座，略出台面，探视敌情，测量准的。平时操演如不用药，无力可藉，则炮身不能缩退，复有水机一具，内贮水力，激而行之升降盘旋，机极灵便，厥制新异，足资海防。英国曾仿造木质台样一座，埋置海滨，命铁舰燃炮击之，台内亦升炮燃放如对敌状，兼示以台之所在，而铁舰之炮始终无一弹命中。船炮虽轻快，其如此暗台何？

窃谓此台之法最宜于中国，惟滨海地多松浮，坚筑非易耳。该炮六寸口径，炮身重四吨，弹重四磅，用黄六角药多至五十四磅，可洞穿尺五寸厚之铁甲。弹子每秒仅行一千八百八十尺耳，如须再远，亦可将炮身酌加长大。曲折纵横，悉尽其妙。此最精之新法也。凡战舰、炮台用炮，排列须长短相间。敌远则用长炮，敌近则用短炮，随机应变，操纵无方，然战守之道亦有常变。西人用炮不仅为可胜计，亦必为可败计。其所筑炮台异常巩固，四周设伏暗沟地雷，距台少许更筑一台，纯用短炮以便击近，使敌人不能登岸，不得据台。如势力不支，则避伏台后，俟敌既登，猝出轰击。或用暗机药线引燃火药房，既入彀中，忽然轰发。二者皆可转败为胜也。

至其造炮台之制，考丁雨生中丞疏云：造台之法，极内一层必用灰墙，外墙用三合土，厚在二丈以外，高低则视地势之低昂与水路之中线。护墙必须成交角，而不可成正角，斜至五分之一，敌炮若来自可斜拂而过。其炮位及火药仓上必设太平盖，以御自上而下之炮子。下必设高隔堆，以御横扫之炮子。其最下层之地隧加筑坚固，四面俱通。沟外之小炮台、大沙堆亦必迤逦照应。敌用陆兵闯入，尚可侧轰横截。然使专用炮台而无木桩、水雷、浮坝等物阻于前，则炮台亦断不能得力也。

张芗涛制军疏云：西式之台不一，或尖或圆，或盖或露，或作联堡、子堡；或陆路当冲作大台垒，可以启闭往来；或水路当冲作浮炮台，可以迎头截击。此两式最为得力而费太重，骤难仿造。

薛叔耘星使云：台式究竟明不如暗，高耸不如低平，铁石不如三合土。西人云炮台之要约有数端：一、山坳岭曲，隐蔽击敌，不宜孤露一台。外须作坦坡，不宜壁立。一、扼要处须有数台犄角，不宜聚炮于一台。一、连台宜多作犬牙形，以便两台炮力相接夹击。一、台后不宜背山，以免敌弹反击。一、台上不宜多人，以免多伤将士。一、台上炮堂不宜宽，以防炸弹堕落。一、台后宜有回击小炮，以防敌袭。一、台旁登岸处宜作濠堤，伏连响快枪、快炮，以防敌人舢板登岸。一、台成后以炮轰试，坏则更造。

合以上三疏观之，而西人造炮台之秘要大旨已可概见。

今我国各口炮台屡闻为敌人所占，未闻有一能用此转败为胜之法者。且究其所失，皆因各分畛域，台后、台旁皆无炮位，致为所袭耳。

既知其弊，而防守之要端在炮台。各省督、抚、提、镇亟宜详加察勘。旧台不如法者易之，太稀者补之。讲求造炮台之制，遴选守炮台之人。毋徒糜费重饷，以旅顺、威海为前车炯鉴。庶可得炮台之实效，而海防巩固矣！

火　器

"工欲善其事，必先利其器。"况兵凶战危，生死存亡所系者乎？考泰西各国专用火攻，其火器之制莫不改旧从新，枪极其灵，炮极其猛。骤闻他国造一新船、新械，自顾微有不逮者，则不惜重资极力讲求。尝闻西人云：日本讲求制造枪炮之法日精。彼能自出心裁，制作奇器。中国只知采买新式枪炮，依法制造，不能自出心裁。其执政见识，国势强弱，于斯可见。意谓制造之精，即富强之券也。盖两军相角，首资利器。营中所用枪炮宜归一律，无虞药弹错误。兵士相习，熟则生巧，不特所纳药弹悉与枪炮相配，且远近准则先已了然，敌至即发，发必命中。有利器而训练不得其人，则有器与无器等。西报云：中国兵制、制造，于西国之法，亦步则步、趋则趋，惜治军则有兵而无将，制器则有匠而无监。非无将也，将非其人而不知西法也；非无监也，监非其人而不知西法。即以枪炮一端论之，未能深得其奥窔，又参以己意而变通之。如汉口所造之六十四磅炮，炮体非不光泽，而内膛实粗，且无来福线，不适于用，虚有其表而已。

炮有大、小、中三等，有守器，有战器，有攻器。其药弹悉由后膛纳入，药弹出路远近适合，环攻迭击，灵捷异常，虽久用而不致炸裂。其枪之制度亦宜悉用新法，每小时可连发数十响，而枪身无炙手之虞。如德国克鹿卜厂所制十二磅弹小钢炮、此炮体轻则易于运动，质坚则经久如新，炮弹合膛则线路有准。炮身长而有来复螺纹，则命中及远。开花弹，弹炼双层，体外裹铜箍。他弹仅炸四十余片，此弹可炸百数十片，故开花生铁弹、生铁群子弹、铁管弹、散子弹皆不能出其右。为陆路山行之利器。所制气球小炮，弹配开花制各后膛式，仿抬枪略大而长，既灵且便，放平则击敌骑，侧上则击气球，故有是名，与十二磅弹炮同功。为水、陆近攻之利器。拿登非尔后膛炮、有螺丝纹，可分两截，临用装合。格林炮，有五管、十管排成一字，亦可排成圆式。为水、陆专防之利器。美炮发百十响而炮身不热，惟重而难运，宜用于守；普炮发数十响而炮身已热，不堪频用，惟轻而易运，宜用于攻，又为攻、守分用之利器。按普国所用军火专恃墨迭儿鲁士炮，迥与别炮不同，制度略如六门枪：四周有八轮，皆可旋转，每轮纳弹三十七枚，一点钟可施放八轮，发弹二百九十六枚。炮形不甚广巨，其用极为迅速。八轮皆可以螺丝嵌入，不用之时即可卸置。倘临阵败北，即分散委而弃之，非如前膛枪、炮易于资敌也。

至于洋枪，从前皆用前膛，自美国林明敦、秘薄、马地尼后膛枪出，各国仿效之。近有可而脱厂新制极快马枪，尤为心裁独出。其弹子均由后膛旁孔纳入，膛下设木把手，用右手把住扳手，再用左手推挽，活木把手向前则弹子从枪口而出，向后则子壳由后膛而出。自十二响至十七响，每分钟可放百数十子。其便捷轻利过于毛瑟枪远矣。他如俄之俾尔达呕枪，或译作白洛屯。为同治十一年新式，其精兵多用之。大来福枪，珲春以北之兵用之。德国向用得来斯枪，胜法以后换用毛瑟，但此枪糜费较巨，故虽通国精兵皆用此枪，而平时操练仍用得来斯。此亦因时制宜之道也。法之后膛枪曰沙士钵，或译作萨司浦。始用纸卷子药，继用铜壳，底有小孔，皆系刺针灼火，今改用铜帽撞针。又有一种曰格拉其枪，与毛瑟略同，而膛径稍宽，机簧稍异，用药稍多。以上数者皆各国利器也。中国须择善而从，勿贪其价廉，买人旧枪。或谓不宜用俄、法等枪，宜用英之亨利马梯尼及美之哈乞开司。现在如此，利钝随时。盖亨利马梯尼机簧甚巧，透力甚大；哈乞开司枪托之内有管，能容五子，其制既美，其用更灵。

火药约有数种：曰饼药、棉药、炸药。体制既异，功用亦殊。而以德国栗色六角炮药为最佳。德国向用黑色饼药，后杜屯考厂创制栗色药，而其用益精。据德国海部官员历年试验，知栗药益于黑药有数端：一、栗药烟焰易散，便于测望。一、栗药既燃后，其势先缓后速，弹路较平，取准独密。一、栗药受燃，其力虽猛，而无轰裂之祸。一、新炮膛加长，用药加重，若仍用黑药，必逾炮质所受涨力之量，非惟来复线路易蚀，且防炸裂之虞，栗药则涨力较小，可保炮体。即所储之地苟不过于潮湿，于药无伤，平时亦无轰发之弊。他国仿造均不如其精，英人不惜十万重赀师其变易加减之法。今英、德复有无烟火药，尤为奇想天开。无烟则不致蔽目，且近有新式黄药吸气开花炮玛克心，一分六百响。机器快炮一秒六十响。美国新制快炮每一分钟能燃放一千响，每一点钟久则能施放六万响。该炮身长八尺，系用电气燃放者。水雷则用棉花药，较火药猛加数倍。制药之法必熟察五金八石之性，刚柔相配，利用有方。倘或误投，其害莫测。用药之法又必熟算，其锚铢分两各适其宜，而后弹无虚发。

夫枪炮之用在善于测量高下，方能命中及远。其所以远而能中者，不但炮弹必合炮膛，枪弹必合枪膛，且大于膛口数分而能不伤膛口者，由弹之外包以铅皮，火燃铅化，故弹出而口不伤。弹药交乘，故力足而能取准，可谓人巧极而天工错矣。然心思愈用愈精，更有不可思议者：

普人嘉立新制一炮，即以嘉立名之。炮重五万八千基老克蓝，约中国九万七千八百七十五斤，纳弹重七百四十四磅，受药一百一十四磅。以九寸铁当之，力能洞穿。炮身虽重，炮架极灵，不必竭数人之力，上下转徙无不如意。

虽然，置炮固贵得宜，发炮尤贵有准。昔者英、法攻俄，俄之炮台曰士徽钵，炮利人众，防卫周密，且俄以高击下，英、法以俯攻仰，势之顺逆又复不同。而英、法卒以取胜者，盖炮台在岸定物也，取准自易，战舰在水浮物也，取准较难，故发而皆中者则必胜之机也。

火器既愈出愈精，购办宜慎之又慎。自开办海防，各省采办军装不知糜费几何矣。其勾通洋行、加价报销者，果得精器犹可言也。甚或外洋赶造不及，即以旧货装饰抵充，则物既朽窳，价复昂贵。又或先定者定价出货，后定者加价争售，遂以前定之货腾与后定之人。委员之受累，军营之误事，庸有既乎？余昔蒙醇邸札委坐沪采办神机营军械，尝与承接军装、精于枪炮洋人讨论有年，颇知其中良楛利弊，并力杜浮冒等情，故向瑞生洋行购办之拿顿菲炮、黎意枪，皆订明不须经手费用，不许丝毫浮开，无以旧代新、以少报多之弊。迨癸未年冬，蒙彭刚直公奏调回粤，当湘军营务处，旋奉粤中大宪札委援台，在港租船购炮，所查枪炮价目亦据实开折禀报，并声叙近来有人购他国不用之枪炮，刮垢磨光充作新造者，又有经手串通洋商，嘱外国制造厂将发单浮开，与经手分肥者。英廷向商局购办火器，先遣兵官带匠人数十，赴局逐一试其事件，不失模式分寸，然后乃使合成之。既成，实以三倍火药，埋之坎中，用电线燃放。如不炸，则手操试演，观其远近准头。不差，始用之。

宜由总理衙门奏派精明枪炮并深于化学之员周历各国各厂，其火药之性质，弹子之重轻，枪炮之规模度数，及一切火箭、喷筒、火罐、地雷之巧妙，务使悉心悉力，探神髓而去皮毛。尤要者在明试验之法。

验炮之法：观其角度，合炮膛、炮耳、中线以观角度。察其垂线，合炮柱炮身以察垂线。演放时历换轻重之弹以验击力远近，用电火回镜观其螺纹，抽后门环托观其药气，测以药线表尺而知涨力若干，速率若干，重积力又若干。验枪之法：视其体质，量其口径、准尺与枪管中线是否平行，既放后卸其后门机簧，察其挺针是否坚厚，验其药气有无渗漏。

验火药之法：烘之以定干湿，秤之以定轻重，化而分之以定各种相宜之性。

既明试验之法，则采办军火不至横受欺朦。即派往各海疆自行开厂制造亦能标新领异，独运匠心，所谓变化而神明之者，此之谓也。至督率工匠人员尤须公正，庶指臂相使，操纵自如。若一一仰给于人，他日有事之时，局外执公法以相窘，或受敌之贿，绝我来源，制则无工，售则无路，其将何以御敌乎？尝闻马江之战，我炮中法船，其弹不炸。法人剖而视之，弹中无药，或炼药不净，或搀杂泥沙以致药力不足，未能命中及远。如不严定章程以专责成，虽船坚炮利，亦于事无济。宜责成营官，凡所收火药、弹子，不论各局自造，抑买自外洋者，俱要即时考验佳否。

及督率炮手，有事时必须逐一查验炸弹有无装药，庶免临敌误军之弊。且购藏之火器，闻搁置年久从不启视，俟用时开视已朽锈不堪矣。更宜责成该管官按月点看，擦油修理。凡各兵弁所用枪炮尤须动息不离，时加磨洗，磨洗不可用粗沙，若磨去枪面之油更易生锈矣。如有锈坏，立罪其人，俾知警惕。又闻各口炮台近年多购用后膛机器炮，盖以油布，间有数年不一察看者，其中已有汗水积而生锈，机器一坏，全炮不能用矣。各省所置枪炮，每年进出数目列明报部查核，庶免锈坏损失不知也。火药局非尽设于荒僻之处，其所藏火药亦有久不开看，成块如泥，又无用矣。军械所之弹子发交营官，间有箱内非弹徒实以沙泥。凡此皆宜留心，庶不至耗巨款而无实用。考泰西营制：所存子药，定例三年一换，出陈入新。陈者用以打靶，仍有余存，即售诸外人。

我国所买之洋枪花样甚多，竟有以法之旧枪改充德之毛瑟。若经办委员不识良楛，贪其价廉，可以取巧，势必堕其术中。且闻中、法之战所用子药亦不止三年之物。凡各省所购枪炮、子药及领自制造局者，惟上宪一阅，见其磨擦光亮，而经手者又力陈其妙，则信用无疑，从无先交精于制造及军营善用枪炮之员详细试验者。故临时溃败，虽其训练不精，亦诿咎于所用枪炮、子药之不善。其坚、轻、快、利、远、准皆不及人，竟有数响则机器不灵，子壳难出，数十响则炸裂伤人。互相推诿无从质证，凡经管军械者均宜与营官先行试验而后收用，毋贻后悔也。

近闻西人创有水底自行船、毒烟开花炮、空气黄药大炮、机器飞车。又名飞机，自能飞行空际。犹恐放炮者虚发，有英国武员独出心裁思得一法，不论大炮、小炮俱可使之百发百中。其法：在炮首加一千里镜便能视远如近，又用一测量之表能算定炮子落地之远近，从此或高、或低、或远、或近，无不得心应手，灵捷异常。

又新创御弹戎衣、格致家新制一物，以之制成衣裳可以御弹，冲锋陷阵亦可无伤云。机器兵。其法：用钢铁制造内藏机器，进退自由，有似钟表，临阵时将机开足，每分钟可放洋枪四十余弹，而铁兵腹藏各色药弹尽足敷用。倘偶被抢去，即能立时轰炸以伤敌人，盖其头内预藏电器炸弹故也。又有希腊火，为昔时军中极惨烈之法，教会相战曾经用过，作史者未详所用。闻水师工匠会中人云：矿火油浇灌铁甲船顶，烟火暴烈，管船者无能施设，每灌一轧伦矿火油，计八斤。一霎时火即满船，一百方尺内人不能近。用一种机器如救火水龙，今有造成，惟近敌三百尺内乃可施之。倘有格林炮轰击，则施希腊火者乌能近三百尺乎？或谓希腊火一出，不能接战，然水手有枪炮，船之两边皆可用格致新法御之。现英海部又查验希腊火之用矣。火器精矣，而所用之人若非操练有素，亦与无利器同。因闻临时所募之勇，授以利器，尚未操演纯熟，即驱之战，以致所用枪炮不能命中及远，且仓卒中竟有子不对药、枪不配弹者。总之，西人心思之灵敏、制作之精微尚复日出不穷。

今国家讲求武备，凡所用船械不自行制造，皆仰给于人。中国内地各省亟宜设制造厂，勿惜重聘延揽人材，选通西文、晓算学者入厂学习，以备不虞，勿以经费难筹置之不理，岂但购自外洋多出运费，犹恐临时敌人封口，虽出善价，欲购不能。故曰：各省不可不亟设制造枪炮厂，不可不速仿西法认真练兵。若一旦失和，各国谨守公法，不肯出售，悔之何及？宜亟兴艺学，并悬不次之赏，求绝技之人，庶几有恃无恐。彼掩聪塞明，不知外事，日欲以弓矢刀矛制胜者，惜不与身历行间，一见弹雨枪林之惨也。

《泰西新史揽要》云：昔年普国屡败于法，死伤甚众。普人得赉赐，年仅十九，于配钥、打簧诸艺颇有心得，究其国致败之由，皆因所用枪炮不及他人之利，遂投法国巴黎瑞士国人包狸所开枪炮厂，求供使令。该厂甚得法皇拿破仑宠异，得赉赐日夜苦思，至二十年之久制成一枪，灵便异常，秘不告人，归而献诸普廷。经普国之娴于军旅者逐加考验，皆谓大适于用。普廷立拨巨金，发交得赉赐，俾之别创铸枪大厂，专督各工匠多铸后膛枪，旋锡名曰针枪。一千八百六十四年，同治三年。普与奥连兵以伐丹墨，普军中已有能用此枪者冲锋陷阵，精锐驾于他枪之上。普王大喜，锡封得赉赐以世袭之爵，并命增募良工，赶造新枪，期足普国全军之用。是时他国亦习闻普铸新枪，然未知其灵捷无匹，故亦但视为寻常。及一千八百六十六年，同治四年。普、奥之衅既启，普军中皆用后膛枪，既精且准，远胜于奥军之钝器。奥人虽悍，但遇普之新枪，奥弹未及普营，普弹已丛奥阵。盖新枪之力远于奥枪也。奥枪更不及新枪之速，奥炮不及普炮之远。奥将遂计无所出，非舍命狂奔，即束手待毙耳。可知当今战务虽有敢死之士，亦恃枪炮足以胜人。枪炮既精，其胜如操左券。技艺之关系于国家如此，可不悬重赏以鼓励工匠，令其悉心讲究乎哉？

今日本所用之枪，又一律更换新式，较前更快。中国各营所用抬枪因中、日之战各制造局制造枪弹刻无暇晷，故多造自东南各省铁铺者，枪身内外粗而且笨，每杆需用二三人，咸谓远于洋枪，惟未经燃放至数百响，未悉能否坚利，尤恐临时炸裂也。据承买军械洋人云：我国近由外国运来之前膛、后膛枪，多系十年至三十年前旧式，所购灭雷艇，即捉水雷之船。每点钟不过行二十诺，新式灭雷艇可行三十余诺矣。亦泰西各国现在所不用者，岂急于购用，不暇选择乎？抑取其价廉而购之乎？虽然，所买军械、雷船，总署与各督、抚恐经手舞弊，常械请中国使臣查验佳否。无如使臣不识良楛，惟听委员所指，有贿者曰良，无贿者曰楛耳。洋人之言未必无因，事关大局，当轴者不可不知。

《盛世危言》卷十一　强兵

间　谍

兵法有言："知彼知己，百战不殆。"不知彼而知己，一胜一负；不知彼不知己，每战必败。又云："奇正相生，变化不测。"诚以兵行诡道，必审机而达权，非行险以徼幸也。古来善用兵者，凡敌境之夷险，敌将之性情，敌兵之多寡，敌谋之设施，敌意之趋避，敌党之离合，如秦宫照镜、牛渚然犀，无不洞然于心，瞭然于目。一经开战，出正兵以击之，运奇谋以制之，批郤导窾，迎刃而解，得心应手，好谋而成。夫岂有他术哉？亦惟在间谍之得人而已矣。

然为间谍者，须选沉密勇敢、胆大心小、察言辨色、喜怒不形、趫捷善走者始克胜任。平时留心物色，以备不时之需。若能钩致敌人为我所用，予以重赏，结以厚恩，与敌气类相投，侦探更易，机密重情不难诇察。如太公之阴谋，鬼谷之抵巇，均不外此术也。中国当春秋、楚汉之时，凡用军之得间谍者则著著争先，能制人不为人所制，故可操必胜之权；失间谍者则事事落后，欲攻敌反为敌所乘，故劝有偾事之患。所谓"运筹帷幄之中，决胜千里之外"者，非善用间谍不为功。

按泰西各邦尤留意于此，即当承平之时亦必具备金赀，广遣精测天文、善识地理及通兵学、绘舆图者，潜往各国，纪其政事之利弊，兵制之法度，关塞之险要，道里之远近，山川之形势，民庶之风俗。若海道则量其水道之深浅，度其口门之宽隘，察其沙礁之有无，莫不绘图立说，探本寻原，持以归国，呈诸政府，然后密颁将士，使之平日考览，诸事明通。即或一旦启衅，早已准备，便可长驱直入，抵隙蹈瑕；或据要津，或趋捷径，无须向导之人，如入昔游之地，师行神速，不啻将军从天下飞来，雷霆从地中奋起，兼之声东击西，攻虚避实，则敌兵共为骇异，众心早已披靡。此胁制于无形，战胜于未发者也。

今德国相臣俾士麦、将军毛奇，如汉之留侯、曲逆善于用间谍者也。毛奇知德、法之将有战局也，即留心法之地势：凡山川险要、程途远近，逐一绘出，故以兵入法如驾轻就熟，使法不及拒。又与俾士麦密谋深虑，出奇无穷，复贿法之巴将军拥师十数万不战而降。俾士麦又密授报馆主笔危言耸听：一、说俄有意于印度。一、耸英多购苏彝士河股分，与俄为难，使英、俄不睦，彼得免俄之患，英思自备而不敢为法之援。其处心积虑，可谓无微不至矣。又如他国遣来之间谍，若牧师传教，武员游历，或托商贾，或习方言等类，终日孜孜探问，随处留意，或测路径，或绘炮台，或量海口，或侦营垒，务在得其虚实，归告其国，俾进兵有所把握，最贻后来之患。故立法甚严，一经查出，随即拿获，处以重刑。如有本国人为敌所用，私以国中机密阴告敌人，如多鱼之漏师者，处分更重：或立时诛戮，或永远监禁，犯则不赦。然彼此仍不免互相策遣者，诚以间谍之为用最为要著，故不辞冒险而行之。

然彼国间谍之来，必有内奸得贿为之先容，故欲搜外来之间谍，必先除内应之奸宄，使之无所凭藉，难以窝藏。宜设十家门牌互相查察，倘有行踪诡秘、来历不明之人，须密禀地方官，多派干役日夕稽察。查有真实凭据者一体重惩，始可杜无形之患，得以固自强之基。至用之之法，孙武子《用间》一篇有因间，有内间，有反间，有死间，有生间，其中元妙已无遗义，用兵者可不加之意哉？

巡　捕

上古之世民风敦朴，浑浑噩噩，夜不闭户，路不拾遗。后世则生齿日繁，品类不一，非有诘奸之善法、缉暴之良规，不能安善良而除莠恶。此泰西各国所以有巡捕之设也。考西法通都大邑，俱设巡捕房，分别日班、夜班，派巡捕站立街道，按段稽查。遇有形迹可疑及斗殴、拐骗、盗劫等情，立即拘往捕房，送官究办。故流氓不敢滋事，宵小无隙生心。即有睚眦小忿，口舌纷争，一见巡捕当前，亦各释忿罢争，不致酿成命案。而其禁止犯法，保护居民，实于地方民生大有裨益，诚泰西善政之一端也。

我中国自通商以来，渐知西法之善，独巡捕之设从无人创议施行，岂以祖宗成法具在，不可一旦而更欤？抑以声明文物之邦，不屑行西国政治欤？虽天津设有看街巡丁，然似是而非，名实不符，有其外观无其实效也。今中国各省奸民布满市廛，或名青皮，或名光棍，或名混混，或名流氓，总而言之皆莠民也。此辈不耕而食，不织而衣，游手好闲，毫无恒业，挟其欺诈伎俩，横行市肆之间，遇事生风，无恶不作，不啻以拆稍〔梢〕为秘诀，以敲诈为薪传，皆因内地城乡无巡捕往来弹压，故敢肆无忌惮，慗不畏法。又甚者为哥老会匪，其党羽众多，布满长江一带，肆其肱箧之能，而犯案者绝少。盖不肖绅士往往为之庇护，差役更勾通一气，坐地分赃，或以局赌为生，或以扒拐为事。语云："星星之火，可以燎原。"粤匪之肇乱可为殷鉴，当轴者犹蹈习故常，不思除其根本，后患尚可言哉！除根之道莫要于仿照西法，设立巡捕。何则？从来国家所以御外侮者，在乎水师之精，陆军之勇；而所以遏内乱者，在乎巡差之密，捕役之勤。乃中国南、北水师，内、外陆军，训练不精，老弱不汰。敌至则望风先溃，固已有名无实。而于巡差、捕役竟至绝无其人。迨有盗劫等案，先事不能预防，事后但悬赏格出花红。耗费既多，仍难破案。盖所恃以缉犯者，专在差役，而差役之弊积重难返，民受其害，官被所蒙，举世如一邱之貉。平日欺压良懦，倚势作威，一切窃盗蒌民反与之同声相应。所以地方不靖，败类日多。若一旦衅起萧墙，揭竿为乱，必须征兵剿捕，纵能殄灭，伤害已多。则何如广设巡捕于平时，藉以防患于未然，杜乱于无形也。

今宜照何君沃生所言，变通办理。每县设一总巡捕官，每一墟场、市镇、村乡、河泊俱设巡查帮办，少者一人，多者二三人。每一帮办所统巡捕，皆以地方大小为定：小则十人，大则三四十人，县城内、外则须五六十人，方敷按段梭巡。其巡捕听命于帮办，帮办听命于总巡，总巡之署宜设于县署之侧。各帮办驻扎之处，必设电线或德律风以达总巡官署，俾消息之传递灵通，不难随机应变也。地方无事则帮办督令巡捕巡查街道，遇有违法犯禁扰及地方者，则谆谆劝谕，使民有所趋避；如固执不听，乃拘获究办。遇有整顿地方之事，可会同县官照理预先告诫详明，使民知所趋向，如古之司市、司虣等职是也。若地方有变，如劫掠、斗殴之事，巡捕须严密查拿，设法弹压，以免酿成事端。如不能止，则帮办以电报达诸总巡，总巡则一面申报县官，一面发电附近各处帮办，督同协助，必使安靖而后已。若不幸有匪徒倡乱，非一二帮办、巡捕所能弹压，则总巡可尽调合邑巡捕，仍申请县官联衔飞请近处军营调兵协助。如此，则揭竿之变，乌合之徒，未有不立地肃清者也。

独是平日约束巡捕，宜严而不宜宽。盖舞弊营私乃胥役之长技，非大惩小戒、雷厉风行，不能绝欺蔽之端，而收振作之效。是当严定条规，每日应行事件必有一定时刻，违者必罚。巡捕未到差之前，须由总巡或帮办逐一点名，然后分派各处地方，认真办事，专为保护良民，查拿痞棍。其有性情凶暴，办事怠惰，以及私受贿赂，勒诈平民，窝盗庇赌等弊，许民间据实指控，查明有据，立予重惩。庶几戢其狐威，穷其鼠技，防闲既密，弊窦可除也。然既有严罚以儆其心，尤当设重赏以励其志。巡捕如有奉公守法，不惮勤劳，由总巡随时记功。凡记功三次者削除差籍，赏给功牌。如果益加奋勉，不至始勤终怠，记功至于六次，作为异常劳绩，立即升迁帮办。其或终身当差，无功而亦无过，殁后察核事绩亦准削去差籍，其子孙应试、捐官与平民一体，藉资激劝。若帮办有功，则升总巡；总巡有功，则升州、县。如此赏罚严明，不难收得人之效矣。

难者曰："中国幅员孔长，如是举办，需费浩繁，款将何出？"则应之曰：是无难也。筹款之法有二：一曰用罚款。凡州、县衙门遇有案件，无关风化者，如田产、斗殴等案，一概准其赎罪。视犯罪之重轻，定罚锾之多寡，均充开销巡捕等费。每至月杪，将收赎之数、支销之数，按款列明，登诸报章，以昭信实。倘有不敷之处，则就钱粮税钞项内稍资津贴，自能绰绰有余。或以罚锾之法西国盛行，我中国步武后尘，不免有伤国体。不知"金作赎刑"，《虞书》早垂明训。我乃以今复古，并非用夷变夏也。何容鳃鳃焉而过虑哉？

环游地球客述：美国纽约巡捕房共三十五处，二千三百人。每处九十二人，分二班，内副总巡四人。时交子正换班之际，总巡点名，排班而出，各人须将夜间见闻，次早报名登薄。见数人正获犯至，或饮酒滋事，或小窃。总巡询姓名、住址，另登一册，收入班房，分别男女。四壁皆石，门为铁栅。本日获到六十人，内有幼年妇女七八人，貌美衣华，共处一室对泣。询为赤身演戏，坏人心术，故在拿办之例。次早解赴会堂，罚锾具结而释。公堂审案处，亦有监房，分男、女、幼童三等，以处巡捕获解者。

公堂有台高三尺，有暖阁设公案，坐问官三人，各具纸笔，随问随录。旁一桌坐三四人，为报馆记事者。案前立一人，为传审吏。左设一椅，坐原告或证人。犯人立栅外，案上左角置教书一本。犯人先取书置口边吻稍动，仍置原处。此即设誓无虚言之意。台下长桌椅五六张，坐二三十人，皆讼师、证人。堂下绅民数百人，任其观听。问官由绅民公举。每日必有数十案：或释放，或罚镪取保，或定罪后转送各衙门核定，或未了结，分别暂押监房，次日再讯。纽约城共有六处，规制井然。按泰西刑律应讯之案，多由刑官会同陪审十二人公同定谳，盖集思广益，不令刑曹独擅其权也。惜陪审者向于百姓中除职官教习及卑贱罪废外，自二十一岁至七十岁皆得书名拈阄，案牍向未练习，识见未尽通明，遇事秉命于刑曹，不能有所匡救耳。

各处所设巡捕，实于地方大有裨益。如中国仿而行之，何致有教堂滋事、两乡械斗、小窃劫案如此之多乎？上海租界巡捕亦有为邻县拿获大盗，赃物完全者。可见捕房公事认真，章程亦善。若在中国地方，各绅商、差役，虽知有邻县、邻乡大盗逃匿到此，亦不敢露风首告，以防拖累无穷，又防该贼党报复，其赃物岂能不私不没乎？

建　都

有客问于杞忧生曰："自海疆有事以来，议战者有人，议和者有人，议守者有人，独不闻有议迁都者，何也？"

杞忧生曰："我朝定鼎燕京，而长白一山，地居艮维扶舆钟毓之灵，笃生圣哲，龙兴胜地，距京师千里，据上游而驭六合，天下全势如在掌中，所以奠亿万年有道之基，而世世守之者也。安土重迁，谁敢轻议及此？藉曰有之，亦必枢密嘉谋，草野恶得而妄参耶！"

客曰："世变靡常，今昔异势。燕京自辽、金、元、明以迄国朝，建都旧地，西、南、北面三垂高山，东面距海，膏腴上壤，形势天然，亦犹古人所称关中天府四塞之国也。而中国自开海禁，尽撤藩篱：法国侵占越南，与云南之蒙自、开化，广西之镇安、左江，处处毗连；英国据五印度，由暹罗、缅甸以入滇，由前藏旁连青海以入蜀、入陇；俄国则跨有三洲之境，其南鄙包络黑龙江、蒙古、新疆以至西藏，袤延三万里，皆与中国接壤。此外海国番舶出没于东南七省，自奉天金州、复州以达广东之琼崖，沿海设防亦一万四千余里。前朝边患急于陆者缓于水，急于水者缓于陆。今则水陆交迫，防不胜防。而燕京距海仅三百里，中国都会距海最近者莫若京师。前代虽有海防，未闻海战。今日轮舟、电线绝迹飞行，即此一端已相判天壤。况俄人鲸吞蚕食，战兵数万，距吉林才隔一山，战船泊于东洋，互为声援者又数十号，近复与日本同谋，结约吞并朝鲜，逼处凭陵，有日辟百里之势，与各国意主通商者迥不相侔。万一卷甲长驱，径趋东省，势或不敌，必且震动神京，而宿卫雄师又不必皆能出奇制胜。庚申之变且北狩以避其锋，兹则卧榻之旁先已有人鼾睡。前车是鉴，覆辙岂可循哉！"

杞忧生曰："我能往，寇亦能往。敌国外患，何代蔑有？惟当内修政事，外固封圻，亟择蒙古王公中之智略者，秣马厉兵于关外要口，严为戒备，以纾北顾之忧。而于直隶、山东、河南、山、陕等省，简派知兵重臣练兵屯营，与京师声势联络，以为犄角之势。敌人虽强，亦不敢扣关而牧马矣！若遽望风怯敌，而惟迁都是谋，历观往古以来，畏敌偷安未有能复振者。无已，则以亲王监国，留守燕京，而用成王营洛、盘庚迁殷、唐建东都、元立上京故事，另辟一地以维根本大计。或以为行宫如前代之有南京、北京、东京、西京之设，遇有外警即入内地巡幸，敌人不注意于北京，则动辄要挟恫喝之事鲜矣。欲求今日之地势，可以居中驭外、雄长天下者，其惟关中乎？英人戈登于法人之役献策傅相，曾主迁陕。楚南王子寿比部曾主迁晋。关中形胜，沃野千里，沟渠四达，耕、渔、畜牧可以广事屯田。又有河东花马盐池以为民利。天府陆海，今何必异于古所云也。又况山河四塞，海外诸国舟楫不通，即陆路之铁路、火车亦未能遽到。重重关键，以守则固，自可深闭而固拒，长驾而远驭，南北东西无思不服。自古中兴之主抚有西北，则可以莅中国而有东南，虽时会使然，亦形势之利便为之也。方今四郊多垒，而天下人心固结，未有闻海氛而动摇者。朝廷正宜示以镇静，多购坚船利炮，令四海倍道勤王。俟他日无事之时，别筹专款，宅镐卜洛，建设陪都，为进战退守之至计。果能君臣同德，上下一心，立政任人，励精图治，坚忍十数年，无难转弱为强，易贫而富，不战而自服，不守而自安，不言和而海外诸邦无不怀德畏威，同风向化。迁都何为哉？"

客闻之唯唯而退。

廉　俸

《管子》有言："仓廪实而知礼节，衣食足而知荣辱。"天下之人未有饥寒切体内顾增忧，而能致其身为国家用者。

西国定制：人非本籍不能为官。选举之权操于议院。一县之中，有知县，有律司，有管库，有考帐，有查街，有捕头，执事人役除优给俸钱外，复有公费以给应酬，事无陋规，物无官价。即巡捕、下役每月工赀亦数十金，余可概见。倘有玩忽章程，贻误政事，徇情受贿，越理取财，一经讦发，从严查办。其人多羞忿伏罪自裁，否亦为国人所不齿。故贪污坐赃之风，不禁自绝。惟其有司养廉之款则较中国为倍优，国家课吏之条亦较中国为倍肃，是以俸薪外一介不取，而箝簋不饬之患寂尔无闻。

我朝建官设禄，正俸之外，加以恩俸，常支而外，复给养廉，体恤臣工，无微不至。无如俗尚奢靡，物价腾踊，京外各官之廉俸入不敷出，数本无多，而又以丁耗划为军漕，绌于转输，扣俸折廉，所得无几。其能洁己奉公，见利思义者贤人也。否则上焉者或借夤缘馈赠节礼堂规，克减军饷，侵蚀钱粮为津帖；下焉者或藉窝家坐赃娼赌私规，诈索乡民，欺朦长官为得计。探其原，实由支用不给，极其弊遂至流毒无穷。恐非古圣王重禄劝士，庶人在官者禄足代耕之本意矣。

今欲整饬吏治，轸念民艰，当自京外各官加廉俸始。《新政论议》云："宜下令国中，自今以往，在内为相臣者年俸三万两，所属递趋递降，以是为差。在外为总督者年俸二万两，提督、将军年俸各一万五千两，所属递趋递降，各以是为差。至兵丁、水手，月俸八两至十两，月终颁俸，分毫不得扣减。衙门公役以及各官住所费用由公项给发。历官十年而归田者，恩俸视其所食禄给若干成数，以其仕二十年、三十年者递加之。终于王事者，功大则以其恩俸之数酌给其〈孙〉终身，功小则给其子之成人而止。文员、武员有受民间一钱一物，或擅支国库一毫一厘者，立行革职，永不再用，恩俸尽削。如此而贿赂之风未有不绝者也。或嫌此议不无过重。我纵不与，彼亦必取，与其私取而败公，曷若公与而杜私？重禄所以劝士，古之大小臣工身名俱泰，无他，此法行耳。"所有文武廉俸必照旧额倍给，并分别酌给办公之费，使无支绌之虞。若复有冈上营私、受贿枉法者，按法重绳之。一切陋规悉为裁撤，或相沿已久、碍难骤革者，全数充公。如此，则民困纾而官方肃矣。或疑国用未足，一旦遽增巨款，费无所筹。则莫如裁汰冗官，将其额禄并归必不可少之员，则廉俸裕而操守自端，积习除而国帑自足。尸位既少，循吏必多；循吏既多，民生必遂。百姓足，君孰与不足？又何虑官谤之或速，经费之不敷哉？若更能通堂廉之分际，祛隔膜之偷风，上下一心，实事求是，则唐、虞、三代之风不难复见于今日矣！

典礼上

礼之兴也，其在中古乎？当黄帝与蚩尤战于版泉、涿鹿之间，方耀武功，未遑文教。及尧、舜继统，垂衣裳而天下治，于是乎礼文备具中天之世，号为文明。逮至周末文胜，威仪三百，礼仪三千。礼文之详备，莫过于周，是故夫子曰"周尚文"，而又有"郁郁乎"之叹也。然礼与其繁也宁简。至于今日，繁已极矣！返璞还醇，其在兹乎。溯自元黄剖判以来，始而衣皮饮血，其简陋无仪礼可知。及制衣裳，造宫室，作礼乐，而威仪品节次第毕备。自来踵事者必增华，变本者必加厉。万物之数，其始由简而日趋于繁，繁至于极无可加，则又一变而日趋于简，简亦必至于极而后乃复为繁。其气机之旋转，犹夫阴极阳生，阳极阴生，若循环之无端，莫能穷之也。

夫五帝不相师，三王不相袭，圣人不凝滞于物，而能与世推移。涂山之会，执玉帛者万国，变而为春秋列国，列国又变为七国。七国并于秦，又变为郡县一统。凡周先王之衣冠、典制、文物、仪器，莫不荡然无存。盖周为文之极繁，繁极而至秦乃一大变。中间复更数大变以至于今，则日趋于简，日还乎质之时也。何则？吾盖尝微窥乎历代变革之故而知之矣。衮冕也，一变而为通天冠矣；上衣下裳也，一变而为通袍矣；佩玉佩觿种种之修饰也，一变而若存若亡矣；广裾也，一变而为箭袖矣；束发也，一变而为修发矣。衣冠如此，礼节可知。礼节者，随衣冠制度而相为损益变通者也。孔子曰："先进于礼乐，野人也；后进于礼乐，君子也。如用之，则吾从先进。"又曰："殷尚质，周尚文。"又曰："质胜文则野，文胜质则史。"又曰："麻冕，礼也；今也纯，俭，吾从众。"合数语以体察之，盖可知夫子之右质而左文也。夫质者朴也，有崇尚太璞之意；文者彣也，有粉饰虚华之意。公孙子阳坐据西蜀天府之国，而不能当汉兵一战者，亦以烦礼多仪失之也。刘景升当汉末之乱，方且招名士，标厨俊，骎骎乎讲求虚礼，曾何救于荆州之覆乎？善夫！夫子之美仲雍也，曰："雍也简，可使南面。"然则吾谓夫子之贵质，非虚语也。

夫自秦、汉以来，一代各有一代之典礼，由博返约，一言可断，即吾所谓由繁而趋于简也。今中国之制度礼节，盖已简于前代矣。抑犹未也，虽日趋于简，而犹未简至于极，则迁流正复无已。譬如立版走丸，丸不坠至于地，则流转正无一息之停，惟细心人乃能体会之耳。三代以上，揖让而已，今则有登降跪拜，且极至于九叩之烦文矣；三代以上，三公常坐而论道，今则由坐而立班列侍者，且变为长跽敷陈矣。然此犹曰尊君父之礼也。至于卑幼之于长上，属僚之于上官，小民之于官长，僮仆之于主人，皆动辄跪拜，罕复答礼。夫不论其中藏诚敬之实意，而徒责其外貌卑抑之虚文，是相率而以伪接也。故上以此求，即下以此应；或面呈巧令，转背即肆讪谤；或外作足恭腹诽，甚于轻侮，则亦何益之有哉？

今如泰西各国通行之礼节盖亦简矣，臣下之见君上，不过三鞠躬而已，免冠握手而已，上下皆立见，无所谓一坐一跪也。古之时诸侯朝天子亦然，天子南面而立，诸侯北面而朝是也。此即西礼之暗合乎中国古礼之遗意者也。至其僚属相见，友朋相晤，长幼官民之相接，皆不过一免冠一握手而已。说者谓："中烦而外简，中礼难学，而外礼易为。"是亦不然。设纯尚虚文，而罕实意以将之，譬如作傀儡戏，其跪拜揖让，盍尝不彬彬可观，苟徒曰礼也可以演习而貌为，一无真意存其间，何以异是？若夫西礼虽脱略乎形迹，有类乎倨放，然去其虚文之伪，则必流露其真诚，苟徒曰礼也可以演习而貌为，殊不知心意一有怠傲，则声音笑貌立著，其非不可以虚文掩饰也。此吾所谓真难而伪易也。夫堂廉之交接，上下之会同，亲友之结纳，畴不欲其相待以诚，乃不求其中心之自然，而徒责其外貌之当然。自然者无有不简，所以然者之根也；所以然者亦无有不简，当然之本也。止求其当然，则枝叶盛而渐离本根，浸假而至于世风日漓，诈伪相寻，皆肇于此，非细故也。更如迎送宴会年节之仪，婚丧寿庆之事，亦恒喜耀其外观，有一不臻华美者，则歉然哗然，自尤而人非之，至于精意之存亡，真诚之有无，乃相与置诸勿论。孔子曰："礼，与其奢也宁俭；丧，与其易也宁戚。"亦可深长思矣。呜呼！此我中国上下四万万人群相见以伪，而至成今日之衰弱也。与其悦典礼之繁，共成一伪，何如从典礼之简，犹得一真。仲弓曰："居敬而行简，以临其民。"是可为今日主典礼者当头之棒喝也已！

典礼下

《传》曰："礼，所以安国家，定社稷。"《记》曰："礼，所以辨上下，定民志。"古人之于礼也其重如此。古者礼从宜，事从俗，入境而问禁，入国而问俗。先王之治民也，因其政不异其宜，齐其教不易其俗，是以有古礼，有今礼，有世俗所谓之礼。吉、凶、军、宾、嘉、谶、享、朝、会、盟，皆国家之大礼也。古人于行礼之时，或有愆仪失节者，皆知其为咎征之先现，祸机之将发。如临食而叹，闻乐而忧，执玉之俯仰高卑，趋走之视流行速，皆是也。自后世礼教失传，礼意浸衰，徒见之于虚文外貌，而礼之本原不可得而知矣。呜呼！此礼之变也，非礼之常也。夫毋不敬之谓礼。今之胁肩谄笑，喜怒逢迎，以为智效一官，能效一职者，问犹敢有责难交儆、陈善闭邪于主上上司者耶？今之顺旨面谀，请托干谒，以图办一公事、讨一优差者，问犹得有殚心竭虑、尽瘁鞠躬，以措办得宜者耶？夫诋诋之声音颜色，已拒人于千里之外，而犹曰士相见也礼在则然；赫赫之喝道鸣驺，已辟人于咫尺之间，而犹曰官淑问也礼在则然。故自有此烦文，是以卑躬屈节以为礼，而抗直之士断不收；自有此末节，是以有厚贿重赂而谓礼，而刚介之夫断不取。国家社稷之危危在此，上下民志之散散在此！

夫礼者理也。行乎礼之真者，国之兴也不难；行乎礼之伪者，国之亡也亦易。高丽之属中国也，有虚名而无实利。中国为高丽而与日本战者，徒为虚名。虚名者即今之所谓礼也。是故明乎礼之真者，不慕虚名而忘实利，不残民命以作战功。晋不争继文之霸业而争狄土，秦不争东周之王号而争蜀疆，俄于近日不西争土耳其而东争高丽，皆此意也。所望我国崇实事，去浮文，除礼之伪而得礼之真。譬如为子者温凊定省，其于父母也，问安无缺，而乃惰其四肢，不顾父母之养，滥交匪类，反贻父母之忧；何如勤工作，谨交游，而以至亲无文为孝也。如为臣者跪拜趋承，其于君上也仪注无失，而乃授之以事，则有旷职之讥，托之以财，则有欺蒙之弊；何如供厥职，慎厥操，而以至敬无诃为忠也。忠、孝，礼之大端，其余可以推类矣。

泰西之官亦有品位之不同，大都任事者权尊，位高者望重，此亦与中国不相殊异。惟其出入起居，一切规模，往往乔野无文，简朴不饰，旁人见之不知其为官也。迨各事其事，各在其位，则出一令也，无不应之如响；创一举也，无不从之如流。至其衣冠服御，或者亦有区别，我辈异邦人不能深知而详辨，然较之中国，则华实之间大相径庭。故泰西各官，其于民间之情形，民事之底蕴，皆莫不了然若观火，而无廉远堂高之虑。虽以一国之主，皆得与齐民相晤谈，初无赫声濯灵，难于一见，此其风气直与古人无异。自昔我中国何尝不如此，三代以上君与民近，天子犹一方之吏，茅茨之阶不以为陋，沾体涂足之伦，时接于目。其为君者，或遁于荒野，或学于儒臣，如商王武丁，谅阴不言，梦赉良弼，求傅说于版筑之间，而举之相位。说者谓其求贤之诚，感格苍昊，而不知其实由高宗遁荒之时，早知傅说之贤，特恐来自田间，举登于位，朝臣或有所疑，故托为应梦旁求之事耳。迨至秦、汉而后，此等异闻，犹或有之，然君之体则渐尊矣。至于官，则犹未若今日之倨贵也。夫人主一身，岂能综理庶务，势不得不委任臣下；而大臣又不得事事躬亲，亦不得不分任其责于属僚。内而宰相部臣，外而督、抚大员，皆其位尊而权重者也。惟其位尊，故其威仪礼节皆与人不同；惟其权重，故其下亦莫不尊之敬之。而体势之崇高，仪度之尊严，与人迥异。自是而大员之一出一入，仪制繁盛，随从众多，伺候其门者咸伛偻足恭，有不敢仰视者。一轿马也，绿呢绚烂，异者少则四人，多则八人。顶马跟马，前后拥护，肃静回避，除道清尘。今当道前后拥护，手举清道旗、肃静牌者，皆衣衫褴褛，形同乞丐，无论停足何处，即解衣扪虱，非但不能壮观瞻，反为西人诋笑。其体统有如此者。一舟车也，或乘轮船，或坐兵舰。舟中则不敢搭客，不敢装货，开轮系缆必升炮，隆隆然络绎不绝。骡车套车，极其高大，前扈后从。其尊崇有如此者。夫体统尊崇至于如此，则凡民间有冤抑苦情，欲赴诉于前者，谁不有所畏缩？求其下情得以上达也，乌可得哉？且不独大员为然也，即州、县各官，亦莫不自张其威，一州一县彼独称尊，除见上司时不敢不致敬尽礼外，若在衙署，或下乡催科、踏勘相验等事，亦复扈从如云，威仪煊赫。以州、县亲民之官，且不能俯察下情，躬问疾苦，则封疆大员，更无论矣。即如各镇分司巡检，亦且夜郎自大，不肯纤尊降贵。中国之官，体制如此，则其异于西国者远矣。西国虽以将相大员握重权，掌兵柄，指挥如意，措置裕如，而其出入之间，坐不过马车轮船。而轮船除水师提督等官自有坐船外，往往附坐公司商家之船。即挈眷同行，亦与诸客杂坐。随行之人亦不甚众，护从之辈益复寥寥。即有德政及人，或当临行之时纷纷饯送者，亦初无中国之所谓万民衣伞及一切匾额、衔牌之类，但以杯酒为酬，并致祝祠而已。

夫中国之官场，其繁重也如此；泰西之官场，其简捷也如彼。以此见中外之所由分，而中国之文有不如泰西之质者矣，中国之华有不如泰西之实者矣。

刑 法

徒善不足以为政，徒法不能以自行。故有其人，然后有法；有其法，尤贵有人。中西律例不同，必深知其意者，始能参用其法而无弊。惟西国之法犹能法古人明慎之心，苟能参酌而行之，实可以恤刑狱而致太平。

中国三代以上立法尚宽，所设不过五刑。读《吕刑》一篇，虽在衰世，犹有哀矜恻怛之意。自后一坏于暴秦，再坏于炎汉。有罪动至夷三族，武健、严酷之吏相继而起，大失古人清问之意。使不返本寻源，何以服外人之心志，而追盛世之休风耶？西人每论中国用刑残忍，不若外国宽严有制，故不得不舍中而言外，取外而酌中。泰西有《律学大同》一书，为欧、美二洲各国素所遵行，近数十年来又概从轻减，所以各有不同。日本维新后刑律大旨改宗于法，而参以英、德，凡重刑九：曰死刑，以铳杀之；曰无期流刑；曰有期流刑；曰无期徒刑；曰有期徒刑；曰重惩役，入狱做苦工，极少九年，极多十一年；曰轻惩役，但服役而已，极少六年，极多八年；曰重禁狱，不做苦工，极少九年，极多十一年；曰轻禁狱，收禁而已，极少六年，极多八年。轻刑二：曰重禁锢，收入狱中做工五年以下之谓也；曰轻禁锢，但收禁十一日以上，而不做工之谓也。加刑六：曰削去权柄；曰削去官位；曰停止权柄；曰禁止治产；曰监视收禁，以后再以人管束之之谓也；曰充公入官。此外尚有罚刑，自数十元至数元不等。惟我国尚守成法，有重无轻，故西人谓各国刑罚之惨，无有过于中国者。如不改革，与外国一律，则终不得列于教化之邦，为守礼之国，不能入万国公法，凡寓华西人不允归我国管理云。

夫天地生人，原无厚薄也，何以案情讯鞫而酷打成招独见之于中国？夫三木之下，何求而不得？抑岂各国之人皆纯良，而我国之人独凶恶，必须施以毒刑，而后可得其情欤？讼之为字从言从公，谓言于公庭，使众共闻以分曲直耳。案既未定，何遂用刑？则问时要无打法。善夫！何沃生律正之言云：两造之中，必有曲直。曲者宜罚，多此一打是谓滥刑；直者求伸，被此一打，是谓枉法。使曲者不畏打，而故逞其凶，不挠之状，其情有似乎直；使直者畏打，而甘受其屈，战栗之状，其情有似乎曲。夫讼所以平民之冤抑，一有此打，则冤抑愈加；讼所以剖民之是非，一有此打，则是非转昧。故打之一法，行之以便审官之私图则可；若行之以畏平民之志，则决乎不可。今夫言由心发者，情也；言多遁饰者，伪也。问官以忠恕待人，使其人之言情理可信，而无相反之证以起其疑，则谓之直可也。问官以公明断事，使其人之言情理可疑，而无相反之据以征其信，则谓之曲可也。果其有罪，自招者罪固在；即不自招，其罪仍在。果其无罪，用刑而招，其枉愈甚；用刑而不招，是谓刑非其罪。此理易明，人所同晓。中国则必使犯人自招者，由朝廷不信问官也。夫不信问官，岂独中国为然，即外国亦然。乃中国不信问官，而问官于是乎法外施刑，必求犯人之自招，以图塞责。而自此冤狱多矣。外国不信问官而设陪审，秉正人员佐官判案，不容犯人之狡展以抗公评，而于是真情出矣。且问官之怀私者无论矣，即使其居心有如白水，自问可对青天，而旁人犹不无可议以其独断独行，不询于众也，况健讼之流诪张为幻，狱成之后，虽问官亦不无自疑。则何如询谋佥同、舆情允洽之为愈也。

今宜令各省、府、县选立秉公人员，或数十人，或数百人，每遇重案，轮班赴署。少者数人，多者十余人，与审官听讯两造之供词，以及律师之辩驳。审毕，审官以其案之情节申论明白，令陪员判其是非曲直，视陪员可否之人数多寡，以定从违。孟子曰："左右皆曰贤，未可也；诸大夫皆曰贤，未可也；国人皆曰贤，然后察之；见贤焉，然后用之。"即西国公举议员之意也。"左右皆曰可杀，勿听；诸大夫皆曰可杀，勿听；国人皆曰可杀，然后察之；见可杀焉，然后杀之。"即西国陪员议判之意也。若夫人非险狠，则公堂对质每多嗫嚅；人若奸顽，则虽三尺当前，犹能诡辩。使无律师以代伸委曲，则审官每为所愚。中国之问官，司审既于律法非所素娴，而所用之刑名幕友，又于律学不轻传授。生死系其只字，枉直视其片词。稍有依违，则官司之前程难保；若无贿赂，则在讼之受屈必多，律之深文，例之繁重，皆胥吏所以便于上下其手也。非破其趋避之巧及舞弄之奸不可！案情百变，申详之成格牢不可破，以罪就律例，非按律例以定罪犯也。故谓律必改简明，例必废成格。则何如明张其词，按律辩论之为得也？中国亦宜以状师办案，代为剖折，使狱囚之冤情得以上达。至若刑者类夫秋之肃，犹赏者类夫春之温。故刑者治天下之所不能无，然而中国繁刑严法，未免失之于酷。特以刑莫重乎死，缳首与斩首均死也，而肢体之全缺判焉。刑莫辱于挞，挥鞭与施杖均挞也，而受辱之轩轾攸分矣。故知弼教端在明刑。今欲明刑，须除苛法。试将刑之制约而计之：缳首致死、系狱苦工、监作官奴、罚锾赎罪、鞭笞示辱、充发出境。之数者，足以治轻重之罪而有余矣，毋或滥也。

至于通商交涉之件，则宜全依西例。今海禁大开，外国之人无处不至，凡属口岸无不通商，交涉之案无日无之。若仍执中国律例，则中外异法，必致龃龉。不如改用外国刑律，俾外国人亦归我管辖，一视同仁，无分畛域。且日本东瀛一小国耳，改用西法，西人亦归其审理，此时和约已有成言，非其明验耶！去岁特设新例，凡为官者必须通晓英文，凡外国人俱准游历内地。其独重英文，是志在推广商务；其许入内地，则是自信其西例洞明也。何中国犹远不及日本哉？往者中国不肯改用西法，嫌其宽待狱囚耳。乃遇交涉之案，为外人则照外国之例而从宽，为华人反依中国之例而从猛。是华人之生于中国，反不及洋人之来自外邦也。然中外一体，为政无事偏私，但执公平，则无思不服。是故以德报怨，圣人不与；伤己徇物，贤哲所讥。况生于其地者，又有土著之利权，非外来者所能攫夺也。泰西国内都会必由刑部派臬司以司鞫事。中国亦宜于中外通商之地，专设刑司以主中外上控之案。此其人必须深明中外律例，经考超等而多所历练者，方膺是选。其审案俱以陪员主判。如外国人有久居中国行事和平者，可与中国人一律得选为陪员。遇交涉之案令其厕名主判，则外国人心必无不服。怀柔之道其在斯乎！

罚 赎

《吕刑》一篇，论者以为穆王巡游无度，财匮民劳，为此权宜之术以敛民财。今读其书，千载下犹见其哀矜恻怛之意。孔子删书断自唐、虞，所以示万世之治法也，存《吕刑》于训、诰、典、谟之后，独非诏后王哉？蒙窃谓虽行之百世而无害也。秦、汉以还，议刑名者或增、或减，代有更革。"金作赎刑"，其废也盖已久矣。太史公当被宫刑，以家贫不能自赎，是汉世犹有此风，后此斯少见矣。圣清因明律而损益之，实不外《唐律》十二篇之准则。五刑有赎，仁至义尽之规也，而罚锾之法乃未闻敷诸奏议，见诸施行者，或恐纵富人之恶，长贿赂之奸，而屈抑小民贫乏者之冤狱故也。

今西人杂处中华，刑法此重彼轻，罚锾此无彼有，宽刻相形，轻重悬绝，未免易生下民咨怨之心，而交涉案件亦每失其平准。老〔庄〕子曰："为人之所为者，人亦无疵焉。"盱衡中外，似不得不改弦而更张也。况踵其法而行之有清讼源之道焉。进一解以参之，又得澄叙官方之道焉。

夫天生烝民，资财以生，故相依若性命。词讼之兴，发端于财者十有八九，若详定罚锾一章，于五刑准赎而外，讼而虚者议罚若干。其半入官帑，半归讼直之人。则始也以财肇讼，终反以讼伤财。稍知顾忌者，有敢轻蹈法网、健讼不休者乎？即梗顽之辈，既知有议罚之条，或亦重命惜财而弗敢轻肆其刁诈。且越礼蔑法、欺压良善者多在巨室富豪，今罚减曲者之富，以济直者之贫，则均平之道得也。刿人之爱货财往往重于惜名命，刑辱之不耻，笞挞之不畏，而独至令其解贪囊舍阿堵，则较之剜肉断胆，弥深痛惜追悔。是罚款之严，尤甚于桁杨刀锯之猛也。而顾必谓其有抑冤长恶之患，蒙殊不信其然也。

或者难曰："吏治之坏，于今斯极。罚锾之法诚妙，恐适以饱贪黩之私囊，富者更易邀幸免。"不知朝廷立法，百官奉行，枉法贪贿亦自有三尺法在。是又贵能察吏耳。若吏不奉法，即无罚锾明条，富厚者亦何尝不屡以贿免也。今请更进一解焉，讼曲罚锾，讼直分锾固矣。若官吏上下其手，以直为曲、枉实为虚者，则准令含冤受罚者，得以赴控上官，遣良吏能员详查覆审，询诸公论，断以舆评。若审明原审官贪贿枉法，即用其屈罚人者而什百其倍以罚之，除给还屈罚款外，余尽入官。其富户行贿者，则亦照其赇贿之数而什百倍罚之，悉数入官。有司之爱钱重于惜名命，亦何莫非富人类也？斥逐之不羞、除名之不惧者，至一旦迫发其私囊，将欲遗子孙、购姬妾、起园亭、为娱老资者，俄顷化为乌有，其痛恨悔惜之情，将有不可胜言。或因而有沟渎自裁者。是大计参劾之严，断不敌破吝惩贪之术妙也。摘录镜存子《治标庸言》曰："际此国用窘迫，岂无输忧报效者？如光绪三年，前署两广总督刘坤一于兼署粤海关监督后，自陈居官岁久，请以廉俸所余捐交银十五万两。奉旨：刘坤一捐输巨款，为储养人才之用，定能公而忘私，力顾大局，殊堪嘉尚。光绪九年，前大学士文煜明白回奏：由道员升至督、抚，屡管税务，所得廉俸历年积至三十六万两。奉旨：为数较多，著责令捐银十万两。又曾带勇之记名提督刘维桢，于三数年间报效海防军饷及鄂省购设机器、制造、枪炮局厂等经费银四十万两。近年顺、直水灾，亦有司、道、府、县捐银万两者不一其人。以各直省现任暨优游在籍者，咸如刘坤一、刘维桢，则众擎易举，千百万巨款不待呼助，争相报效，理固宜然。"夫孰敢轻置此网哉？故曰进一解焉。又默寓澄叙官方之微意也。然则罚锾是矣。

罚锾之条目将何如？则拟请饬下廷官、大理、三法司，会同妥议，参以《周官》束矢、钧金之例。除人命必抵外，刊布定章，示罚于无讼之始，谕罚于方讼之初。谳定之后，曲者、虚者，户婚之罚几何，田土之罚几何，斗殴之罚几何，诈骗之罚几何，奸情之罚几何，拐窃之罚几何，债务之罚几何，一切不应为而为杂犯之罚又几何，无赀可罚者，即照篇中前论充当苦工。准事犯之轻重，制罚款之差等。毋或偏，毋或贷。上控覆审仍虚、曲者倍罚之。

州、县之罚案，月造报册上之藩、臬两司。臬司专主勘核案情，藩司则每季按册征提罚款存库。另款存储，以为教养民生、兴举各善政经费。取之于民者，仍还于吾民，国家与官吏莫之或私。且教养诸善政具举后，受罚者亦与蒙其美利焉！斯补偏救弊之方，即大公无我之治也。何病之有？

至如败军失律之将领，贪墨被劾之大僚，与寻常罪犯有别，是又宜斟酌轻重，分别惩办者。我国家自有权衡，非草茅所敢妄拟也。

弭　兵

先王耀德不观兵，诚以兵凶战危，不得已而用之也。洎周室既衰，秦、汉以来竞以武力取天下，而战争之祸遂无已时：辟地争城，生灵涂炭。此也喋血，彼也舆尸。老弱罹锋镝，血肉膏原野。闾阎凋敝，帑藏空虚。默揣仁爱之天心，当亦恻然不忍矣。呜呼！好战非策，佳兵不祥，天命靡常，盛衰如寄，岂独中国为然哉？尝读西人万国史记，历观泰西古昔雄才大略之君，往往好大喜功、穷兵黩武，如罗马、法兰西并吞列国，囊括欧洲，自谓无敌，卒至身亡国破，弗戢自焚，未尝不废书三叹也。

夫天下之生久矣，一治一乱，古今诸国莫不弱肉强食，虎视鲸吞。其国之大者兵将日广，炮舰日坚，机械日精，火器日利，奇技新法层出不穷，皆为争地杀人、此攻彼守之计，万钧之炮、百钧之弹，以之平城郭，坏村舍，杀人亿万，盈野盈城，何其残忍若此！盖天地之杀机至今日而尤酷尤烈矣。《普法战纪》载师丹之战一日殒数万人，蒾士之战一日殒十万人，俄、土之战加里布一刻殒三万二千人。英国《泰吾士报》载泰西军兴而后，自咸丰二年迄光绪三年止，此二十五年中战死疆场者凡一百九十余万人，费饷项凡一万二千六十五兆员，至军士之积劳成疾，商贾之废业失时，房屋货物之焚烧毁坏，种种伤残不可枚举，兵祸之烈未有过于今世者。西人刚劲性成，伊古以来罕有息战休兵至三四十年之久者。倘异日群雄并起，鹬蚌相争，祸患之来不堪设想。且各国之失和开衅，大抵外托信义，阴肆并吞，名辟商途，实窥土地，或则婚姻之国浸为仇雠，或以唇齿之邦激成水火，只知树威克敌，不顾糜烂其民，何不仁不义之甚也！况既勤远略，必增额兵。以英而论，曩日岁需兵饷约合中银一万万两，迩来逐渐增至一万四千万两。其余各国兵饷亦年增一年，为数不可以亿兆计。一开兵衅，上干天地之和，即无事之秋亦岁耗民财以供兵饷，国安得不困？民安得不穷乎？

夫保民与殃民孰善？守土与辟土孰公？与其争强弱于百年，何如享太平于千载？各君其国，各子其民，反衰世之陵夷，即以体天心之仁爱，不骄不倍，无诈无虞，庶几长治久安，干戈永息，国有工商之利，地无畛域之分，而铁路、轮船四通八达，遐迩一体，中外乂安，不亦善乎？然而未敢必也。非我族类，其心必异。弃好从恶，始合终乖。强者固明恣狼贪，弱者亦阴图蚕食，兵连祸结，扰攘不休，不至如洪水之横流浩浩滔天，而其事不止。夫剥而必复者，天心也；危而思安者，人事也。以目前论之，泰西各国亦渐有悔祸之心矣。如俄、土之争及秘鲁、智利之役，各大国勒兵劝和，烽烟少息，生灵之祸稍纾。并以兵费至繁，尽倾积蓄，幸而胜，所得已不偿所失；不幸而败，则既折兵力，又损国威。是以善筹国者皆讲求攻守之具，欲战胜于无形，初不欲轻启衅端，见诸实事也。

然兵可百年不用，不可一日不备。国家当无事之日，明其政刑，兴其教化，缮其城郭，浚其池隍，将帅得人，士卒用命，饷糈充裕，器械精良，则敌人觊觎之心默焉自息。何至听其玩于股掌，肆厥凭陵，削夺我藩服而不能援，逼处我边疆而不能拒，虔刘我烝黎而不能校，要求我金帛而不敢违耶？噫！谁非人子？谁非人臣？此长沙贾生所以痛哭流涕、扼腕抚心而不能已也！

英国有著名硕彦殷富巨绅设立弭兵会，约三百余人，别国亦有愿入者。如有两国失和，会中人即举极有位望者前赴两国，察其事之曲直，论其理之从违，另浼局外之国讲信修睦，俾无失和好而免启兵戎。并劝各国立约之初必宜添入一条，曰：凡我两国苟有龃龉，必延他国秉公解劝，不可先动干戈等语。各国中颇有从其议者。今其会不仅为英国私会，竟成万国弭兵公会。第一次会于法京巴黎，第二次会于英京伦敦，第三次会于意京罗马。有十七国达官赴会共议弭兵善策，其成效颇为昭著。如昔年美国南北省大乱，英船数艘乘危图利，攻劫美国商船财货。美乱既定，核算美船之受害于英国者共银若干，即向英国索偿。英廷答以此事曲直非我二国所能遽定，不如延请公正人持平判断，庶彼此不致受亏。于是英、美两国各邀公正人持平核议，询谋佥同，乃判曰：此案美国理直。盖美国当自顾不暇之时，英国宜及早约束本国船只，不准在美洋滋扰。英计不出此，应以英金三百万镑偿还美商耗损之款。英廷即允照偿。法与荷兰因南亚美利加属地互有龃龉，后遵弭兵会公请俄国君主剖断，得免纷争。英、美两国之人在卑令海峡捕鱼争竞不已，几酿事端，后亦遵弭兵会议，公请著名之人公断，遂不至以兵戎相见。

此弭兵会之成效昭然也，他国日后倘有龃龉，何不援案办理之有？

《盛世危言》卷十二　节流

禁烟上

烟之为害深矣，禁烟之议亦夥矣。始也操之过急，继又失之过宽，遂使痼疾缠绵，充塞宇宙，败坏不可收拾以至于今日也。

当议和定约之时，能坚持前议：商埠可开，兵费可增，而鸦片必不许入境，当亦唯命是从。何则？彼时出产无多，运售中国者，岁不过二千余石，彼固易于改图也。吸食尚少，各省仿种者未致蔓延，我亦易于查禁也。此机一失，吸食日众，贩运日多，遂为进口大宗之巨款。查洋烟先到香港，转达各口，岁计约大土五万箱，小土四万箱。其金花土及在新加坡等处华人所销者，不在数内。岁约十万箱以为常，每箱价值约五百余两，除关税捐款外，洋商约得四百两左右，统计每岁出口银四千余万两。今直省相率仿种，甚至川、黔全境皆是，岁约十二万箱，箱重百二十斤，合计烟土约二千六百四十万斤。以每人岁食六斤计之，以土十灰六熬膏，土约五成，灰约七成，层层折算，实每人日食四钱七分零。当得四千四百万人。而佣工小贩之依此为生者约十之一。其余自种自吸者，或相倍蓰。年年坐困于此，犯法伤生，废时失业者，不下千百万人。于是中国之智士，莫不痛悔从前之失计，而思有以禁绝之。

尝考日本与英国立约，鸦片土不得入境，例止三斤以配药之需。如违约，关口拿获全数充公，或竟抛弃于海。有闯关者，每斤鸦片罚洋十五元。我国亦宜设法严禁吸食，并仿日本条约，请各国劝英国一律行之。况英国好义之士，亦深以流毒中国违背公法为耻，立会议禁。英国禁烟会董事亚力山打，自伦敦来游印度、中国，查探洋烟是否有害华人，曾偕广学会董李提摩太、仁济医院总理慕维廉，到招商局与余一谈，问有无良策。余即将所拟禁烟论告之。谒我使臣，陈说利害，而英之政府终迟疑不决者，盖数十年恃此以致富强，而本国煤铁矿产之饶，渐非昔比，印度兵饷赖此支持。苟我能借箸代筹，使无大损，则彼亦何乐而不为也。然即禁洋土之来，而不能禁内地之种，亦非正本清源之法也。

夫每岁四千余万金之漏卮，千万余口之鸩毒，洵非一朝一夕之故。其所由来者渐矣。迄今痼疾日深，疗救猝难奏效；症候多变，换方亦少成功。闻印度岁出鸦片烟，英国官为之经理，召商贩运，以时消息之。我中国不禁则已，苟欲禁矣，即宜破除成见，不分内外，一体严禁。

欲内禁必先外禁，不妨招商集股，创设公司。吴瀚涛大令曾偕马观察奉檄赴印度，与英督商办此事，再三辩论，始允将印度所出之鸦片，尽归我华商公司承办，逐年递减，以五十载为期，即行截止。惜总署批驳，谓招商承办，明设公司，殊于国体有碍，而此议遂停。天下有心人均为叹息。独不思广东筹防捐、炮台捐、闱姓赌捐，皆系招商承办者乎？果能与印督商办，并可责其担保，如有偷捐从重罚赔，省内地无数缉私经费，五十年后烟不禁而自绝矣。便孰便于此者？

至民间吸食，亦宜逐渐严禁，以绝萌芽。内禁之法有二：

一曰定限期。由各处地方官出示晓谕吸烟之人，限四个月内一律报明，报后以一年为限，一体戒绝。如逾限未戒，官则削职，士则褫衿，吏则革役，商则罚锾，兵则除名，一切下等之人则治其罪。既经严办，仍予半年展限，改过自新。倘再届期不改，立发边远充军，以儆效尤而除积弊。风行雷厉，孰复甘蹈刑章哉？然而立法虽善，奉行尤在得人。否则适启官府之苛求，吏役之需索，捕快、地棍之讹诈，鱼肉乡愚，欺压良懦，而于禁烟之事，仍无实效可观耳。此急以驭之之法也。

二曰编籍贯。通饬天下，将食烟人户逐一查明，无论官商军民，编成烟籍，谓之烟民，照差役例，不准应试，不准当兵，不准捐纳职衔，不准充当绅士，平民不准与婚。其有秀才、举人、进士、词林及现任官，已吸烟者限三年戒清，由族长或同乡官具禀地方官注销烟籍之名。如逾限尚未戒清，立即革职，不稍宽假。如此明示区别，严定科条，一挂烟籍，即不得侪伍平民。庶父勉其子，兄勉其弟，妻勉其夫，既吸者将痛改前非，未吸者亦不敢再沾陋习。是乃攻心之法，王道之功，较之势迫刑驱，徒滋纷扰者大不同矣。此缓以治之之法也。

然而草偃必风行，上行则下效。要必政府左右无吸食之人，然后可禁部寺；京朝左右无吸食之人，然后可禁外省；疆臣左右无吸食之人，然后可禁僚属；将帅左右无吸食之人，然后可禁弁兵；现任无吸食之人，然后可禁候补；幕府无吸食之人，然后可禁师儒；职官无吸食之人，然后可禁士庶；胥役无吸食之人，然后可禁平民。故欲禁烟，必自上始。若为上者吸烟，而欲禁群下之不吸，虽朝申一令焉曰禁烟馆，暮申一令焉曰禁土栈，而民将嗤嗤然笑之以鼻也。呜呼！如是而曰禁，何惑乎终不能禁！

泰西烟、酒之税最重，至有值百抽六十者。夫以中国人民四百兆论，即有不嗜烟、酒者牵扯合算，每人日费烟、酒三文，一日需钱二百二十万缗，以一年三百六十日计，即需钱四万三千二百万缗。倘援古人什一之法以征其税，通盘等算，一岁可得四千余万缗。且所加之数，合则见多，分则见少。以每斤每两节节摊匀，渐渐加贵，在吸食者不觉，而国家得此饷源，当亦不无裨益。然此犹不过就中国之烟、酒言也。若外洋进口之烟、酒，亦宜加重其税，如纸烟、雪茄烟、麦酒、葡萄酒之类。当通商立约时，以为西人食物例不征税，嗣因西人之寓华者众，而洋酒之进口日多，于是稍加捐税。查今通商则内载：进口洋酒装玻璃瓶，大者每百瓶输税银一两，小者每百瓶输银五钱，其装桶则每百斤输银五钱。至外国烟则并无进口税。然查洋酒之贵者，每百瓶价值洋三四百元不等，而收税止银一两，于值百抽五之例未免相去太远。若烟则非特西人嗜吸，即华人与彼族往来，亦不免沾染习气，以外国烟携带轻便，而吸者渐多。今中国政府若遇修约之期，据理直争，使二物亦照值百抽五完纳，一岁税项，当亦颇巨。

顾或谓：加中国之税，其权在我；加外国之税，其权在彼。洋人以钱财为性命，此说恐不能行。则尚有一妙法在。如鸦片为进口大宗，今已厘税并征，每箱收银一百十两，核与英国常税值百抽二十之数相等，似无可再加。然可照香港、西贡、新嘉坡例，俟其熬膏后再议抽厘，设官膏局于通商口岸，招商承充，认定缴数，准其将生土熬成熟膏，分运各处销售。凡嗜鸦片者，只准买熟膏吸食，不许购生土自煎，违者律以私铸之罪。如是，则洋土可全数归公，私土并无处可买，而中国各省所出之土药，亦照此法办理，则岁赢银钱何止数百万。

闻官膏之例，西贡最严，虽为数一二钱亦必给以凭印纸据。每日按户稽查，必使所吸烟数与凭印纸据相符，方得无事，否则有罚。凡入境商贾，有私带烟膏者，不但充公，并议罚锾。闻近日新旧金山、香港、南洋各埠，亦有是例。每岁输饷多者百余万，少者亦数十万。今中国若行此法，以生土熬成熟膏，犹以洋货变成华货，权自我操，利不外散，虽英廷不得挠我自主。况鸦片系害民之物，虽横征暴敛，亦不为苛，与治乱民用重典之意相同，又谁得议其后哉？

禁烟下

《易》曰："履霜坚冰至。"戒其渐也。盖当事机初萌，挽回原易，及乎积重难返，则虽有圣哲，亦将痛心疾首而无可如何。天下事大抵然矣。禁烟之策，固今日所宜行，然而立法尤贵得人，无人不得行法，言之似易而行之实难。欲筹简易之方，则不必议禁于今兹，而徐图禁之于日后。且使漏卮不致外溢，西贾不能居奇，莫如广种罂粟之一法也。

顾或犹不能无疑者，谓：种者既多，吸者必广，举世皆入陷阱，他日安有禁绝之时，其害一。中国人口繁庶，若准种罂粟，小民必相率效尤，弃嘉禾而植毒草，不特粮食日贵，一遇荒歉，何以堪之？其害二。洋药流毒，几遍天下，然犹曰来自外洋也，今弛禁自种，其价渐低，人人喜吸，使声明文物之国，转为烟薰雾塞之区，大伤国体，其害三。印度之烟土其味厚，中国自造质味既薄，搀杂尤多，以伪乱真，何能与洋药相敌？其害四。今人喜吸洋土，然内地少而海疆多，自种既多，反使洋药不能到之地，土药起而乘之，是不啻添薪而助焰也，其害五。印度种烟，有种植法，有刮浆法，有砖制法，中国既不谙其法，必不及其佳，徒增一害人之物，何能塞洋药之源乎？其害六。洋药税、厘并征，日有起色，每岁收数至八百余万，土药盛行，洋药锐减，收数必疲，于国课不无窒碍，其害七。此数害者，骤而听之，似皆可虞；切而按之，则皆不明时势者也。

夫洋药之所由不能禁者，半以英人阻挠耳。今自种罂粟以杜来源，英人岂能责问？且洋药味厚，土药味薄，厚则瘾重，薄则瘾轻，重则难禁，轻则易戒，此自然之理也。他日土药日多，洋药日少，英人自顾获利无几，徒招与国讥评，必将与中国会商禁烟，以博高名而洗前耻。日前禁贩黑奴，英人不惮费千万金钱以成义举，何独于禁烟之事而疑之？

其不必虑者一也。

种田粪壅，多费人工，一夫之力不逾二亩，而一亩罂粟可抵十亩稻粱。农民可以余赀转购粮食，如西贡、暹罗一岁三熟，今闽、粤等处多贩运其米。苟铁路已成，轮舶、火车水陆飞挽，乞籴邻境速于置邮，但使小民有买米之钱，何虑地球无买米之处？其不必虑者二也。

土药价值虽廉，较他物犹昂十倍，吸不吸自关天性，岂以贵贱而分？况吸之与种，其有伤国体均也，何如姑纵之而他日尚有可禁之望也？其不必虑者三也。

天下有用之物，恐其搀杂以致害人。若烟固害人之物也，惟恐其不搀伪：愈伪则其毒愈轻，愈轻则其瘾愈薄；其价愈贱，人贪省费。积弊渐以挽回。其不必虑者四也。

自云土、川土、西土、关东土及鄂、皖、江、浙之土盛行，藉分洋药之利，而清江、汉口以上，更赖土浆御诸门外。否则，洋药毒如水银，无孔不入，内地元气剥削尽矣。所憾者未得印度秘制之法耳。将来大弛禁令，广种而精制之，不出十年，利权可以尽复。其不必虑者五矣。

印度种烟制浆之书，栽花结实，取胶拔本，莫不有法。本年所收之浆，必待隔年出售，气味乃厚。如派人学制，复储一年，则物美价廉，争先乐购，畴复办洋土哉？欲塞洋药之源，莫善于此。其不必虑者六矣。

至如第七害固非害也。洋药之税、厘入于中国者日旺，即中国之金银流行外洋者日多。若恋区区税、厘，而忍听斯民之朘削，是犹鬻产于人，而扣其中赀小费，诩诩然自鸣得意，有不贻识者讪笑乎？况乎洋药照约征税，土浆亦可加征，何必胶柱刻舟，鳃鳃过计？其不必虑者七矣。

总而论之，以为罂粟不当种者，皆务祖英人者也，皆欲贫中国者也。各关税务司，或谓阳为中国，阴助西人，故税、厘并征之第一年，入口洋药之数短至四千箱左右。赫德皇皇然条呈总署，请加抽土药厘金。数年以来，土药加增，洋药复有起色，其孳孳为利，并无竭诚中国之心亦略可见矣。于此有三策焉：无论洋药、土药，严定限期，一律申禁，中外之吸食者绳以重法，一体戒除，策之上也。广种土药，以杜洋药之来源，目前既塞漏卮，日后徐申厉禁，策之中也。既不能禁洋药之来，又加征土药以自塞销路，吸者、种者，洋药、土药，一任其自生自灭，自去自来，惟图多收税、厘，稍济燃眉之急用，是为下策，所谓止沸扬汤、抱薪救火者耳。公忠体国之君子，其将何去而何从乎？

戒烟方药颇多，惟不费钱而又简捷者，乃李云山所传之方。据云，假如烟瘾三钱分三次而食者，则未食烟之前，先食盐汤一茶盅，约食盐二钱，不宜太多，每日减盐〔烟〕二分。以三钱烟瘾计之，四十五天可戒绝矣。

尝考土耳其受神豆汤之祸，较中国受鸦片之祸尤烈。当百年前，南极南冰洋产一种小黑豆，名曰冰豆，土人煎取其汁以代茶，其味嗅之颇腥，饮之却甘。犹太人游历至其地，撷而给病者服之，病立愈，然愈后即成瘾，几于不可一日无，服之愈久，其体愈弱。国家知其有损，严行禁止，惟药肆中准存些少，必俟购者觅有保人方许出售。犹太人知其地已禁，改而运往他国，亦率闭关不纳。乃运至土耳其，适国中瘟疫盛行，服此者皆立效，好事者因锡以嘉名曰神豆。其价遂因而翔贵。民间无论男女，嗜此者几至十分之二。迨数十年后，虽无病者亦甘之如饴：偶向街市游行，必腰佩神豆一小罐，居家客座中，必列神豆几瓶，豆汤几碗，煮豆器一分，一若不如是不足以示豪富也者。客至有不饮主人家所备豆汤，而取自佩者饮之。市廛设有豆汤局、神豆馆，各种豆瓶汤罐，每枚有价值银饼数十圆者，杂嵌金银珠宝象牙，甚为美丽。斯时人民之被神豆所害者，多至十之五六。神豆每两值一圆，豆汤每两贵至一圆而二三圆，由是富贵者忽焉贫贱，贫贱者至于流亡。国家虽每年增入神豆税数万金，而所得究不偿所失。久之而上自官僚，下逮兵勇，亦无不嗜此。每至阅伍之期，时刻不齐，队伍不整。有明理者面斥犹太人不仁，犹太人曰：“凡人谋生总以获利为重。贵国人如不嗜此豆，则我等自然无法运售矣。”明理人不能答。直至数十年之后，有贤王名亮连者即位，始谕令朝臣会议禁饮豆汤之法。有言禁止彼国贩卖者，有言本国应自往收买者，而绝无一人言及禁止。盖当时不惟王家子弟嗜此，即秉钧各大臣亦无不饮之成癖，故朝臣多畏而不敢言也。王意已决，乃不待议成即手书严例八条，誓必禁绝。各处建造戒豆院，限六阅月一律告成。官治戒豆药材，雇用男女婢仆，制备床榻、器具、饮食、水火，下令各地方禀报饮神豆汤人数，无论官民，有妄报及知而隐匿不报者斩。自入院戒除后，各处神豆局及器皿铺一律禁止。再有出售者，经官查出，货物入官，人则严行治罪。戒豆之人入院调治一个半月。放出后，仍不自愧而饮豆汤者，经官收入再为疗治。愈后官则革职，永不叙用；民则发往边境做苦工，妇女下狱。半年再犯则一律斩首。此令一下，一年之后，通国男女之饮神豆汤者绝无一人，而犹太人之贩运神豆者可不禁而自绝矣。夫土耳其曾以鸦片害人，而在己先受害于神豆，犹幸其主能力图整顿，国中大患得以顷刻洗除。奈何我堂堂大一统之中华，而禁令难申，竟出土耳其之下哉？

传　教

嗟乎！中西和局之动多翻覆者，其必阶于内地传教乎！何则？昔年各国立约，载在盟书者，通商、传教两端而已。通商为各洲通例，实关富强大局，而于贸易之法，不能讲求尽善，则其利必为外人所夺。苟能发愤为雄，如日本重订税则，振兴商务，仿西法，只准各国在外埠通商，不准入内地夺我民之利，何虑人心不服？惟传教士必入内地，内地入教之民，良莠不齐，往往因此滋事。及至患成，彼以我中国不谙西例，酌议稍迟，动以兵力相胁。如曲从其请，则民之受屈愈多，衔恨愈甚，而教堂之案迭起矣。

案泰西基督之教，流派分而为三：一曰天主教，传自犹太，盛行于罗马，意大利、奥斯马加、比非利亚、法兰西、日斯巴尼亚、葡萄牙、比利时等国从之；一曰耶稣教，日耳曼国之所分也，英吉利、德意志、美利坚、丹麦、荷兰、瑞典及瑙威、瑞士等国从之；一曰希腊教，希腊为西人文字之祖，亦衍基督教之说，别树一帜，小亚细亚、欧罗巴之东、俄罗斯、希腊等国从之。其教或分或合，有盛有衰，名目不同，源流则一，皆本于向传之《新》、《旧约》两书。《新约》载耶稣降生为上帝子，以福罪之说劝人为善。是时泰西纷乱如战国，立教者深具苦心。而千百年来党同伐异，仇敌相寻，人民苦锋镝，原野厌膏血，别分门户，遂酿干戈，以至变本加厉，实非教主始念所及。十字架之役，俄、土之战，其尤著者也。迨后道术修明，已异于古，故今耶稣教之在欧、美两洲者，英、美两主实称教中监督，为一会之领袖，尊为国教，未可厚非。盖人生于世，不能逸居无教。如有僻在遐方，礼教未行，狉獉未变者，耶稣教士遍至其地而化导之，地球各国现已一律相安。

自传入中国内地，未尝习见习闻，动辄龃龉，英、美、法等国合举国之权力以庇之，然而庇之愈甚，而冀传教之广播愈难。何则？传教先贵乎化导，化导在身心，不在乎势力也。在教中诸人，诚信教旨，恪遵教规，安分守业者，本不乏人。特莠民借入教为护符，每有作奸犯科，为种种不法事，其病在教士以招致人多为一己声名起见，遂至泾渭莫分，品类淆混。每有教士听教民一面之词，不能灼知其奸伪，专为护持彼教计，因此偏袒，以至紊我王章。在教士存心本亦公正，若能洞烛其奸，自不容其所为，且为彼教十条诚所见斥，应按籍除名。所惜者，地方有司鲜知此例，惟虑开边衅，先存畏惧之心，并不知西国律法，折服无从，光绪元年《新报》谓：中国既无治西人之律，何不仿照英于印度各族类通商之律，参酌行之。往往迁就定谳。平民受屈，申理末由，众怒滋深，群思报复。又有藐视教民，断案不能平允。因此教士出为诉说，酿成其祸。是故拆教堂，辱教士，民教斗殴之案，层见叠出。平心而论，彼教士及华官，苟有自知之明，应同此愧悔，所谓公道自在人心也。

曾闻耶稣教士，有教案伤人不愿惩办，为体上帝好生之心者，惜难多得其人。夫教士以身卫道，虽死亦所甘心，即无端受辱，如耶稣所云："披左颊，转右颊向之可也。"苟能含忍包容，人心自服，又何必力为较量？然余亦未之见。至每遇大臣查办，或以相距太远，未悉案情；或以律例不同，各执一是。定案稍缓，彼即横生枝节。有司既经革职，复请惋惜之国书；首犯即已伏辜，重索赔偿之恤款。朝廷怀柔交至，优待有加；百姓闻见各殊，寻仇无已。于是儿童、妇女未能辨其种类，闻声相恶。加以匪徒煽惑，变故迭乘，果谁贻伊戚欤？

虽然，教士来华各循其教书之旨，传教济人，出自公心，费用捐自民间，非支国帑。如传教别存邪僻私见，各国先不能容，又何能流行一千八百余年而愈盛？明季利马窦东来，徐光启舍宅为堂，有奏留其教之疏，实为华人入教之鼻祖，而《明史》称其清介，亦未因入教而受贬也。所惜者，传教于华人出于勉强者多，每与时人多所辨驳，与孔教较量多所毁斥，以自见其高大，以至忿争启衅，是亦不可以已乎。夫信从者，在乎心不在乎迹，苟有不信不从，置之可也。耶稣之书不云乎："苟有不接受尔者去之，日拂去足尘可也。"保罗传教至一处，以人不之信，谓其时未至，转往他所。进华之教士如是以行，又何龃龉之有？今在亚洲教民既多，权势亦大。其设义塾，施医药，育婴孩，箸论说，无分畛域，一视同仁，救人之心不可谓不切。独是以救人之婆心，因容纳中国之莠民入教，遂启争端，动成大案，此诚天下有心人所共惋惜者也。

今欲民教相安，必须广求良法。与其补苴在后，不如筹度在先。先令华民入教者，开列姓名、籍贯，报明地方官，查无过犯奸恶之人，方准收入。而又编清册以备查究，揭实情以释疑惑，明大义以肃观听，别各教以免蔓延。嗣后我国有司，凡遇教案秉公查办，勿延宕，勿推诿，勿畏葸，勿袒护。不必问其为民为教，必先辨其孰曲孰直，一以公平之心处之，斯远人无所藉口。其维持调护，实出苦心。再或会同驻京公使，剀切妥议，须保传教出入内地，各友必确守教规始准。为神甫有干预公事，挟权诈者，立请之公使，饬遣回国，以免贻害。如华官断案不公，亦即由各公使商请总署严查参革，藉昭平允，亦正本清源之一法也。有案则依西例，延律师到堂，约期互辩。大率以无故干犯教堂，有司官按例惩办，责成赔修。若与百姓为仇者，但照案情轻重处理，不得托词赔修，以相诘难。此实欲保护教堂、劝善防恶之心，使民教无诈无虞，不生嫌怨，非论教之是非也。不然，竟效日本近年办理，择公正教民与华教士代为传教，无须西人。彼本自有此教规，则教士踪迹即不绝而亦稀少。我孔孟之道，精微广大，如回、佛、老诸家，亦在包容之列，何必断断争辩，独拒彼教乎？

况入教之民，犹是中国食毛践土之民也，劝民为善，固圣朝宽大之政所允行也。若纵民为奸恶，倚教势以祸人，非摩西立诚之旨，教士传教之心，抑亦为条约所必不能从者也。尝见敦品之教士，其心能克己爱人，颇近我儒家者流，亦有颇知读我孔孟之书者。吾人幸勿动相轻藐妄肆诋諆，反为外人讥笑其量之不广，致无端肇事，转贻君国之忧，则尤当鉴戒者也。

交涉上

中外通商日久，交涉之案层见迭出，卒鲜有办理公平，能折彼族之心而伸吾民之气者，何也？以不得办理之法，未用度外之才也。

夫洋务交涉之事甚繁，约其大纲：君、民两大端而已。如杀伤、斗殴、焚毁、抢劫、占产、拐贩、债务、辛工以及碰船、碰车诸案，皆事之小者，关华民生计者也；侵越疆界、偷漏税款、违例便己、辟埠通商以及传教建堂、游历杀伤诸案，皆事之大者，关国家安危者也。西人舟车所至，每以语言互异，律法不同，利己损人，任情蔑理。入国不问禁例，入乡不知土俗，在租界外创办之事，亦不禀准当道而后行。惯以恫喝之词，势迫力成，否则勒赔巨款。是以猜嫌易启，动至激成巨案。我中国顾全大局，忌开边衅，官长多从迁就，士民谁敢抗衡？如吴淞铁路电线、四川彝陵轮船等案，虽属无理，尚赔巨款。洋船撞毁华船，反咎以不谙趋避，或诬其桅灯不明，改重就轻，含糊了结。马车碾伤华人，反谓不知让道，祸由自取，扭赴公堂亦仅薄罚。又如华人受雇洋行及充洋船水手，往往借端扣减工资，甚或殴辱毙命。西人之狡黠者，更串通地棍拐贩乡愚，冤惨尤无天日。他若华商负欠洋商，一经控告，追封产业，扰及亲朋。西人负欠华债，虽饶私蓄，循例报穷，便自逍遥事外。外国税华货进口，务从其重；中国税洋货进口，务取其轻。华人商于西国者，按名纳税，岁有常规；洋人商于中国者，北突南奔，绝无所费。我招商局"和众"轮船曩年开抵美国金山，关官执意重征船钞，冀不复来。美之商船至华，所征税额较诸英、法商船，无畸轻畸重，亦系一律征收。美国何得歧视？凡寓居新旧金山之华工、华商，有回国后不准重到之例。查从前美国甚恶黑人，时时群议驱逐。自南北花旗之战，美廷立例：准黑人入籍，与操保举总统、议绅、地方官之权，遂无议驱逐者。然则华人之不容于美者，乃以不入美籍之故欤？英国、丹国均与美有准客民入籍之约。我国如与各国重订和约之时，亦宜仿行，以顾国体保护商民。我之待西人如此其厚，彼之待华人如此其薄。天理何存？人心何在？夫轮船飞驰于港汉，马车冲突于通衢，无事而带持军器，用人而刻扣工帐，空盘倒赀，祖庇教民，包揽关捐，掠贩人口，凡此种种妄为，亦西律所必禁，公法所不容，只以中西刑法不同，彼族反能趋避。遇有杀伤交涉事件，华官以华法治华人，抵命之外，更断偿银；西官以西法治西人，罚锾之数且从轻减。如华官稍持公论，执公法条约以争，西官即回护故纵，并薄罚而不加。上海及各处租界之地，华人不能买。如要买，须出外国人之名。华人所住房屋，工部局估值租银，每百两岁捐十两。洋人所住房屋，每百两岁捐银八两。且准其在内地买地造屋，契虽写"永远出租"字样，仍与卖无异。所以有福州乌石山、九江庐山盗卖官地之案。日本国例不然，非土人或入籍者，不准买其本国之地。中国宜仿行之。此尤事之大不平者也。

近有俄都书院生马尔丹箸论云："中、英出入口货约值四千五百万磅。英国获利可知。然驻华英商犹时时播弄是非，屡请英廷力胁中国。幸执政者洞悉情形，顾全大局，凡遇不平之事，概行批驳，并禁止领事、武官非奉本国或公使之谕，不得擅调兵船。"云云。前英人额尔金奉使驻华，亦尝函致其妻云："抵华后，日见英民在华地恣意横行，实出情理之外，皆因华民过于驯顺，不敢抗拒，又过于愚蒙，不知控诉，以致时遭凌辱。"云云。不知华民纵极驯顺，岂难抗拒西人？实因彼动挟全力以争，故我每曲法相就。华民之忍辱，由于畏官长；官长之曲法，由于畏朝廷也。若公使能持平识大体，不肯偏袒己民，则我民伸诉有门，又谁肯横受其辱乎？曾文正言："方今中国好言势者，专事羁縻，幸免开衅。然习于畏葸，难期振作。好言理者，又激于忠义，卤莽从事。然操纵无术，决裂堪虞。皆非万全之策也。"旨哉斯言！诚老成谋国之笃论也。故洋务交涉非不可办，特患向之办交涉者，非畏葸即卤莽。畏洋人而希图省事，即为多事之阶；愤洋人而务求取胜，反为取败之渐。间有熟读条约、稍谙公法者，又辄欲舞文弄墨，仗笔舌之小巧，以折其猛鸷凭陵之气，多见其徒劳而鲜功矣。且也鄙夷洋人，谓为"非我族类"，几欲不与之同日月，而于其制器精巧，作事实践，亦一概抹煞。是为愤时。愤时者不可以办交涉。重视洋人，炫其所长，平日誉之不容口，临事不加揣度，更欲借终南为捷径。是为趋时。趋时者不可以办交涉。

　　然则洋务交涉之事，竟无善法以处之耶？曰：何为其然也。是宜先储善办交涉之才，次定专办交涉之法。取才之法必察其人品诣端正，大节无亏，入教籍及沾染嗜好者万不可取。熟史书，谙政体，洞悉中外律例，而又经出洋周知彼国文字、政教、风俗，箸论确有见地，存心公正，无抑中扬西之习，并无我中彼西之见者，则根柢既真，措施自当。南、北洋特辟一洋务馆以收储之。然后集群策群力，兼延西国著名状师，遍考中西律例及条约公法诸书，据理持平，定为《中西交涉则例》一书。盖中西律例迥然不同：中国有斩罪，有杖罪，西国无此例；西国有罚锾罪，罚作苦工罪，中国亦无此例。西例听讼有公堂费，不论原告、被告，案定后责由曲者出费，直者不需分文，中国亦无此例也。中国办理命案，误伤从轻，故杀从重；乃西人于故杀，亦有从轻者。如往岁英牢头哈金击伤中国侍者，状师照轻打人例罚锾释放。夫击人至死尚谓轻罪，试问以何者为重？而讼师受贿即为开脱，揆诸情理，岂得为平？此皆办理者不知西律，未能与争耳。是以西律诸书亟宜考订，择其通行者照会各国，商同外部，彼此盖印颁行，勒为通商交涉则例。凡有交涉案件，须委深通西律之员审办：合于律例者，立即办结，不必羁延，上下推诿，致滋口实，转启罚赔开埠之端；其不合乎律例者，彼公使、领事纵百计恃强要挟，官可罢，头可断，铁案终不可移。彼虽狡悍，其奈我何？且以西例治西人，则彼无可规避；以西例治华人，则我亦免偏枯。每届年终，将交涉各案如何起衅，如何定谳，删繁就简，勒为全编，分送各国使臣及彼外部公览，兼发各省刑司，互相考证，庶枉直是非无能遁饰，洋人无故纵，中国亦少冤民矣！虽然知之匪艰，行之维艰。近各省偶有要案，疆吏据理而争，彼辄嗾其公使与总署为难，甚或百端恫喝。故必当轴者洞知外事，上下一心，操纵刚柔，曲中窾要，始克收政道刑齐之实效耳。

溯日本初与泰西通商，西人以其刑罚严酷，凡有词讼仍由驻日西官质讯科断。强邻压主，与中国同受其欺。乃近年日人深悟其非，痛革积习，更定刑章，仿行西例，遂改由日官审判，彼此均无枉纵，而邦交亦由此日亲。噫！今日亚细亚洲以中国为最大，堂堂大国顾犹不如日本焉，可耻孰甚！苟能毅然改图，一切与之更始，于治军、经武、行政、理财、通商、惠工诸大政破除成见，舍旧谋新，设议院以通上下之情，执公法以制西人之狡，定则例以持讼狱之平，力矫不慎不公之弊，以服其心。有时争所必争，执以西国之法，不敢稍宽；让所应让，给以格外之恩，不必过泥。临时勿使我受其愚，事后勿使彼蓄其怨。庶大权不致旁落，而强邻弗敢觊觎。不然，遇事曲从，过为迁就。我以为怀柔，彼以为尊奉也；我以为优容，彼以为畏缩也。交涉之事日益多，办交涉之法日益绌，能办交涉之人日益少，忍辱含垢，民气日靡，丛雀渊鱼，民心渐去，其流祸将有不忍言者，是所望于识时务之俊杰也。

交涉下

上海租界会审公堂之缺，实为洋务之枢纽，未可泛视，宜委道员与总领事品级相当又素有声望谙悉中西律例者，方可胜任。

查租界四至，因当年未划沟立界为限，致为外人侵占不少。如上海之新闸、老闸、虹口等处地方，曾闻本地人云："昔年租界无如此之远，至前年始定界限，已被侵占不少矣。"凡租界之地宜仿日本国例，一经勘定，即划沟为限，方可杜侵占滋事之虞。然与泰西通商数十年来，华人遇事隐忍，而洋人则遇事欺陵。非但上篇所论上海华人房捐较洋人多二成，中国内地洋人可租九百九十九年，而租界之地华人反不能买等事而已。

尤有不平之事数端，今列于后：上海杨树浦、新闸及泥城外等处不入租界之地，亦归英工部局照其向章办理。地方官竟置之不辩，且遇有是处讼事反听领事判断。不平者一。洋人马车行只纳一总捐，而华人马车必须逐一纳捐领牌。如与洋人马车同行，不准赶在洋人马车之先，违则拘罚。不平者二。西人打猎，例有时候，违例者罚之。去冬有乡人不知西例，猎有山鸡、水鸭携至上海出售，被巡捕拘获，押至公堂，罚银四十元。有被累至倾家荡产者。不平者三。西例猎地有税，猎狗、猎枪皆有税，中国一无所税，随处可猎。故寓华之西人往往好猎，虽华人禁猎之地，彼亦往猎，无所顾忌。纵然肇事，地方官只谓其不知俗例了事，无所谓罚也。不平者四。又冬间西人游戏于郊外，有一艺西名曰啤把亨，华名曰跑纸。其散纸于田中，随者百十成群，骑马追之，田中所种棉花皆为践踏。地方官畏事不理，乡人苦之，无从控诉，徒有赔补之名，无赔补之实。不平者五。西例巡捕出票拿人须随时禀请领事签字。如例不应拿而巡捕与原告请之甚坚，领事须令巡捕当堂发誓必无弊窦乃允签名出票。今会审公堂不能援照西例，所出空白拘人票百数十张交华捕与包探，任其随时填注拿人。故闻有藉此拘人私刑拷打之弊，勒索不遂，然后押至捕房，转解公堂。往往小民无辜受累、含冤怀怨而不敢言。不平者六。查上海租界工部局董事举有七人，皆西籍也，我国之人无一得预其列。所以华人吃亏被累，无一为之分辨者。按租界房捐岁入之数华人十居其八，况华人房产多于西人，竟不使华商与闻其事，殊所未解。反不如香港、南洋各埠尚选华商为董事，或以议员，若伍秩庸、黄平甫、何沃生前后得举。虽盈廷之议，华人或唯诺成风，未能力为伸辩，而究之有胜于无。噫！此殆由西人藐视华人，因华人愚昧无知者多，各自为计，不知顾全大体，故易为西人所欺也。然西报尝论"中国士大夫虚憍气重，不可以言理，只可以言势。历观交涉之事，地方官初时持之甚严，互相推诿，继以势挟持，即任我所求"云云，可知我国情形已为彼窥透，即与中国两次立约，皆得之于兵戎，而非得之于玉帛。年来交涉之案，动以兵船恫喝，要求非分，职此故耳。今因日本一役更为彼族所轻视。当轴者必能洞明时局，知屈伸进退之机，有负重致远之量。凡事筹之于先，使人由之而不知，措天下于泰山之安，国家阴受其福。一己之祸在所勿计，况千秋自有公论也。

从来各国交涉之案，莫不视国势之强弱为损益。我国亟宜变法，破格用人，幸勿拘文牵义，顾虑繁多，驯至一筹莫展也。英国数十年来政治最得民心，且各国外部公使及各处商务局有心世道之正人君子不少，何不闻与译署大臣会议，妥订一中西交涉合用之律例，不偏不倚，遇事持平办理，庶毋尔虞我诈。而胥吏、差役、巡捕、包探皆无从舞弊，自能交欢于无间，弭衅于未萌矣！所有中外教士，东西商贾，均得安居乐业矣！若动以势力服人，非理陵铄，势必至逼迫愈甚，而华民之私愤愈深，恐他日群起而攻，酿成巨祸。斯时玉石不分，贤愚莫辨，祸起仓卒，地方官亦救御无及。语云："怨毒之于人甚矣哉！"中西士夫不乏忧深虑远之君子，曷弗详思而善处之也耶？

条　约

各国初订通商条约，措辞皆言彼此均沾利益，其实皆利己以损人也，骤观之几莫能辨。惟强与强遇，则熟审两国所获之利益足以相当，而后允准，否则不从。若一强一弱，则利必归强，而害则归弱。甚至有不谙他国强弱之势，而误以弱为强，甘受其制而因受其害者。故洋务不可不明也，而明洋务尤必兼明商务，盖条约中交涉商务者为多。

我国昔与外国所立条约，受害甚深，事事悉为人所掣肘。同治八年总署与英、法更修条约各节，所论洋货入内地税单一事，只能保单内所开之货由通商口岸至单内所指之地，沿途免征税、厘，若已到单内所指之地后，该货即与无单之货无异。厘捐一事，中国既为自主之国，其如何征收应听自便，如他国前来干预阻碍，实不能谓之公允。管辖一事，条约内不归管辖之条，非准由洋人将华民应遵之章任意违背，至于领事官既有审鞫之权，则应委派实授官员充当此职，不应以商人代充。均沾一节，此国请沾彼国所得之益，则应同彼国所遵之章。教务一节，中国界内只有中国官可以管理中国百姓，而中国百姓入教与否均应遵守中国法纪。按总署所论五端，事属平常，乃如进口各物，凡有夺我民生计者不准免税，而彼不计也。烟、酒害我民者也，即使重征其税，彼应无辞。而今不然也，我国之货到彼国，则任彼重征；我国之人到彼国，则任彼抽税。较之日本与外国更修条约诚有天渊之隔，而彼尚云万难照允，往来辩论久无成说。诚如崔星使所论，两强相遇，其国势稍有等差，即其存心隐有区别。如畏彼则不得不让利于彼，而归害于我。一时让而时时如斯，一事让而事事如斯，以后他国立约亦以此心相待，而立约遂无平允之日。盖泰西各国不讳言利，所以兢兢相持者，恐利源之耗于外国，而欲自保其利源也。入口免税之物，皆本国所急需，故以此招徕，非有所加惠于他国也。若酒，若烟，非民生之所恃以养者，则重其税，使食之者寡，则亦自保其利源也。抵制之税，防他国之税胺吾民之利。如他国重征我国土产入口之税，则土产无所销，而产于天者失其利，成于人者失其业，则我国亦必以重税报之，使不致独擅利权。

今外国所来杂物为行船行旅所需者，如美之麦面岁至中国数十万包，概不征税。烟、酒两项在外国且加以极重之税，而今亦免之，则藉口于食用所必需者也。而美廷则于中国之白米、药材、衣服凡入美国口者，其征税过于成本。类此者甚多。不平之事令人为之气塞，已于《交涉》、《税则》篇中论之详矣。尝闻西人云：通商交涉之事胶扰虽多，一言以蔽之曰，抵制而已。通商之约必曰两国均益。今益于人而损于我，则我亦以损人益我者报之。其人如愿，则我以抵制者增我国所收于人之税；其人如不愿，则我亦以抵制者裁彼国所收我之税。必使持平，方不至胺我而肥彼也。今各国薄待我中国者，如人则抽税、货则重征之类，可援例争之。或谓："强国之于入口税，议加、议禁，他国不敢置喙。"而不知非也。日弱于法，何以加法货入口之税？墨弱于美，何以加美货入口之税？欧洲小国多禁鸦片入口者，非强于英也。盖税则者，国之内政，议加、议禁固可以自主焉。各国交涉无时不有者，我国宜加意也。

近阅崔星使所译去年西报纪日本下议院呈递日廷奏章，所陈条约四端，确中亚洲之弊。今录之以备参考。其略云："为请旨议改条约四端以图振兴收利权事。窃查一千八百四十八年至十九年，大权旁落，外侮沓来，遂致有城下之盟，立此不公条约。藩王逞雄海内，强邻逼迫境中。明治初年是以有兵戎之举。所可惜者，前与外国所立不公之约未能改换耳。查我国有自主之权，凡外人托庇宇下自应归我管辖，税务亦应在我权衡。今为条约所限，不可措手，殊失国威。臣等每一思维，欷歔欲绝。外人在我国旅居，不隶我国治下，只受彼国公使、领事所辖，一如在本国。然我日人往被国，何以须遵彼之管束？至税务又格于条约，不得我行我法。我国货物至彼入口，则任彼重税。是我有权彼则夺之，是彼重征我则依之。此我商务、技艺之难以振兴，国库之所以日削者，职是故也。虽皇上深宫劻愫、励精图治，亦末由振发矣。推其初与外国订约，不深虑于日后，而苟安于目前。想当日秉钧大员，未深谙外国情形，率尔立约，致有此掣肘之患。臣等请嗣后遇换约之期，宜为弥缝补苴之计，所有牵掣我国之款亟图更改。谨将议就四端为我皇上陈之：一、请外人在日本居住者，必须由日国管辖。二、税务如何征收，皆系我朝自立主意，外国不得预闻，条约不能限制。三、有约之国通商口岸，我国均沾其利，不得畸轻畸重。四、我国政治外人不得干预。以上四款，伏求皇上睿智如神，俯加俞允。他年条约更换之期，望将四款增入。"云。闻日本均与各国商允矣。按中国受病之重，岂止四款，亦望我国变法自强，亟宜尽为修改，以保利源，国体幸甚！生民幸甚！

崔星使日记云中、美两国税则：美收中国入口米税，每包二角二分，每年五十万包，计税银已百余万两。而美之麦粉入中国口者，竟不纳税。我之油彼按成本抽税百之廿五，而煤油入中国按成本仅纳百之五。丝绸美收百之五十，美之绸布入中国仍纳百之五，两相比较已少收十之九。烟、酒美收税极重，而中国不收税。外国药材如屈臣氏、德记各号分布各省，每年所售出之药计已数百万两，一概无税；而中国药材仅供华人所用者，其数甚微，金山入口收税极重。中国入口衣服、烟、酒、蜜饯，始以为洋人自用不纳税，今则各洋行出售亦无税。中国之衣入金山口者无不纳税，且华人附体之衣过五层者仍纳税，何其锱铢必较，一至于斯！鸦片一物，美国计两收税银一两，中国仿之则每年收税有一万万两矣。昔年风气未开，通商条约粗具，所定各货税则，我国大受其损。岂可因仍隐忍，虚与委蛇？

是宜由各海关聘深明各国税章、灼知洋货价值之人，并由商务大臣通饬商务局董，各将税则详细考究：何者我亏，何者彼利，何者应加，何者应改，一一核定，草本呈上总署，集议酌定。俟届修约之期，照会各国，指明应改条约，彼此各派洞明商务之使臣，会议妥订，以期彼此有益，而交谊可以永久。然必当讲求于平日，非可取用于临时。若平日绝不讲求，临时任通商大臣派一二亲信私人订立，则遗漏罣误之处必多，一经修定，后悔何及？将年复一年，坐受亏耗，利权不可为矣！

入　籍

地球九万里，日月所照，畛域无分，凡有道之君莫不体上天公溥无私之意以为心，乐得人民而抚有之。所谓王者有分土，无分民也。我朝怀柔远人，无论入籍与否，均有宾至如归之乐。

查各国皆准华人入籍，有准其随时入籍者，有要常居其属地若干年方可入籍者，有须生长其地乃准入籍者。美国定例亦有准各国人入籍之条，自埃利士人入籍日多，遂订新例不准华人入籍。

英国民籍最重，外国、本国各有分别。父母为英国之人，其子生于他国者仍可隶入本籍，即其母为他国之人，而父为英国之人，仍可隶入英籍。惟英人之赴他邦大有分别。倘为军流犯罪出外，则所生之子不能仍作英人。其余出外为商、为官，皆在收回之例。然外产虽可收回，只作平人看视，不能在本国作官及为议员，且更不能承本国人所有基业，亦不能以基业授本国之人，但可自创成家，将基业传其亲子。其欲与英人一律沾恩者，当于回国时为国家办公三年，或当兵，或作工，三年期满方准真为英人，与本国所生者无异。

上古风气未开，各国闭关自守。罗马国例，每见外来之人视若眼中之刺，以为外邦之人非窥伺国家，即来牟利，于是多方嫉妒，必下逐客之令而后快。元泰定二年，即西历一千三百二十五年。英人犹仇视外人，不令留踪境内，迨至元元年，即西历一千三百三十五年。始垂禁令，不准将外人嫉害，且有延请外人在本国教习工艺者，如外国优待本国之人，而本国人亦推情相待。虽然英国近时政令较前宽大，惟于外生之人，虽父母隶籍于英，而其子归来终与生长英邦者有间。此例相沿已久，未能易辙改弦。

独荷兰国则广被怀柔，一洗各邦陋习，凡本为他国之人来入本籍，或本籍之人生子在外，其子重回本国，可以承产，可以作官，并无歧视之意。

今四处通商，无远弗届，各国怀柔之道迥非昔比，独我华人流寓外国，为人所欺。其故初因不愿入籍，我水师又不足以卫商；继苦于不能入籍，而通商条约又未论及入籍之人。

或谓："中国刑律太严，必无外人入中国籍，况其所获利益更胜于中国之人，亟宜设法维持，庶免为丛驱爵。现在已准外人在苏、杭内地纺织，继必借端要求准其买地开矿、设厂、耕植，由渐而进，握我利权，非但于地丁钱粮有损，犹恐民生计绌，势致主客不和，变故愈多。否则借此挹注，固结民心，以我之矛刺我之盾，关系尤非浅鲜。"

鄙见：外国人须入中国籍者，方准其在内地买地建屋，庶免滋事。如不入籍，除租界外概不准在内地置产。闻日本例如此。或有借游内地为名，或藉传教为说，买地置产，购货屯货，建造一切者，所置之业既在内地，即与入我籍之民相同，准其落户，惟必须归我地方官管辖，不得再远藉领事为词。如不愿入籍受辖治者，则可任其自去，不得购置产业。传教者自教堂住屋外，亦不得藉名教堂广置产业牟利，兼并民地，致损碍于中国地方丁赋。此系我国家本有自主之权，当详载和约，布告天下，庶彼族无从置喙，而各国有道之君亦咸当体上天覆载无私之心，一视同仁，准人入籍也可。

教 养

太古之世浑浑噩噩，民生其间，穴居野处，饮血茹毛，饥起倦息，安熙无为，不异禽兽。迨世代叠累，而人民滋息，境内之物不足供，则必迁地就食，弋猎为粮。先从其易者取之，至易者尽，则难取者亦必思设法以致之。由是而智巧出矣，举凡手足之力所不及，必用法以助之：兽之猛者，用金革以杀之；鸟之飞者，用弓矢以射之；鱼之潜者，用网罟以罗之。其金革、弓矢、网罟之器愈制而愈精，愈用而愈密，则少者、愚者必不如老者、智者焉。于是老者、智者必授其精巧之法于少者、愚者，以为觅食之具矣。此教养之道所由兆基于蓁莽之世也。

及其后，生齿日繁，物类渐少，猎食不易，奔驰艰苦，时则有智者出焉。因天地生息之理，而教民以稼穑、畜牧之事。诸事兴则民日取给而有余，遂无弋猎奔逐之劳，少迁徙流离之苦。始得族聚而群居，日渐积而成国。由此人事日增，交际日广，有圣者起为之开物成务，为之草创经营，衣食、宫室、人伦、政治日臻美备。此又教养之道所由著于草昧初开之世也。然则教养之端由来尚矣。我中国文明开寰宇之先，唐、虞之时已臻盛治。迄乎三代，文化尤隆：设学校以教士，授井田以养民。其时庶物咸熙，人怀帝德，猗欤盛哉！夫天生民以教养，托之于君，故有国家天下者，其责无过于教养。降及春秋，群雄竞伯，人各自私，生民涂炭，教养之道荡然无余。然而去古未远，遗风尚在，教养虽失于君师，而民间犹能自教自养也。暴秦崛兴，焚书坑儒，务愚黔首。明季制艺之科，专图锢蔽天下之人材。后世因之，则民之自教自养亦有所扰累矣。迨至蚩蚩失教，其不复等于禽兽者几希。为之俑者初以天下之多事，皆豪杰为之也。遂谓天下人可愚不可智，民可使由不可使知，庶我之大业可世守，故凡能开人聪明启人知识之事，悉欲抑而屏之。此三代以下，人材不世出，民生所以日促也。悲乎！

横览环球各邦，其国运之隆替，莫不系乎人材，而人材之盛衰，莫不关乎教化。其教养有道者，勃然以兴；教养失道者，忽然以亡。试观英、德、法、美诸邦崛起近世，深得三代之遗风：庠序学校遍布国中，读书则智，不读书则愚；智则强，愚则弱。德国之民读书者百之九十五，美国之民无不读书，宜其富强如是之速。阿洲之民未闻读书，宜其全洲为各国所分裂也。人无贵贱皆有所教。凡天地万物之理，人生日用之事，皆列于学校之中，使通国之人童而习之，各就性质之所近而肆力焉。又各设有专师，循循指导，虽理至幽微，事至奥妙，皆能有法以晓喻之，有器以窥测之。其所教由浅而深，自简及繁，故人之灵明日启，智慧日积，而人材济济，国势以强也。是故人材众则百事兴，举凡机器、制造、轮船、火车皆巧夺天工，日新月盛，而农政、商务亦日增新法，日为推广。市无游民，廛皆食力，如是则士得教而民有养。甚至疲癃残疾、贫老孤婴亦皆有院以赒恤之。无一夫不得其所。此教养有道，而英、德、法、美诸邦勃然隆盛也。

又观印度、安南、缅甸、暹罗诸国，上失教养之方，下无奋兴之士，繁法严刑，横征暴敛，无异虐秦。贿赂公行，买官鬻爵，奸恶诈伪，上下相蒙，加之河渠不治，田畴日芜，士无所学，民多好闲，农工废业，商贾乏赀，百姓流离，盗贼遍野。此其教养失道，国势陵替，而先后沦亡如出一辙也。

谚曰："前车之覆，后车之戒。"我中国教养之道，自三代以后渺矣无闻，政治民风江河日下。方今时事日非，国势益促，外有强邻环视，内有伏莽堪虞。倘仍因循苟且，粉饰欺蒙，而不上下一心，力为图治，亟行教养，则他日之事岂忍言哉！夫以上古游猎之时，耕牧之世，犹尚教养，况于今日地球之中已患人满，弋猎固无以为粮，而耕牧犹虞不给，教养讵可废乎？故西人广求格致，以为教养之方。盖世界由弋猎变而为耕牧，耕牧变而为格致，此固世运之迁移，而天地自然之理也。顾格致为何？穷天地之化机，阐万物之元理，以人事补天工，役天工于人事。能明其理，以一人而养千万人可，以一人而养亿兆人亦无不可。我中国生齿四万万，人民甲于五大洲，子此元元，可不亟图教养之方哉？今日之计，宜变制艺之科，兴格致之学，多设学校，广植人材，学校者，人才之本；格致者，学问之本。中国士子于诗文小楷而外，罕所讲求。一旦得中科甲，遂目空一切，其实不知国家利弊如何，格致工夫如何，徒有虚憍之气，贱视工商，鄙视武夫，傲视西人。纵见西人教养普法心悦诚服，亦不肯悉心仿办，必改头换面，以为因地制宜。其实吝惜小费，或经办从中渔利，以致所授不全，所学不精也！开诚布公，与民更始。庶百王之敝可以复起，而三代之盛可以徐复还也。

《盛世危言》卷十三 节流

女　教

　　中古女学诸书失传已久，自片语单文散见六经诸子外，以班昭《女诫》为最先，刘向《列女传》，郑氏《女孝经》、《女训》、《阃范》、《女范》，各有发明。近世蓝鹿洲采辑经、史、子、集中为妇人法式者，谓之女学，颇称详赡。所惜者，朝野上下间拘于"无才便是德"之俗谚，女子独不就学，妇功亦无专师。其贤者稍讲求女红、中馈之间而已。于古人所为妇德、妇言、妇容、妇工者，有其名无其实。礼教之不讲，政化之所由日衰也。

　　泰西女学与男丁并重：人生八岁，无分男女，皆须人塾训以读书、识字、算数等事。塾规与男塾略同，有学实学者，有学师道者，学成准在女塾教授女徒。有学仕学者，有入太学院肄业以广其闻见者。虽平民妇女不必如男子之博雅淹通，亦必能通书文明道理，守规矩，达事情，参以书、数、绘画、纺织、烹调之事，而女红、中馈附之，乃能佐子相夫，为贤内助矣。瑞士国有大书院准女子入内习医，如果精通亦可给凭行道。而收生一端关系尤重。俄国特设教女收生院，凡胎前产后一切要症，必须明白透澈，体恤入微，既讲求妇科，即内外各科亦可兼习也。

　　中国之人生齿繁昌，心思灵巧，女范虽肃，女学多疏。诚能广筹经费，增设女塾，参仿西法，译以华文，乃将中国诸经、列传、训诫女子之书别类分门，因材施教，而女红、纺织、书、数各事继之。富者出赀，贫者就学，由地方官吏命妇岁月稽查，奖其勤而惩其惰。美而贤者，官吏妥为择配，以示褒嘉。至于女塾章程，必须参仿泰西，整齐严肃。庶他日为贤女，为贤妇，为贤母，三从四德，童而习之，久而化之；纺绣精妙，书算通明；复能相子佐夫，不致虚糜坐食。愚贱皆知礼义，教化具有本原。此文、武之所以化行俗美也。

至妇女裹足，合地球五大洲万国九万余里，仅有中国而已。国朝功令已加禁革，而相沿既久，俗尚未移。夫父母之爱子也无所不至，而钟爱女子尤甚于男儿，独此事酷虐残忍，始无人理：或四五岁，或七八岁，严词厉色，陵逼百端，必使骨断筋摧，其心乃快。以为如此而后，他日适人可矜可贵；苟肤圆六寸，则戚里咸以为羞。此种浇风，城市倍于乡曲，世家巨室尤而效之。人生不幸作女子身，更不幸而为中国之女子，戕贼肢体，迫束筋骸，血肉淋漓，如膺大戮，如负重疾，如罹沉灾。西人论女子裹足，男子宫刑，乃极弊之政，为合地球五大洲之所无，宜为彼族嗤笑。革之者真为圣君贤相矣！稚年罹剥肤之凶，毕世婴刖足之罪。气质虚弱者因以伤生，虽父母爱怜，而死者不可复生，断者不可复续矣！即幸全性命，而终日需人扶掖，并曰安克操持？偶有水火、盗贼之灾，则步履艰难，坐以待毙。戕伐生质以为美观，作无益以为有益，是为诲淫之尤。苟易裹足之功改而就学，罄十年之力率以读书，则天下女子之才力聪明，岂果出男子下哉？所望有转移风化之责者，重申禁令，立限一年：已裹者姑仍其旧，而书"裹足"二字表其额，悬其门楣。嗣后一律禁止。故违者罪其家长，富贵者停给诰封。通饬各省广立女塾，使女子皆入塾读书。其美而才者，地方官吏赠物赠扁以奖荣之。各塾女师如能教化贤才，卓有成效，咨请旌奖以劝将来。一转移间而道一风同，利兴弊去。成周之雅化，《关雎》、《麟趾》之休风，无难复见于今日矣！

天下事贵自然，不贵造作；人之情行其易，不行其难。惟裹足则反是，并无益于民生，实有关于世教。且稽之三代，考之经史，无有一言美之者，而举世之人皆沿习成风：家家裹足，似足不小不可以为人，不可以为妇女者。真所谓戕贼人以为仁义，亦惑之甚矣！国朝八旗妇女皆不裹足，古道犹存，其风足尚。庄子云："天子之侍御，不爪揃，不穿耳。"耳尚不穿，岂可裹足耶？应由地方大吏出示禁约：凡属贵臣望族以及诗礼之大家，俱遵王制；其倡、优、隶、卒及目不识丁之小户，听其自便。如以此法行之十年，则积习渐消，天下万民皆行古之道矣。况妇女裹足，则两仪不完；两仪不完，则所生男女必柔弱；男女一柔弱，而万事隳矣！夫裹足为贱者之服，岂可以行之天下，而且行之公卿大夫之眷属耶？予所以言之喋喋者，实有系于天下苍生，非仅考订其源流而已。

我朝崇德三年七月奉谕旨："有效他国裹足者重治其罪。"顺治二年禁裹足。康熙三年又禁裹足。七年七月礼部题为恭请酌复旧章以昭政典事，都察院左都御史王熙疏内开："顺治十八年以前，民间之女未禁裹足。康熙三年遵奉上谕，下议政王、贝勒、大臣、九卿、科道官员会议：元年以后所生之女禁止裹足。其禁止之法，该部议覆等因。于本年正月内臣部题定：元年以后所生之女，若有违法裹足者，其父有官者交吏、兵二部议处；兵、民则交付刑部责四十板，流徙；家长不行稽察，枷一个月，责四十板。该管督、抚以下文职官员有疏忽失于觉察者，听吏、兵二部议处在案。"查立法大严，牵连无辜，以为无关紧要，事竟中止！第使当时禁不过急，持之以恒，则今日已可永除此陋习也。

旗　籍

窃尝思古之王者，居中国为一人，合天下为一家，甚盛轨也。溯我朝龙兴辽沈，入关平祸乱，天下生民皆仰赖焉。二百余年来，久应畛域全销矣，顾满、汉之名犹别，旗籍之生未遂，甚非所以示宽大，图久远也。

考旗籍有三：上则天潢之贵胄，中则勋戚之世裔，下则甲士之子孙。国初生息无多，原可人给廪饩。迨中叶后，生齿日繁，户口滋盛，廪给钱米何足以济其事畜？除汉军旗已于乾隆初年奏准出旗自便外，尚有满、蒙二籍闲散无所事事。置产营建有禁，出京四十里有禁，局促一城，俨同党锢，日臻贫乏，乃失恒心。作奸犯科者有之，窝赌包讼者有之，此强有力者所为也。弱者则变易姓名，冒汉产，赴各外省谋生者有之，甚至服役执鞭亦所不辞，其贫瘠莫能谋生之苦已可概见。是非有善法以疏通而安插之不可。其疏通安插之法，似应酌量内外情形，分别而调济之。

凡在京城内外旗籍，除世爵有世禄，得俸较丰，足赡身家，及各参领、佐领本有职事俸禄，编入羽林军籍不计外，其余应请饬下九门提督照领粮户口，查明档册。先稽核其户口、人口实数，而后下一明诏，许其解散旗籍，悉听自便谋生，农商百业任其他出经营，则十分中可去其一二矣。继乃查验其无业营运、无技操作者，悉计其户口，发就直隶本省及直隶边近地方屯田为农。其说亦有二：查天津小战即新农镇。海边旷地不下数十万亩，向年周武壮暨周刚敏总统盛军驻屯于此，约计马步炮队十三四营，每营开水田不下七八千亩，一营每年收稻米不下万石，杂粮在外。总核全屯当在十万亩有奇。每年收谷亦即有十余万石，合之杂粮盖不下二十万石矣。今盛军裁撤，小站屯田已墟，岂宜再令败将家属、散勇余丁私利其地？计莫如即以分授旗民，以一户授田百亩计之，即可容插一千数百户。此十成中又去其四五矣。再查直隶就近边外热河朝阳之地，本亦膏腴，奈力田者少耳。前岁土民之乱，十户九空，死亡无数，其地必更形荒废。签旗籍以实之，当可容插一二千户。则京师旗籍之游闲可以扫数安顿矣。惟津沽最近，朝阳较远，遣屯者不免有苦乐之分，是则在上者设法以均平之，或于屯田津沽者，每户预发五年应领米粮，折实钱以给之，俾为耕种赀本。其就热河朝阳屯垦者，则发十年廪粮，倍于津屯，折实银以资其行，再饬都统将军妥为调护之，又永免其丁粮、赋税，则自有愿往者矣。至小站屯田每年出米十万石，皆上等白米，较之漕运南米尤佳，与其国家每岁费无数帑项以转运南漕，何如遣旗民授亩耕屯后，每年所出之米即以折漕粮之价收之，是旗民与天庾两有利益，下可资耕凿之计，上可省转运之劳。抑亦更有关要图者，如一旦海疆有事，南北漕运不通，有此十万石粮米岁入仓场，亦可稍补万一，免立时为庚癸之呼。际此铁路未成，南北道路修阻，尤为有裨于大局也。若夫小站屯田本为成熟之地，并无开垦之劳，惟赋税须先准免十年，俟旗籍力田得利后，乃可徐议升科。况小站军屯十数年来，从未有一粒一钱完粮解部者，则免赋十年未为过也。此酌量安顿京城内外旗民之法也。

至如外省驻防，计陕西之西安，四川之成都，湖北之荆州，岭南之广州，江苏之南京、镇江，浙之杭州，闽之福州，各处旗营户口乱后生息又复日多。是宜饬下各省将军按籍重查户口，编造清册，挑其壮丁年三十以上、五十以下者，验明身体坚强气力足用，即编选入营。每将军以前、后、左、右、中五营为度，认真操练，另扎营盘，不得日至夜归。每月只许宁家四次，余日概归伍在营，厚给月粮，以代绿营孱弱老兵之额。其少年子弟，年十余至二十余岁者。则挑选其聪敏强健者派入学堂，或入方言馆，或入水师学堂，或入武备学堂，或入技艺学堂，虽世家不得规免，贫者亦不可遗漏。不但教育成材，可备干城象胥之用，亦可令其技艺通习，资生有路也。若夫开烟馆，设赌场，游手无赖，好斗生事，则严禁之。其有读书成名、早习商贾、营运为生、自有作业者，亦悉任其呈明自便，不在选练营兵及入学堂之数。如是而再游惰自甘暴弃废业，则是咎由自取，穷苦更无所怨尤矣。此酌量安置各省驻防旗籍之法也。

夫有恒产斯有恒心，三代以下之生民孰是能甘心冻馁而死守道义者？况皇仁广布，必使一夫皆得其所。今独于旗籍之万众不加优恤，俨同禁锢，是直以汉、宋党人之法治从龙之勋裔也，岂祖宗立法之初意哉？《易》曰："穷则变，变则通。"及今而泥守成规，则窒碍难行者众矣，又岂仅旗籍之一端已耶？

厘　捐

厘卡之设，由于发逆之乱军饷不继，征及毫芒，原属朝廷不得已之举，故议曰："军务敉平，即行裁撤。"屈计发、捻肃清垂三十余年，屡经奉旨裁并，无如疆臣总以安置冗员为事，初则藉口于善后，继则借名于海防。广东有海防捐、筹防捐、台炮捐、牙帖捐等名目，上海有落地捐、筹防捐。上海因有筹防捐，凡华商报关者须照洋关税纳半，所以华商之货概托洋人代报，免抽筹防捐，所谓为丛驱爵耳。若所抽之数涓滴归公，名实相副，虽损于民而犹利于国。无如厘抽十文，国家不过得其二三，余则半饱私囊，半归浮费，国家何贪此区区之利而纵若辈殃民乎？

近来内地局、卡林立，往往数十里之遥，其间多至数卡。或谓："商贾走私，见某处有卡则思偷漏，闻某处有捐则将绕越，此防而彼窜，东堵而西行，以致走漏日多，收据日绌，故不得不多设卡以防之也。"然而，既设卡以防走漏，不得因防走漏而复加捐。今乃过一卡有一卡之费，经一卡抽一卡之厘，此何为乎？

欲纾商困则宜示限制。凡商贾过冲要之卡，既完厘后即给以凭单，所经分卡一体查验放行，不得重捐。倘前卡未及完厘，准在后卡补完，以示体恤。将无关紧要之卡一律裁撤，既可便民，亦可省费焉。所以论者谓，病民之端莫甚于厘卡。然而落地之有捐犹微也，莫患乎不肖委员从中勒索；照章之科罚犹浅也，莫甚于司事、巡役故意为难。此皆积弊之宜除者也。

迩来趋巧商人多有陋规之献，委员得其费则任意放行，否则必多方挑剔，司事、巡丁更同恶相济，狼狈为奸。商船之过卡者，每月赠以银钱若干，则查舱时便潦草从事，所载货物十成有以二三成完厘者；其有不先纳贿者，则视之如寇仇，待之如奴婢，揹留刁索，无恶不为。

杨然青云：间尝参究厘金盈虚损益情形，而知其故有五。厘局委员大则太守，小则县令，似不致贪黩致玷官箴。讵知候补人员皆视厘局为利薮，钻营者有之，奔竞者有之，甚至贿赂公行，苞苴迭进，差一到手便以为此乃生财之地，机会不可失也。于是以多报少，百计弥缝，而司事、差役又层层克扣，其实数上解者大约不过十之三四耳。于库款曾何裨乎？其故一。

西人传教以来，民教动至龃龉，匪徒又从而煽惑之，往往焚毁教堂，戕害教士，事定后则须赔款，或数千金，或数万金，至芜湖一案，多至十一万金。以有限之财，补无穷之累，虽抽厘日盛，其如耗费之过巨何？其故二。

商务旺则厘金多，商务衰则厘金少，此自然之理也。今中国商务尽为洋人所夺。查光绪十三年，进口货计一垓零二兆二亿六万三千六百六十九两。十四年，计一垓二京四兆七亿八万二千八百九十三两。十五年，计一垓一京另八亿八万四千三百五十五两。十六年，计一垓二京七兆另九万三千四百八十一两。观乎此可知洋货日盛一日。夫西人货物多入中国一分，即中国商务多为倾轧一分，厘金不能日增，库款不能日裕者，职是故也。其故三。

自讲求制造以来，需铁甚巨，需煤更繁，即以日本、英吉利、奥斯的亚三国而计，前年售煤至中国计二十六万八千吨，值银二百余万元。余如军械等类为数更多。夫以库款之所入止有此数，而耗之者正无穷，虽欲不绌也得乎？其故四。

郑州决口而后河患频仍，前后费帑不下数千万金，而又继之以灾荒，如山、陕之大旱，江、浙之淫雨，朝廷蠲免钱粮，拨款赈济，为数颇非小可，且大荒之后十室九空，物力既衰，厘金必减，是亦库款致绌之一端也。其故五。

有此五故，此所以厘金虽抽，终无裨于库款，何如酌量减免反可惠彼商民？

寓沪各商贾金谓害商病民者有十：土产之物逢卡纳税，运之远方甚有税款视成本反巨者，土物不能远流。其害一。

凡货以速为贵，以鲜为美，凡遇关卡必须俟其逐件盘查然后放行，过一乡越一城，逢卡三四处者，则盘查之候已将一日，不惟时不速，而且货经其三掀四覆已鲜色全无矣，又将焉售？其害二。

丝、茶上市，则派扦手多人，如遇行人之有铺盖箱笼者，必饬之停车，翻箱倒箧，行同劫盗。其搜捕情形有令人不堪者，致行旅为之裹足。其害三。

分卡棋布星罗，凡有肩挑负贩之流，断断焉必纳税，如有绕越则必指为逃捐，重索苛罚，甚有弃业而他徙者。其害四。

土货无捐，洋货有捐，有土酒盛于洋玻璃瓶者，即指玻璃瓶为洋货，拟罚。其害五。

又自行携带手巾一二条为卡丁所执，指为货样先行出卖，预为走私地步，亦拟罚。其害六。

有渡船搭客，报关之货斤两不符，不但该货被罚，更要全船充公。所以粤东佛山昔年有罢市之事。其害七。

有随带高丽参一二枝或零星自用之物，皆以为私，或插赃诬害执以苛罚。其害八。

菱湖各丝行与捐局议定，凡丝止税出不税入，盖乡人携丝至镇，卖不卖未定，断无先捐之理。有卡中司事，见乡人载丝赴镇，因其老实指为漏税，罚银数元，以后视为利孔。老丝客有不允捐纳者，该卡司事持竹片向丝客乱殴，几致身无完肤，事载今年闰月初七日《沪报》。其害九。

有客自远方返里，携带行李辎重，不知捐例，因被执罚，然倾箱倒箧为匪类所窥，中途被劫。其害十。

其余无故留难，得贿私纵，因苛罚而致商贾罢市者，不胜枚举。虽饮食日用之微，西人带入中国尚不纳分毫之税，况民间琐屑之物，顾可一一抽厘乎？

尝闻某处厘卡，凡食物及箕帚无不加捐，虽一二件亦必揸阻，不捐即强携以去。有内地设落地捐局，民间抱布入市，每匹抽厘八文，向章五匹起捐，少则不捐，今则一匹亦捐。有设海防捐者，一巾、一扇、一鞋、一袜亦捐，民皆苦之。试思大商巨贾赀本重盈，稍稍捐取尚不致大害，独此肩挑小贩赀本能有几何？亦任意苛求，毫无顾忌，或携其物，或取其钱。

是以鄂抚谭敬帅出示免抽杂厘并定章程数条：一为鲜鱼、鲜虾担，一为鸡、鸭担，一为鸡蛋、鸭蛋担，一为青菜、葱韭担，一为柴薪、稻草担，一为果品、食物担，一为抱布匹求售者。凡估值五串以内皆准免捐，实为法良意美，拟请各处厘卡均照此行。无论何种琐屑之物，凡值五串以内，一概不准抽厘，则小民受惠良多，而于库款仍无损。盖琐屑物件捐与不捐原与国课无关轻重也。

更闻不肖司巡，更巧立各色名目剥削商民，如饭食等名色不一而足，无非为营私之计。即与辩论，彼且藉口于定章如是，并非格外索取，是使商民于正项厘捐外又多几许私派。谓商力能不日艰乎？嗟彼商民，何以堪此！为今之计，尤须严除积弊。除弊之法，首在选诚正委员。示之以赏罚，严之以考成。委员得其人自能严以驭下，而司事、巡丁亦不敢作弊。其有愿充巡丁、司事者，须纳银为质，并觅妥实保人。倘有不法事情，除罚去质银，惟保人是问外，即行斥革，严加治罪，庶几罚一儆百，或不至鱼肉乡民也。

总之，厘捐不撤，商务难以振兴，莫若将所有厘卡一律裁撤，并归洋关。鄙见于土货出产之处，加抽落地捐，及至出口时，再抽一洋关税后，则任其所之，绝不再征，以免洋人取巧。东洋人改造土货出口，西洋人用三联票出口，均为可免厘金之故。

至各处盐务，即就出盐之地编入正赋，谓之盐赋，如田地之有赋税，由州、县官按亩征收。各官及兵勇巡船悉行裁撤，则节省耗费甚巨。

或仿外洋之例，出售印花。盖税饷，印花大小不一，小者如外洋书信馆之印花，俗呼为公仔头者。凡寄货物，提单、汇票论税之轻重，即粘印花之多少于货物之上，而无巡丁、委员勒索等费。

方今圣明在上，固已兴利除弊，泽溥苍生，矧兹理财之要图，可不速加整顿以纾吾民之积困乎？

子潜氏曰：厘金之弊罄竹难书。按厘捐之设，原为不得已之举。当夫粤、捻倡乱需款孔殷，国家用以济饷，能使削平大憝、重奠河山者，未始不藉商民之力也。原议军事戡平即行停止，不谓承平已三十年，而局、卡林立未见撤裁。加以各省办理不善，倚势肆法，任意抽收，以致穷乡僻壤搜括无遗，负贩肩挑苛索不免，物价日昂，民生日匮。

其实资军饷者十之二三，饱私囊者十之七八，是以候补人员百计钻营视为利薮，而大宪亦藉以此项差使调剂属员，几若有其举之莫敢废焉矣。况多设一局即有一局之开销，多立一卡即有一卡之费用，上至总办、委员，下至司事、巡丁，一切薪水、工食，其果取诸厘乎，抑不取诸厘乎？此中耗费不问可知。

迩来叠奉谕旨将局、卡删并。在封疆大吏岂不欲仰体皇仁，恤商艰而纾物力，无如军饷所出，若将局、卡悉行裁撤，则各省善后经费何从措置？亦有万不得已之苦衷也。惟是厘捐一日不撤，商困一日不苏。

欲救此弊，莫如以厘金并入关税，一次抽收。查通商定例，洋货进口，土货出口，每值百两皆抽银五两，为进出口正税。土货转运别口，每百两抽银二两五钱，为复进口半税。洋货转运别口，在三十六个月内给发免单，逾期照完正税。洋商运洋货及入内地购土货，皆每百两抽银二两五钱，为内地半税。乃查泰西各国税额，大抵以值百抽二十、四十为多，亦有值百抽百者，更有两国有衅多至值百抽二百者，皆视其事之损益以定税之轻重，从未有值百抽五者。今设一例，华商、洋商一律以值百抽二十为断。凡洋货进口，纳税于海滨之通商正口。土货出口，纳税于第一子口，悉照新章完纳，一征之后任其所之，不复重征。而遂将厘卡概行裁撤，是举从前积弊一扫而清之也。在国家可省无穷之耗，在商民可免到处之征，实于公私两便。

所虑者，洋商或从中阻挠耳。然洋货纳税后转运别口，在三十六个月外必复完正税。洋商运洋货及入内地购土货，又有内地半税，今以一次完纳，虽若稍重而仍可加诸售价内以取偿于华民。且关税交纳后运入内地无守候验货之劳，无逐卡停留之苦，行运既速，成本亦轻，各国洋商亦未必不从也。

国　债

泰西各国无不有国债，凡由议院公议准借者，其国虽为别人所得，仍须照还。故各国兴大役，出大军，国用不敷即向民间告贷，动辄数千百万。或每年给息，或按年拔本。君民上下，缓急相济，有无相通，隐寓藏富于民之义，而实不欲授利权于别国也。

当法、越有事之时，粤东筹办海防，需饷孔亟。余曾条陈当道，请仿西人之法筹借民款，准由各海关银号出票，按年清利。其票据可抵关税钱粮捐纳之需，数目无折扣，成色无高低。借款至百万之家，有司宜优加礼待，善为保护，不得借端勒捐，以示体恤，则民间必踊跃乐从。

昔英国政府因库帑充溢，欲将国债全数归清，而英之富民咸谓："存之于家，不若存之于国。"不乐收领，再三禀请，愿将利息减轻而后已。法之国债每年交息银六千万两，可谓巨矣。而民间尚肯贷之者，则以政府尚信，足以取信于民，而民亦以按年可以得息，较之他处为稳也。或谓一千八百七十年，即同治九年，法几为德灭矣。若宗社为墟，国债将谁索乎？不知万国公法，国之债贷于民，还债之项出于地，债与地合而为一，其地为谁有，则其债应谁偿，此民之所稔知，所以无虑也。

夫财犹水也，惟患其壅塞，不患其流通。上下交征则败国亡家之券也，上下相济则亲上死长之心也。苟能示以大公，持以大信，试借民债以给度支，成一时济变之良规，即以葆万世无疆之盛业。较前日之开捐例以授爵，借洋债以损国，设厘卡以病民，其利弊得失之相去有不可以道里计者。万一贷之己民而阙仍有不足，始可酌以微息，转贷邻封。考英、法、德、美诸国，借贷行息三厘，多不过四五厘而止。若土耳其、波斯等国，则因欠债过重，行息过多，致利权授于他人，国势浸形微弱。中国幅员之广，矿产之饶，远胜泰西，人所共悉。入款甚多而借款甚少，无须重息可贷多金。前此洋债行息至七八厘以上者，非经手侵渔，即洋行扣折耳。闻中国借券之股份，中外人争购之，每股九十五磅有涨至一百零四五磅者。外国之债股分单时有涨跌，即俄国之钞票亦有涨跌也。由是观之，中国虽少出子金，仍能应手。

闻我驻英某大臣曰："嗣后筹措洋款应向英国劳士、斋乃德博令等大银行筹商。此两行专与各国挪借银钱，素有名望，人皆信服，常能以微息借巨赀。他处银行万不能及。洋人尝言：如中国借银百万，必到汇丰、丽如等银行说明所借之数，所给之息，指明某某口关税备偿，本利分作若干结，按结支付，限年还清。银行应允借款，收存文契，即将银如数兑交。此向来筹借洋款之情形也。该银行如果自有巨款，此法尚属可行。无如仅能担承，实非殷实。中国既与该行议定，该行即出具百两券票一万张，从一至万。买股者或买一张，或买百张，多寡不等。迨头结还款到期，何人之银先收，何人之银后付，不可预知。其故何也？盖券票之涨跌无定，券票跌则本钱恐缺，人思速还；券票涨则利息依期，人思久借。爰创拈阄之法定还债之期，免疑该行有偏袒之弊。此等办法虽极公平，然股多之人本钱必有亏损。盖收回全数，或收回半数，非到拈阄之日，无从预知，断不能料理于先，收回本钱复入股分大为不便。倘将来再筹借款，须设法补救此失，始易通融。必将放债诸人不便之事代为通盘筹画，若稍有防碍，势必增长利息，益受其亏。欲策万全，厥有二法：一曰立法，借银限定年月，一次全还；一曰按结归款，先于券内载明：第一结归还若干，第二结、第三结归还若干，俾得早为料理。彼放债者亦乐闻。某国借债建造铁路、电线、开矿、治河一切富国之政，利息大而券票强，甚不愿出赀借人，妄作耗财无益之事。尤恶借债用兵，将银钱变作火药、弹丸，万一亡国破家，则借款将成画饼，不但失去利息而已。”驻英大臣之言如此，可深思其故矣。

我国家量入为出，本有常经，前时借债外洋，权应一时之用。金磅高下既受巨亏，嗣后洋债一端自应永行停止。况目前所借并非外洋真正殷实商家，仍由银行担承后，每股百金听中外商民购买。该行董事转得上下其手，坐收利权。中国廿一行省殷实商民为数不少，但使由户部及各藩库仿西法出给股票，每股百金，定期归还，按年行息，收放出入诚信无欺，安见中外商民之信户部者必不如其信银行，信中国者必不如其信外国乎？即万不得已而再借洋债，亦须统筹全局，审慎周详，不必再托在中国诸银行经手，以免辗转扣折，亏累无穷。但饬驻英使臣径向劳士、斋乃德博令等大银行熟商，行息不过四五厘。

中国屡借巨赀，素守信义，欧西各国共见共闻，大可与其本国国债之息银低昂相等。苟还本之期定以一二十载，则彼民之有赀出借者亦可作为产业，踊跃集赀，盖贪利之心中西无异。利可图矣，虑其不可恃以致失利；利可恃矣，又虑忽借忽还不能久享其利。亦中外具有同情也。且也，贷债既多，则中外之交欢愈固，而国本愈坚，凡有休戚相关之势，亦情理之出于自然者也。今中国息借洋款以海关作抵，其诚其信为天下万国所无，乃以此绝大利权不授于己民，而授之于外国，且不授于外国殷实之富户，而甘授于外国奸狡之牙商。此所以洋款一事遂为通商以来一绝大漏卮。而泰西各国有识之士且咥咥然窃笑于其后也。则不知彼己之情者，决不足筹交涉收利权也。

国债借自英、俄、法，不如借自美利坚，借数十亿不如借数百亿，借镑数不如借银数。盖英、俄、法属地与中国毗连，时有交涉之时，恐一有龃龉，为彼挟制要求。若借自美国，则无此虑。借百数十亿，利息须四厘至六七厘。如借数百亿，利息不过三厘。闻有人肯借三百兆，利息三厘，且系借银数，准分三四十年清还。中国何不允商藉以清还各国重利之款，又得此巨款，可以百废具兴。犹恐不识洋务，骤然大举，为人所愚。宜聘请各国才德兼优、历练已深、素有声望之老臣宿将来华，令为各部及水陆军大臣佐理，庶可藉收速效。借镑数不如借银数，因镑价已昂，似有跌无涨之势，不如借银还银，免再蹈前辙镑价吃亏也。

贩 奴

粤东澳门、香港、汕头等处，向有拐贩华人出洋之事，名其馆曰招工，称其人为猪仔。猪仔一名载至西洋，身价五六十元，税银一元，澳门议事番官收费二元。其党与洋人勾通，散走四方，投人所好，或炫以赀财，或诱以游博，一吞其饵即入牢笼，被拘出洋，不能自主。或于滨海通衢歧路，突出不意，指为负欠，逼迫登舟。官既置若罔闻，民亦何由申诉？初则省城外黄埔等处皆已蔓延，嗣被大吏访惩，甫能封闭，而澳、港外埠之根株犹未绝也。盖美、阿两洲及南洋各岛日汲汲然开矿、垦荒，土著寥寥不能集事，故不得不招工，但工赀过微，人谁乐往？于是招之不来，出之以诱；诱之不能，出之以掠。

计每年被掠卖者累万盈千，其中途病亡自尽者不知凡几！幸而抵埠，即充极苦之工。倦即加以鞭笞，病亦不许休息。日出而作，牵以铁练；日入而息，横受拘囚。逃走则有连坐之严法，处死则有水火之毒刑。求死不能，逃生无路。其中不乏右族名门单丁爱子，误罹陷阱，望断家乡，一线宗祧于焉中绝。言之酸鼻，闻者伤心。英人华利言：西历一千八百九十一年，即光绪十七年，华人被拐经新加坡分往各埠者多至十六万余人。其中有少壮者，有中年者，俱由中国口岸引诱出洋。其至新加坡、庇能等埠者尚不至过于困苦，若至秘鲁、渣华般鸟、昆士兰、岑勿他剌、租阿或东海各小埠，则备受酷虐，呼吁无门。谁非人子？能不为之流涕而太息哉！

或谓："猪仔登舟皆经番官讯问，不愿者遣回，其飘然长往，绝无顾虑者，皆自愿出洋者耳。"不知拐匪奸谋百出，上下交通，当番官审讯时皆拐匪冒名自称情愿，并非本人，即一二号呼哀求释遣者，亦系有意装点，欺饰庸愚，鬼蜮心肠险幻至此！华官、番官纵公正明察，亦安能不堕其术中。

夫贩人为奴本干例禁，今则名为招工，实与贩奴无异，原西律所不容。昔有贩阿洲黑人为奴者，英国上下议院集商禁止，出赀千百万赎还遣释，严申条约。诸国至今称之。美国南北之战，其始亦以贩奴而起，后乃设法禁绝，一视同仁。今中外辑睦有年，无分畛域，而竟任彼勾串奸商为此违例害人之举，出入各口漫不稽查，其玩视中国也甚矣！美国之旧金山向属荒野，招中国工人开垦，遂成富庶之邦。徒以华工佣价廉而效职勤，土人以为夺其大利，焚劫驱逐，无毒不施。土人倡之，议院和之，苛待之条，闻者发指。其薄视吾民又如此！澳门虽有严禁拐贩之议，而积久弊生，奸民诡计多端，有防不胜防之虑。勾通洋舶，诡称某岛某埠有地待辟，有事可图，及至中途，易船他适，愚氓入其网罗，永堕地狱。西士之明理者亦闻而嫉之。今巴西又欲招工，难免不蹈故辙。查巴西土产以茄非、树胶为大宗，昔日所用黑奴，待之寡恩。自前巴西王下令赦黑奴后，黑奴逃入深山变为野人，不愿佣、工于寮，以致年来所产茄非无人摘采，需工孔急。巴西政府招徕德、义两国之民前往，其应招而来者亦不愿作工，另谋生计。又有美籍之犹太人应巴西之招而往者，困苦不堪，因求美驻巴领事为之措赀载回美国。据出使者云：询诸载回之人，则谓巴西之待工人至为苛虐，所作之事如伐木、掘土诸工，最劳苦者，每日工价不过银二钱，黑人尚不堪焉，可使华民轻往乎？

似宜查照公法与各国明订章程，如某地需工若干，必先报知中国公使、领事，查核所需人数，转报总理衙门，行知地方官，照章招致。中国派员驻香港、澳门及各要口。华工出洋先由船主开单具报，请华官登舟查验盖印，申报本省大吏，知照出使大臣，俟船到彼国之时，船主呈请华官照单覆验，然后发与工主具领雇用，毋许虐待欺陵。或其地未驻华官，向有中国殷商为甲必丹者，或各会馆董事主之，覆验后报明存案。本省大吏亦给发谕帖，予以经理之权。最要者，宜由政府照会招工之国，事前不许苛虐，事后尤宜善待；华工之久历辛勤者，倘自愿旅于其地，准其入籍与土著同，不得如美国之无端逐客。庶乎民命可保，而国体亦自尊矣！至华商贸易出洋，与华工稍有区别，亦应先期报明，给凭查验，以免奸民假托，仍成拐贩影射之端，免彼族轻藐华民，有失中朝大体。

惟主其事者，须知此举为保护华民而设，亦非禁阻华人出洋，不得婪索赀财，徒贻讪笑。是又在当局之慎选其人耳。泰西事例：领事之权本属有限，降而至于董事，更无论矣。南洋各岛棋比星罗，势难处处设官经理，必须知照各国：准由华商董事综其事权。庶华人所到之区，皆我保护所及之处矣。东南数省生齿日繁，既不能概禁贫民之出洋，又不能坐视华工之受害，如此因势利导，立法维持。救之于已然，不如保之于未然也；争之于事后，不如察之于事先也。斯古帝王民胞物与之本怀，亦今日正本清源之要策也。

治　河

河水发源昆仑之墟，伏流数千里，涌出地上，汇为星宿海，至积石流入中国，由积石而东北、而南，三千里至龙门，今山西河津。山石崇竦，河流湍急，禹凿之以分其势。其在河南省河阴县以西，两岸夹山，势不能改道旁泄，故河流至今如旧。自荥泽县广武山而东，既无两岸之山以束之，而又土松地旷，乃得逞其浩瀚奔腾之势，横流于兖、徐、冀、豫之区，不可复制。

我朝定鼎幽燕，正河道敝坏之后，溃决频仍。然河性避逆趋顺，避坚趋疏，避远趋近，避高趋下。挽之即忽左忽右，扼之又乍进乍退，皆失其本性使然。

善乎！欧阳公之言曰：河本泥沙下流淤高，水流不快，上流乃决。故河流已弃之道自古难复，强复之则每决于上流。惟有曲体其性，为分，为合，为宽，为束，顺其势以驱之，勿容其下流有淤。且下淤之故在于积沙，沙去而不停，则河流自畅。

昔李公义制铁龙爪、揭泥竿车，绳曳舟尾而沉之水，篙工急棹乘流相继而下，水深数尺。黄怀信制浚川笆，以石压之，取大绳碇两船之端，相距八十步，各用滑车绞动，去来挠荡泥沙，已又移船以浚，水浅则反齿曳之。凡此皆去沙之具也。即或施用之法，今昔偶殊，而神明变化在得其人。不使河积沙，水落而沙已刷，不与河争地，水涨而有所容，则河归山东入海可也，从淮徐入海亦可也。但祛其患而已，何论南北。

我中国防河之员古有能者，防河之策世有成书。国家不惜费数千万金为亿万生灵谋安乐，奈泥沙至下流愈壅，而堤防至下流愈多，且堤工之需土也，势难掘河中泥沙，则必掘就近之田土，迨堤上之土渐坍入河，又再掘田土以修之。年复一年，堤身既高，河身与之俱高。河身愈高，田地因之愈低。河高田低，水性就下，必至河变为田，田变为河，沧桑迭变，职是故耳。

伊古以来，河自开封而下东北，逆流入海，《禹贡》所谓"北播为九河，同为逆河入于海"者是也。迨九河既塞，沙石日增，堤岸日倾，河底渐高，乃东南趋清江浦入海，积久而沙石之埋也如故，堤岸之倾也如故，河底之渐高也亦如故。故咸丰四年，又自大清河而东北趋入海。

数十年间，河流屡变，为患滋甚。此所以近年复大决也。一决于郑口，而徐、豫被灾；再决于溙口，而齐鲁受害。仰邀庙社之神灵，上廑朝廷之筹画，仅得安澜顺轨，大溜归漕，费数千万金钱，大工于焉告竣。甚矣！河之不治，正不得委之天数而无预于人事也。惟是决口虽塞而不求善后之策，则犹未可恃也。

今就管见所及，略举四端以资采择。

一曰缓上游。河之上游，诸山峙立，当于山下锹塘，谷里通渠，引水停蓄。如本河不得宣泄，则开沟引归别河。若不能另筑别路，可在本河两边开沟受水，皆用堰闸，随时蓄放。庶河流迂缓不致横决，所谓"顺路通渠，顺渠通沟，顺沟通河"是也。且设闸穿渠，则两岸村庄可收水田之利。或地势稍高，去河较远，可用桔槔吸筒取水。多掘深井，兼用辘轳。河道潦则溢，旱则涸。西法治河务防旱潦。防旱在设闸蓄水，防潦在启闸泄水，建立双闸得力尤多，开浚尚其次也。

一曰开支河。河水当春、夏之交，积雨平添，一泻千里。海口淤浅，支河沙淤，势必泛滥。宜遴选干员，悉心勘察。浅者深之，狭者宽之，曲者直之，水得归墟，自无倒激。且河流之分莫便于郑州。此处直抵淮河，自洪泽湖、清江浦老河入海。颖〔颍〕州府去河数里，四周瞭望一片汪洋，广袤二百余里。豫南水汇于此。复有自正南六安州来诸河之水，正阳关宛在中央，可藉势辟为湖。由豫通皖，多有西南顺向东北之深沟高堤，昔人所造，取大河泛滥之水分入小黄河。有此堤为沟，即为东北十数州、县之保障。支河开，河流分，水势杀矣。取泥之法，可参用泰西挖泥机器船。即以水中之泥为筑水边之岸，兼而行之，事半功倍，庶免筑堤反以填河之害也。

一曰宣积潦。积水不宣，行潦暴发则横冲直决，平陆顿成泽国。清口、云梯、关通、海河道，今俱干涸，如导黄水行此道，而以洪泽等湖蓄来路之水，水性就下，颇堪逐渐归江。黄流经行率皆高地，今决而行东南路属低洼。如顺势筑堤束水，可开浅水船往来镇江之大路。荷兰治水之法：岸设大风车，逐水归海。凡近河海之处，皆筑堤防，有高至四五丈者。或于堤上开路达水，以备宣泄，而资灌溉，酌量参用，可免壅塞之虞。

一曰开大河以蓄水。黄河之开湖，莫便于口外蒙古之地。上古不乏未成之湖，虽大小不等，而综计大概周围约千里有奇。历年久远，沙石充塞，遂成荒野，即所称沙漠之区也。黄河自陕之宁夏出关北经其地。

倘于其处开成大湖，自湖之西面或开一口，或开二口以纳水，湖之东面开口泄水亦如之。湖之两面各口建闸以限水之多寡，各闸设员以主闸之启闭，河水不大两闸皆闭，则河自河，湖自湖，各不相谋也。万一奔流倒峡自天而来，则开其西面之口以纳之。水势虽猛，而有此千余里之大湖以分其势，当亦杀其大半矣。况河水至此一停，沙石沉于湖底，上流既留沙石，下流自免淤填。即有时河水满盈，而大溜既通，何至泛滥洋溢，此非无据而云然也。

亚美利加之北鄙有大河名圣桑罗，流长水急，与黄河相埒，幸其间有天成三大湖，水入其中略为停蓄，泥土沙石悉沉湖底，故河流清涟，直至于海，而舟之行乎其间者往来不绝。又埃及之尼勒河，昔日为患尤甚于圣桑罗。夏季约瑟执政，于其国之东南掘一大湖，湖名美利。自此历数千年不为患。则甚矣，开湖之为益大也！

然河之开湖于蒙古也，其益正不仅此：一不侵占土田。盖沙漠之地半皆死水，未及耕耘，即有草木蕃芜，不足供刍牧。开湖于此，上不防国课，下不害民生。其便一。

二可以时蓄泄。河水盛，则放其西闸，约之于湖而不致太盛；河水衰，则开其东闸，引之入河而不致过衰。河水以人为消长，是不啻在驭之马，驰驱由我而范者。其便二。

三可以资灌溉。无湖之先，沿河之民亦间赖灌溉之利。然水之消长无定，水涨则千顷汪洋，水消则两岸辽远，是水大不便，小亦不便也。有湖以主其出入，水之消长大小皆由人定，斯灌溉之利赖无穷矣。其便三。

湖水之出入有定，河水之盛衰亦有定。凡河水所经之地，如陕西东界、山西西界、河南中界、山东西界、安徽北界、直隶南界，五六省皆可资其余润。即天灾流行，国家代有，而人力胜天，旱潦无患矣。泰西埃及一国，旸多雨少，一岁之中甘霖绝少。其所以润养稼穑者，则全恃乎泥勒一河。而黄河从可知矣。盖黄河水中之土肥美宜田，使疏而通之，如泥勒河之利便，则稷嶷黍与千万之仓箱，可庆前被其害者，今且享其利矣。其便四。

鱼性喜清而不喜浊，黄河之鱼无多者，水浊耳。今既开湖以清上游，则自蒙古而下直至东海，河水清涟，虽非鱼，知鱼之乐矣。况河流既清，而舟舶之往来于其中者毫无艰阻，则舟楫之利达于北方，而水磨之设更无论矣。其便五。

说者曰："河身年年淤塞，两岸筑堤，河身愈淤愈高，建瓴之势，一决则胥为泽国。"是可以河身为堤，另于河外挖阔数里，所挖之土另筑一堤，由河南、山东以下，节节相机改筑。俟筑成之后，则决水入所挖之河身，而两堤夹之以入海，此可保数百年无患。但事关重大，劳民伤财，成功非易，恐贻天下笑。曰："天下事因仍者易为功，创始者难为力。"又曰："小民难与图始，可与乐成。"夫黄河自开封而东，数经溃决，河臣随时修筑。决于此者修于此，决于彼者筑于彼，补偏救弊易于见功，而无如今日筑者明日溃矣，明日筑者后日又溃矣。十日之筑不敌一日之溃，而一朝之溃足费经年之筑。则始逸而终劳，名易而实难，功之成者安在？故治河之事尤贵得人。然而责之河官不如责之疆吏，责之疆吏不如责之乡绅，盖生长聚族于斯，则痛痒相关，不敢自贻伊戚也。

夫中国之人动曰黄河有神，决口、合龙皆一归之天意。而不然也。南亚美利加之亚马孙，北亚美利加之米西昔比，其河源之高，河流之急，亦与黄河等。治法：夹河筑堤，高厚近水，使河身宽窄相均，水溜疾徐相均。先用木石于海口修坝，五年工毕，溯流而上，筑土堤长五千里有奇，经二年而工亦毕。于是沿堤种树，年年修补，至今屹然无恙，端在堤近水深，则溜急力大，始能带沙泥下行。上游河底刷深，则海口之底亦刷深，此一利也。河身上下游宽窄相均，则堤不能决，此二利也。入海之处既深，则商贾大船可进，此三利也。一成之后，功坚料实，水患永除。其他，义大利之治官河，埃及之治尼勒河，英人之治印度河，大致不外此法，至今永无河患。彼亦人耳，所尽者亦人事耳，何竟一劳永逸若是？

美人李佳白之言曰：河之决口，其故有二：一由水盛，一由淤塞。无论何国之河，当制其水势之盛而去其淤，方为妙法。

首在理河源，或于近源处递修层坝以节其流。或廓开一湖以停蓄之，即上游众水来归，亦于此为总汇，且多作旁池使水入池中，旋而后进，泥沙因以沉落，兼多植草木以潜吸其水气，不至泛滥为灾。此理河源制水去淤之说也。

次开海口，须兼用机器挖其底令深。又于海口左右用木石作坝，直入海中一二里许，以速其势，则入海之处泥沙不停。前土耳其国开多脑河，海口未开以前水深七尺，开后水深二十尺。荷兰国有止水名马河，堙不通海，嗣凿通之，海口深至二十尺。德国一河入海处水深七尺，开后深十八尺。俄国有河入海处水深三尺，开后深十二尺。他国开海口亦有由六七尺增至一二十尺不等者。此浚海口之说也。

再河身两堤多植草木、竹苇之属，能吸河水，能固河堤。此治堤之说也。

连岁俄人于西北诸境经画河渠，泄暴涨，杀怒流，意以中国为壑，建瓴高屋，空涌来源，水势将自此益大。苟不尽法以疏瀹之，为患将何极哉？且西北、两江、两湖水患之外，广东之东、西、北三江于古未尝患者，今亦为患，年甚一年。安得当道如大禹复生，相度形势，为之疏凿，使水患尽平，化有害为有利哉！

雍正间，李敏达疏云：天地之有江河，犹人身之有血脉，宜流通不宜壅阻。而黄河西北之水，由高就下，悍激湍流，尤非人力所能夺。故神禹治水，止言疏引，顺其性而利导之。《尚书》所载无庸琐赘。然洪流浩瀚，汹涌奔溢，急则冲刷无底，漫则沙泥淤塞。治河之法或导，或防，惟于此处可施作用耳。

臣闻黄河入海之口，原设有船夫不时疏浚，使不致沙淤壅积。下流之脉络宣通，则上源之横决自少，此必然之理也。后经河臣为节省裁革，不于此处留心，以致沙填海口，黄河下流之处听其散漫，沙日益壅，而水日益浅，所以年年上流决口。前次北岸之冲夺运道，犹可急为补救。惟去年决开南岸，水无所容，直趋洪泽湖，仍由清口会合黄水方入东海。

但洪泽一湖，上自陕西商南以东等处山水，并河南五府以及江北一带诸流总汇，即此一湖之水，每年伏、秋二汛，高堰已属危险，再加黄河归并其中，更当何如？况黄水浑沙，一见清水必然澄落，湖底势将垫高，再遇水发，则湖愈浅而受水愈少，高堰之保固愈难。倘有漫溢，则淮、浦、高、宝以东数千万生灵皆有可虑。久在圣明洞鉴，而未闻河臣言及于此，深为惶惑。

臣幼龄时即闻从前三十余载黄河不为大患者，实赖原任河臣靳辅之力，迄今小民犹食其福。且彼时沿河官地尽种柳蓄草，坝扫之需不累百姓。嗣后治河诸臣莫能改其成规，不过托天家之洪福，循途守辙，仍无大患。及渐次崇尚节俭，遂多用不知河务之腐儒，因而渐至废弛耳。

停　漕

三代以上有贡道而无漕运，《禹贡》纳秸、纳秸、纳粟米不出五百里外。春秋之世，未闻转侯国之粟以赡王畿。秦攻匈奴，飞刍挽粟，率三十钟致一石。武帝灭朝鲜，转运甚远，率十余钟致一石。此漕务因军务而起也。初未闻官俸民食概仰给于遐方也。古之良法，一州之米即以供一州之食，求转输于数千里之外，迂矣！唐初漕运，岁不过二十万石，藉以养兵。元行海运，无甚劳费。明永乐九年，会通河成，遂废海而用河，劳民伤财几竭天下之全力。

国朝仍沿明制，二百四十余年帑项之耗耗于漕与河者不可数计。其设官也，有漕督，有中军副将以下各弁，有漕标兵，有各省督粮道，有仓场总督，有坐粮厅，有巡漕御史，有卫守备四十人，千总六十人，运丁数万，运河官、闸官四十一人，闸夫数千。其给漕费也，运丁各授屯田使耕，每船给四千亩，少亦数百亩。其船三年一小修，五年一大修，十年拆造，皆给例价。头舵水手有工食，家口有月粮，运丁有行粮诸费。凡运米百石，例给耗米五石，银十两，以不敷用，州、县给以兑费，积渐至七八百两。民力竭矣。各卫有千总领运，漕督又岁委帮押官，分为一人押重，一人押空。每省有粮道督押，又别委丞倅为总运。沿途有地方官催趱。又有漕委、河委、督抚委，自瓜州抵淀津不下数百员。员愈多费愈广。一总运费二三万金，一重运费二三千金。一空运，一催趱，费皆逾千金。至淮安盘粮，则有漕督之弁兵；通州上仓，则有仓督之经纪。加以黄河口额设官驳船，山东、直隶、通州、武清皆有之，合算不下三千艘。以及浚河建闸、筑坝。通盘筹算，非四十金不能运米一石入京仓。此漕运所以为无底之壑也。

究之南人食米，北人食麦，定于天亦定于地也。米至京仓，岂能尽归实用哉？查京仓支用以甲米为大宗，官俸仅十之一。八旗兵丁不惯食米，往往由牛录章京领米易钱，折给兵丁，转买杂粮，约南米一石仅合银一两有奇。官俸亦然，四品以上尚多赴领，其余领票转卖于米铺，石亦一两有奇。夫南漕自催科征调，督运验收，经时五六月，行路数千里，竭万姓无数之脂膏，聚吏胥无数之蟊贼，耗国家无数之开销，险阻艰难，仅而得达京仓，每石之值约需四十两，或二十两，或十八两不等。而及其归宿，乃为每石易银一两之用。此实绝大漏卮，徒以冗官蠹吏所中饱。相沿不改，此真可为长太息者也。

推原其故，朝廷深思远虑，以为岁无南漕二百万石流通，则一切杂粮必牵掣而骤贵，兵民必有受其饥者，故不惜繁费而为此。然自轮舶畅行以后，商米北来源源不绝，利之所在，人争趋之。市中有米局，官中有米局，则少米之患在今时可以无虑。

应请通饬各省改征折色，其耗费一概带征，并归藩库起解。至旂丁京官应领俸米，或援照成案每石折银一两四钱，或按照市价，则每石折银亦不过二两有奇。如是则南民所完之数，即北兵所得之数，国家无毫厘之损，闾阎节赍送之赀，而一切漕河之工程，海运之经费，漕督粮道以下之员弁、兵丁，仓场侍郎、监督粮厅以下之胥吏、差役，皆可一律裁汰蠲除。是国家开销岁省奚啻千万，而反多数百万盈羡，官兵两项所领实银且较增于从前领票转卖之值。公私两途一举而均得大利，有益于国，无损于民，亦何惮而不为哉！

即使虑及岁饥乏食，则每年提出盈余银数十万两，在津兑买南米，存储通仓，新陈互易，以为有备无患之计。其事亦轻而易举。如虑海疆有事，外人得以持其短长，恐将来官商两病。殆有甚焉。盖名为官米，则敌船可以捕拿；名为商米，虽仇国亦不能阻截。公法具在，有例可援。况米石可不在接济之列，是可不必多方顾虑也。

夫运漕之法，惟期事速费省，今漕河既塞，铁路未兴，惟恃海运以济京师，或以海氛不靖，运道不无阻绝之忧，议以陆运为代。然劳费百倍，且所雇粮车时有沿途载逃之患，非计之得也。或曰："海运行之数十年有效，盍仍旧贯。"不知一行海运不特多出运费，且上仓运沪，一交涉于官吏之手，耗折百端。虽简于河运，而所费仍复不赀，约需二千数百万两，两湖、江、安尤巨。虽所耗在民者多，而国家所损亦不下千万。乃其归宿，石米易银一两。何苦令万家膏血掷之虚牝耶！

当今筹款万难之际，理财者何惜一举手之劳，改为折成库银，汇交户部耶？惟折银价值，宜随时画一，不得加多勒索以致困民，方为尽善。惟当轴者所为鳃鳃焉顾虑者，岂以漕务人员、夫役无所仰食，难免滋事，故不敢发此难端欤？不知此实无足虑也。将来铁路既成，道途开辟，如开矿、垦土、筑路，地利迭兴，需人甚众，又何虑难以安置耶？且拔大疽者，不顾小痛。以或然之虑，废经国之方，岂智也哉！况乎，其虑之可保绝无也。

今河道北徙，漕运不复，海运亦非善策。惟折色纳官，实为利国便民。观前中允冯桂芬所著《折南漕议》，查咸丰十一年奏奉谕旨，裁撤河督、河道并文武各官一百五十余员，汰除老弱弁兵。今河运未复已四十余年，与昔年南河各缺虚费饷需情事相同，而今时库藏支绌倍难于昔。其为应裁已无疑义。吾望当轴者尚亟亟焉以行之哉！

卫　屯

卫、所，明制也。有明中叶建卫、所，以防倭寇，就燕、齐、吴、楚、越旷闲之土，分军立屯、堡，且耕且守，有卫有屯，于守御之暇，收耕获之利。有寓兵于农之意焉。然论者以为明季盗贼充斥，国社乃移，曾未收卫、所之益。圣清定鼎，仍其民而稍变其法，改用专辅漕运，丁给船一艘，艘给田百亩，计共四十三卫、十四所，船盖五千余艘，而亩则百倍之。其为田不下五百万亩，租税不下数百万，尽归卫、所弁丁私利，是卫犹因明，而屯已失其故矣。夫前人立法未尝不良，特事有宜于古而不宜于今者，使不能有所沿而无所革。今之以卫济运，虽已二百五十年，然转漕之需繁费无算，则何如竟罢漕运，而仍以卫归屯也。窃尝熟筹之而有五利焉：

转漕昉于秦、汉，晋、隋、唐沿之为恒典。有元以繁费之故，开海运径达幽、燕。明成祖都北平，又鉴于海运多覆溺，而复河漕之旧。盖自秦政征匈奴，使天下飞刍挽粟，起琅琊输河北，漕运遂代为民困，而繁费亦代以为难。国朝斟酌元、明，河、海并运，而河费之多于海也盖数倍焉。爰悉罢之，可岁节虚糜之款甚巨。其利一。

以卫济运，因运设官，守备、千总数十百员，而隶之漕督。凡此辈者文不识字，武不知兵，仅仅于起运之时一供奔走，而实则官之枝也，丁之蠹也，徒坐糜官禄而已。改卫归屯则一切罢去，或即用为屯长，不给薪俸，可以汰冗员节官帑。其利二。

卫以屯而受名，去屯而言卫，名实已不相副。以之济运，运无所借其功；以之归屯，屯或可收其效。其利三。

罢运归屯，用湖南凤凰诸厅苗屯例，耕田纳税，亩征谷一石，石折银五钱，计五百万亩可岁入银二百五十万两。所征较钱粮少重，较民租轻十之三，或即仍按照各省地丁钱粮一律办理，亦无不可。上以裕国，下以便民。其利四。

既罢济运之卫，举凡直隶黄河之官剥船，山东闸河内外之民剥船，可一切罢去，给以闲田，隶直隶者征其谷以解通仓，隶山东者折其漕以附钱谷。虚糜之费既节，而土地之利加多。其利五。

凡此五者之利国利民，非但可除数百年积重难返之敝政，一旦豁然，且可大受其益于无穷，此岂寻常之功利哉？

顾辩难者曰："漕运繁费夫人知之，所以不肯轻言悉罢者，为济海运之穷也。京师高处东北之隅，仰食于东南之谷，海道有梗，漕以济之，此创为立法之深心。"不知今昔异时，其势亦大相悬绝。今既海禁大开，万国梯航，萃于中土，洋艘之往来南北，虽当两国交锋之际，彼固中流自在行也。且近又拟造南北火轮车路，则将来海运纵有不便，又可改为火轮车运，而河运之无烦议复也明矣。查近来中外轮船由沪而津者，以南米为大宗之一。货米聚则值廉，苟以折漕之款，购诸商而储诸仓，其节省当得十之七。

方今帑藏空虚，开财之源诚不易画画，其可节之流而无碍于国是者，卫屯其一端也。审时度势，又何惮而不因时制宜哉？

《盛世危言》卷十四　节流

盐　务

迩来盐课日衰，耗费日巨，设官愈众，商困益深，巡缉加严，私贩益盛，良由司醝务者不知改弦更张之法，徒多胶柱鼓瑟之才，此盐法之所以不可救药也。今天下皆官盐，而实则天下皆私盐。名曰缉私，恐缉私之人即贩私之人也。枭私、邻私、船私可缉也，官私不可缉也。故缉私之难，虽历代明君贤相经营擘画，终无善法。

查枭徒私运有大小之分。小贩强半滨海而处，每藉煎晒为业，捆载出运不过数百十斤，弁勇缉拿指为土枭者也。其大帮动以数十百艘，出没靡常。督缉从严则散，稍懈则又集，船上器械枪炮俱备，一遇官兵如临大敌。今日之缉私弁勇，捕土枭则有余，御枭匪则不足。其往来梭巡跟踪蹦缉，不过拿一二土枭，起几包盐斤，聊以塞责而已。若枭匪之任意游行，形同叛逆，则熟视之若无睹焉。即饬守汛各水师协同剿捕，恐亦未能操必得之权。

治之之法，当密购线索，探知其私运约在何时，行往何地，预调大队水师如期四集，务擒其所谓头目者，立行正法，再进兵搜其巢穴。如是略可安静，额销之引庶几渐复，国课或从此裕，然亦不过数年之间耳，非长策也。

天下产盐之地九，而课额以淮盐为最多。淮南岁额一百三十九万五千余引，课银五百八十余万两，几居天下大半，故必两淮举而余可勿论矣。今淮盐不复，川盐价贱于淮盐，其引地既为川私所广占，于是湖北之荆、宜等属三府一州，湖南之澧州及岳、常各属，川私充斥。川盐每包一百三十五斤仅纳银六分八厘一毫，淮盐一百三十五斤即应纳一两三四钱，比川课加重十余倍。是淮盐销得一分几足抵川盐二十分，川盐侵越一分，即淮盐绌销一分。然则禁川复淮之议早行一年，即多得十数倍之课，司计者不能坐受其弊矣。

当此军饷紧急之秋，坐令淮纲有著之课盈千累万尽归中饱，岂不惜哉！似宜坚扼宜昌府属之平善坝以杜川私，凡楚地二州五府引地一概收回，岁可增淮课二百万。鄂省所悬十五万引，将来照章募商认运，可得报效银三百万两，是一转移间其利无穷矣。鄂省近除川私外，又有岱私由宁波运来，借外国旗号闯关而进，莫敢过问，因其无税而价较川私尤贱。

然则盐之为课，国家虽设官经理，而官私之偷漏愈多，禁之不止，其故安在？以只知一偏而忘所以利民也。淮盐虽贱而路遥，闽盐一斤值钱八文，淮盐出处亦不满十文。乃盐入江西辗转相贩，贵至斤值七八十文。国课于一斤盐中所得无几，其所以昂贵者，盐商之息钱、盐船之运钱、盐贩之脚钱也。诚能设法造轮船、通火车用以运盐，则盐至江西稳而且速，余费皆省，江西盐价必减大半。私贩自无所利，不禁自绝。私贩惟以官之本轻利重，于中猎取赢余，若官盐以改运而减价，则民皆买官盐而不买私盐。私贩无利可图，亦将别谋生理。不然私贩便民，民方以私盐味胜而价廉。世之贪小利而不顾大局者，反祖私贩而仇官禁，势必私盐与官盐并行。差役且受私贿而不报长官，国课亏于胡底？

夫盐产于海，民食之而国收其税；谷生于地，民食之而官征其粮。其理一也。粮可就田以征，以谷之所出不外于田也。盐不能就灶而收，以濒海数千里随时随处可以为盐，故刘晏就灶榷盐之法可暂行而不可奉为常法者也，李雯就场定额之说，势亦有所扞格。

或曰：官既严禁之无益，不若令盐务诸员招集盐商详议章程，凡民间私煮之盐悉令收买，惟不准民间私相买卖，而为私贩者亦不至流为盗贼。此一说也，行之必未能见效。

或谓：盐课一项自来多弊，昔陶文毅公有鉴于此，奏裁盐院节商家之费，使利源涓滴归公。陆公建瀛亦于淮南踵行之，课额不缺，号善理财，顾至今仍未能概行禁绝，官盐因之不旺。不如悉罢诸局而听民贩卖，国家但当妥议新章，于出盐之地，每场、每井每岁酌收银若干而听其所之，自无偷漏之弊。其法虽可行而未善也。

或谓：不如悉去官、私之名，但就出盐之地编入正赋，谓之盐赋，犹田地之有赋。税由州、县官按亩征收。若州、县不暇则略留一二盐官，以佐其成，其余盐官悉行裁汰。如是办理，既无私盐，又安用缉私？凡捕役、兵勇、巡船尽可裁去，既裕国，又便民。此节用之要图也，特恐巡缉既废，私将多于官矣。

或谓：盐摊之于丁，丁摊之于地，官煮之而官运之，人不能不食盐，每人日食盐几何皆有定数，但令每人岁完盐课若干，计口而授，绝不取民间分文，则私盐自无所售矣。

此数说者，或仿正赋而税盐田，或就场定税不问所之，或摊加地丁十之二以抵盐课，皆室碍难行。惟冯宫允所论极当。大旨谓盐法舍票盐，别无良策。亦惟于票盐中推求尽善斯可矣。所议四法皆平实易行。

一、廓清窠臼也。择于三江营一带相地立局，交纳盐税以及场船交盐，江船受盐皆于其所。每纲仍用旧额，每引四百斤分两包，就场定捆，以后经卡掣验永不改捆，酌定正、杂课，经费一律定额。运商凡招三种：一、自场运江，一、自江运岸，一、自岸运各州、县。无论官、绅、军、民皆准承运。

一、平减赋则也。票法宗旨在于轻本敌私，能敌私则前纲早竣，后纲继之。盐出于海而无穷，与稍多何害？利归于官而不绝，取稍少何害？不能敌私则私盐占之，利不归官，盐溢于海，何益之有？为今计，莫如奏荄帑利、参价二款。帑本早没于旧商，帑利转责之新贩。旧商税整可以分参若干两，新商税零不能折参若干分，徒使价出商资参归官囊，而帑利百余万厥款甚巨，实滞销之原。必应删薙以轻成本。

一、制造洋船也。拟造轮船十，可容五六百吨，载盐二千余引，安庆、九江、汉口三处牵算，月得往来三，岁得往来三十六，凡运七八十万引。更用舟尾系舟之法，即全纲可举。回舟可带米二三百万石。统计往来舟值视江船常价有减无增，而运行之速则十倍。且轮船质坚力猛并可兼巡私之用。

一、广建盐仓也。三江营、安庆、九江、汉口四处皆滨江，于建仓甚便。乃从来不闻议及之者，可谓计之疏矣。今拟以轮船运盐，工食殊巨，势不可久于停泊，一入于仓则防范易于舟，傲值少于舟，且可时其贵贱，酌其缓急多寡，其运数令各场各地永无多盐缺盐之患。储盐一年之后质坚不复淋卤。向时盐船守候本须逾年，是即久储仓中亏折仅等。是建仓一法，计无便于此者矣。

四法之中，减赋一条尤关切要，盖课绌由于销滞，销滞由于私占，私占由于官价昂，价昂由于成本重，本重由于赋则繁，故一减赋而课转旺矣。且所减者，不在正赋而在帑利、参价二款，则所损者虚，所益者实。

吾知将来当轴者，必有采宫允之说而见诸实事者，是亦筹款之一助，而裨益于盐务岂浅鲜哉？

驿　站

泰西诸国但有邮政，而无驿站，中国则各省皆设驿站、铺递，自古迄今未尝或废。其为用也，大率供皇华之使臣，朝贡之方国，赍奏之员弁，与夫文武之咨禀，寮寀之关移。驿站于各州、各邑按驿置站，递送往来，毋有间断。每站额马或六十，或七十，重大文移多以驿马传递。有紧急公文每日或限行六百里，或限行八百里，迟行则州、县官例有处分。此项廪粮工料即于存留项下支销，而岁终随地丁奏报焉。每岁驿站费用约银三百万两，出款亦可谓巨矣。其为差也，有大差、小差之名，有紧差、散差之别，而水驿之船只，陆驿之夫马，罔不具备。其实各省之奏牍、公文，所递有限，而仕宦往来之所扰滋多。至督、抚则更有提塘折差抵京，费以百十金计。然便于国而不便于民，利于公而不利于私。于是民间遂有信局之设，一切信札概由信局寄带。顾凡大城镇有信局处，则书信可通，若荒州僻县商贾稀少者，则无信局，以致寄书道梗，游客又深苦其不便。况信局每多延搁，或致浮沉，银两珍物，甚至遭干没。既无条例以惩其罪，又无专责以分其劳，此其便捷可恃远不如泰西之邮局矣。

西人尝谓中国度支有出入两大款可省而不知省，当取而不知取。可省者即各省每年开支驿站经费几耗天下钱粮十分之一；当取者即设立邮政局，征收其税。今中国若行邮政，则驿站之费似可裁减。或谓明季之衰，尝因裁撤驿站，失业之徒遂无所归，以致盗贼蜂起。彼时虽因饥馑频仍，当事者又不善为抚辑，故至于此。

今设邮政，当开创之初势不能全行裁撤，况乎各省遍设邮局，必费用巨而事难举行。从来举事之始，创不如因。今各省已设有电报，各处亦已畅行轮船，尽可相辅以成。如欲筹邮政办法，其始不如归并于驿站。电报、轮船、驿站三者并行而不悖。当令邮政仍资于驿站。所有驿站中奔走递送之人，选其精炼干敏、朴诚勤慎者仍充其役。溺职惰事者由渐删除。即酌用其房屋以设邮局，则其事乃可谋始而无所掣肘。他日铁路既设，其为利便岂有涯哉？

今之驿站，国家已费无穷之帑项，而商民绝未沾丝毫之利益。诚何故而不之废？夫天下之成大事者，勿薄小利而不为，勿泥旧制而弗变。即如电报一事：当经始之时，胶固拘泥者未尝无私议，卒赖当局力为支持，以奏厥成，行之十有余年，渐推渐广，确有明效。电报可递要音，公私俱便。今驿站行之已久，其弊日滋，惟当局者以一旦难以裁撤，其人亦难以安置，鳃鳃焉动多顾虑。或谓驿、邮各行其事，各不相涉，此一说也。或谓并驿于邮，附邮于驿，此亦一说也。而皆属有见。惟当轴者仍不免有回护驿务之意，而实则深知驿弊无法能除之耳。顾必除之而后行邮，则邮政终无行期矣。开创之初，何不兼行并设，尚无窒碍也哉！

窃以为邮政既行，驿务自废，无足虑也。盖电报设而驿差轻其半，轮船通而驿差轻其七八，若铁路之干枝渐次告成，而驿传势难再留。故欲废驿站则竟废之，欲行邮政则竟行之，行之既畅而无问乎驿站可也。苟为国计，何如早为置邮而裁驿也？合一出一入计之，每年为国家节耗费而收盈余，所裨益者几何，明者自知，无须细剖。是在当局一转移间耳，岂非为裕国便民之要务也哉？

如以为京外各官因公往来京师，例须乘驿，恐一旦删去驿站，致多窒碍。则其说实为掩耳盗铃。今东南十余省，凡官员来往无不雇坐轮船，独奉天、吉、黑、秦、晋、新疆等省，尚行官站耳。若计其道里远近，人役多寡，由户、兵二部酌给路费，听其自雇车马，在应差各官固所深愿，更毋庸多所顾虑矣。

限　仕

《礼》："大夫七十而致仕。"所以示优礼老臣也。古之人三十而室，四十而仕，五十强仕，六十而老，七十而悬车，三代以还之通例也。四十曰壮，学问既成，阅历既深，故可以出而任事。七十曰耄，精力就衰，艰巨难胜，恐有时因而误事，故奉身以退，避贤路，戒素餐也。汉世二疏，止足告归，形诸歌咏，传为美谈，此足为士夫法式者也。后世此风稍不逮古，浸至恋栈者多，悬车者少。伏查乾隆二十二年定部员五十五岁宜详加甄别，三十三年又改定六十五岁，但实力行之，毋少瞻徇。夫甄别者，即恐其衰耄不能任事而罢之，故有予告之条，有原品休致之例，所谓陈力就列不能者止也。高庙之治隆媲唐、虞道固若是欤！

中兴以来，保举之途杂而渐滥，捐例既开，仕进之门路愈多而且歧，比至今日，有积薪之势焉。虽内外臣工屡有疏通之奏，而究无疏通之良法，未力行疏通之实政，则疏通之实效亦终不可睹也。

然则良法维何？仍不外乎斟酌限年之典，恪遵祖宗详甄别、戒瞻徇之圣训，而以实力奉行之，斯可已。四十始仕，三代下殆未可拘。顾亭林尝有"二十应试，三十服官"之议。是说也，酌中无弊，颇可参行。今之仕进本不仅应试一途，窃以为应试之年可以二十为准，则服官之岁要当以三十为定衡。其保举、捐纳两途亦当酌定于三十、四十之中，以三十五为服官之准。其列保之岁与夫捐纳之年，亦必以二十为限。保捐之后加以十余年阅历，而后任之以事，庶可有功。至致仕之年，当钦遵高宗定法以六十五岁为度。其不及限者，当于任满之日甄别去留。国朝定制：甄别岁行，比及三年，则又有内而京察，外而大计，所以慎名器、戒窃位者既已至详至严，特患奉行故事未能认真办理耳。今请详致仕之条，除世爵、宗亲不计外，其有成大勋、据高位者，年至七十则当奏请致仕，朝廷赐金赏荫，准为予告老臣。或给全俸家居，岁时奉朝，请备顾问。若有军国大事，亦可酌量垂问，准其与闻参议，余事概不必劳其身，所以示国家养老尊贤之意也。下此则六部、卿、寺及内阁部属等官，及岁限则罢之。外而疆臣、司、道及府、厅、州、县各亲民之官，责任烦剧，尤不宜以衰暮之年为干没之计。夜行不休，古人深戒，亦当定从严限。督、抚以年七十为度，赐金趣休。司、道以下亲民之吏，则当以六十五为限。及限不告退者，则请罢之，准其原品家居，或退为乡三老之类，稍给津帖以示体恤。其文理优长者或聘长书院，或提调书局，投闲置散，斯无不宜。夫士人少而家修，壮而延献，既无致君泽民之伟抱宏才，则非朝廷必不可少之臣工，即非地方必不可去之官吏。抚心自问：窃位苟禄，徒为子孙之计；印官衙署，非养老院堂也。乃如之人固安之乎？然而竟有觍然安之，而举世莫相非，亲友不相劝者，则由于仕途之滥，庸吏之多，恒产之乏也。

夫古昔之官或起自田间，或升自学校，或举自货殖。其人皆有故乡游钓之所、生产之计，罢官而归，林泉养望，不失为耆民硕望也。今也不然：幸进多门，以仕代贾，出本无山，归则壁立，积弊至以官为家，群相尤效，而仕途始不堪问矣！矧国朝用人，首重资格，绝少破格超迁之举，故宦成显达，强半在老大之时。彼以积劳有年，甫得循资登进，宁有不自视其位甚重者！重之，则欲退之心减，欲进之心盛矣。又其人初居下位，奔走艰辛，迟之又久，一旦得膺高爵，亲故阿谀，百僚趋奉，苞苴日进于门，声色竞起于后，宁有不自顾甚乐而辗转贪恋其权势者！贪之，斯患得之念重，而患失之念愈重矣。此所以二疏之高风，竟成千古绝调也。虽然，其人之自为计，则诚工矣、得矣。

若夫国家之仰望臣邻百职，固欲与此贤士大夫共治域中者也，今乃以敉绥之荣为斯人娱老之具。任官惟贤之谓何？则莫如定年限，严甄别。官人既自昧廉耻，国家要不得不全其廉耻，及年而罢，满任而归，示与屏黜不同。非予之以难堪，斯受之者无愧色。虽门堪罗雀，迟暮可伤，要亦无足惜耳。

若夫武员，无论水师、陆军，其将领年过五十者概须退职归田。军士年届五十者亦罢遣不用。此泰西之通例，实军政之要图，我所急宜整顿者。

更有出使一途，向来赋《皇华》之选者颇多，景逼桑榆，纵令精神尚形矍铄，然数万里重洋之风涛，瘴雨蛮烟之水土，残年风烛岂能堪之？故往往有归即乞休者。况长征三载，甫得洞明洋务，而日暮途远，亦难再矢驰驱，国家仍不能得其大用，则何如加慎于选派之初也。

汰　冗

今日度支告绌，库藏空虚，欲减糜费而归撙节，必自汰冗员始。夫内外各员，其所谓枝官备位、闲曹冷署者，屈指数之，实繁有徒。国家设官分职，原所以治民保国，使各有所职，而百事具举。如事足以一人了之，复何取乎多人？《书》曰："官不必备，惟其人。"自捐纳一开，而冗员愈众，候补拥挤，大员调剂维艰，势不得不多列名目，是皆冗员也。国家多一冗员，不特多一糜廪禄之人，即多一朘民膏之人，甚且多一偾国是之人。夫今之冗员，非犹古之散秩已也。所谓汰者，非必举高爵厚禄而尽行裁改也，亦使幸位之流、素餐之辈，无所托足耳。不然，徒耗俸糈，无所短长。朝廷安赖此人以累民病国哉！

冯氏①曰：今冗员不冗于小，冗于大；不冗于闲，冗于要；不冗于一二，冗于什百。请得而备言之：

---

　① 冯氏，即冯桂芬。从"冯氏曰：今冗员不冗于小，冗于大"到"此内外武职之必宜量裁者也"，系引冯桂芬《校邠庐抗议》上卷《汰冗员议》，但与原文出入较大，并夹杂郑观应己意。

一、漕督以下各官。夫南漕仅三百余万石耳，曩年行漕运之时，所有漕米经过之地，有郡县，有营汛，有河员，皆可为助，何需乎多人？漕督以少司马领行台，开府握兵符，控制七行省，岂不巍然大官哉！夷考其职，不知何所为也。漕督所辖卫弁三百，标兵三千，暖衣饱食，安坐无事。矧其大者复有旗丁一项，而自糜费国帑、需索漕船之外，无余事矣。漕标除盐城、海州东海二营应酌留镇标外，余皆可裁，岁省廉俸、兵饷、工食约银数十万两。粮道一官不过岁一临仓，责州、县陋规，取盈而去。州、县倚为护符，弹压生监，恫喝平民，以为陋规之酬。所谓公事者，助旗丁勒索州、县，助州、县鱼肉小民而已。今河运不可复，漕督、粮道更无所用。此外又有督粮同知，管粮通判、主簿之类，皆坐食漕规，不与漕务。又验仓收米者亦数十百人。如天庚正供招商承办，则海运委员均可裁撤，省费尤巨。

一、河务。两河岁修五百万，实用不过十之一二耳，余皆河督以至兵夫瓜剖而豆分之。河督之驯谨者，常以十之三办工；贪冒者递减其实，非抢险不使一钱。窃以为不如归并地方，俾专责成。河兵饱食而嬉，办工仍调民夫，毫无所用。运河既免挑浚，所设闸官、闸夫纵不全撤，亦可裁减大半。

一、各关监督体统与督、抚埒，糜费繁多，故视道、府兼管之关，征收倍绌。织造公事更简，所办责成地方官足矣。各口监督税课更少，不如尽裁关差，归并地方官兼理。各海关道事颇清简，亦可裁撤，而以深识中外文字，长于榷算道、府班为正税务司，与洋人税务司分司其事，既可省费，又免漏卮。

一、盐务。盐铁置使，由来已久。运使固不可省，至盐政领之督、抚已足，至运同、运副、提举、知事等官，或有或无，毫无深意。大使似州、县非州、县，亦出两歧。惟各场辽阔，不可无官，可移主簿、巡检驻劄兼理盐事，但存运同一员为运使属官，驱策奔走可矣。此盐务中官必宜量裁者也。

一、督、抚、司、道。凡与总督同城之巡抚，亦皆可省。考总督、巡抚昉自前明，因事设官，事定则罢，中叶始为定额。国朝因之。督、抚或并设，或偏设。并设者不必治，偏设者不必不治。惟督、抚权位相埒，和衷固不乏人，而同城者议论意见每多不协。同一事也，或此是而彼非；同一人也，或此好而彼恶。两姑之间难为妇，属吏亦几无所适从。应请将湖北、广东、福建、云南四巡抚裁并，而各以总督兼之，以一事权。盖大省则督兼抚，小省则抚兼督，岁可节省廉俸、兵饷、役食银元算。如使各直省以布政司为主，又设按察司掌刑名、按劾之事，其实刑名不过视成例而已，按劾久无其实，可并之布政。各道本布、按之副，兵、巡、盐、粮各分一职，无非赘疣。酌中之法，以三四府设一员，所司之事上其成于督、抚。至郡、县皆以各设一副为限制。此督、抚、司、道各员必宜量裁者也。

京官自六卿、九列而外，亦有应行裁减者。如东宫不设，安用官属？詹事府可归并翰林院，以副名实。科道为耳目之官，今设员八十，不为不多，然半皆仗马寒蝉，曾何取乎具臣？不如减额之半，而以内官之科甲，外官之司、道许其言事，殆不啻收八十人之效，未始非拾遗、补阙、询事、考言之一助也。他若内务府，糜帑更多，必当大减。编检在二十名外者，部曹五年外不能补阙者，概令回籍充山长，一以广教化，一以示体恤，事为两得。此京官之必宜量裁者也。

至于内外武职，王公、将军、都统之外，提督十三人，总兵六十二人，亦大官太多。又如准部、回部官亦太多，新疆、奉天近日增设督、抚，官愈大则率多养尊处优，恶劳好逸，能糜帑不能杀贼。宜无论大小，皆减其半。此内外武职之必宜量裁者也。

儒学一官，大县设教谕，小县设训导足矣，何必正、副兼设？府学诸生仍归诸县，府学教授可裁也。

迩来，自厘局一开，所有捐班候补人员，悉举而纳之其中。故刘岘帅甫莅两江，凡道、府以下差委之有名无实者一概裁去，兼差不领薪水，通计每年省费约三十余万金。今之局务可裁者尚多，以支应、采办、转运、牙厘而论，皆理财之类，应归藩司所管，今则采办有局，支应有局，转运、牙厘又有局。即云藩司事繁责重，不暇兼顾，然每局派干员一人总理，亦可措置裕如。乃一局中既有督办，又有会办，以及委员、司事，少则数十人，多则数百人。至于保甲、清讼、巡防，本臬司之专责，郡、县相与为治者也。今乃省有局，郡有局，县有局，甚至有东局、西局之判，南局、北局之分。道、府衙门又有春、秋二季例差派查驿站、班馆等事，每次至少十余人，多至二三十人。所以然者，非一人之才力不足，必须分任于众人，不过捐员日众，不得不多添差事，位置闲员。虽然为闲员，计则得矣，其如库款日绌何？要宜力加整顿，可裁则裁，可并则并，非特可省经费，并杜幸进之阶。

至于京官则自枢垣、台谏以外，皆为闲散。各部则自掌印、主稿以外，徒縻廪禄。堂官则每署四员，而兼差者尤多。文书则每日数尺，而例案极其繁琐。至于鬻爵竟及监司，而吏治坏滥极矣。

今请首停捐纳，乃改官制，用汉世太守领令长之制，唐代节度兼观察之条。每道设一巡抚，上通章奏，下领知县，以四五品京堂及藩、臬之才望者充之。其知县升为四品，以给御、编检、郎员及道、府之爱民者授之。巡抚以下增置参议、参军、判官等员，以道、府、同、通改授。知县以下分设功曹、刑曹、户曹，而亦以州、县进士分补其缺。其余诸吏皆听诸生考充，渐拔曹、长行取郎官。其上总督皆由巡抚兼管，各因都会以为重镇。使吏胥之积弊化为士人三老之乡官，各由民举，整顿疏通，乃可为治。其京官则太常、光禄、鸿胪可统于礼部，大理可并于刑部，太仆可并于兵部，通政可并于察院，其余额外冗官皆可裁汰。裁老弱之兵以加饷，汰闲冗之员以加俸，何莫非节用之大端乎哉？

夫国家之蠹中饱而已矣！冗员愈众，侵蚀愈多。一盐务计养闲员数百，一厘局计养食客数千，一漕运、河运计养无用之人千万辈。甚至持一荐书，大者可得一二百金，小者可得数十金。以一省计之，所费已属不赀；以二十一行省计，所费愈觉无穷。应令各督、抚查有此等人员，毋徇情面，一概屏黜。且闻各省台、局，实在坐办者无须多员。事务减少者归并兼办，凡挂名及差遣者均应裁撤，以除酬应、虚縻之费。其余京内外各衙门丁书，亦宜一概逐去，另雇诚谨有余者专给奔走，不得与闻公事。如是则中饱之风自绝。且也，大官多则取之于民也愈厚。国家当鼎盛之时，物力丰盈，无形之弊人所不觉；今则自微而著，有不能不大加芟薙，节费尚其小焉者也！

革　弊

凡事有利即有弊，有弊即有利，利与弊如影之随形。惟善用者则弊亦利，不善用者虽利亦弊。所谓为政贵在得人，其人存，其政举；其人亡，其政息者，此也。慨自礼教衰微，人心陷溺，上下、内外、大小一切往来惟利是尚。有事至公庭，未有不索贿赂行苞苴者。诚如冯氏《抗议》曰：今天下利而已矣！百弊丛生皆由于此。

一、士流之弊。士子身入庠序，宜守卧碑。乃幸得一衿，即尔作横乡曲，鱼肉良善，抗粮不完，结党恃私，出入衙署，交通官吏，甚至与差役朋比为奸。差役恃为护符，张其牙爪，联作腹心。有利则瓜分，藉以讹诈乡愚。聚赌抽头，视为常事。浸假而为举人焉，浸假而为进士焉，所作所为亦复如是。名分愈高，声势愈大，贪吻亦愈张。士为四民之表率，今若是又奚赖焉？朝廷亦何必有此士子哉！革之之道奈何？以一字概之，曰"杀"而已矣。非过严也，当此纲纪宽弛，非用重典不足以儆众。杀一以儆百，士风庶几稍肃乎？士习庶几稍正乎？其次则褫其衣领，永不许登诸士籍。

一、官员之弊。今之大小官员，其出身而登仕版也，岂为朝廷乎？只为一己耳。每得一官，惟量缺分之肥瘠，计班资之崇卑，每岁可获利若干。抚字则拙，催科则勤，明目张胆以号于人曰："好官不过多得钱耳！"甚至与丁书、胥役互相狼狈，倚为耳目，托为股肱、心膂。为上者且如此，为下之势更肆矣！民其聊生乎？何法以处之？亦惟轻者斥、重者戮而已矣。

一、吏胥之弊。贱等于奴隶，而权驾乎公卿；流品甚杂，心术最坏。良由积习使然，莫之能返也。江苏州、县、漕书闻人得持其短长，所设关书徒以供侵蚀。其缺可纳赀为之，传之子孙。官易而吏不易，公革而私不革，权势之盛莫盛于今日。衣冠中无耻之徒且与之往来要结。每有事，州、县曰"可"，吏曰"不可"，斯不可矣。推而上之，卿贰、督、抚曰"可"，吏部曰"不可"，斯不可矣。此犹其小焉者也。天子曰"可"，吏部曰"不可"，其不可者亦半焉。其权直出于宰臣大臣之上。究其所谓可不可者为索取部费地耳。上下其手，生死系乎一字。利之所在，其弊如此。今计每部不下千人。其渠数十人，车马、宫室、衣服、妻妾之奉埒于王侯，内外交结，隐语邮书，疾驰旁午，辇金暮夜，踪迹诡秘，莫能得其赃私。计吏、兵、户、工四部，岁不下千数百万。

其次则曰差役之弊。差役素无工食，专倚讼事以为生。一县中大者不下千人，小者亦数百人。有十总，有六十总。魁其党者曰管班，出入裘马，僭侈无度。此外所有图甲庄书，皆适以追呼扰民。今计外省衙门人数之众，莫可究诘，婪赃更多，不啻千万。究其银所从来：国家之帑藏居其三，斯民之脂膏居其七。天下乱之由来皆由此辈，所谓养百万虎狼于民间者是也。正名定罪，非尽杀不可。然杀者一而养之者百，则惟有永易其人。内官所用，但供奔走而不得与闻政事；外官可并其事于幕，名之曰幕职，可以为入仕之途，重其责成，彼亦不敢傝然自放，以贪墨败名。夫吏之得以弄权，其弊皆由于则例之繁，用以上下其手。惟吏挟例以牟利，混淆黑白，颠倒是非，循至于天下大乱。原夫例之设，所以治天下，而其流弊之极至于如此。其例条目繁多，细如牛毛，徒足为吏胥舞弊之具。选人万不得已，一切以欺应之。国家设例本以防欺，今乃适以导欺，甚且逼之使出于欺。惟胥吏则以为大利之所在，例愈繁弊愈甚，徒足为吏胥浚其利源而已。今欲革其弊，莫如悉付之祖龙一炬，但取简要明易者数万言足矣！旧例既废，重颁新例。凡事以简驭之。一事两可者，大官断之以理足矣。必约束以无一定之例，是疑大官而信吏也，孰孰甚焉。

一、杜漕粮浮收之弊。今之《赋役全书》款项繁多，名目猥琐，分合杂糅，莫悉其每亩征税之数。必宜改定体例，但著某县田若干亩，一亩之税米若干，银若干，主于大目通晓。吏即欲舞弊，已自无权。每岁征收钱粮必书细数，揭之大堂，俾众咸知。漕事既完，刷印征信录分送上司、各图绅士惟遍，如有不符，许其上揭。如是而不弊绝风清者，未之有也！

一、杜赋税不均之弊。赋税不均，由于经界不正。欲正经界，须将各省田亩一切度以工部尺而增减其赋。吴田一亩不敷二百四十步，甚有七折、八折者。林文忠疏稿所谓"南方田亩狭于北方"者，此也。今拟先绘图，然后明定亩数。以一县之丈地敷一县之粮科，按亩均收，自泯偏颇，不得藉口田多丝毫增额。如是则豪强无欺隐，良懦无贻累矣。

一、徭役差费之弊。内地各省徭役之苦，民不聊生，历经督、抚奏疏言之矣。海疆各省差役之费骇人听闻：不论有理、无理，原告、被告，做禀有费，代书有费，入禀有费，差役有费，甚至被劫者投禀被押，候批准勘验而后释放，复索勘验夫马费。既受拘押之苦，又耗许多费用，鲜有破案人赃并获者。故广东被劫之家，多不禀追，劫盗之风益炽。闻广州府各县劫案岁有数百起，殊可慨也。查欧西平常之案，衙署上下巡捕均无费，惟大案有公堂费，归输者出，如输者无力，归胜者垫。无中国衙门费用之多，鲜有因讼倾家荡产、卖妻鬻子者。宜参酌除之。

一曰州、县亏空之弊宜除也。一曰贡物勒索之弊宜蠲也。天下之害大抵上下两损，而归于中饱，以至于蠹国而病民。凡事一经官吏之手，无不浮开价值，横征商民，而于上无丝毫之益。虽洋关办事之认真，亦有弊：各商谓轮船码头验货，洋人扦子手与秤手通同作弊：如有请验之货，有贿即放行，无贿必为留难阻滞。洋关之听差与报关行亦通同作弊：报关者短报斤两，少付水脚，轮船行欲吊卷查看，皆为听差所搁，或埋没也。西报谓：中国弊政颇多，莫甚于八股取士，阉人作宦，女子裹足，为各国所无，至今未除，甚以为奇。即一极琐屑事，亦必欺罔贿赂，无所不至，则大者远者可知已。天下事尚可问乎！今莫若亟为变通一切蠲除之，以培国脉，以厚民生，岂不幸甚！

书　吏

天下人之所断断而争者，名利而已矣。名重于利者，奉公而守法；利重于名者，舞弊而营私。今各署书吏既无名之可言，则不得不专趋于利，徒欲以法惧之，盖亦难矣。故朱子襄曰：欲作廉吏，勿靠书吏。必先熟律，方不为其蒙蔽。胡文忠办理鄂省军务所设厘局，悉屏书吏而任官绅，寄以腹心臂指，用赖以足，兵赖以强。伊昔名贤未有不畏书吏而慎防书吏者。今日书吏之权已属积重难返，内而六部衙门，外而督、抚、司、道，下而府、厅、州、县，以及盐务、税关皆有缺主。每缺或万余金，或数千金不等，营私卖缺，与本官无须见面，署中惟觅一办事者潜通声气，朋比为奸。同一律也，有律中之例；同一例也，有例外之案。其间影射百端，瞬息千变。犹是一事，有贿者从，无贿者驳。混淆黑白，颠倒是非，惟所欲为，莫之能制。即使上司觉察，按法严惩，亦只能革署中办事之奸胥，不能斥外间把持之缺主。而官之接任视事，多则四五年，少则一二年，其于治内之利弊，俗尚之美恶，或未及周知，即已更调而去。若书吏则世代相传，专门学习，兵、农、刑、礼各有专司。官有升迁，吏无更换，况既授以事权，又复限以资格，虽有才艺，荐达无由，而月得工食纸张之费，为数甚微，若洁己奉公亦实无以自给。

考泰西有大小律师，无书吏之弊。律师者曾在大书院读律例，取列一等，国家给以凭照，准其为民诉冤代官诘问。凡正、副臬司，必由律师出身。审案时两造皆延律师驳诘。公选廉正绅士陪听，首曰公民，余曰议长。如案中人与绅士有一不合，尽可指名更调。律师互相论驳，以词穷者负。官得其情遂告公民，曰："此案本官已审得应犯某律，尔等秉公定之。"公民退议，各书其罪申覆，所见皆同即为判断；否则再审，以尽其辞。凡陪审、人证，皆先誓不左袒而后入，两造俱服则有司申送上院定谳。所有案词，岁刊成书，引以为例，嗣后皆可据以为断。

今中国欲筹变通之法，请将律例专设一科，每年一考，列前茅者仍须察其品行，然后准充书吏，锡以虚衔，厚其薪资。倘有颟顸不堪任事者，立予斥革；若其办事勤能持躬廉谨，则期满之日，本官加结保举，然后录用；若服官后有贪赃不法者，保举者坐罪。各予以出身之路，庶咸知自爱，不敢弄弊舞文。书吏之权既轻，本官之职乃举，似亦正本清源之道也。今书吏五年期满，例有考试，列一等者用府经、县丞，二等者用从九、未入，以文通字佳者为优，鲜不倩枪顶替入场，所取既非真才，服官更难期清正矣。

恭读仁宗睿皇帝谕曰："君临天下，敕政治民，仔肩至重，奚能独任？我朝特设内阁总理枢机，六卿分职，各司其属，即古之四岳九官辅弼匡襄之职也。朕德薄才疏，寅承大统，惟求天下乂安，兆民蒙福，孜孜图治，不敢暇逸。奈诸臣全身保位者多，为国除弊者少；苟且塞责者多，直言陈事者少。甚至问一事则推诿于属员，自言堂官不如司官，司官不如书吏。实不能除弊去害，是甘于旅进旅退、忘职思其居之义。诸臣自为计则可矣，何以报皇考数十年之恩遇乎？自大学士、尚书、侍郎及百司尹唯诺成风，皆听命于书吏。举一例则牢不可破，出一言则惟令是从。今吏部、京兆相争一事，任书吏之颠倒是非，变幻例案，各堂官受其愚弄，冥然罔觉。所争之情节与所为之弊窦毫无干涉，良可慨叹！一部如此，推而至于五部。若堂司如此庸碌，书吏如此狡猾，上无道揆，下无法守，太阿倒持，群小放肆，国事尚可问乎？经朕训谕之后，尚不知悛改，是激朕之怒，必欲朕受薄待大臣之名。朕宁受此名，曷敢废法？必挽回乃止。其无悔。钦此！"仰见我仁宗立法剔弊，谆谆告诫之至意，宜如何敬谨遵守。

乃今日各部书吏，其舞弊较外间尤甚，其弄权较外间尤专。如欲设法挽回，除考试选充外，并宜夺其权。夺之奈何？曰：此其道在乎使司员熟悉律例。盖司员不熟公事，书吏遂得上下其手，因缘为奸。诚使严定章程，凡司员到部候补时皆令轮班入值，熟读例案。一俟有缺，由堂官面考，择其律例精通、档案熟习、有为有守者尽先即补。然后一司之员必熟一司之例。遇书吏呈办案件，严加覆核，合则呈诸堂官，不合则是书吏故意播弄，即行斥革，不准再充，则鬼蜮伎俩必无所施矣。下自州、县，上至督、抚，旁及海关，房科、胥差，皆以重赏承充，与本地劣绅、痞棍串通作弊，恐吓乡愚，勒索无辜，被累者竟致无门可诉。其刑名、钱谷幕友中劣多佳少，往往亦把持公事，串通差吏，挟制居停，作威作福之处不可胜言。吾粤劫风甚炽，多有不敢报案者。因报案亦不能破，徒为胥差勒索禀费验费故也。况司员既熟例案，一旦外迁，亦能洞悉情形，不至为书吏蒙蔽。至于外官督、抚、司、道、府、厅、州、县衙门，既予以甄别之条，官又熟于律例。如此内外合力办理，自可杜无穷之弊也。愿与当世贤豪借箸筹之，取怨于若辈弗遑恤矣。

度 支

度支者，国家预筹出入之数也。泰西各国每岁出入度支皆有定额，不能逾限。如明岁出款若干，进款若干，两抵之外尚欠若干，户部即于今岁预为之备。若有军务急需，则辟院集议另筹。所有进出各款，岁终刊列清帐，布告天下，以示大公。故外国税重，百姓不怨。且朝廷所征大都烟、酒及贵重之物，得自富家，无损小民。

惟中国尚无度支清帐颁示国中，闻本年五月户部奏称：常年进项七千余万，一岁所入不足一岁之出。今筹办海防、购船置炮须款甚巨，非借洋款不足以应急需。

当仿泰西国例，议定一国岁用度支之数。先举其大纲，次列其条目：畴为必需，畴为可省；畴属无益，畴尚缺乏，滥者节之，乏者增之；必需者补之，无益者削之。合京省内外而通计之，则常经之出数可得也。次则核查行省二十一部：每岁田赋所入者几何，地丁所入者几何，洋关税所入者几何，常关税所入者几何，厘捐所入者几何，盐政所入者几何，沙田捐、房屋捐、海防捐、筹防台炮捐所入者几何，油捐、茶税、丝税及一切行帖、典帖、契尾杂款所入者又几何。每省分立一清册，核定入款，详列其条目，刊布天下。镜存子云："向例由各省官办飞金、铜、铅、木植、丝、布、纸、蜡、颜料等类，先饬查有无相沿商民津贴，分别改饬商办。比较历届开支之多寡，兼知各省物力之艰难。又派交各监督、盐政、织造办运常例备赏之件，宜加查核：有无节年库储，量为减数。此为节省各项杂支。至整顿各关常税、木税，惟有悉照洋关办法：须将各路货物名目亦均分别登载价值，每届岁首由各省达部，于课税盈绌、贸易通滞，系以总分叙论，列以任卸衔名，汇刊总册，发坊广售。掩饰无计，积弊或除。"使官绅百姓家喻而户晓，了然于国家之所取于民者固有一定之数。

举所谓加摊、火耗、部费、平余一切浮费而悉空之。明定为制钱之数，或定为自铸银钱之数。而后商民不用加纳，胥吏不得上下其手，官司不得中饱其囊橐，部书无由驳沮其报销矣！则常经之入数亦可得也。

凡一出一入编立清册，综核比较为赋财出入表。出有逾则节之，不可任其渐亏也。入有余则储之，不可供其虚耗也。此合国内各省为通盘理财之法也。

更令各官岁呈简明清册一本，实记一关之出入盈虚，关册汇齐乃会合而详核之。要知中国之财流出外洋者若干，外洋之财入我中国者若干，两两核较，而其出入之大数可得知也。出入惟均则姑任之。出浮于入者则必详究其所以失之故，当兴何项商务以补救之。入加于出者亦必详究其所以得之故，当若何悬赏以鼓励之。此合中外各国为通盘理财之法也。

观泰西各国之筹国用，盖无论土地之大小、人民之众寡，未有不如此者。此特言其大略耳。此而不知，何足以言理财？亦何可冀阜财乎哉？然而财活物也，未定所生之数，必先定所用之数。定之奈何？欲明养廉之原，请先自定官禄始。官禄丰足以养其妻孥，而后贪酷之风可革也。欲官不朘削民财，必先自定君用始。君用俭，内府无所中饱，而后深宫不萌侈泰之私，上下一德，内外同风，而小民之急公奉上，弥心悦而诚服矣，安见中国有财匮之足患哉？

僧　道

二氏者，佛、老之名也。学佛者僧之徒，学老者道之徒。佛自汉明帝时始由天竺入中国，于时九重敬礼，公卿膜拜，流俗见而荣之。乃有求奉佛教者，明帝准其披剃，给度牒为沙门，女僧亦同，名曰尼，此僧徒之肇端也。老则中国所自有，相传始于老子，关尹子、河上公、魏伯阳皆其高足，由来尚矣。然徒虽代传，而实无道士之名，至秦初犹曰方士而已。其许民人出家度为道士者，亦始自汉，晋而盛之。唐妇女皆得入道，曰女道士。唐时多有以宫主、县君之尊而为之者。此道徒之极轨也。

夫二氏之教忽焉昌炽者，皆由于圣道之衰，儒术之蔽。自东周息迹，明王不兴，孔孟凄皇，世主莫能宗尚，于是泰山颓，梁木坏，麟笔绝，明辩穷。至吕秦之暴，燔诗书百家，坑儒者，延卢生、徐福之徒，其机已兆。降及汉武，侈然泰然，求神仙作宣室，极仙掌露台之奉，而文成、五利等辈风发而蜂起，乘势利为炫诱。及下诏轮台，途穷知悔，方士之风始少熄焉。

夫仙道贵长生，佛法贵无生。彼其世主始以一念之贪，欲永享万世之奉，故学仙求长生。及长生不可得致，而犹有畏死之一念者存，则佛法之皈依回向解罪释厄，又其所希慕为功德者，于是金人入梦，白马驮经，佛、老并峙，竟与吾儒之教鼎足而三矣。

历代以还，二氏互有盛衰。清时亦尝有沙汰僧、道之诏，而卒至多方扦格，良法美意终不行天下，亦遂习与相处视为固然，虽宋儒极力辟之，亦靡见廓清之效，抑又何也？

独不思僧者何？凡以求学佛者也。道者何？凡以求学仙者也。而试推求佛、仙命名之旨，则佛者弗人也，绝类离群，不与凡人俦也。仙者山人也，隐遁空山，超人世而独立者也。考佛祖释迦当日舍一国之富、世子之尊而不为，而决然舍父母、背妻子，趺坐灵山，六载成道。老子当周衰，弃柱下史官，舍中国而不居，骑青牛出函谷，远辞人境而隐。其独善其身，视举世繁华富贵、声色货利莫可浼焉者仙、佛悉同，不可谓非希世之畸人，猛烈之丈夫也。故佛号大雄，仙称大觉，良有以矣。

间尝博览二藏，穷究丹经，则见夫佛之宗旨以绝欲出尘为始基，以忍辱受苦为功行，积久而能明心见性为入门。百尺竿头再须进步，则又以粉碎虚空、真如妙有为般若波罗密多，译云：大自在也。至此乃能照见五蕴皆空，度一切苦厄，必至六尘、六识灭尽不生，始能直超彼岸，立见如来，名曰脱离垢境。向上犹有精进不已之功。功德圆满乃能成佛，未易悉数也。仙之宗旨大同小异，亦有顿渐之分，三乘之别。其要旨亦以绝欲离尘为始基，积德累行为功果，以通关筑基、炼己纯熟、长生不死为入门，向上力追大乘，以结丹还丹，结胎脱胎，出神直返，到胞中浑沌之天，为七还九返。更进而益上，面壁还虚，自有入无，无无亦无，始能与天合体，历劫不磨，其功程之次第，无一非大难事也。

要之，仙、佛同源，佛法详言性而略言命，然《金刚经》、《心经》、《六祖坛经》则已微露其端。《道经》详言命而略言性，然《关尹子》及《清净经》、《心印经》、《悟真外编》亦颇略阐其妙。总此二家，胥不离心、性二字。彼夫巢、由之高远，渊明、宏景辈之旷达，庶乎近之。若琐琐焉屑屑焉，谋衣食、求安逸、骄气多欲、贪色淫志之徒，其去此不啻天渊之隔，譬之染缁求白，抟沙作饭而已。

虽然，仙、佛尚矣，后世之求学仙、佛者，自必酷慕乎仙、佛之超卓，希追随乎仙、佛之高躅，如是斯不愧其徒也。顾何以今之学仙、佛者，则又有大谬不然者何耶？其名则是，其实则非。名曰我明心见性也，而实则利欲薰心，豺狼成性。名曰我修真炼性也，而实则疏懒为真，色食为性。失志则打包云水，乞食江湖；得志则登坛说法，聚众焚修。于是逞其才智，募化十方，轮奂而居，重裀而坐，膏粱而食，锦绣而衣。其善者则结纳名流，怡情诗画。其不善者则附托权门，贪缘当路，通声气，市权利，或且聚狂徒，逞邪说，窝盗寇，干法令，与夫奸淫邪盗，凡乡党自好之流所断断兮不忍为者，而一切身犯之，犹哆哆曰："吾体佛法慈悲广大法门也，吾得神丹秘诀普度群生也。"此所以弥勒、白莲、金丹诸教匪因风吹火、乘势蜂兴而未已也。是直以害世为功世，杀人为生人也，谓觉人迷而一己之迷转甚，谓解人罪而一身之罪谁怜，即以二氏之宗旨治之，亦所必屏诸门外者矣，尚何学佛、老之有？尚何得称为佛、老之徒哉？

况僧、道两门所聚徒众不下数十万，或众至百万人，男妇混杂，老少不伦，此其中愚若鹿豕、毒比蛇蝎者居多。而谓此辈乃能见发光地之焰慧，炼三花聚顶之阳神，与夫一切穷究阴阳造化之机，脱离生死轮回之秘，是则上智犹难一二觏，而固谓此辈蠢顽尽能晰兹妙谛耶？且其中雏尼、少僧、道童、侍者，类皆买自贫家，或为愚父母所舍弃。褓褓才离，缁羽已著，三乘莫窥其灏瀚，九等奚识其渊源？人世之趣麈所弗贪，二氏宗门悉其厌苦，削足受履其何以行？刓方就圆其何能器？是聚数十万旷夫怨女，而为盛世之灾疹也。借使由此极其旷怨，决裂堤防，垢秽坛场，滓污净地，是又为治世之妖孽也。即皆不然，无故聚此数十万、数百万有用之人，而习此一无所用之业，安居而逸处，男不秉锄犁，女不治丝布，能文字者不列士林，工会计者不操商贾，而衣食宫室百物之取给，皆不能上叩之天，下资之地，是仍以有业之民为其外府而已，供其朘削而已。吁嘻！此后世王政之所以不能复兴者，良有由也。

且夫数十万、数百万之游民而无衣食，窃傍二氏之门户为生活者，非尽游民无生计，实乃惰民而不勤生计者也。其中真肯苦行希仙学佛者，百不得一，千不得百。又其中工文字者有书可读，习田事者有力可耕，习书算者有商贾之业可操，或有习拳勇能技击者有兵额之可补，行伍之可归，女冠及尼习女工者有蚕可丝，有布可织，就而拣汰之，三去其一矣。择其真心求仙、佛，确有所得，不肯再蹈尘境者，深山穴居，茅棚独处，任其高遁。今之僧、道只知建醮超幽，敛人财物，未闻有行一善举如耶稣、天主教士设学校以教人，创医院以治疾者。即使独善其身，自修其性，亦当布衣素食，栖隐山林，何必于市朝酬应也哉！其年老力衰、多病残疾、幼弱未成丁者，改各州、邑大寺为恤贫院以处之，三去其二矣。所余一者，劝之不改，汰之不去，则不外昌黎之言："人其人"，"庐其居"，革其衣冠，配其男女，少长必均。即以布施之庄田为计亩授耕之用，宫观之园圃为种菜、种树、蚕桑之区，设员督监，勤则赏以诱之，荒惰则刑以儆之，蔑不济矣。

然后明颁教令，使至今以后，有学仙、佛者，除其独身隐遁，岩居穴处，与木石居，无关王化外，其余四民家居，喜奉其教，读其书，茹素潜修者亦听。惟断不得创宫观、寺院，召徒众，募布施，蓄财货，登台说法，衣冠歧异，以惑斯民之视听。诚如是，则惰者不能独逸，黠者不能独智，愚者不致犯法，强者不致干令。僧皆授室，尼尽宜家，无怨女亦无旷夫。王化之行，郅治之隆，端自兹始。

独不见夫回教乎！彼族虽奉其教，诵其经，而人伦执业不异四民，日用衣冠悉遵王制，惟不食猪肉等事。彼教自伸其私禁，故在上者亦安之而已。安见处二氏者独不可以如是治之耶？世有通人留心治术者，当不河汉斯言。

狱　囚

曾子曰：“上失其道，民散久矣。如得其情，则哀矜而勿喜。”哀痛恻怛，诚仁人之用心也。盖人生不幸，父母失教，既无恒产以资事畜，复无技艺以给饔飧。贫困无聊，流入匪类；致罹法网，横被官刑；土室棘垣，暗无天日；赭衣黑索，惨受拘挛；禁卒毒若虎狼，秽气积成疠疫。自斩、绞以下诸罪人本无死法，而久系瘐毙者往往有之，其冤惨可胜言哉？

近闻各直省州、县多设有自新所，以处轻犯，法诚善矣。倘更能参用西法以推广，使军、流以下皆得自新自赎，则保全必多，办理亦易。全政体而广积阴功，当亦仁人所深许也。

以西例较之中国，虽法有轻重，律有宽严，而充工一端实可补今日刑书之阙。考西国罪犯工作亦有数等，有狱中之工，有狱外之工。狱外之工，男则制造百货，女则纺织、刺绣等事。凡一犯入狱皆须习学一业。素有业者即于狱中执其本业。所获工资半给犯人私用，半归狱中公用。其有禁拘暗室，独作无用之苦工者，则罪情重大，务以劳苦之而已。狱外之工，如建炮台，筑监狱，开荒地，皆可由狱官监督而为之。如汉时城旦鬼薪之类，古意之未尽亡也，实本于《周礼》，而推究其原，《周礼》：“以圜土聚教罢民。”圜土，狱城也，有罪者入之，令其工作，俟其能改而舍之。夫莠民犯法，半迫饥寒，拘禁而生理益穷，释放而依然赤手，欲须臾缓死，必故态复萌。若不预为代筹，罪满仍无生路。故西人之治狱也，谋杀、叛逆则缢杀之，余多罚锾。无力罚缴则系于狱，与凡已定军、流等犯，依律所限年份，稽其工作，如捆屦织席等事。其有素习工艺者，使各理旧业；顽蠢罪重者，则充一切卑贱劳苦之役，如除秽、砌路、修桥、筑垒之类。皆酌给辛工，派董经理，所食每日足敷糊口，留其所余，于罚满发放日，按名计数发给，俾得谋生。始治以应得之罪，终予以迁善之资。谁无天良？能不激励？至于牢狱拘禁之所，葺其房屋，勤其扫除，不使湿蒸破漏，以免受病而便作工。再设有浴堂、病馆，使医士掌之，地方清洁，饮食适口，其曲体人情若此。

或谓："中国罪犯险诈，监狱辽阔，严为防范，尚虑脱逃，安能仿行西法乎？"不知泰西犯人在内执业，仍高其墉垣，严其约束；即在外为工者，亦伍耦有数，出入有节，稽查督责，健役相随。但于法外施仁，原不因仁废法，正无庸鳃鳃过虑也。

更有一法可以上下交益者，如令罪犯修治道途是已。今中国道途崎岖破碎，多未兴修。就近者言之，则一邑有一邑应修之路，一郡有一郡应修之路。就远者言之，则津、京一带为南北孔道通衢，官宦、绅商、士庶必由之路，乃或凸或凹，或窄或斜，平日两马一车已极迟缓，一遇霪雨则道途泞滑，时有倾覆之虞。诚谕令地方官各按所辖地段，遣令流、徒各犯兴修，酌给微赀，代为收存，俟罪满之时发给，俾日后得以作本谋生，则必不致恣意妄为，复罹法网，而从此周道坦坦，履险如夷矣。惟修路宜仿西法，西人修路，下皆平铺石块为基，或立或侧，或阔或狭，再以碎石及泥土平敷其上，用人、马、机器拽铁碌碡往来旋转，压之愈重，则路愈坚平。其路中高旁低可免积水，广阔以五尺为率，而城市繁庶之处则阔至二三丈、四五丈者。要皆平整、坚固，所用之石以文理细密、质刚性韧者为佳。中国可用砂石、花刚石、青石，质虽不硬而性粘，其屑末著水与灰同功，用以铺路亦为合用。所铺之石厚至六寸或一尺，极重之车悉可通行无阻。

今果仿其法而行之，不惟无反无侧，正直荡平，并使各处狱囚练其筋力，调其气血，励其精神，不致常处覆盆，易生疾病，岂非一举而两得者耶？

查西律钱债之案甚宽。凡被人控告无钱清还者，虽贵如总统，亦可将其存欠帐目呈官报穷，摊数了结。如其所报帐目不符，查确有钱银寄顿别处实据者，即治以棍骗人财之罪。若不报穷，论欠数之多寡，定监期之短长，大抵至多监禁一年而已。其伙食银由原告按月送交司狱。倘逾期一日不送，狱官即将监禁者释放。或有不愿食监中之伙食者，准其在外自办，早晚送入。

凡犯钱债案者皆同居一处，与犯别罪之人不得同处。其屋宇宽敞，楼窗高朗。每人铁床一张，毡褥、被单、棉枕，无不洁净齐整，按七日一换。任人互相过谈，看书，写字，作文，惟不许高声大叫耳。正、副司狱必每日到处一巡，如有地方不洁等物，当饬洗刷，若有病即饬送官医调理。病人各居一室。按月，官、绅士数人随同正、副司狱及医生巡查一周，如有巡丁勒索等情，准其告诉绅士，交狱官审办也。

我国如重商务，钱债与别案，似宜分别监禁惩办焉！

医　道

医之道，通于神明。自神农、黄帝以来，讲明切究，以导一世于和平，登斯民于仁寿者也。今之医者类多读书不就，商贾无赀，稍猎方书，藉谋衣食，偶然奏效，便负神奇。逞其聪明，高其声价，以谬传谬，以盲引盲。古法徒存，无能变通。此所以谚有"不药为中医"之说也。夫人当疾痛惨怛萃于其身，凡有血气之伦，孰不求生而恶死？乃世无和缓，竟以性命死生之重，付托于轻率庸妄之夫。一方试病，妙诩青囊，三指杀人，怨深白刃。言念及此，忍以医术一门列为方技，而小道视之欤？

考《周官·冢宰》有医师掌医之政令，又有食医、疾医、疡医。疾医掌医万民之病，两之以九窍之变，参之以九藏之动。凡民有疾病者，分而治之，死终则各书其所以，而入于医师。岁终稽其医事，以制其食：十全为上，十失一次之，十失二次之，十失三次之，十失四为下。是考医之法，古制綦严，所以重民命也。

西国医理、医法虽与中国不同，得失亦或互见。实事求是推详病源，慎重人命之心，胜于中国近世之漫无把握。关心民瘼者所不可不知者也！各国医学设专科，立法有七：曰穷理，曰化学，曰解剖，曰生理，曰病理，曰药性，曰治疗。其治病之法二十有四，大要有六：曰漏泄，曰分解，曰清凉，曰收酸，曰强壮，曰缓挛。皆由名师教诲，各尽其长。迨至学成，官为考验，必须确有心得，给予文凭，方能以医师自命。查西国医生，皆由医学堂出身，非医学极优考取一等不准给予文凭。即药院中制造膏、丹、丸、散及药水者，亦须由医学堂出身方准，不然该院药水无人买也！其难其贵如中国之科第然，故学问阅历精益求精。中国之医能如是乎？中国之官吏能如是之认真考验乎？此不若西医者一也。

西医论人身脏腑、筋络、骨节、腠理，如钟表轮机，非开拆细验，无以知其功用及致坏之由。是以西国老人院、癫狂、聋哑等院，遇有死者，许医局剖析肢体，穷究病症及生生化化之原，以教后学，故西医皆明脏腑、血脉之奥。考中国上古，医有俞跗。治病不以汤液，割皮解肌，湔浣肠胃，漱涤五脏，练精易形，如此其神也！《列子》言，扁鹊之治鲁公扈、赵齐婴也，饮以毒酒，顷刻迷死，乃剖胸探心，互为易置，投以神药。既寤如初。《抱朴子》言张仲景之为医，尝穿胸而纳赤饼。《后汉书》言华陀精于方药，病结内，针药所不及者，先与以酒服麻沸散，即醉无所觉，因剖破腹背，抽割积聚。若在肠胃，则断截、湔洗，除去疾秽，既而缝合，傅以神膏。四五日疮愈。一月之间平复矣。他若仓公解颅而理脑，徐子才剖跟而得蛤。如此之类，不胜枚举，实为西医剖割之祖。如论脏腑部位，即知有割腹验看之事，特其学失传耳。今中国习医绝无此事，虽数世老医，不知脏腑何形。遇奇险不治之症，终亦不明病源何在。此不若西医者二也。

西医谓人之思虑、智慧、知觉、运动皆脑为之主，而脑有气筋无数，散布五官百骸。何处脑气筋坏，即何处有病：衰迈之人脑气不足，遂有麻木、昏瞆之病；幼小之童脑气过盛，多有角弓反张之症。而心之为用，专司乎血。心脉一跃，血行一度。验心脉之迟疾，知病体之轻重。中医以切脉为治病之要。西医则谓人之一身皆有脉络，血犹水也，脉络犹百川也。潮血来回无不震动，即无不有脉。夫血发源于心，运行百体，嘘吸生气，由肺复返于心，日夜周流运行不息。若按脉推求，决无是理。盖周身脉管皆由心系总管而出，散布于百体四肢，岂可以两手寸许之管强分寸关尺，谓五脏六腑皆系于此？且剖验两手脉位，其管大如鸡翎之管，循臂而上，渐上渐大，上至颈项即于颈中脉管通连，直达至心而止，并不与他脏相属。何以知各脏之脉必现于此耶？且直通一管，何以知三指分部界限毫不相紊耶？故谓一脉可验周身之病，则可；谓某脉独主某经之病，则不可。西医事事征实，日日讲求，又有显微镜能测目力难见之物，故能察隐洞微。中医多模糊影响之谈，贵空言而罕实效。此不若西医者三也。

治病之法：中医则曰木克土，治脾胃者，先平肝；火克金，治肺者，先泻心；水克火，治心者，先降肾。或曰三焦皆空虚之处，或曰六经有起止之方。西医则何处之病即用何处之药，而尤以保脑筋、养肠胃为主。用药之法：中国多用草木，性有变迁。西国多用金石，质有一定。且无论汤、丸、膏、散皆属医生自配，较之买自药铺，品味挽杂，炮制不精，自行煎熬，不谙火候者，功用固殊矣！此不若西医者四也。

西医论略病症纷繁，内外诸症不下二千种。审察疗治医者之职，大要不外体质、功用二端。盖人之皮肉、筋骨合而成形，实之以脏腑，贯之以血脉，所谓体质也。一物有一物之用，无虚设，无假借，所谓功用也。有体质之病，有功用之病，有体质、功用相兼之病。必先细心体认，方能施治。其外症有刺割也，扎绑也，敷治也，洗涤也。事必躬亲，非心灵手敏而器具又极精良，不能尝试。如自开钳、血管钳、曲铰剪、直铰剪；刀则曰钩，曰割；针则曰探，曰坑；以及手钳、银丹筒。皆精巧利用，故于外症尤著奇功。其内症更持机器于腕中，以辨声音之虚实；置寒暑表于口内，以察脏腑之寒温。一切药性病源无不本化学研究而出，故考求有素，识见自真。且有医家报章，何人何病何法医痊必登诸报，以告后世。若遇疑难大症，亦皆登报以告高明。或七日一纸，或期月一纸。业此者购归观玩，互相质证，以尽所长。日本素学中医，今亦参用西法，活人无算，其明证已。此不及西医者五也。

窃谓中、西医学各有短长：中医失于虚，西医泥于实；中医程其效，西医贵其功。其外治诸方，俨扁鹊、华陀之遗意，有中国失传而逸于西域者，有日久考验弥近弥精者。要其制药精良，用器灵妙，事有考核，医无妄人，实暗合中国古意，而远胜于时医，亦不必曲为讳饰矣！谓宜考诸《周书》，参以西法，自太医院始，一律详加考核。内证主以中法，外证参以西医。各省、各府、各州、县、镇、市之间，令殷户集资建立医院，考选名医，充当院长。肄业诸生须由院中主教考其文理通顺者，方准入院学习。悉心教授，无玩无欺。先将《灵枢》、《素问》、《内经》、《难经》熟读，博览仲景、思邈及唐宋四家之成法，参以西国之图器剖割之奇方，精益求精，不分中外，学习数载。考验有成，酌予虚衔，给以执照，方能出而济世。其无照而私自悬壶、草菅人命者，重惩不贷。有能治疑难大证、卓著神效者，报明医院，颁发银牌、扁额，递加虚衔、顶带，以旌其功；并将治法、病由登之医学日报，年终汇集刊刻成书。庶庸安者不致滥竽，高明者有以自立。医之一道可与良相同功矣！

善　举

古者鳏、寡、孤、独谓之穷民，文王发政施仁，必先四者。《周礼》睦姻任恤，当日必有规制法度，厘然井然足以传之后世者。而惜乎书缺有间也。

中国生齿日繁，生机日蹙，或平民失业，或乞丐行凶，或游手逗留，或流民滋事。近虽设有栖流所、施医局、养老院、育婴堂诸善举，然大抵经理不善，款项不充，致各省穷民仍多无所归者。小则偷窃拐骗，大则结党横行，攫市上之金钱，劫途中之行旅。揆其所自，实迫饥寒。亟宜设法扩充，官绅合力，令世家、贵族、富户、殷商酌量捐赀，广为收恤，城市乡落遍立善堂。所有款项遴委本地公正廉勤之绅士实心经理，酌定章程，章程仿善堂，岁刻征信录。多置田产，藉供饘粥，广葺厦屋，俾免风霜。所有无告穷民，各教以一工一艺，庶身有所寄，贫有所资，弱者无须乞食市廛，强者不致身罹法网。少年强壮之夫，则官为赀给，督令垦荒，国家可增赋税。所谓一举而数善备者，此也。

泰西各国以兼爱为教，故皆有恤穷院、工作场、养病院、训盲哑院、育婴堂。善堂之多不胜枚举，或设自国家，或出诸善士。常有达官富绅独捐赀数十万，以创一善事。西人遗嘱捐赀数万至百数十万者颇多。闻英人密尔登云：英国有富家妇，夫亡遗赀甚多，其创立大小学堂、工艺书院及置穷人贩卖零星物件之地，共费银一千五百万磅。中国富翁不少，虽身受国恩，而竟未闻遗嘱有捐赀数万至数十万创一善事者，宁愿留为子孙花费，殊可慨也！而其思虑之周密，规制之严明，有远非今日各省善堂所及者。

即以养病院言之：屋宇宽广，洁净无尘，病人到院就医，医药、饮食之需悉出诸医院，医生不惮烦劳，役人不避秽恶，曲加体恤，以愈为期。

育婴堂以美国纽约为最善：房屋百余间，男女自初生以至七八岁，常有数百人，多或至三千人。每楼十六榻，二榻相并，一卧婴儿，一卧乳媪，衣服精洁。男女四五岁即使识字读书，教作小玩物，以开其智慧。六岁至八岁，女师教以歌诗，舒和血气。俟及岁时，量材荐事。每岁经费约二十六万元，半出公家，半出善士。俄国育婴堂，抚养之道揣摩体恤，无微不至。常有富贵之家，患家中自养不善，出赀相助，兼以自托者。

义学堂则贫家童子自五岁至十三岁皆须入塾，兼习工商之事，不学则罪其父母，旷学则其师督责之，至再至三，仍或不悛，则拘诸改过学堂使之省过。更有富人自制一船，招致贫民，供其衣食，设监督之人，令其学习水师，限两年技成，分派兵船充当水手。

英之养老院，伦敦都城凡一千三百七十所，居男妇之老而无告者。月抽其乡租为经费。日给三饭，晨给一馒首、一茶、一牛脂、一粥，午加肉，晚加羹。血气衰者，医士谓宜酒则酒之。男外服黑呢，内服白布，女服杂色衣裙，无异充裕之家，每礼拜一易，敝则改造。寝所宽舒，男女异处，夫妇偕则共一室。妇女未衰老者，令缝纫而货之，畀以十之一。有不愿居于内者，饭时乃集。有仅投一宿予一饭者，则别为一所。国主时一临视，或遣子女代查，以昭慎重。

老儒会，则读书寒士虑其就食为耻，继粟继肉，遣人致诸其居。

绣花会，则世家妇女家道中落不能自赡，聚之深邃堂室，供给饮馔，使之纺绣而货之，禁男子不得擅入。

童艺院创于瑞典，继于丹马，后德国亦效之。每年两次令地方查明无业子弟，选其聪慧者，教以雕刻、订书等浅近之艺，限六礼拜学成。考验有效，集赏以奖其师，而荐其徒于各工厂，俾谋衣食。

又有保良会，由妇女集金创设。凡有女子之飘流失所、沦入下贱者，设法保护之，或捐赏以赎之。

疯人院，或因半生蹭蹬，一意贪痴，以致痰迷心窍，入院之后投其所好，以破其迷。如欲贵则奉以冠裳，欲富则聚以金宝，或择林园以优游之，置钓弋以消遣之，积久生悟，其病自除。每年院中或数十人，或十数人，时有出入，颇著成效。

训哑院及训聋瞽院，遭此疾者能令其识字知书，就其所能教以工艺，补天有术，施惠有方，用心亦良苦矣。

法国京畿内善会五区：一为施医院，一为济贫所，一为养老所，一为育婴堂，一为疯癫院。所用上下执役人等六七千名，每年所需经费约一百万磅。其费四分之三由善士捐助，其一分则由工部局拨给。司其事者皆平日笃行好善之教士充之。

美国有劝世会、义学会、戒烟会、抚孤会、养老会、恤疯会、化罪会、防恶会、劝和会、恤贫会、劝农会、虞后会，经费或筹诸国帑，或捐诸民间，莫不经纬详明，实心经理。有保险公司，凡水火、盗贼、房屋、宝物无不可保，人之死、生、寿、夭，亦可出赀以保之。

德国则有专保百工之险者。保险之法：凡七日抽工银数厘，厂主各助数厘，国家贴官帑若干，积成巨款。如遇百工或老，或弱，或疾病，或受伤，即将保险之赀拨赔养赡。在工人以平日之浪费略加撙节，幸而此身无恙，即可周济同人；不幸自罹灾厄，则一身既延残喘，妻孥亦免饥寒。利己利人莫善于此，而水火、盗贼诸险，可由此而推矣。

夫泰西各国乞丐、盗贼之所以少者，岂举国皆富民无贫民哉？好善者多，而立法綦密，所以养之者无不尽，所以恤之者无不周耳。迹其意美法良，实有中国古人之遗意。

今中国各省或未及举行，或办理不善，堂堂大国，穷民塞途，黑索赭衣，为海外远人所窃笑，抑独何哉？或曰："如款项无所出何？"而不然也。夫中国各镇埠，每岁迎神赛会敛赀辄至万千，举国若狂，动辄肇事。何如省此无益之费，以教养贫民乎？佞佛斋僧，布施或倾家业，奸僧淫赌，徒为祸媒。何如留此有用之财，以收恤茕独乎？

苟得贤有司实心实政提倡其间，复得好善之绅商任怨任劳经理其事，则上有好者，下必甚焉。人之好善，谁不如我？风行草偃，谊美恩明，不二十年而善堂栉比于寰区，穷民绝迹于道路矣！为政之要首在得人，独奈何畏难苟安、自私自利竟疾视斯民之流离死亡，而漠然无所动也？

盗 工

三代而下，刑措之风一见于汉孝文之朝，再见于唐太宗之世。除肉刑，纵死囚，仁政近古，犹有下车泣罪之遗。乃后世或訾议之，不知仁民爱物皆自神武不杀之一念中来，非尽属好名之举也。又何必沾沾焉遵亡秦苛暴之律令，方可大畏民志哉？历览古今罹大辟者，惟盗为多。周、秦以还，盗之为患不可胜数，小则胠箧掘藏，大且乱民窃国，张角、黄巢其尤显著者也。夫盗而至于肇乱，则不能不芟夷之、歼戮之，以昭一世炯戒。独是此作奸犯科之徒，本皆吾苍生赤子也。有饥寒之盗，有驱迫之盗，有黠骜之盗，有胁从之盗。妻号儿啼，谁则甘之？刑驱势迫，谁则安之？黠骜之徒，失所则梗教化，因才可效驰驱。胁从之类，受匪诱则为匪，经德化则复为良。《传》曰："不赏而民劝，不怒而民威于铁钺。"良非无术以处此也。考《尚书》有"金作赎刑"，此既详于《罚锾〔赎〕》篇矣。又曰"省灾肆赦，怙终贼刑"。盖民能迁善，亦未尝不可宥之三也。秦时有以徒役罚罪人者，九江王英布故骊山之黥徒也，汉时有城旦鬼薪之类，皆以处夫有罪不可赦而又无金自赎者，则罚作苦工以代之。各国狱囚或驱以修桥、整路，或令各执一艺。俄则将罪犯载于边境，开疆辟土以实边防。有益于公而不戕其命，两益之善政也。

今日海禁大开，华民赴南洋及出洋工作者不可胜数，虽英、美近有禁止华工之例，然如南亚墨利加一大洲，则有墨西哥、巴拉马、秘鲁、古巴、巴西各民主之国，在在需人垦荒辟土，招工之举有加无已。粤东及南洋各埠，业贩卖猪仔者仍复市利其间，驱诱善良远适异域。前者物故，后者继往，官禁虽厉，诱贩自如，为害良民，诚非浅鲜。与其禁之不绝，何如转移而变通之。官为经理，舍良民而谪匪徒，则善者可保生全，而恶者可加惩创也。

今拟请举同治五年所立英、法招工二十四款，光绪三年所立日斯巴尼亚招工十六款，由总理衙门与各国公使申议，明定妥细章程。自后凡各国不问有约无约之邦，但有招工之役，可先由公使咨会总署。其无约之国亦可请有约之大国公使代达。总署分咨各省，各该省行下各道、府、厅、州、县，将所有谳定各盗案之犯，除下手刃杀事主之一人必须抵偿外，余皆解赴各海口，交外洋招工总理之人点验，装赴外洋。酌定做工年限，每名取回工价银若干两，交还该盗犯家属以为赡养。是则法外施仁，该盗当无不感激甘心者也。夫以中国不胜诛之盗，充外洋群欲招之工，群盗得其生，中国去其害，而贩卖良善懦弱之风亦不禁而自戢，斯一举而三善备焉。此古圣王分背三苗，诛除四凶，投诸四夷以御魑魅之成法也。《传》曰："唯仁人放流之"，"不与同中国"。亦即此义也欤！

吴广霈跋

右《盛世危言》若干篇，香山郑陶斋观察所手箸也。观察少有康济之志，壮游中外，广交当世名流，凡中外风俗异同、军政强弱，与夫得失利害之故，靡不钩元探赜，运神明于其中，深入而显出之，独窥症结，洞烛本原尔。乃摅奇情，发宏议，洋洋洒洒千万言，如水银泻地无孔不入，如太阿斫阵靡坚不摧，如闻长沙之痛哭，如歌灵均之楚些。其囊括寰宇，纳须弥于芥子，则有若数掌上之螺纹也。其上下古今，穷王霸之方略，则不啻抉管、晏之肝肺也。嗟乎！有人如此，可不谓之非常之人；有书若此，可不谓之绝世雄文也哉！

昔汉高闻陆贾《新语》，每奏一篇，未尝不称善。顾陆生之论，仅敷陈秦、楚得失，颂美炎刘受命而已，未有包宇宙之利害，发千年之痼疾如视诸掌者。《新语》谓："善言古者，合之于今；能述远者，考之于近。"公之斯编庶几巨细兼赅，言必有中，倘能上贡大廷，见诸措布，中国何患不能富强？针膏肓而起风痹，震痴聋而启惛愦，则此编实医国之《灵枢》、《金匮》也。

霈学植弇陋，讵足以妄测高深？猥辱不遗命，董校雠之役，僭注数语，用志倾倒之忱。若云跋尾，则吾岂敢。壬辰仲冬下浣安吴剑华道人吴广霈拜识。

杨毓辉跋

郑陶斋观察经济才也，所箸《盛世危言》高掌远蹠，悉由阅历得来。吴瀚涛大令跋语已详之矣，然而余犹不能无言者。从来千古有不变之道，百年无不变之法。我中国为声明文物之邦，治道之隆固非异域所能及，而富国强兵之法似犹逊于西人。数十年来，中外相通，事变迭出。我之受制于彼以此，彼之得逞于我亦以此。使本"礼失求野"之意，即以其人之道还治其人之身，未尝不可制其所长，夺其所恃。独怪今之士大夫犹多鄙夷时务，有以西学用心者则讥之曰"悖圣教"，有以西法相尚者则斥之曰"攻异端"。呜呼！对镜参观，公可不谓为奇杰哉？

公之斯编虽不专言洋务，而洋务之有裨时局者要皆参以己见，发为鸿文。观其上下五千年，纵横九万里，直兼乎韩潮、苏海，则不啻读《经世文编》焉。绎其兴利除弊之意，忠君爱国之忱，并露于字里行间，则又如披《名臣奏议》焉。彼王景略之谈时势，贾长沙之策治安，恐亦逊此详明，无其宏富。

吾知斯编一出，世之不达时务者如闻晨钟暮鼓，忽发省悟之心，如服玉札金丹，悉革瞆聋之病。为斯人导其先路，使天下除厥弊端，不诚有裨于大局哉？古称"立言不朽"，惟公当之庶几无愧。

辉学术疏浅，乃蒙不弃，得与吴瀚涛大令共事校雠，因获窥及万一，爰书数语于后，藉表钦佩之忱云尔。

癸巳暮春之初然青杨毓辉谨识。

《盛世危言增订新编》后序

　　尝闻上医贵能知病源，而尤贵如扁鹊之于齐桓公，能知病于未发之先。苟徒见病治病，不治其病之本源，则旋愈旋发，日见其殆。外邪易侵，百病必丛集矣。

　　治国者亦何独不然。今中国自为日本所侮，更为泰西各国所轻，皆知我兵将之弱，军器之窳，国库之空，汉奸之众，吏治之坏，民心之涣。莫不狡焉思逞，蚕食狼贪。尚欲以我之矛刺我之盾。当此时艰孔亟，如病者危笃之候，若非主治得人，力求治法，虽有对证之药，恐为庸医所摇，因以坐误，厥病何由瘳乎？

　　昔俄、日积弱之时，俄之旧主彼得，日之亲王大臣，皆肄业泰西，并聘其才德兼优之士数十人回国佐理。我国亦当筹借巨款亟仿而行之。

　　余侧足名利场中，留心中外时事三十年于兹矣。穷究成败之源，粗知治乱之理，旷观时局，殊切杞忧。诚如陶中丞疏云：论事者动发大言，自谓出于义愤，不知适以长庸臣之怠傲，蔽志士之聪明。一二有识者畏受訾謷，或曲为附和，或甘于缄默，绝无古大臣交相儆戒之风。平日视危为安，视弱为强，文武骄惰，莫由觉悟。一旦有事，不肯平心体察，谬托正论，务虚名而贾实祸，诚可为痛哭流涕者也。又云：若非激扬士类，则虚文相市，可与共安乐而不可与济艰危，非精究洋务，则成法虽高，可以制土寇而不可以御外侮。皆至论也。

　　幸圣明在上，广开言路，一腔热血，罔识忌讳，不揣固陋，用成《危言》一书，藉荩木之献。惟中、日战后，势殊事异，情形已自不同，故复将未尽之言，奋笔书之，冠以《地球图说》，并附录深通时事者名言伟论，合共二百篇，以期天下人共知病源所在。毋讳疾而忌医，勿畏难而惮改，速求三年之艾，以起痼疾于已深，则大局庶几有豸，于以奠安我国家万年有道之基不难矣！

郑观应的道术

答戴君伯阳论道术书

承询道术二字。官应虽获真传，自愧学问浅陋，尚未入室。惟尝读陈上阳真人序《悟真篇》，云"形以道全，命以术延"，此语备金丹之说矣。南华老仙曰："鱼相忘于江湖，人相忘于道术。"老子谓："上德无为而无以为，下德为之而有以为。"上德者内丹之不亏，故以道全其形；下德者外丹之作用，故以术延其命。

何谓道？一如治国也。天下太平，国家无事，此圣人上德之道，行无为之化。虽有志士、良将，无所用之。何谓术？若天下扰攘，兵役迭起，苟无志士、良将，岂庸人所能致治哉！即如人身，神气浑全，复以道养之，则筬铿之寿信不为多。此人之上德也。倘年壮气盛，与嗜欲俱，若非外丹之术曷延其命？深斯道者，则以道为体，以术为用，假术以成其道，犹借良将、志士以安其国然。我所谓述〔术〕者非小伎也，乃天地阴阳造化，生生之道也。如顺则生人、生物者，是天地之道。逆则必师其术，以神其道，伏羲、周、孔之易术也。故曰："一阴一阳之谓道。"孔子曰："慎斯术也以往，其无失矣。"孟子曰："是乃神术也。"释云佛法者，法即道也。道曰黄老之术。盖言黄帝、老子皆以此成道也。可见三教同源异流。

道也，术也，其实不过性命双修而已。或谓佛修性，仙修命，儒治世，分门别户。是不深究其宗旨耳。善哉！李含虚先生云：佛重性，而其中实有教外别传，非不有命也，特秘言之。其重性功者，盖欲人从性立命，能使性量恢宏，照十方而无边无际也。仙重命，而其中亦有教内真言，非不言性也，特约言之。其重命学者，盖欲人即命了性，能使命根永固，历万劫而无尽无穷也。若使性功圆满，外无立命之修，则真性虽存，终属空寂，又何能法周三界乎？若使命功周到，内无尽性之修，则真命难守，徒保色身，又何能神通三界乎？惟佛有教外别传，从性立命，极乐之地益见空明。惟仙有教内真言，则从命了性，而大罗之天益见超脱。是仙也、佛也、圣也，此双修而非单修者也。故《易》曰："穷理尽性以至于命。"释迦到禅定之时，有贯顶穿膝之效。迦叶谈真实义，有倒刹竿之奇。吕祖云："单修性，不修命，此是修行第一病。"悟真云："饶君了悟真如性，不免抛身又入身。"可知非性命双修不可，即道术之谓也。

略举先哲之言与同道者参究。如未获真传，有百思不得其解者，请遵陆潜虚真人所云，购《陆真疏》、《玉皇心印妙经》，苟能口诵心研，百遍千遍乃至万遍，则精神默感，自然心花发明，洞澈玄理。是经乃上帝之心印，诸经之鼻祖，玉京之尊典。有志斯道者当信受而奉行。尚冀因言而悟真，同登法航，不胜庆幸之至！

致张静生道友书

昨偕刘君甸侯踵府畅叙，承示性命双修之要旨，谓：只修性，不过出阴神；欲出阳神，非得金液还丹不可。惟入手必须修性，得丹后仍须修性。盖修性是道中彻始彻终功夫。斯诚不刊之论，实深佩服。

弟求道五十余年，曾读南派、北派、东派、西派各真人之书，并得名师训示，始知南、北、东、西各派如得真传，均可成道。曩闻诸先进云：悟元子只知北派，不知南派；济一子只知南派，不知北派。各有门户之争。其实道无二致，异流同归，惟教法不同耳。弟前曾与张君弼士屡护南派、北派法师入室，未得真传，均无效果，已酷受其累。现已年衰力竭，时多痰病，且受室人交谪，各亲友引为笑柄矣。

弟求道之心百折不回，务达其目的而后已。前岁，幸我度师万雯轩先生怜予苦志，代禀陈抱一祖师，传授玄科口诀，行已三年。今夏，复蒙准予入室，忻幸无极，以为指日可得还丹。不料入室百余日，只通关窍，尚未得丹，不能追随同学，联袂而上，累师操持，实深惭感。若谓恐非累行积德，动有群魔作障。窃念自髫年求道时已知此理，曾力行善事，并超生死罪者数人。或因求道而受骗，或因行善而被欺，或欠我款项者推故而不还，或图我席位者恃强而被夺。我之于人怨以德报，人之于我恩将仇报。凡此种种均付诸因果，不与较量，逆来顺受而已。不知魔障何来？若谓年老多病不可修，《天仙正理直论》云：老迈之人神炁衰，谓之老来铅汞少者，动静循环之机迟，卦爻已过不能应物，则敲竹鼓琴为唤龟招凤之权法，而后阴极阳回，方有药物可采。王重阳祖师云：纯阴之下须用火煅炼，方得阳炁发生，神明自来。龙眉子亦谓：风轮激动产真铅，都因静极还生动之说。冲虚子乃谓：有机先一着，而后生药以行火。此皆起首之玄妙天机，而世人之不得知有如此者。举世但言衰老不可修，盖不闻此理之故耳。冲虚子谓：有一口气在皆可为之。既有呼吸之气，即元炁尚在，是长生之根本在也。马丹阳真人云：气不断，神可固。先把马猿用工擒住。盍亦观之《黄庭经》，云：百二十岁犹可还丹。又云：古人八十岁尚可还丹。岂是年老气衰不可修乎！

自顾行年七十有六，且时患痰喘、便血、遗精等症，犹如老年破烂之屋，七穿八漏。因内炼无效，恐时不我待。忆《金丹真传》孙教鸾真人云：初节工夫救垂死病甚验。今幸获真传，故急欲遁迹，结侣潜修。仍恐宿习障碍，曾奏乞天慈俯垂赦宥。每读紫阳真人赠白龙洞主诗曰："闻君知药已多年，何不修心炼汞铅？莫教灯被风吹灭，六道轮回难怨天。"对之尤深警惕。不得已吁求度师鉴怜苦志，代乞祖师大发慈悲，设法垂援。并祈同门诸公扶掖。古云："此身不向今生度，更向何生度此身。"况当此乱世，亟欲成道救民，追随执事，同赴龙沙大会，积德立功，以遂夙愿耳。

惟丹经云："老来修道，必先救护。而救护有渐、顿之法：一服食神丹，一服食灵芝；一内炼丹法，一用鼎栽接。"至神丹、灵芝出自天恩，求之不得。惟有恪遵师训，先从事内炼，而服食、栽接须待机缘。然内炼之法，或谓《玉清金笥》、《青华秘文》、《金宝内炼丹诀》简而易行，详而不杂。其救老一法云：神水者即木液之谓也。华池者在脐中气穴之下，两肾中间一窍，黄庭谷气就此而生精，医家所谓精穴是也。斯窍也，少壮之士阳盛气融，则神水华池浇灌，炉鼎洗涤，脾胃周流，润泽气穴。若元气衰弱、元精枯竭者，亦藉此以为丹本。何也？华池之窍乃生精而降于肾者也，气壮则精多，精多则华盛，用之如有余。气凋之士精稿矣，谷气所临不过产些少之水，流归肾府耳。我既能静，元气本无增减，但华池之水无矣。大药三品而欠其一，心窃忧之。间尝于阳生未采之时，以意斡归尾闾，自夹脊直透至泥丸宫。其精自然随气而升午宫，遇众阳融之，则精始可用，复降于心，依然下至黄庭，精即在其中，却用意封固，绵绵若存以养之，二者自相吞啖以冀丹成。此近年浙西一派虽少壮之士亦用此结丹。

弟日行玄科，余暇虽已仿照行之，尚无效果，岂太衰老之故耶？惟彭好古真人云：人之此身何处生来？《圆觉经》云：众生因淫欲而正性命，欲因爱生，命因欲有穷。到此处，便知先天真一之气为真阳，采彼先天真一之气以点我之阴精，方为返本还原。盖人身中皆是阴气，惟先天真一之气方为阳精。虽从外来，本身内之物，以外之阳精制内之阴汞。彼之真一母气与我真精子气同类也。《参同契》云："同类易施功，非种难为巧。"真一之气即真种也，真铅也。全丹无别药，水乡铅只一昧。自药苗言，则白金为真铅；自药物言，则真土为真铅。真铅则先天真一神水。炼丹无别法，只引神水入华池而已。但得有真铅以掩木火之飞扬，不愁无真汞以制金水之沉重也。

以上两轮均有至理，皆过来人之言。惟栽接之法，惜闻真传太迟，且张太仆已归道山，怅今无贤豪之巨室以共图之。执事与得丹之同学诸君子已登彼岸。自顾日暮途穷，如不能到岸之漏舟，惨受风雨飘摇，危险万状。尚祈垂援，有以教之，不胜翘企之至！

答张君弼士并录寄香港张君润生、星加坡何君善园

承示上阳真人所论《传道须知篇》，有三传、三戒、三去、四异之说，官应已刊于《道法纪纲》，凡我同志皆当遵守。若不应传而传，是为助虐，必遭天谴。所刻丹经皆述而不作。

窃念童年访道，于兹四十余载，屡遭方士所骗，备尝艰苦，恐后学复蹈前辙，凡是酒、色、财、气不能看破者，非我同志。须知孔子云："不义而富且贵，于我如浮云。"力行四勿、四无之训，庶几人欲净尽，天理流行。故脩士自静功入门首戒妄念，次学胎息，再演降龙伏虎之法。三丰真人谓：圣经次节，乃儒、释、道三教。入门初基由定而至，得其途乃分。踏实一切者孔门也，空诸一切者牟尼也，超乎一切者太上也。昔有李含虚真人，弟子问：三丰秘蒂，尽泄天机，能不惧天谴乎？真人曰：非敢故违天谴，实望小人亦改过自新。凡作功课，必先去人心、求道心，屏凡息、求真息，然后定神气、钻杳冥，如此诸境皆不可少。入吾道者安得复为小人？盖求圣者不可有丝毫小人之心，求仙者亦不可有丝毫小人之心。小人之心云者，即儒家所谓人心，释家所谓欲念，道家所谓妄念是也。

目下行政有人，传道有人。官应年老矣，每念吕祖"入手速修犹太迟"之句，亟欲潜修，不欲闻世事。平日所作诗文，儿辈已索去付托有道选刊，将来为《太元》之覆瓿，为《论语》之代薪，亦所不计耳。夫沈中达之"知命恨其太迟"，王叔朗之"宦情思之烂熟"。学达人之齐物，作太上之忘情。自此以后，凡入世、出世之方，治家、治国之道，均不敢再谈。当学金人之三缄其口，敬谢亲友，觅地潜修，或云游峨嵋、武彝、匡庐、罗浮诸名胜，访道谈玄。昔张三丰祖师出家访道，有诗云："辞我亡亲墓，乡山留不得。别我中年妇，出门天始白。舍我呰

角儿，掉头离火宅。人所难毕者，行人已做毕。人所难割者，行人皆能割。"余虽不敏，愿行斯语。各亲友勿嗤为太惄也。

致月岩四弟书并寄示次儿润潮

古人读书多为穷理，今人读书只为名利。《中庸》、《周易》之书皆言身心性命之理。其广大精微，世人鲜知。《阴符》、《道德》、《参同》、《悟真》，玄机妙谛亦隐而不露，非得真师指示不明也。

余少年多病，爱读仙经养生之书。《悟真篇》云："不求大道出迷途，纵负贤才岂丈夫？百岁光阴石火烁，一生身世水泡浮。只贪利禄求荣显，不管形容暗悴枯。试问堆金等山岳，无常买得不来无？"又云："人生虽有百年期，寿夭穷通岂预知？昨日庭前方宴乐，今朝室内已伤悲。妻财抛下非君有，罪孽将行难自欺。大药不求争得遇，遇之不炼是愚痴。"陶素耜真人评第一首，言大道出迷，名利皆虚。陆潜虚真人评圣师难遇，大道希闻，幻化非坚，徒竟华荣，悲悯后生。警悟第一、第二首：寿夭难期，早求大药。陆潜虚真人又评蜉蝣之朝而拟百年，大药不修，悯之愚痴（《速炼第二》）。两诗读之，正如暮鼓晨钟，发人深省。兄凤抱成仙救世之苦志，遍处求师访道，于兹五十余年。至人难遇，大药难炼，备尝艰苦。逮晚年始获真传。今将却病延年之理，略为吾弟言之，幸勿出示匪人为盼。

抱朴子云：不得金丹，若服草木之药及修小术亦可延年，但不得仙耳。顾人之难得者生。释曰：生死事大，无常迅速。凡修道者常患于晚，不患于早也。余故采仙经要语以示人，摄养须当及时，药铅须早修制，不可尽委之天命。盖人定可以胜天。摄养之法以不伤为本。伤之一字包括甚广，非独五味七情过多为伤，即如才所不逮而困思之为伤，力所不胜而强举之为伤，汲汲所欲之为伤，久谈言笑之为伤，寝息失时之为伤，沉醉呕吐之为伤，饱食即卧之为伤，跳走喘乏之为伤，勉强色欲之为伤。是以养生之家唾不及远，坐不至久，卧不及疲，先寒而衣，先热而解。不宜极饥而食，食不过饱；不宜极渴而饮，饮不过多。凡过食则结积聚，过饮则成痰癖。不宜甚劳、甚逸，不宜起晚，不宜汗流，不宜多睡，不宜生啖生冷，不宜饮酒当风，不宜时时沐浴。冬不极寒，夏不穷凉，不露卧星下，不眠中见肩。大寒大热不宜冒之。故善养生者，卧起有四时之早晚，兴居有至和之常制。利筋骨有偃仰之方，杜疾病有吞吐之术。流行营卫有补泻之法，节宣劳逸有与夺之要。忍怒以全阴气，抑喜以养阳气。然后先服草木以救亏损，后服金丹以定无穷。长生之理尽于此矣。惟草木之方补偏救弊，有利亦有害，不可轻试。中年之体，无疾病者不必服药。金液还丹者，返本还原之道也。

人禀父精母血而生，初为赤子时，元精、元气、元神无不纯全。及其年渐长成，盖因眼、耳、口、鼻所诱，一灵真性被色、声、香、味所触，习染深固，以是日复一日，岁复一岁，元精化为交感之精，元气化为呼吸之气，元神化为思虑之神。此三元分泄，难复天真。故列圣垂训立教，载诸仙经，示人以修补之法，精损则以精补，气损则以气补，神损则以神补，是用返本还原之道以复之。

复者何？以全精为深根，以全气为固蒂，以全神为妙合，能全此三者实为身中之真药物也。诸如以天地为鼎炉，以日月为水火，以乌兔为药物，以阴阳为化机，以龙虎为妙用，以子、午为二至，以卯、酉为二分。此皆法象譬喻，其实无过身、心、意三者。身系乎精，心系乎气，意系乎神。返此三者而逆行，还此三者而复真也。三全合真乃曰金液还丹矣。然返还之道，其初基务要秘精。玄玄子曰：精不可不秘。不秘则无以全乎神。夫精神者犹阴阳然，相依相附不可时刻相离也。养生之家全贵秘精，而秘精之法妙在水火既济。倘久旷不泄，淫火盟动，阳刚时举，苟无一法制之，安能摄养？若强而固涩之，恐防作病。当用升降之法制之，不惟精固，其阳可以立痿。阳痿则精亦随归原，永无他患，胜于服药多矣。

其法开天门，塞地户，悉心静念，以意想于两足涌泉穴，烘烘然微热，随以意导之，从两内赚而上两腿。入两腿乃用器缩身一提，如忍大便之状，升至腰俞，又微微缩胁提起。自双关夹脊而上，直至后项玉枕关。略昂头，导至泥丸宫百会穴内。略聚气，一聚随又降至额门天庭穴、两眉间，分从两太阳顺下，将至鼻间，即当卷舌尖缄口在金津、玉液二窍，勿使真气从口漏泄，速以鼻吸清气，轻轻然从喉下送之心管之内。略待气定，可即直送丹田气海之中。水火自然既济，阳事立痿。如此三升、三降，积气归原，久久行之，自然不泄矣。如未生子必须节欲，一俟生子即当绝欲。尤须心君静定。昔张平叔真人谓：修道者必须心君静定。盖心神之舍也，众妙之宗，而宰万物，性在乎是，命在乎是。虽遇难遭贬，奔涉山川，曾历险阻，十年而貌不稍衰、形不少疲。

或问：有术乎？张真人曰：人之所以憔悴枯槁者，心使之也。百事集心，一念未已，一念续之，尽日之中，全无暇刻，宵之寐也，心无少宁而神不存矣。吾无他术，为能定心。夫鬼神之所测度者，吾心有念耳。心无念则神之灵不可得而知也。岂惟神不知，吾亦不自知，其为心乃定之根，所谓"知止而后能定，定而后能静"也。

或曰：然则金丹之道，其静心乎？张真人曰：能静则金丹可坐致也。夫人神好清而情挠之，人心好静而欲牵之。欲念者，气质之性所为也，此性役真性，常切于耳目。次之，修道之士心既无事，则彼固无由而役矣。其所以役神者，外物诱之耳。定中觉目有所睹，则神役于目矣，急收而返视。耳有所听，神役于耳矣，急收而内听。其他皆然。

或曰：吾知此理矣。虽收神而不存心，则神收而心自静矣。张真人曰：存心者养性也，性之始见。不存心则无所养，则终乎不见。存心实自收心始。所谓收神者盖收心之余用。而行之至久，见如不见，闻如不闻，形心相忘，合乎至道，则元性露而元气生矣。

以上多述《玄玄子》及《青华秘文》、《金笥内炼丹法》，如能与《太上十三经》、《道德经》、《习道真言》、《方壶外史丛编》、《天仙正理直论》、《慧命经》、《楞严经》、《波罗密次第法门》诸书合参，自然明白。仍须奉行不怠，无思无虑，方能明心见性，却病延年。此是身心性命之学，"自天子以至于庶人，壹是皆以修身为本"。愿同勉力行之。

致扬州修道院同学诸道长书

昨在九江，万师临行手谕："观应入室两月以来，关窍幸开，玉液已还，可以救护老残，虽遗精可以采补。此功效之著也。惟龙虎大丹未得，终非上品。"弟心甚急，故屡次用法行收，而年高德薄，每升火则承受不住，非是遗精即肝火旺，只好缓缓培补，待九、十月间来扬，当设法图之，并请陈师指示遵行。今接万师自扬来谕："秋燥不能收丹，须待至冬至后方可收丹。如即来扬，只可养性"等语。两谕之意，体贴下情，殊深惭感，自应遵谕循序而行，冀邀天眷，不敢奢望。

惟忆《天仙正理直论》云：仙虽五等而其种则二。二种者何？阴神、阳神之不同也。鬼仙者阴灵之种类，天、神、地、人四仙者阳神之种类。大修行人能采取肾中真精阳炁，配合心中本性、元神，运呼吸而小周天之火，熏蒸补助，能补得元炁充满，如十六岁童子纯阳之体。此炼精已化成纯炁也。炁足于下田，虽不用超脱离下而居上，但能守在下田，即是长生不死之果。若不守住真炁，后泄真精，则与常人无异。所以云：神驰则炁散，精竭则人亡。性功虽好，亦鬼仙耳。

观应自知，宝精裕气，惟是在名利场中，公私交集，恐不免神驰炁散，急望除宿疾，辞差事，遁迹潜修。惟入室百日，遗精二次。是精宫不固，内丹未结，不能感招外丹；且痰喘仍发，兼有便血。内外毁谤，难与人言。不得已求救于我师，希望有无别法，顿除魔障，真阳复出。非敢奢望也。

观应虽然年逾七十，考诸古人年老成道者颇多，惟《悟真篇》诗云："咽津纳气是人行，有药方能造化生。鼎内若无真种子，犹如水火煮空铛。"真种子是先天真一之炁也。翠虚云："若非金液还丹诀，不必空自劳精神。果欲留形永住世，除非运火炼神丹。"是非先天真一之炁，非金液还丹，非炼神丹，不能出阳神。

《天仙正理直论》又云："每见老来铅汞少者，有采补之法二：一是师传仙机，采药炼精，内补之法；一是服食草木凡药，外补之法。"然外补之法既无灵芝，只服陈希夷先生老苍龙丸。观应服后因口干便血，不敢多服。内补之法无力栽接，只有内炼。然真阳不生，无药可采，仅得谷气所产微末之水，恐养性咽津，亦难延命。况观应身如破屋，丹经所谓铅枯车破，危如朝露，实深兢惕。故勉力行善，效前贤立宏愿以冀感格上苍。或怜其求道数十年之苦志，赐神丹一服，如昔年之老人苏庠得服神丹，百病俱除，精神强健也。我道长得无哂其痴望乎？自愧德薄，恐不能得，惟当尽人事以听天缘。尚祈时锡箴言，不致为门外汉。幸甚！

上通明教主权圣陈抱一祖师表文
丁巳年元旦上张三丰祖师表同

窃官应童年好道，于兹五十余载，自惭德薄，未能成道。尝读各教经书有年，颇知各教主皆以救世度人为心。惟所著之书有深浅，有譬喻，或修身，或治世，后学不知道无二致，各树一帜，互相倾轧，甚至如昔年天主、耶稣两教争战，死伤无数。近观各国乱事，为争权利不重人道，有强权而无公理，飞行机、潜水艇、射远炮、毒烟炮，火器日精，杀人愈惨，非假神力不足以平治天下。是否有当，伏乞圣裁。

第一愿：道成后，邀同成道者求各教主会商，奏请上帝大发慈悲，消除浩劫,大启文明,合各教为一教,除治世行政之书归各国因地制宜自行修改外,拟即将各教主论道之书,选其精义,分为顿、渐两法,编集成书,庶学者易于入门。并将未成道者所著之书合理者存,不合理者毁,免为伪书所惑。应设圣道总院,供奉各教主圣像,令人瞻仰。该院监督必须由各教主公举,非已成道有六通者不能胜任。既有法力,又能前知,则后学自无纷争矣。

第二愿:各国圣道总院,应招考是真心修道、誓守院规合格者方准入院潜修。俟道成后,由院监督派往各埠、各院当教长,立功若干年。凡各国各埠有天主堂、耶稣堂、清真堂、孔教堂者须设圣道分院。如住家铺户多之处未设分院者,即行添设,务使处处有分院。每星期该教长必须对众演说修身、齐家、治国之道,使妇孺咸知,即如今日之神甫、牧师是也。

第三愿:由仙、佛法力慑服乱世魔王,消灭各种火器,务使五大洲生民安居乐业。凡创造伤人之火器,即治其罪,以期四海升平共享大同之乐。

第四愿:以点金术所成黄白,限制若干分交各分院教主,选聘公正绅商,创设贫民工艺厂、各学校及开矿、开垦等事,务使野无旷土,国无游民。必须仰体各教主公溥之心,不分畛域,不分种族,无论何国一视同仁。

第五愿:凡圣道总院之监督,由各教主公举,而各分院之教长由总院监督选派该处士人已成道而有六通者方合格。任期已满,另举接替。又由总院监督另派已成道、有六通、能全知者,查察各处工艺厂、各学校、开矿、开垦诸经理有无侵蚀等弊,有即革换,照理惩办,而清廉认真办事者,岁给奖励。

以上五条皆是大纲,其子目应俟会议时研究公订。其第一、第二愿成则圣贤日多,第三、第四、第五愿成则政治良、风俗美、人心正,重见三皇以上之世,气象祥和,民安国泰,岂不伟欤!

观应原拟仙道成学佛,佛道成再穷究天主、耶稣、回教之理,道通各教、法力无边之后,即商前辈高真,会同奏请上帝施恩饬行。讵知福德浅薄,经商因好义而被累,挂误工名,身羁一载。当差因公忠而招忌,排挤出外,东奔西驰。求道欲成人而成己,屡次护师入室,均无效果。学法欲除暴以安良,迭遭狡徒诓骗,业经破产,室人交谪,子丧家贫。是访道行善数十年来,备尝艰苦,诚如《楞严经·温陵》曰:德隆而福鄙，行善而身凶，多障多冤，数病数恼者，绵然若有机缄而不能自释者，宿习之召也。现业易制，宿习难除，欲除宿习，必假神力。虽承道友秘传观音韦陀咒、秽迹金刚咒，早晚持诵，未知能否解脱。然向道之心百折不回，一息尚存，此志不容稍懈。昨求道友出资创设道真院，继承先志，未即允行。自愧力绵，仅护一二道友潜修，并与社会善堂同志扶危济困。凡有公益善事，力为赞助而已。自顾年老多病，哮喘时发，兼患足疾，老态日增，幸蒙度师万雯轩先生秉承祖师垂授，传授玄科口诀，当即依时内炼，委志虚无，寂然常照。奈气血太衰，所谓铅枯而车又破，非栽接不可。既乏金液，亦无神丹服食，恐不能救其老残。大道难成，行将羽化。

目睹时艰，遍地哀鸿。政府粉饰因循，各图私利，竟无治安之策，惟借债过日，致利权外溢，而内乱外侮交逼。中国二十一省已危如累卵，急不可待。故将夙抱五大愿，于元旦晓起，哮喘之余力疾手书。仰祝同道诸君子早日道成，合力叩求祖师、各教主恩准，奏请上帝消除浩劫，成兹美举，全球幸甚！观应自知僭妄，诚惶诚恐，不胜战汗屏营祈祷之至。

按：五大愿宜先建设圣道院以育人材。如观应蒙列圣垂佑，邀天之幸，丹法已得，欲借符水活人之术，到处救济，并募建设圣道院之资。惟自愧大丹未得，喘病未痊，人不我信。幸我同门中不乏贤豪之士，且多已得大丹者。若群起劝募，必能令人乐助，不难继设道院于沪上，与扬州之道院相对峙：一宗南法，一宗北法，行见人材日出，逐渐推广，无分畛域，无分种族，各国、各省无处不有，一视同仁，则是大同之基础矣。世人乍聆斯议，均谓言之非艰，行之维艰，每笑其空言无补于世。岂知先儒有云：学者当为天地立心，为生民立命，为往圣继绝业，为万世开太平。大丈夫立愿本当如是，况条议均有办法，并非空论。尝闻多有捐资二三十万成一禅院，岂有成己成人之举较禅院百倍功德者，反不能成之乎？是在经募人有德行、有法力、有恒心而已。其余四大愿，求急消浩劫、标本兼施之法，须俟通明教主与各教主会商，乞上帝准如所请，方可行耳。

当此欧洲大战，牵动全球，哀黎遍野，死伤无数，火器之酷烈，其惨状为从古所未有，不得已谨沥愚忱，干渎列圣，同乞上帝施恩，通饬已发宏愿救世度人为仙、佛降世，尽灭火器，并准智士炼黄白，振兴实业，普济灾黎，以工代赈，老安少怀，同歌盛世。此则官应为五大洲苦恼苍生百拜祷求，不觉其言僭越，而深冀有志竟成也。尚祈中外有道之君子，上体好生之德，合力维持，俾五大愿陆续设法举行，自然浩劫潜销，万国咸宁，大同之世可望矣！

致化学黄君邃之、医士吕君献堂、佛学研究会张君润生书

昨阅美国博士《鬼语》一书，似与道家出阴神及乩语相类。今阅美国日报载温士君研究神仙事迹，不特古时有，今时亦有。而炼士有变贱金为黄金之说，已有端倪。兹美国《时论报》辨神仙有无，说及术士炼黄金论，寄请研究，并希指示为荷。昔诗学名家信实有神仙之说，而科学家则力斥其谬，谓伊古以来决无所谓神仙者。二者交讯，各执一是。至于普通之人，则多怀疑虑："现世界果有神仙否？神仙之于世事果有关系否？"不能为真捷之解答也。

温士君者，美国之学者而色勒特种之遗族也，近颇研究神仙信仰之真旨，以解世人之疑窦。彼之研究心自与斯丹福大学诗人叶士君相谈而益提起，后遂与叶士君同赴爱尔兰，且独居于爱尔兰、苏格兰、威尔斯、不列颠义们岛等处之荒壤，凡三四年，援索古代之遗籍，证以士人之谈论，乃著论以问世。自其论出，伦耐思大学、鄂思福大学争以名誉学位赠之。而其研究之全部则荟萃于《色勒特国之神仙信仰》一书。书中各部多有当代名家为作叙言，如哈德博士、加密给尔博士、冒利逊女士、赖斯君、耶纳尔君、拉勃赖士君等，皆其所引以自重者也。哈德博士曰："温士君调查爱尔兰幽灵世界之断案，虽不可知，而其断案所从出之论据，则极为精确。此吾人所深信不疑者，亦可见其书之价值矣。"

温士君之论据多成于一般男女直接之证据，而于故老相传之说一无所取。此等男女以亲身之经验而信神仙之实有，盖与幽灵世界已相接近。虽其所陈述之故事亦真伪参半，而由主观经验而得之证据，则固大都可信也。至其断案之大旨，则可以温士君之言论推见之。其言曰："从实验之所得，知神仙之说已证据显然，无解释之必要。且此等证据均集于同一方向，而可知神仙信仰之合理者，只属于灵魂之学说。换言之，则所谓仙乡者即一地方或一邦国，凡文明、野蛮人死后之灵魂均聚于此处，而与天神、药叉及一切善恶之幽灵相伴是也。抑色勒特国之巫觋，不特有教育与无教育者均信仙乡而已，且确定仙乡之存在，以仙乡

为不可见之世界，而现世界则沉浸于其中，如孤岛之实出于巨海。"又谓："居于仙乡者族类繁滋，较现世界为多，以其幅员实广袤而无极也。"

温士既以神仙为真实存在而不可见之族类，因即以神仙为自然之族类，以超自然者决不能真实存在也。而本此假定，遂将色勒特种之所谓仙族详加考察，与考察现世界同。又以得氏俗学为根据，知一般人民不论古今、文野，皆有崇信幽灵世界及不可见之族类之或种形式①，故其考察之方亦较便易。盖色勒特种之神仙信仰不过灵魂主原论之一种。神仙之形式如何，性质如何，虽因国民性质及四周之状态而异，其个人之概念而较言之，则中世纪形而上学者之分类颇得世人之赞同，即第一级曰天使，其性质、官能与古代之天神及爱尔兰之脱煞特但南同；第二级曰恶魔，曰药叉，与耶教之堕落天使同；第三级曰四行神，曰半人性之自然神，其躯干矮小，与希腊之恶魔同；第四级曰死人之幽魂是也。

爱尔兰之巫觋于神仙之族类分析极明。曾有一人与温士君以分类之记述，无论何人，其所遇之神仙，必为其中之一类也。其言曰：

"余在爱尔兰所见之神灵共分五种：一曰格娜昧，为地上之幽灵。余在班菩尔平之沿岸见之，肤色黝黑，头部颇圆，身躯臃肿，约长二尺又半，颇呈悲惨之景象。二曰力博来羌，躯干甚小，而颇能作祟。余尝在威克洛市见一力博来羌，因追蹑之至加雷雪特希之仙人岩，忽然不见。其面部颇可笑，且以手指向余示意。三曰侏儒，躯干亦小，惟状态则颇美观，与格娜昧及力博来羌不同。四曰好人，躯干修伟而形状美丽。就余所见于劳斯波因者言之，其身之高度略与吾人相等，地上之磁浪即彼辈所管辖也。五曰天神，其躯干比人类较长，即脱煞特但南是也。"

爱尔兰之幽灵世界实为脱煞特但南所统治，神话中之雪特希族即是此种。虽神话所述以为庄严美丽之种族而具人类之形式，然其性质则已与神仙相近矣。荒古之时，彼族尝战胜菲尔鲍尔格（亦称黑暗之子）而居于爱尔兰，后乃为爱尔兰现代种族之远祖曰马尔特族者所胜，然仍不离去该岛，不过用其幻术以退处于地下海底不可见之世界耳。此不可见之世界名曰透娜诺格，亦称色勒特旅之天堂，而爱尔兰古代之遗稿更肇锡以多种之嘉名，或曰少年国，或曰活心国，或曰乐土，或曰愿乡。其

---

① 此句颇不可解，但原文如此。

地多在西海，据民俗学之说，其面积之大且二倍于已沉没之亚脱兰底斯焉。古代之英雄当肉身未坏之时，多有曾至该处者，而脱煞特但南且得自由参与人事。神仙中之为人所常见者即是族也。爱尔兰曾有一觋，其接近神仙，与谋生治事，颇为温士君所推重。尝独居山谷而遇一雪特希，遂记述其形状曰：

"当余之初遇雪特希也，但见一灼烁之光，后乃见一长形之躯体，而知此光发于躯体之心。其躯体颇似半透明或蛋白质之空气，而以发光之电火贯彻其内外，居于中间者为心。又有翼形之气体环绕其头部自发间射出。其发周被全身，现金色之波浪，而躯体之光线复向各方面发射。自余见彼之后，不觉怃喜赞叹，作数日之愉快也。"

是觋分雪特希为二大类：一曰透明者，一曰半透明而其光自内部发出者。透明之族类地位较卑，为人所常见。至半透明之族类则所见不多，以意度之：当是但南族中之侯王首长也。彼又以雪特希之下级与中世神秘学所谓四行神同，谓从外形观之，此族似无个人之生活，实则于躯体之外别有真实之存在而自由行动也。至于木神则发出银蓝色之光，而其发则紫黑色，亦其中之一类。据是人之说，雪特希各族之生命俱自世界之灵魂得来。彼更有一文以记其遇神之事曰：

"余在爱尔兰西部湖水之下，曾见一王者高据御座。其肤色紫蓝，御座之下有神火喷出，而王者则续续吸入之，似恃神火为生活者。谛视良久，又见棕色小神一群自火中喷出而降于御座之旁，以头及唇接近王者之心部，接近之后乃腾跃跳舞，复至御座之他端，似其新生命实从王者而得也。"

较高级之神仙亦时时现形。此等神仙族类甚众，爱尔兰及苏格兰人称为静神，亦称平和之人。而其所谓善人者，则躯干形状最与人类相似，尤喜参与客观世界之事务。尤有居于们岛者，其族类较少，则不称曰神仙，而称曰侏儒。或曰，彼之自身因其狡黠好弄，故又得小佛拉之称。威尔斯之铁尔威斯脱亦小仙之一种，嗜跳舞而喜音乐，又能设计魔人。人之探视之者，往往惹其狂怒，而不易被除也。

以上所述皆温士君考察之所得也。而其最终之结论，则谓神仙信仰之胶附人心，决非已知之科学公例所能解。除所谓自然之灵魂学说，色勒特种神仙信仰之起源，以科学的眼光观之，只能假定其成立。换言之，则神仙之为物不特古代有之，即现时亦有之。使吾人而至色勒特之国得相当之地而悉心探察，或者于吾身亲见之，亦未可知也。

　　温士君之持论，一本于科学，有时稍涉幽秘，亦能自圆其说。至叶士君则与之相反，其论锋粗钝，颇不遵科学之方式。其言曰："以余观之仙乡决为实有，将来必有人研究之，如从前之被邱克氏研究同。"又曰："吾人一举一动不能不被神仙之影响。现世界者，神仙之皮肤也；神仙者，灵魂之炉也，幻想之生物也。吾人一入梦境，即与之嬉游角逐矣。"其言如是，不亦足令人骇笑耶？

　　美国把林孟吉氏以科学的想像谓早晚可达到之状况有八端。其六端有黄金可视为普通之贱金云。

　　据近时炼金术士之实验，有变贱金属为黄金之新希望。果得成功，则黄金之价格必低，而需用必广。其最少之应用，就现在理想可作旋条铳丸。以其密度，实具有可惊之贯通力。如使制为小弹，却为平和之人有弭兵思想者之所深喜。何则？其贯通力既强大，则残及身体必仅及伤口通路之一部，而不复如今弹丸留存体内之溃害他部也。且即今贯穿而不留存体内，亦究因速率尚不神速有灼及他部脏腑之患。如使此丸由黄金制成，其速率必尤强，可无此患。试观弹丸之贯穿玻璃，仅伤一孔，如以石击玻璃而玻片全碎，是可悟矣。至贱金属果否可制成黄金，就理想的亦未尝不可。彼俄国米迭立夫氏以轻气独不能列入周期律中。设现今所定之原素概非原素，实由轻为母质，合轻十二原子而成养。其间因构造不同，排列自异，故各成为特立性质，却如炭之有金刚石，黄磷之有赤磷，为同原异性体。如是，则原素者惟轻而已。其他既非原素，自可以变迁其性质，或藉压力，或藉电力以移动其排列，改变其构造。如使炭有金刚石之法，则安知贱金属不可变为金，况今之炼金实验家已有端倪耶？今犹是智的幼稚时代耳，将来之希望殆可达托氏第六条之目的无疑。

长江日记

癸巳春二月，将出游长江各口，因川河之水暮春必涨，拟先溯江直达重庆，复折而东下。为枝节历览之计，遂定于十三日丙寅首途，偕行为吴君瀚涛。局中同人饯别殷殷，三鼓登"江裕"轮舟，沈子梅观察、唐凤墀太守，复送之舟中，坐谈良久别去。同舟则有镇江关道黄幼农观察、沈观察文肃公公子、李维之观察、黄小琴、朱恕斋大令，旧雨萍逢，客途颇不岑寂也。时钟二敲，舟乃启轮出吴淞口。

十四日丁卯，阴雨大风。考"江裕"为商局长江第一等船，价值廿余万，造自光绪壬午，开行自癸未[①]六月，马力三百匹，顺水每点钟可行十米，逆水可行九米，每二十四点钟计烧煤二十吨，可装货二千四百吨，空船吃水约五尺余。船主名萧德，美国人。买办朱煦亭，湖州人。午前十点钟过通州，自上海至此计二百三十六里。午后二点过江阴，通州至此百四十里。四点过泰兴，江阴至此七十里。八点钟到镇江，泰兴至此计二百四十里。镇江，古朱方也。黄观察别去。与访杨来复先生，住址承示寓重庆门世平金店，未知此行能把晤否？登岸至镇局，晤姚彦嘉、吴巽仪，坐谈数刻，即回舟。十点一刻开行。夜过仪征，自镇江至此六十五里。四点钟过南京，自仪征至此百三十里。

十五日戊辰，晴。十点半钟过东、西梁山。考东梁山一名博望，东、西两山对峙，形势险固，合呼为天门山。春秋时，楚获吴舟"余皇"于此。六朝以来，往往建为重镇，置戍扼守，今亦有炮台焉。午刻十二点钟至芜湖，自南京至此计二百二十里。芜局李仲节、季重昆季先后来晤，共洋餐。谈及芜局房屋建造有年，未经修理，日就圮漏，须筹大修云云。答以此时急须入川，未遑登岸，容回帆重过芜时再为晤商。饭罢而别。一点钟开行。午后无事，偕船主萧德闲谈，诘以外洋近年船价，云胡太贵？萧答云：造新钢船时价每吨约十二磅。前闻总船主蔚霞云，每吨须十三磅，今萧所云价值稍廉。然阅外国新闻纸，有时造新船出卖者只每吨索价七八磅也。八点一刻，过大通，芜湖至此百九十里。十点半钟，过流波矶及藕山，池州辖地，向多矿产处也。夜中两点钟过安庆，招商文报局委员梁文启投刺修谒，以夜深谢却之。自大通至此计百七十里。

十六日己巳，晴。八点钟，过小孤山，一峰突起，屹立中流，是为九江门户，形势奇险，累代江表用兵，上下游必争之地。元天历中，曾立铁柱于山上，曰："海门第一关"。至正中，余阙忠宣守安庆，以小孤

---

① 光绪壬午年即公历 1882 年，癸未年即公历 1883 年。

为扞蔽。小孤败，势遂不支。国朝中兴，发逆曾据此险。湘潭彭刚直公用水师血战夺回小孤，而水军声威始振，由此竹破节解矣。十一点一刻，过江西壶口县界石钟山，山石中多空窍，风水相激，大声雷发，故名。苏子瞻曾游此作记者也。一点钟，至九江。古浔阳，隋荆州郡也。安庆至此三百二十里。适"江宽"下水先至，两点半钟乃得泊傍趸船。浔局黄梅西、史锡之、趸船廖鹤轩及月岩弟、纪常侄同时来晤。因至局中及永昌官银号各处，少坐一谈，乃登舟。梅西言：本口生意惟茶市最广，其纸张生意则因上海栈房不能通融囤搁，遂为怡、太二家占去。然此际三公司和局已定，凡水脚、栈租自归一律，无虑增减相倾也。闲与大车坚尔理谈及煤事。据云，开平九槽块煤胜于本局所购东洋之煤。伊在本局当大车已十七年矣。出示渠近日创绘新式机汽锅炉图说，能用煤少而行速，拟将图说寄回外国，就正于讲求机器之公司，因该公司举有专精机器者二十人，如均邀许可，即能售其法于人也。坚大车系英国士壳伦人，曾于机器大书院肄业六年。同学有一华人，年二十岁，人极聪明，技艺精巧出众，寻为外国船厂聘去，计已二十余年，现不知所在矣。晚六点钟，至武穴，九江至此百一十里。少停。雷雨大作，西南电光流紫，凉风飒然，烦热顿祛。八点钟，开行，夜过黄石港，武穴至此百五十里。

十七日庚午，晴。十点钟至汉口，黄石港至此计二百七十里。汉局程春生、钱廉卿、管栈程景庭来晤，同登岸，至局税驾。罗星潭观察、郧阳镇何雨亭、中协谢友鹍来访，剀叙竟日。客散，罗观察独留，相与剪烛雄谈，连床夜话，十年来胸次磊块一齐倾吐，洵快事也！

十八日辛未，清明节，晴而复阴。早食后，过江拜客。因此行专为商务，故不晋谒制府中丞，惟一访旧雨王爵棠方伯、何雨亭镇军、刘崧生军门、谢友鹍中协、彭器之观察、郑少彭孝廉。承爵棠方伯雅意留宾，坚订作平原十日之饮用，剀所怀，徐思维絷情深，在方伯固称贤主，然衙斋要公丛集，以己之私而废人之公，非端友也。遂决意弗久留，惟允作竟夕之叙而已。是夜，既共晚餐，下榻衙斋，笑谈颇惬，三鼓始寝。

十九日壬申，晴。侵晨即起，乘舆出拜客，方伯传谕派亲兵四名护轿，余笑曰："尝闻君子爱人以德，公岂以君子自居，以小人相待耶！"力却之。先访舆图局蔡益卿司马，复至中协署会谢友鹍军门、罗星潭观察，同游黄鹤楼。午饭后，更衣。访相士袁清波，论相。未刻，偕星潭观察过江回局。晚"江裕"将开，作书托浔局黄梅西、镇局姚彦嘉代销赈捐。实收各三张，并寄去办捐章程二纸。同时交汉局程春生代销赈捐，实收四纸。刘崧生军门来答拜。夜，与星潭观察纵谈，瀚涛亦在坐。

二十日癸酉，晴。晨起得唐凤墀书，始知督办盛杏翁来电，专为重庆保险事须议复云云。此事余一到汉阳即与众商论及，或谓能行，或曰否。复据"江通"买办施子香云：川楚滩险甚多，恐难保固，与其兄紫卿言同。兹奉来电，当即电复以："保险事，闻施云恐得不偿失，容弟到宜昌、重庆察看情形如何，回申会议即覆。"十点半钟，同罗观察过江，首至王方伯署中，少坐，行赴宴黄鹤楼畔之胡、官二公祠，同座为欧阳静山、罗星潭二观察、洪翰香太守、方伯幕宾冯尉农，宾主共六人也。席散，渡江回局。晚，发复唐凤墀、严芝楣两兄信，告以定期二十二日乘"江通"上驶宜昌矣。

二十一日甲戌，云阴未雨。晨起往拜欧阳静山观察、洪翰香太守。渡汉阳，拜游府章荫庭。彭刚直公旧部也。寻过江至藩署少谈。访谢友鹄中协，未晤。晤其义父刘崧生统领及罗观察，小坐别去。至曾文正公祠，赴朱恕斋大令之约，同座有谢友鹄、吴瀚涛，更有朱君，忘其字，亦大令也。席半谢别，渡江归。微雨，天色暮矣。本局"江孚"船至，得督办盛杏翁书。夜，作致龚蔼仁方伯书。

二十二日乙亥，天朗气清。晨出，便衣访友，谘诹商务。详询潮帮揽载、广帮揽载，备悉近年情形。拟俟返汉时遍往各帮大字号一谈。回局发复盛督办书。游府章荫庭、王方伯爵棠来答拜兼送行。午后，罗星潭观察、傅文澜先生、朱恕斋大令俱来送别。晚餐后，登"江通"轮船。时磐云如墨，星月掩明，西风大起。过战口。自汉口至此三十里。又过京口，亦三十里。据"江通"船主云："江通"船昔本明轮，今改作双暗轮，每点钟可行九米。不装货船头吃水三尺五寸，船尾六尺，装货约四百余吨，每廿四点钟约计烧煤十五吨。船主美国人，名拔克。二引水，汉口人。大副、二副俱英国人。买办施子香，湖州人。闲与买办等讲论商务，据云：宜昌上水货，怡、太两行有盘记、厚记代渠招揽，十占七八。下水货，怡、太两行将水脚概从九折，招去过半。金谓我局当年如早添一浅水轮船，不致客货溢装，则怡、太两行船并可不来，更何有于争竞！至"固陵"将旧机换出，怡和购去，装造"昌和"，反胜"固陵"。现在船货均未能胜人，无异开门揖盗，授人以柄。并云：昔年宜、汉两局亦曾力请〈添〉派轮船，终为总办马眉叔所沮，议遂不行云云。闻之不禁慨叹，然既经失策于前，宁可再胶执于后，变通之法似不容不汲汲讲求矣。

二十三日丙子，晨阴薄寒。著重棉，登舵楼与船主闲话。八点钟过新堤，自京口至此约计二百七十里。新堤，小镇市也，有木捐关及盐务督销局在焉。俄晴，旭排云而出，天气始清。十一点钟，过荆口河即观音洲，距新堤一百有五里。晚刻六点钟，过下车湾、上车湾。自汉口至此，两岸平原，去山较远，江面渐狭，测水亦渐浅。闻明日将近沙市，有活沙，名天生沙，迁徙靡定，水深时仅六尺，尚须放小轮不时测水，乃可过也。

二十四日丁丑，天明时大雨。至天星洲，活沙时有移换，故必须用土人引水，停轮，放小火轮测水，良久乃过。天气阴湿，薄寒中人，大雷雨暴至，俄霁。午刻十二点钟，至沙市，自下车湾至此计三百九十五里。晚刻六点半钟，至洋溪，自沙市至此计一百六十五里，沿途山峦倚伏，林木稠密，村落颇多。白烟自山谷中随风四起，则土人烧石灰处也。八点一刻，至宜都抛锚，自洋溪至此六十里。因天黑沙多，恐有搁浅之患，故停轮云。晚与施子香闲谈。据云，太古、怡和此处搭客生意皆归九折，惟本局船不然。独有一家栈房名"太古和来局"，写票则照九折核算。以故生意不能十分畅旺也。

二十五日戊寅，侵晓三点钟开轮。未几，大雾忽作，两岸皆莫能见，遂停轮。太古"沙市"船亦抛锚同停。八点钟时，雾气渐销，展轮复行。朝日未出，云容抹湿，余雾犹起，两岸山林如笼轻绡薄绮。是行也，遇英人哈夫，年约五旬，系来中国游览者，云曾到巴马地方，其江酷似汉江，足见彼族之留心中国土地如此，蓄谋殆未可测也。九点半钟，到宜昌，水师樊军门著武弁以炮船来接，宜局陆雨生亦至，遂同登岸，税驾宜局。即托雨生雇船赴渝，并嘱船不宜大，非独糜费，且恨驶行迟缓。旋云，已代雇定三舱一只，价一百千文，犒赏在外。余即托施子香前往验看，因舱底微漏有水，另换三舱一只。与前船大小同三舱亦名划子船，价一百二十八千，犒赏亦在外，较李铁船世兄李稚绳所雇者便宜多矣。闻李雇船略较大，价约三百两云。午饭后，出拜樊镇军并重庆电报局阮文叔。须臾，阮来答拜，知定于本日行矣。樊镇军来答拜，并许以炮船护送。倩施子香往码头验看船只。局中账房张寿恺、文案黄深之、管栈刘寿卿、大写楼志希、梅道卿皆来见。晚刻，电报局费伯生来拜，因有病未晤，服药早卧。雨生治具招饮，不能入座，虚负主人盛情矣。

　　二十六日己卯，晴。病仍未痊，四肢酸楚，腰痛，服药膏及六味丸三钱。作书致唐凤墀，以汉口至宜昌洋布、花纱皆为怡、太装去，汉、宜两局无能为力，请其转商盘记、厚记定一通融办法乃可。复据"江通"买办施子香面述，查得汉口、宜昌两处客栈代客写轮船票位，送至太古、怡和船上者，给还客栈九折。惟本局船上竟无折扣，是以各客栈多乐为怡、太两家招揽，而局船往来搭客益形寥寥，可否亦照怡、太两行办理：凡由客栈送客至船，照九扣给畀客栈，以广招徕云云。"江通"船主拔克来送行。晚饭后，偕瀚涛登舟，船名三舱，实则两舱半耳：头舱可容二仆及安置箱件；中舱可容一榻一棹，已无隙地，余居之；后舱瀚涛居之，惟容一榻而已。樊镇军所遣炮船，即傍船泊，管带高弇，直隶籍也。更有小船一，俗名红船，实与小划子形式相等，是为探水引路用者。因送周统领公子自川中来，顺便随我船同行，藉资引探，止须略加赏劳而已。秉烛略坐，即就寝，转侧中夜，未能成寐。

　　二十七日庚辰，晴。舟中晨兴，盥栉毕，即催舟子开船。本舟六人，外雇十三人，共十九人。盖登滩过险之处，须人夫用纤努力拖曳云。午刻，行十五里，至南津关。江滩丛石险恶，不能跬步。上则峭拔千仞，有类方城，奇在大小石卵和黄沙凝结而成。佛典谓抟沙世界，信不诬也。山石间往往有洞，不甚深广，绿草如茵，流泉涓涓而出。须臾，过楠木坑。船至此等处，大水冲激磐石，辄作漩涡，下水船尤险。俄过白龙洞，水大时漩涡极多，船须绕南岸而行。两岸怪石嵯峨，舟人辄系长篾缆牢绁而行，虑触舟也。一路山田垦绿，高下如梯。临江石壁千仞，俨类削成。悬崖草树，时闻丁丁伐石声，土人烧石灰、取石材者悉聚于此。舟中无事，与瀚涛闲谈，忆乘江轮时，闻洋人言及中国欲振兴轮船商务，必须仿外国例，聘用一著名讲究轮船机器人为船头官，专主考察中外商轮机器、锅炉及船身坚窳。为保固客商起见，如验得某船能装客若干，验明定一限制，该船不得逾限多装，违者议罚。或船身伤损，机炉不合，即令修理。每年一验，不得违例。闻前有太古轮船自牛庄开向燕台，载客过多，行及中途遂遭风险，搭客为浪花卷去者百余名。似此贪利妄为、误人性命，皆在禁例之中。香港早已通行此例。我局轮至香港者如未经验准，无论船极新坚，竟不准装客过六人之数。现在长江野鸡小轮船往往装客过多，因而失事。如能仿行此例，则各国商轮及一切野鸡小船皆莫能与我取巧争胜矣。所论颇中肯窍，姑记存之，以俟剀陈当道，于商务不无裨益耳。下午四点钟，至大平善坝，宜昌至此计三十里。击鼓停船南岸。中餐后,纤夫逃去二名,只可停泊再雇。凡川江停船必击鼓为号,俗名"打宽",游蜀者不可不知也。蜀江险阻,进止动不由人,虽客心火急,正无如此辈何矣!夜卧不能成寐。本日计止行四十五里。

二十八日辛巳,晴。晨起,舟尚未开。据舟人云,风大难行。力趣之,始上坡纤曳而去。自此始入巴峡。拓窗一望,左右石壁蠹立,拔地参天,如颓败白垩粉垣,连络不断,真奇观也。北岸山多煤铁,南岸山多干子石,可烧红毛泥者,炼铁亦须用之。相因为用,相近而生,真足见天工之巧也。考江水出松潘北,凡三支,合于茂州,屈折至离堆,复分数十支,滂沱南下,众流毕会于新津,南经叙州,金沙江折而东北流,以达重庆,嘉陵江、涪江双流自北来会,水势益盛,建瓴直下,锋不可遏,而夔门屹然束之,抑其剽锐之性,使就绳尺,拘隘逼束,水不得逞,时一拗怒,荡潏天日。郦道元所谓"三峡七百里,两岸连山略无缺处,非停午夜分不见曦月,夏水襄陵,虽乘骧御风不似其疾",可谓善状川江者矣。此七百里中险滩鳞比,舟子稍不慎,则舵折樯倾,沦于鱼腹者,岁以千百计。虽经丁文成、彭刚直先后奏设红船救生,然不过补苴一二,卒无能化险境为坦途也。九点钟,过偏脑。舟人云,每遇大水,此处漩涡极大,船在脑上须先绕北岸,次第渡至南岸而行。石壁间忽见悬额金字黑地,一曰"神威感应",一曰"有求必应",不知何为而设也。十一点钟,泊舟午饭,饭罢复行。连过石牌珠、黄颡洞,皆著名险地也。上则壁立万仞,下则回湍冲激,大水尤险。一点钟,过南沱。自平善坝至此卅里。对岸为喜滩,正当马牙山下,水势汹涌,急流成漩,回环若连珠,盘涡如仰盂,水大时则称奇险。兹遇水小得以平稳过之,幸哉!酉刻,过南岸如意滩一名无义滩,大水时漩涡四五尺,北岸红石子怪石错列,浪滚如沸,水性拗怒,是为峡江第一险。行舟至此辄停。余舟幸遇顺风,藉力径过,未睹所云险状也。已而过上下鹿角,乱石磈砜,急湍可畏,杜诗云"鹿角真走险"者,是矣。既复过大红珠、虎头滩,顽石嵌侧,急流中,稍左右,触舟即糜矣。日落云阴,风雨将至,泊舟毛坪,计自平善坝至此八十余里。以上为东湖县属,以下入归州界。夜中,雷雨大至,狂飙撼舟,震震有声,令人心悸。本日约行九十里。

二十九日壬午,晴。晨起,舟已至獭洞滩,考《行川必要》云:"上枯水纤缆二合,合者计缆之长短而言,大约三丈之数。须添人夫。下枯水须绕北岸，徐过南岸之溜方能归槽。"滩旁多洞，怪石逶迤，水势澎湃，触石分流，四季皆险。闻"江通"小脚轮曾至此，为逆流所拒，不得上而止。盖水深处则石多溜急，水平处又恐淤浅，故轮舟终不宜也。据炮船管带高弁云，此处一带山多煤、铁，苗线浅露，并无须用机器开采。从此进内山，归州府属界，更多产铜、铅之矿，前曾有人测探云。按所见沿途巨石皆作铁色矿质，信不诬也。自无义滩至此，石山峭壁甫断，以上多土山戴石，平沙远岫，竹树繁稠。一路始见电杆错立于木石间，沿江村落颇多瓜皮渔艇，泛泛如凫，水乡风景绝佳。惜滩石林立，激湍为患，行舟多梗，亦天壤间一恨事耳。按川行全仗篾缆，长且十丈，十数人背负而行。舟人则以合计，每合约计三丈许。一二人随后理缆，盖沿岸多怪石，缆嵌石牙间搓磨，势且立断，故必须时时手理之，乃免牵挂也。志此，下不复赘。午饭后，舟至小崆岭峡，银涛飞滚，漩涡迅急，颒洞有声，扬帆过之，舟欹侧而行，几案间物皆倾堕。已而过三珠，则有巨石势若连珠，或横截江表，或峙伏中泓，有头珠、二珠、三珠之名，珠尾为鸦子石。枯水则防浅，水大则流激，雪浪飞腾，石势逼束，船必由中溜直过，绝无趋避之方，险境可怖。三珠尽处是为庙河，小村落也。过庙河至大崆岭峡，对面北岸为狮子崖，亦奇险。至此，石壁复见临江崛起，又复前观，无异石崇锦步幛也。考石质：南岸多煤石，纹作云台斧劈；北岸多铁石，纹作大披麻，层叠又如书卷。狮子崖见一洞高广数丈，深约丈余。电线杆至此不见，想因路断，绕越崇岩上矣。峰回路转，又得斜坡，线杆始复见。大崆岭，一名牛肝马肺峡，两山耸立摩天，岩石下垂，一黄一黑如肝肺然。挽舟甚难，务空其舻，然后得过，故名"徐过"。射红碛，北碛多石，南碛多峭壁。复前，至新滩地，为兴山县属。闻其内山有铅、铁、铜等矿，洋匠曾至此履勘云。村镇颇大，瓦屋连云，为峡中最险名滩。康熙年间，山崩，遂成此险。两岸乱石礧砑，横峙江心者不可胜数。洪流薄激，怒涛沸腾。冬春水涸，其险尤甚，非轻舟不可上下。舟行至此，必盘货陆行，名曰"起拨"。遂邀瀚涛上岸行，彳亍于乱石中，鞋袜皆沙，半里许始登官道。高弁前为引导，约行里许，至市镇之尾，得一小茶轩，憩坐候舟。日晡，舟仍不得上滩，乃以炮艇渡江。由丛石中越岭上船，仄径欹斜，不可驻足，止容足尖点窜而过，稍滞即堕深壑。今而知蜀道之难非虚语也。瀚涛痴肥，颇同王约，而至此越捷猱攀，辄先余渡险，其精悍盖可想见。夜，波涛狂涌，舟震荡如在大洋，滩声聒耳，不能成寐。是日计行九十里。

三月初一日癸未，晴。凌晨登岸，再四督促榜人，乃雇纤夫曳舟而上。本处陋习，有所谓夫头者，领道署帖，公然为一方土霸，千百人夫听其指挥，货船每强索六七千文，而纤夫每人大者只发十文，小童只发八文，余者夫头自利之。舟必循序而过，无论有何要差，即自备纤夫，概不听越次先行，其把持情状可想。舟人亦畏之，虽轻舟不敢自过，必待夫头而后行。足见中国陋习之重，湖、川民风之狡，奈何有司竟聋瞆尸居，不一为行旅计也？午前，舟过新滩，乃登舟行。适风顺，扬帆过兵书宝剑峡。山腰有洞，洞中空，若有书卷堆积者，然俗传为诸葛武侯藏兵书处，要亦齐东野语耳。午饭后，过金盘碛一曰冰盘碛，紧接石门，碎石迎立，急溜中水。涸时最险，今幸未也。三点钟，过屈原祠，宋玉宅，曰屈公三泡、莲花三漩，皆急湍巨险处也。过此抵归州城，小泊待牵。空城斗大，前半临江，后半踞山腰，状若仰盂。城中树木颇稠，西南隅房屋颇密，是为近县廨处。东北则空旷少民居。由舟中视之，城内纤巨毕见，如此形势讵可守哉！考归州，古姊归也。楚屈原忠而见疑，信而被谤，既被放，躬耕泽畔。其姊女嫛独归视之，后人义而名其地也。俄过人鲊瓮，一名叱滩。有叱神庙在焉。石梁九道，突出江心，五、六月时，水势喷薄，声如震霆。黄山谷诗曰："命轻人鲊瓮头船，日渡鬼门关外天。"即咏此。是为归峡最险处也。对面南岸则为阴阳山、上尾滩、蒲庄河，山水冲出，亦往往为估客之患云。日落时，至泄滩，急湍颇恶，遂与瀚涛复上岸行。考《行川必要》："泄滩江心有石，名'泄床'、'泄枕'。逼水成漩，船著其上，则卧而不能移动，故名。大水时发绝险。泄滩斜对面沙镇地方，亦出煤铁。若前济新滩则又以水枯成奇险，大水反得顺流。"上下二滩之险不同，而行舟者必有一厄不可均幸免也。晚，至大八斗，泊舟。泄滩至此三十里。自新滩开行至此计行八十五里。夜中，雷雨大作，客梦为破。

初二日甲申，阴。小雨未歇，强促舟子解维前进。沿途山水暴至，鸣泉百道奔激而下，声隆隆然，犹疑阿香之车未敛辔也。唐人诗："山中一夜雨，树杪百重泉。"可谓诗中有画。余卧游篷底，俨入画图，又奚可画中无诗耶！口占短章以示①瀚涛，一路唱和不绝。瀚涛诗才素捷，成诗尤多，皆另载《蜀船唱和集》中。午初，舟至牛口峡，山脚碎

---

①　原文初写为"视"，后改为"示"。

石直入江心，水势汹涌，四季皆险。牛口以下属归州，牛口以上则属巴东管辖。对岸为碑湾，为苍坪。午刻，过无源洞，至巴东县。北岸为纱帽山，有镇江寺在焉。巴东南岸临江沿山麓一带为治，无城垣，民户约千余家。高楼突起者为秋风亭，其旁则信陵书院也。自归州至此约九十里，大八斗至此则三十里也。午后，过东瀼口，山皆赤色，出煤。再过西瀼口，至官渡口，有盐卡。巴东至此计三十里。其地出鸡窝红铜，农夫往往垦地得之，大者一二百斤，小者数十斤。铜矿圆而丛处，故名鸡窝。每担可炼铜得半担云。以上系炮船高弁所述。据云，伊曾带炮艇防汛于该地者三年，故知之甚详，所述当不诬也。日落时，过门扇峡，南岸为火焰石，耸峙江心，形状狰恶。春夏水急，怒吼如雷，声闻十数里，行舟皆畏避之。已而，夕烟沉水，素星流天。至楠木园晚泊，是处通施南旱道。自入巴东界至此为巴峡，有民居数百户，上下泊舟所也。

初三日乙酉，晴。舟将过铁棺峡，极欲一观，故早起。薄寒中，人须御棉衣。徐过万流驿、新崩滩也。水涨时颇险，两岸石壁时见大小洞，洞口倚木梯，若有人由此上下，殆亦穴居者之所为，无足奇也。俄至铁棺峡，石壁千仞，飞鸟不及之处有小洞，洞中黑石横架，望之若铁棺然，故名。以远镜测之，须臾即过，亦不能细辨其铁石与木也。人情好奇，往往因险造名，兵书峡亦犹是耳。按图索骥，何在能见其吻合耶！已而过布袋口，江流湍急，水大至险。是为楚蜀分界之区，下为巴峡，再上则为巫山大峡。巴东界尽，已入巫山县界矣！北岸石山斗立，山民往往穴居。南岸略有平坡，民居数十家，地名培石。收缆御风，午饭时过巫山十二峰。十二峰者，曰望霞，曰松峦，曰朝云，曰翠屏，曰集仙，曰聚鹤，曰净坛，曰起云，曰上升，曰飞凤，曰登龙，曰圣泉。舟中所见者九峰，三峰内隐，远隔山表，深崟难测。飞凤峰亦曰古阳台山，《神女赋》所谓"朝为行云，暮为行雨，朝朝暮暮，阳台之下"是也。飞峦叠嶂，如列锦屏，洵奇观哉！已而过青石洞、三峡水地名，偃风忽发，舟人不慎，致舟触于石者三，船底破裂，流水满舱，丈余头舵已折成两截，使非此木捍御则船糜矣。险哉！强舣崖畔，地名老鼠处。崖上有洞，洞中有小石，状宛如鼠，故名。北面则为银甲峡也。修补半日，水稍住流，开行。申刻，过跳石滩。相传，昔日江北山顶有石跳落南岸，遂成险阻，一名掉石。途见一货船破覆崖畔，正前日争我舟之先过新滩者也。寻过神女庙、梅花石，至巫山县。枕山为城，略大于巴东等处，民居稠密，多在城南。北城外山顶有石如人，据《府志》云：昔有妇人，夫宦于蜀，登山望夫，因化为石，故也。晚泊巫山县江干，舟人烧香酹神，登岸不顾，致香烛之火延烧篾篷。西风正大，顷刻透顶，官衔旗亦被烧去。幸与瀚涛同在后舱闲话，忽见户罅有光，急遣丁开门，见火，立即呼人扑灭，炮船管带高弇有力焉。是日也，一遇触舟水入，再遇火燃舵篷，凡一日之内两遭奇险，乃如天之福，皆得转危为安，不可谓非客途之厚幸矣。余将有灾难必先得警报，岂将有别故耶？然凡事谨慎，不愧不怍，何惧之有！

初四日丙戌，阴。凌晨解缆，过阳台山，山巅有高唐观，祠神女焉。杜甫诗"神仙峰娟妙"，即此。云雨迷空，山巅庙不可见。旋过红石梁，水势湍急。舟用双篾缆牵之，良久乃得上。午初，至虾蟆滩，是为蜀江第一滩也。邀瀚涛登岸小步，买一橘分尝之，酸苦异常。看牵夫曳长缆拖舟上滩，一进三却，约半点钟乃克过险。登舟。俄复过乌鸡滩，滩水迅急而宽广，回溜成槽，亦一险也。午后过下马滩，水枯时乱石崎江，颇险。寻至交滩，复上岸行，过滩归舟。雨丝风片，时杂阴晴，登舟觉倦，偃卧而游观焉。少顷过油札碛，南岸为错开峡，传闻大禹错开此峡，江流仍不能通，峡巅有斩龙台，为禹王戮神龙处，后得神女授册，始劈三峡，详载《夔州府志》。其信否，则未敢臆断也。晚过北岸金银河，至南岸代溪，泊焉。余本不能诗，至此羡艳云山，亦复不能藏拙，搜索枯肠，勉与瀚涛唱和数首。然瀚涛之诗如阳春白雪，足与李、杜后先辉映，惜未逢希世之赏音尔。

初五日丁亥，阴。开舟进瞿塘峡。考《夔府志》："瞿者，大也。塘者，水所聚也。旧名西陵，乃三峡之门户。"过风箱峡，壁立万仞，中有裂缝，缝中嵌三五方槽，俨如人家水漏者，然一则中空，口四方，约每方尺余，上下三四具，大小不一，皆有盖扃其口。以远镜测之，实系木质，且掩口之盖系推笋而成，宛如装卷轴之木匣。不知何以夹置空崖间也。过此，则山半洞穴甚多，闻皆采硝者挖掘使然，殆近是与！崖畔有横额，就山摩崖刻八分书四字曰："天梯津逮"，一则大行楷曰："开辟奇功"，上下款识小字均不可见，闻系本治有司官为绅士立者。因崖下修道，崖半凿路，水落下道可行，水涨上路可通，行旅便之，表章固其宜耳。须臾，至孟良梯，崖畔有小块方碑，字细不可辨。石壁上有蜂窝眼，作"之"字形，曲折而上。《夔志》云：系孟良欲过关，架木为梯之形迹。孟良者或系土司之孟良。然既有峡江通路，乃欲缒险过此绝

壁胡为者，是亦传疑之辞，不足深考也。相去数丈，崖畔又有一横额刻
"夔门"二字，下识"同治庚午年吕辉"。此处两峡对峙，中贯一江，滟
滪当其口，实为夔府门户。寻过阎王崖，峡尽出口，见滟滪石正当冲
道，亦一卷之多耳。考《寰宇志》：滟滪堆周围二十丈。冬涸水枯，屹
然露百余丈，夏水涨，没数十丈。谚云："滟滪大如马，瞿塘不可下。
滟滪大如龟，瞿塘不可窥。"今只见数丈耳。北岸则为白帝山，高耸突
峙。昔公孙述据蜀，有白龙自井出，故改名白帝，旧名赤甲城。汉昭烈
自姊归败于东吴，退归白帝，寻殂。三国割据时，是为蜀中扼险戍守要
地。闻山巅有庙祠昭烈，石基环布，俨存城垒遗迹，其南、北二门犹
在云。午刻，至八阵图。考志书，谓：永安宫南一里渚下，平碛上周
回四百八十丈，中有诸葛武侯八阵图，聚细石为之。各高五尺，广十
围，星罗棋布，纵横相当。中间相去各九尺，正中开南北巷，悉广五
尺，凡六十四聚。或为人散乱，及为夏涨所没，冬水退后依然如故。
乃维舟，与瀚涛上岸行，访求遗迹，涉沙滩半里许，略无所睹。问之
土人，皆云不识何所，疑为水没，惘惘登舟。寻访高弁，乃知在江中
沙渚上，名臭盐碛。灶户麇集，掘井取水烧盐，就八阵石基支锅灶，
茫然不复可辨。其隅曲钩连之制，乌睹所谓四头八尾、触处皆首者
耶！古人陈迹代远年湮，失其故步，往往后人犹艳称之，若一循名核
实，则皆同子虚乌有，于八阵图又何憾焉！考永安宫，据府志，今为
府学基，亦无确据。鱼腹亦作复浦之名一变而为臭盐碛，令访古者将
何从寻觅乎？回舟讨论，不胜同慨。午饭后，抵夔州府南门，自代溪
至此三十里。按夔州本治有奉节县，为川东分巡道所属。枕山为城，
局势开展；烟户稠密，樯帆如织，是为川东水陆大都会也。夔州后山
有溪，出煤、铜等矿。城后卧龙山，传闻武侯常屯营于此，有泉清
冷，上建诸葛祠。杜诗云："夔府孤城落日斜，每依北斗望京华。"故
今城门额即用"依斗"二字。城外护城石堤长亘数里，皆前太守蒯公
之德政也。正遣伻讨关欲行，忽商局王秉衡来，得上海严芝楣来电
云：接港电，父病，嘱回。因急嘱瀚涛以数语译电飞询沪局，如港无
重病续电，仍赴渝，免中止，空糜川费。寻，夔关委员蒯君来访，虽
与接谈而进退未决，方寸已乱，不复知应对作何语也。夜预修函件，
鸡鸣始寝，不能成寐。

　　初六日戊子，晴。晨起，兀坐舟中专待沪电，心如悬旌。午初，覆
电始回，云："港无续电。"窃思来电系由香港，不自澳门，且无病重字

样，或保之弟不知余已入川，仍如正月间电云："老亲病重，已请名医返澳调治。"而时越旬余，则又云病已痊矣。果若如此，岂不空劳往返？因与瀚涛商酌，仍以赴渝免致功亏一篑为是，惟须速去速回耳。即晚发电至澳，嘱弟辈善为调护，勿惜医药之费，余当速回也。午后，复解维行，自此以上入奉节县界。行数里，逆风颇大，舟不能上，乃泊于官渡口。于夔府购得《地理小补》、《梅花易数》二书，秉烛观之，亦堪破闷耳。

初七日己丑，晴。舟早开，过八母子滩、高女碛、关刀峡。南岸山田间有石形如关刀，故名。见一大舟破坏，后尾已没，船唇尚露，旋转中流漩涡中，危哉！蜀道之艰险如此，不禁毛发悚然。须臾至漫流三沱前，过安平为哪叭滩，产铁，有官厂焉。又遇坏舟二，皆货船重载上滩，触水中横伏石梁而破者。所载棉花全湿，摊晒山石间。乃偕瀚涛暂憩茶铺，坐良久，舟不上滩。高弁来云：西风甚紧，逆水太溜，恐今日不得过滩矣。坐待至申酉间，风仍不少息，只得归舟，遂泊于此地。距夔州六十里。晚，闻前泊一货船，货客系广州新会人，贩葵扇者，字号为王茂昌。遂过舟访之，谈及商务。渠云：系从香港包僦，直至汉口，仅完子口税，到万县每葵扇一包给经手用钱二分，挂旗虽通例五两，然太古私下通融止须给半即行。近日海口进内地货皆倚托洋人，完一正税及子口半税便可横行天下。香港有三家揽载，专包揽各口货物，一曰普源公，一曰广源亨，一曰震源祥。至汉又归此三家转至宜昌，由宜分转各内地。或挂旗，或照给子口税例，从此关捐寥落，商务利权悉入西人掌握。言之可慨，此有心人所痛哭流涕者也。

初八日庚寅，晴。昧爽开舟。夜梦还家，见父兄俱在堂上，如设祭状，父谕以"坚忍"二字。先兄短衣，呈两物如玉器。醒后尤深惊惕。瀚涛云，乃忧虑过度所致耳。行三十里，至三块石，仍属夔府奉节县。再上为二道溪，北岸为铜梁溪，遂入云阳县界。闻此溪春冬水小，漩泡溃涌，极易坏舟。风色不顺，逆水难上滩，暂泊，候风。至落日时，风少息，乃至二道溪宿焉。过滩时余与瀚涛上岸，踦跼乱石间，软沙没袜。泊定，回舟。是日，约行四十余里。

初九日辛卯，晴。舟早开，过龙洞溪。源出白海坝，南流入岷江。按《水经注》："巴乡村人善酿酒，俗称巴乡出名酒。村侧有溪，溪中多灵寿木。有鱼，其头似羊，丰肉少骨，味美异于常鱼。"惜未得停舟，一贯鱼换酒也。俄过小鼓沱，水枯时每须防浅，不可停泊。午初，过磁庄子。磁庄在江心，有巨石三块，梗水为患，亦一险也。既而至庙矶滩，系枯水极险之处。南岸鸡翅石，北岸乱石林立，夹逼猛水，江面愈窄而湍流愈急。又有石梁一道，自南亘北，横卧江心，漩折深涡，行舟每不易过。须臾路近石灰沱一带，石堤高数丈，卓然一片天成，齐如刀削，真可异也。申刻，过东洋子滩，水微涨，极险，以江心乱石堆垛，水势荡激，颇易覆舟。道光五年夔州知府事恩成捐俸除石，舟利于前矣。晚刻，至云阳县城，亦倚山而成，烟户之繁尤胜夔府。县城南岸有飞阁流丹者，则桓侯庙也。明陈文烛有谒庙诗，内有句云："传说头颅曾此葬，可知肝胆更谁怜。"又明汪安宅题诗曰："桓侯忠义铁心肝，云怕孤高雪怕寒。惟有五峰祠下水，年年犹灌汉缨冠。"侯忠肝铁胆，震赫千秋。考昔蜀汉时侯治阆中，乃此间亦有庙祀，其英风灵迹故无在而不存矣！俎豆万世，谁曰不宜！泊舟西门外。自安坪至此行九十里。停舟无事，乃与瀚涛呼艇往游桓侯庙。磨崖额曰："钟灵千古"，又曰："威振云安"，又曰："正气浩然"，余字半多漶漫剥落，不可复识。遂登坡入庙。庙祝土人，六十余矣。入正殿行礼毕，徐为瞻仰。正殿七楹，配殿五楹，高楼三层，飞阁数椽，亭一，石梁一。山巅瀑布涓涓而下深汇若池，惜为业染者所污，遂令出山泉水不复清冷，是岂侯之意哉！毋乃庙祝嗜利之所为，而使滓秽灵场，尘垢清境，尤足令人郁悒，是则守土有司之责也。云阳出盐，有盐井。

初十日壬辰，阴。夜来闷热，知不能久晴矣。晨起，闻雨声淅沥，篷背如撒豆。早粥后，天忽开霁，更转顺风。信乎！桓侯之灵施此嘉贶也！遂挂席行。巳刻，过二郎滩、马粪沱，一路山势渐低，平陂多而峭壁绝少。民皆得垦为梯田，故地称富庶。午后云阴微雨，过下岩寺。昔唐末有刘道者，号道微，为开岩第一祖师。自凿石龛，谓门人曰：死便藏龛中，不用时日。游人题诗甚夥。宋黄山谷为作序并题诗曰："空岩静发钟磬响，古木倒挂藤萝昏。莫道苍岩锁灵骨，时应持钵到诸村。"倚岩壁下作寺，竹木清漪，风景幽绝。已而复过上岩寺，胜景略同下岩。申刻，过小江。昔名彭溪，亦名开江，水由新宁县发源，东流经开县，又东南历万县，至云阳界入江，亦江之支流，故名小江也。居民甚密，住山坡上，瓦屋连云，一都聚也。酉刻，至九堆子，泊焉。北岸为得胜台。夜来明星在天，长风吹云，忽而晴霁。

十一日癸巳，晴。侵晨开舟，过余家嘴。已入万县界。以下属云阳，上皆万县属也。巳刻，过巴阳峡，崖边有磨崖大字曰："华溢巴阳"。见人家筑塞山顶四五处，女墙雉堞，状甚巩固。周山皆田，上下有如梯级，盖居民避兵处也。土人又于崖石或临水断石上就凿成小神像或刻阿弥陀佛，不知何所取义。据舟人云，为镇捍水患而设。然听于神，何如听于民？其愚可悯。午刻，阴雨时作，至野土地，去万县尚四十里。忽遇一小舟来迓。问之，云是万县电报局差伻，上海又有电至，未卜吉凶，忧心如捣。无已，姑催舟前进。晚刻，至万县泊舟。电报局委员徐经历成毂来拜，接电仍同夔电，虽无他故，而忧从中来，不能自绝。舟已至此，势不得不前，故加赏舟人，切谕添纤破站而行，拟至渝停驻五日即返棹回粤。语瀚涛曰："如得老亲病痊相见，愿捐赈四百金。惟默祝彼苍垂佑耳。"据徐君云：本县为川中水陆通衢，土货以蔗糖、药材、纸、盐、桐油为大宗，外来货则以洋布、棉花、洋纱、广东葵扇为大宗。生意畅旺，街市颇整，惟洋务风气尚未大开。坐谈有顷，辞去。酉刻，徐君送菜数篚，情不可却。夔府总办捐厘王观察来差拜，答礼如之。万县桂明府秀亦遣伻送酒肴至，谢却之。晚嘱瀚涛作书致谢樊军门。明日遣炮船高弁回，酬以十金，劳勇丁等廿贯。夜午始就寝。

十二日甲午，晴。凝晨开舟，炮艇声炮致礼鸣，相送意也。辰刻，过盘龙石。古曰石龙，又名盘龙碛。考《水经注》："江水东经石龙"。至于博、望二村之间，有盘石，广四百丈，长三里，夏没冬出，亦一奇也。路见山寨颇多，皆掘山腹为洞，洞口坚砌石墙，留大小方孔以施枪炮。闻居民素封者恒相率为此，一旦有寇警乱耗，则盘谷囷于洞中，率所亲入居之。洞口守以一二人，虽大敌狂寇熟视而无如何也。计亦巧哉！洞中又恒有流泉通山脉处，可免绝水渴死，犹胜大金川碉楼旧制。若北地土圩，则不足方其险固矣！昨过万县，闻人言此地前年会匪滋事，各处戒严，所以致乱之故，皆缘于民教不相能。按：川中教民极多，其群乐于从教者亦非尽属莠民，良由本地劣绅欺抑小民太过，地方官又瞻徇情面，是以藉入教为护符。一挂教籍，官乃左祖。曾有教民与平民争讼，平民官判枷责，教民则以神甫一刺即行开释，众为不平。由此嫌隙遂形，乱萌斯起。盖水火之势成、萧墙之祸伏焉。有心人不禁为之隐忧已。考川中煤、铁五金矿产悉备，地土沙泥和匀，厥田上上，最宜生植。除种婴粟外，计必宜种棉。惟有雨水过多之处则不宜棉，然地土不尽然也。今川民所用棉花、洋纱、线布皆自外来。若当道能详求民隐，导其利源，开煤、铁诸矿、弛烟禁，劝树棉花，购机纺织，实力兴举，不过期月，三年必大有成效可观。第良民入教颇多，官绅驱激太过，不急筹化移之术，则民心行将日离，虽有天府之富，适足以诲盗资敌耳。不惮人祸，直抒狂论，冀公忠体国者择焉。午初，过关刀碛。午正，至湖滩。南岸山水汇成十数丈极大瀑布，匦崖下垂，水势溃涌，如万马注坡。上建一石桥，工颇坚致。自万县至此三十里。申刻，过瀼渚，距湖滩三十里。见石岸大片平铺，上作冰裂纹，或方格纹，俨如刀斧划成，何造物好奇至此！北岸则断崖弥望，尽作铁色，石方裂而有锋棱。盖梁州西方正位，本属产金之地，金铁线苗之旺无足异也。奈川人至今不知开采，深负洪炉厚意，宁不惜哉！一路怀山绣绿，正值罂粟收浆。考川中出土药为大宗，土壤亦极相宜。夫山田石确本不宜于水谷。辟此荒畦，用开利薮，既无损乎民食，又可大塞漏卮，亦商君尽地利之一法也。若江南平畴沃土，自当别论。乃世之士夫盲心胶古，闻洋人设禁烟之会，动创禁种之言，不知彼特借此空谈以愚我耳。但欲禁我之种，永保其利源，绝不肯自禁已种，疗我之痼疾。屈指，禁烟有会垂数十年，卒未闻印度所出鸦片稍减于畴昔，是亦可洞见狡谋。乃举世不悟，中其毒饵，助其巧说，其不为外人所窃笑者几希。如果各国公议，明示严禁科条，我国宁不乐从?！至内地禁之绝之，正复易易。无如彼则徒托空言，我即先行严禁，坐令洋药增价，销耗愈多，一误再误，智者乌容默已。俄而，残日含山，夕烟笼水，舟过五林碛，泊焉。小有村落，地名无风渡。夜见觜、参二星高挂天际，知纬度近西南矣。是日，行九十余里。

十三日乙未，曙时大雨，俄大风，雨止。晨行，过石鼓峡，是万县、忠州分界处。巳刻，过平明滩、石宝砦，山顶突起一石寨，四面削成绝壁，中嵌庙宇，其巅可容千人，架梯而上，无路可通，避兵真妙境也。已而，过"对我来"石，崖刻此三大字，殆示行舟之准则与。午刻，过簸箕子。饭罢无事，与瀚涛闲谈，谓川江滩险如是崎岖，初意若由官绅捐集巨赀凿石平之，按舟收费，以偿凿险之赀，似为甚便。继思洋人通商口岸已至重庆，今只因轮舟难越险滩，故仍用华船挂旗。倘滩险朝平则飞轮暮至，虽小有利于商局，实大有害于川民。且天心设险，未尝无意。蜀江凭高下注，建瓴千里，不有梯阶枢阃，以限隔而迂蓄之，则一泄无余，投鞭可断矣。即今为蜀计，宜莫如开铁路。我能坐收利益，彼族莫能效尤，一也。川中矿产极多，开采易而运出难，铁路一兴，矿利随旺，二也。且煤、铁、木、石皆可就地取材，造费亦当较省，三也。运盐、运土、百货，皆易流通出口，四也。设有饥馑，转粟无难，五也。地方有事，征调军旅便捷百倍，六也。徐筑支路通入内地，生意日盛，尖站增多，贫民藉可力食，七也。屈计利便，不胜枚举。但必须种棉、纺纱、织布，以力勤工作，杜彼之来源。否则彼货之来将益广，而川中金钱将日耗。考英、法诸国商民之兴办铁路，国家皆为包利五厘，所入不敷此数，皆由国家津贴，过此数悉归公司，是以有作必成，有成不毁。如川中开办铁路，我国家亦必须酌采彼法，稍为加意护持，则化险成夷，百废具举，巴蜀将益臻富庶矣。瀚涛亦有同心，姑志存之，俾知时务者采焉。须臾，白云吐山，时雨斯至。幸不甚大，仍令舟人开行。两岸春山拖蓝滴翠，如笑如沐，行旅之苦赖有此诗情画境以薄酬之耳。晚至渊溪，泊舟。一作元溪。距忠州尚十五里。

十四日丙申，阴雨以雷。晨过忠州。午初，过乌鸭镇，忠州至此三十里。午刻，过新场，遇挂英、美旗货船数艘。查挂旗有怡和、太古、公泰、立德四家。以我国之商，贩我国之货，装我国之船，一挂彼旗，便同洋船洋货，运入内地，直抵重庆，并半税亦概行蠲免，直是以我之矛，刺我之盾，堂堂中国，利权尽失于他人，宁弗深堪耻恨！纵曰有商局与之相持，然彼众我寡，十去一存。且挂旗例给银五两，太古则闻暗中减折，巧揽客货，尽装彼行轮船，商人惟利是图，孰肯舍私利而维公局？其患在内地捐厘太密，捐例太重，故势成丛雀渊鱼。在彼管厘委员只冀捐项多收，又谁能统筹全局设一补苴之计哉？及今图之，惟有痛减厘捐，严革扦手勒索、留难等弊，必使较之挂旗货船所应纳洋税章程尤为省便，则商货自不挂洋旗而愿报捐厘矣。斯言也，遽听之方且疑捐数减少，总计之而捐数必可较盈。即不然，亦宁使利归我国商民而不为彼所陇〔垄〕断。此一法也。或请将通商口岸厘捐尽行裁撤，而加重洋关之税，衰多益寡，税项仍不减少，内可塞奸商依托之门，外可杜彼族射利之计。又一法也。世有哲人，请择于斯二者。未刻，至羊渡溪，又名羊肚溪。是忠州、石柱、酆都三县交界处，俗名花岭。人烟稠密，亦一大市镇也。顺风颇大，已去忠州七十五里矣。晚刻，过高家镇，亦大都市。寻至丁溪停泊。自忠州至此计一百里。

十五日丁酉，阴，微雨。以风，舟人又推阻不行，激劝再三，乃开船前进。过珍珠帘，丁溪至此三十里。午刻，屡见白色浮图，知已距酆都不远。忽舟人不慎，撤纤摇橹过河，正当急溜之中，又不同心用力，彼此观望谨呼，有如儿戏，舟遂被溜水卷激，倒流而下，至菱角脑，对面为鹞子碛。舟人皆张手叫嚣，互相推诿，莫肯出丝毫之力，竟致触石而糜。登时水入中舱，幸傍巨石，急与瀚涛跃登石背。纤夫等既不顾舟，亦不顾客，惟各抢私货兼乘危窃取吾等物件。幸水勇林有才及家丁朱贵等奋力从窗中抢出行李箱件，因带物本不多，尚无大失。箱件既出，舟即随沉。零星书卷，一切食物皆付波臣，不堪问矣。此役也，掌舟戴姓，年少不谙驾舟，惟恃行船太公及夫头周信发为左右手。周极奸狡，日日与戴姓争闹，有意寻衅，添纤赏钱尽入彼囊，既弗肯用力，且有幸灾乐祸之心，是以于素不坏船处所而及于难也。余与瀚涛既登石，风雨复大至，张洋伞露立风雨中。急遣林勇驾渔舟赴酆都雇驳船。约越两点钟时，有才始驾船至，乃偕瀚涛至酆都登陆，暂税驾龄秦恒顺客邸。至起鼓乃晚餐，是日仅一食耳。见栈主母子团聚，顿触余怀，虽倦极和衣而寝，而辗转忧思，念及老亲病状，竟夕不能成寐。

十六日戊戌，阴。雨仍未止。往拜酆都县令蒋公印履泰，字石生，浙江人，寄籍贵州，年五十许，甚有清廉之誉，禁赌颇力云。谈及坏舟事，蒋亦谓此地向未闻失险，舟人之恶可知。乃开夫头名送惩，管船及余夫概置不究。周夫头寻逸去未获。随遣价向河干雇船，因此地旱道系分支小路，与万县官站不同，陆行苦不便，只得仍就水程耳。旋雇定一小货船，价三十千，送至重庆。添夫买米，须明日成行，晚仍宿栈中。夜为煤气所薰，蜑虫集唶，不能成寐，与瀚涛坐话，天明呼仆辈起，摒挡登舟。同寓客以烧香至者凡十数辈。闻城北三里许，有天子庙，在山巅，是为酆都阎罗天子之殿，内塑十庙地狱诸相。阻雨，未能往观。

十七日己亥，晴。登舟，舟止一舱，两头通风，以篾席障之。苦不暇计，摊被即眠。过送客滩、观音滩，皆梦中也。巳刻，至红岩头，乱石参差，上生小树，蟠错甚古，青翠可观。舟中与瀚涛谈及川江之险，滩石之多，此行屡触危机而幸免，乃至酆都卒罹沉舟之厄，益信古人言"蜀道之难，难于上青天"也。想千百年来过往官绅商旅罹其患者不知凡几，曾不解竟无有心人设良法以补救之，是何说也？虽川楚富绅偶有捐赀数千两打滩石者，并近年水师罗军门巡视险要，添设红船救生，法非不善，然谓之尽善，抑犹未也！愚见上自夔巫之培石，下至宜昌之虎牙，统计四百余里，险要滩名共五十余处，其著名尤险者，莫如巴东之排沱、牛口，归州之新滩、泄滩。然江水涨涸不定，形势日有变迁，水之枯涨不同，故滩之险夷莫定，打石而顽石难尽，救生而覆溺累闻，而且滩师居奇，纤夫嗜利，凡滩旁居民不啻什百千数，咸利其险以勒索客舟，并有造险以厄舟者，一石为梗，百舟坐废。滩之险既不可知，人之险又乌可测。此前督臣丁公之言也，可谓洞中弊端。且勒索之外，又须捱次，无论有何要事急于过滩，滩夫等任意留难，餍其欲则过险，稍拂其意则坐废时日而已。欲救滩险，莫如建火轮车路，自是正办，但恐巨款一时难集。则或可用洋船起碇车盘，于滩险之处各置一具，遇有船过，先令长牵坚缆将缆头牢扣盘上，即用本处纤夫绞之，用力省而功效大且速，每船酌取其费，较之纯用人拖曳者既稳妥而且价廉，当亦无不乐从。所取之赀，除开销夫役外，即存储以为常川经费，宁非经久之善策与！至创办车盘，每具不过数百金，或由绅士签提，办有成效后，由各船纳费项内抽还甚便。即或绅士不愿筹垫，则地方官有斯民之责，当为提倡，用成善举。较之凿滩打石，所省已巨，亦复易于图功也。余本天涯过客，并非常川来往险境贸易营生者可比，第痛定思痛，推己及人，辄愿行旅皆出坦途，舟只少免沉溺，扩充此不忍人之心，想亦士大夫所同具耳。记毕，舟已至驴矢镇，去酆都三十里矣！午刻，过南沱。申刻，至交滩，距南沱三十里。晚，至麻柳沱，停舟。是日计行九十里。

十八日庚子，晴。破晓开舟，黑甜乡中过新场、群猪石、和尚石诸险。巳刻，至涪州，去麻柳沱三十五里。城亦依山距水，间阎稠密，蔀屋尤多。盖岸平近水，大涨时必屡徙高原，故恒以苟完为便耳。自过万县以来，一路平山远岫，自巅至麓无不辟陌开阡，方罫罗错，俨铺锦绣。低者谷，高者豆，杂粮婴粟尤夥。遍山断岩丛石间，少有土壤播种无遗，深叹蜀人农事之勤及土地之辟，故富庶，称天府也。因思吾粤濒海琼州、钦州等处空山童秃，旷土颇多，乡之人乃不肯自辟余壤，而远越数万里，佣工美、秘，为外人垦荒敷土。迨至膏畬成熟，反横被驱逐而归，岂不冤哉！又闻川中向少玻璃及自来火等物，下游入口洋货，二者颇多获利。考玻璃系海沙炼制而成，今川江两岸皆铺洁白明沙，大可购机仿制。至自来火，则硝、磺本川产，松、柳诸木种植盈山，岂无可采？若欲自制火柴，图功甚易，而乃守拙，自甘令利益悉归彼族，独何心哉？午刻，过龟门关，奇石突出江心，有如龟之伸首，故名。至此一路崖石纹理又变，如水波卷叠，如云峰怒涌，诙诡殆难名状。虽荆、关妙笔，亦莫能穷其变态也。未刻，过里渡，距涪州三十里。申刻，过剪刀峡、大曲濠。曲濠最险，石亘中流，名豆腐石。水落时现三四尺，水涨石没，切防触舟，须过河绕南岸而行乃稳。酉刻过宁石，距里渡三十里。晚，至磨盘石，泊焉。是日，约行一百一十里。舟既舣，偕瀚涛登岸，游眺于磨盘石顶，见大块浑圆之石，天然水浪波纹，宛如笔画，漩涡纹归束之处，大则化为深池，小亦成井，至小者则如仰盂，环窍浑圆，星罗棋布，造物之巧诇可思议！若谓目所未睹，辄决为理所必无，则管窥蠡测，未足与驰域外之观也已。

十九日辛丑，阴雾。早过横梁、马纤，石岸陡出，快如并剪，中流又有乱石，磋峨如岛，舟于两石缝中蜿蜒颖脱而出，稍左右偏倚皆败。幸水犹未大涨，故尚不成奇险耳。川江如此等险大小百十处，其著名巨滩尚不在此。吁，可怖哉！太白诗"使人听此凋朱颜"，殆实录也。已刻，过黄鱼岭，是为涪州、长寿分界处，以上入长寿县界。午初，见白浮图，知距县境不远。俄过张爷滩，水石亦多险境。已而又过鲤鱼口、石龙滩，乃至长寿县。自宁石至石家沱二十五里，自石家沱至长寿三十五里，水程表计一大站是也。苦雨。兀坐篷底，不复能出舱眺望。因与瀚涛纵论时事，谈及西蜀土产以鸦片为大宗，赖此挹注，足夺洋土利源三分之一。今关章洋药正半税一百二十两，川中土药税计六十五两八钱。如由旱道挑贩，加以各处捐厘，计已过洋税之半。论者非弗谓鸦片害人之物，理宜重征以遏其萌，而不知吸食既不能禁止，则中国岁需若干，鸦片亦断无减少之理。土药少销，即洋药多销，此消彼长势所必然。自遏利源以助人之利源，善于理财者当不如是也。计宜减轻土药税、厘，俾得畅销，则我既暗伸，彼将阴绌。为我民留一分利益，即为彼族去一分利益矣。百姓足，君孰与不足！虽税、厘稍减，庸何伤乎！况洋税应议加、应改订者甚多，正不难徐筹良策，絜长补短也。余思外国烟、酒之税极重，各国皆有自主之权，尽可随时增减。今我国进口货税轻于出口货，无异太阿倒持，以致土货出口日减，民间生计日绌。既和约期满已久，执政者何不与各国据理婉商，争还应有之利权。否则请先于税则内注明，凡有碍于我国自主之权者，准其随时更改，亦可徐图变计。彼日本弹丸小国，尚且留心于此，逐渐改图。岂堂堂中国，反瞠乎居人后耶！质之瀚涛，亦极以为然也。未刻，至黄家滩。雨大，停舟，计已行七十里矣。未末，雨细复行。申刻，过扇背沱，距长寿三十里。酉刻，过羊方子，北岸为林家庙，是为长寿、巴县分界，过此即入巴县境矣。晚，至上洛碛。泊舟。微雨东风。是日，计行一百廿里。冒雨登岸散步，一无所睹而还。舟人蓐食夜炊，煤气薰人，竟夕不能成寐。瀚涛亦同此苦，掩鼻蹙额，静候荒鸡而已。

二十日壬寅，宿雨初霁。晨，过锦鸡三背。午初，过木东司，烟户颇盛，亦著名市镇也。上洛碛至此三十里。申刻，至驴子沱，距木东司三十里。查川中入天主、耶稣教者固多，而好黄老之学者亦实繁有徒，往往以性命之高谈为资生之要术，刊刻经典，设立宗派，实则倚此为终南捷径：聚徒众，纠赀财，小则为衣食之计，大且为富贵之图。谈性理则落顽空，言命功每流邪趣。彼岂知性命自有根柢，大道不外六经。其惑世罔民，固国法所不容，亦玄门之重厄也。而二三谬妄居之不疑，以盲引盲，伊于胡底！正未可以中其饵而受其毒也。昨宿酆城旅邸，遇徐茂才昌海，言之历历，不胜为大道发一深慨。罗星潭观察与余交久而深，固振奇之士，好道有年者也。俟归，过汉上，就质之以为何如？俄，舟过水帐子，岸石临水，传闻有墓葬此，石上有八分书"大吉山"三字。不知何代何人，及葬此复何意也。晚过野驴子。舟傍石崖上滩，滩急纤弱，危险备至，幸得无恙出险。惊魂乃定，暮色催矣。因前路复有小险，恐致意外，遂泊。距洛碛寺尚四五里。是日，行八十余里，距重庆四十五里，明日必可至矣。舟既维，登岸小眺，旋归舟晚餐。峡水阴寒，余与瀚涛连日腹中隐痛，颇苦泻疾，服桂末少瘳，而体中终觉不适也。

二十一日癸卯，晴。舟晨过洛碛寺。滩险已完，惊魂乃定。巳刻，抵重庆。先见一城，系江北镇。次入内港，舣舟重庆城下。呼舆进城，拾级而登，凡不知几千百层，约二三里始抵商局。局中总办为叶君山苞，浙江余姚人。出官董事童君芹初，宁波人。文案钱君若川，江苏元和人。车君子迁，江西抚州人。局中同事共二十余人，局屋系租赁者，每年租价约百五十金。考重庆城就山为基，高低不一，周广约十余里，分九门，道、镇、府、县同城，有上城、下城之别，缘山基有高下也。对岸一城为江北镇，归理事同知分辖。本治人烟辐辏，下游通湖北、湖南、江西诸路，上通成都大道，南通云、贵，北通汉中、陕西，为水陆之通衢，实行商之都会。故城中夏屋连云，江岸樯帆如织。商局在白象街，出太平南门就水道亦甚便也。晤山苞兄，谈及上海来电，同前，另电问余何日到渝，并无别信，方寸稍安。乃与瀚涛卸装，少息征尘。拟停五日，各事应可妥办，订期二十五六返沪。山苞与芹初再三坚请，俟请各帮酒宴后月杪起行。又云，尚未请过当道春酒，延至今日者实欲候驾增光。若得代为酬应，本局下水货必可岁增水脚一万两，否则恐为外人讪笑。所言既极恳切，事又关商局大体，只可曲从之耳。午饭后，遣伻以宜局托寄书籍并函件赍送川东道署，并订明日往拜。晚，与山苞兄略谈商务，乃悉本地情形：俗尚繁华，极重酬应，虽商家皆同官气。商以本地渝帮为首，次陕，次豫章，次粤，次浙，再次则江苏也。各帮稍称殷实者，酷好结纳官场，宴会演剧殆无虚日。若礼节稍简略，则相与疑怪。且久知余之来信，无可逃避，故明日各帮皆须一投刺云。晚，耿明府送席至，辞不获已，只得受之。

二十二日甲辰，阴。早起，电达宜昌樊瑞臣军门，借留第二号炮船数日，同返。九点钟衣冠往拜川东道黎莼斋观察，晤谈良久。言及滩险造洋磨盘车拖船一策，渠意亦颇谓然。观察极欲振兴商务，以塞漏卮，已设法保护制造自来火公司。惟洋纱进口日多，去岁价值约三百万，曾与龚仰蘧方伯、夔关黄观察筹议创办机器纺纱局，事洵属美举。且上海纺纱局获利颇厚，确有把握。惜制军未准举行，事遂中止，良可慨也。并云有高启文者，曾管成都机器局，精明可靠云云。观察留心人才如此，亦近今所罕觏也。次晤张乔生镇军、王艺庵太守、耿鹤峰明府，皆少叙寒暄而去。次乃顺道往各商帮投刺一过，用示联络之意。因山苞兄坚请普加酬应，极言本地风俗，商帮专重虚文，若稍加礼貌，则众情欣羡，以为荣宠，将来本局生意必定日旺，水脚可卜日增。是以，各家亲到，停舆门首，候刺投乃过，约至百十处。宛如新贵修谒，沿门散卷；又如新嫁娘闷坐帏车，任人掇弄，极平生未尝之苦。静言思之，真堪失笑，但使有裨局务，折节原非所惜耳。午刻，事毕回局。道、府、镇、县及各帮商董次第皆来答拜，旋使人分致礼物于各署，皆坚却不受，惟张镇军及耿明府各收新疆战图一具而已。晚，与局中文案钱君若川谈及此地民教事。据云，府城中教民约有万余，教堂虽止一处，而各善堂纷立名字，阳托善举，阴聚教徒，不下十余所。噫！以一城之地，教民如是之众而且横，此乱之所由萌也。惟江北镇斗大一城，居然无一教民，云皆为良民所驱逐，不容混迹杂居，亦可谓一片干净土矣！英人立德洛本一外洋无籍，自造卖"固陵"得利，狯然思逞其谋，遂创立保险行，陇〔垄〕断商局之利，奈滩多天险，获利小而受害大，卒未能畅所欲为。近又嗾嘱奸民代租隔江山中荒地一区百金，定租十年。及书约签名，土民始知洋人所为，悔约不听，只得挠阻建房。立德乃强詟地方官保护，官长亦漫然应之。伊遂藉此刁难，至今莫结。将来还地，不免勒索重赔，贱买之而贵售之。彼竟以空拳侔中国之实利，计亦巧哉！晚饭后，大雨忽至，俄止。夜与山苞、瀚涛谈至三鼓始罢。本日接沪局号信，知奉傅相札询川江保险事，沈子翁已禀复不能行矣。

二十三日乙巳，阴。发成都罗宅信，催问王敬亭先生是否来晤。黎莼斋观察帖订招饮，辞之至再，终不获已。午后，邀瀚涛偕霍镜波同赴古岗、广南、顺德三广帮一访商情。询知此地近能自造玻璃，亦系广人教之，乃以江边白石捣沙掺药末融之，吹炼而成，亦可备用，但终有微泡，不能明净如洋制耳。自来火川中亦有公司自造，但取火便捷不及洋制，且火出有烟，似宜精益求精，乃足以抵制彼货。日晡时，回至镜波处晚餐，酒罢乃归。体稍不适，服药早卧。

二十四日丙午，晴。朝旭照窗，不胜快慰，缘川中阴多晴少，古人"蜀犬吠日"之谚未全诬也。巳刻，渝帮商董尹主之来谒，与之晤谈，藉询本地商情。电报局送席至，辞不获已，只得领谢。午后，嘱瀚涛封发致张霭卿观察书。三点钟，赴黎观察宴，同席者本局叶君山苞，新关委员周少枋、陈蝉生，电报局张应六、杨秩如。席间，张君谈及有一美国纽约人蓝姓者，向业铁工，只身空手，坐脚踏独轮车遍游地球，经过此地，现在已往西藏，亦可谓好奇之士矣。八点钟，席散回局。

二十五日丁未，晴。天色爽霁。是日，为本局请春酒之辰。假座禹王庙齐安公所，肆筵演剧以侑嘉宾。所以至今甫请者，山苞兄特待余至举行，以为取信于众商之地耳。惟客多地狭，分帮轮请，须三日乃得蒇事。午后，山苞兄先往，三点钟余偕瀚涛先后同集，见渝帮商众来者约五六十人。主人安席送酒，揖让周旋，始知土俗繁礼多仪，犹有公孙子阳遗习，多见其识之不广也。席半，客已有去者。余小恙，不耐久坐，乃先归。

二十六日戊申，晴。是日，渝局仍假座齐安公所，宴本地道、府、州、县及镇营、新关、厘局、电局各官，山苞兄请代作陪。午后，衣冠，顺道至某典，拜访罗星潭之族弟思齐。晤谈移时，乃至齐安公所宴客。川东道黎观察、重庆府王太守、巴县耿明府咸至，余则电报局、税关、厘局委员及二三商董也。席间，黎观察谆谕商董须顾全大局，要知招商局为我国自设公司，非怡、太外人可比，各商宜同心帮助，乃能保我国利权云云。众商皆悦服。向来中国官场每于商情隔膜，不屑为之援手，今黎公之言如此，可谓深识时务人豪，不愧曾赋皇华之选者矣。黎公又对应云：到此日久，深知本地商务情形。据各商董云，贵商局之病，实由上海、汉口、宜昌各处无人照应客货，故上水货傲寥寥。八帮首董马泰初等复云：凡货到上海、汉口，必先收水脚，货乃得出；如失落货物又不认赔。若太古则托盘记，怡和则托厚记，招呼极力认真，代为经理，事多迁就，客商先出货后付水脚，如失落货物即代赔偿。即如太古上海船被焚，所失各帮之货本无保险，亦愿分年扣还，此所以各帮乐为招徕，商货趋之如鹜，而何怪乎商局之相形见绌也！余答曰：想系素不相识之客持提单来出货，不得不先收水脚，如系殷实字号或揽傤行来出货，既有把握自必通融。或本局何处办事不当及有别情，仍请明以教我，当回总局会议，必力为整顿也。惟商情视利之所在，变迁不一。余历管轮船事务二十余年，亦颇知其情弊。查太古尽将其轮船买办邀令大商揽傤行保荐用人，揽傤行既得其利，专心为彼招徕，故托词别家招呼不到，实欺绐客商耳。众商闻之亦颇谓然。然余窃查汉口到宜昌各帮上水货物总归公泰、太古渝、招商三家揽傤。公泰即上海厚记代理人，太古渝即盘记代理人，所以公泰分装怡、太，太古渝专装太古，我商局只仗重庆招商渝局招徕，势终不敌。其故因盘记、厚记、公泰、太古渝开设已久，且怡和有水脚暗扣头贴补厚记，又荐其亲戚在太古当写字，此所以厚记为怡和船极力招揽也。太古总管上海棉花栈各司事系盘记所荐，又有上海至汉口"鄱阳"船买办人等归盘记袁姓用人，此所以盘记极力专为太古船设法招徕也。恒裕公等号系本地绅董尹姓集赀所开，期将得来水脚扣头、栈用抵填楷记亏欠，故楷记改厚记乃渝帮所议，仍归吴作谋经理。重庆、宜昌两埠，怡和洋行托公泰代理，此所以公泰亦为怡和设法极力招徕也。太古托陈云樵经理，外挂太古洋行招牌，人皆呼为太古渝。由汉至宜之"沙市"、"彝陵"两船买办悉归云樵用人，此所以太古渝专为太古设法极力招徕也。我局无此外助，是以动形掣肘。查汉局不能向客帮代揽上水货，惟靠怡、太两行无船开时略为酬应，仍系赶市之货。本局近日所装者，皆普源长及招商渝庄所揽之货，所以下水货多，由渝至汉。上水货寥寥无几。由沪至汉、宜。如匹头、洋纱本局所得装者，不过十分之一二耳。故山苞添设沪、汉、宜三处分庄代为招呼延揽，惟各帮同行妒忌，复造谣言，以其不归各埠商局代理，并疑渝局为伪设。去岁，各帮颇不见信，几至上下水无货可装。后蒙黎观察出示晓谕，始释群疑，知非伪设，生理渐复如常。独是分庄太多，人才难得，诚恐以公济私，将来难免亏累。尚宜妥筹善法，联络一气，节冗费而真能得力，乃于局务有裨，但未可为外人道也。八点钟，客散，回局。晚与山苞、瀚涛细谈本地商务，三鼓乃罢。瀚涛是日游五福宫，甚乐。惜余未暇同往。闻对江尚有觉林寺、老君洞诸名胜，惜事冗不及游，徒负此济胜之具矣！

二十七日己酉，晴。是日，商局请广帮及杂帮商客。午后一点半钟，至齐安公所代陪诸客。晚八点钟，席散，乃回。捐局来订请宴会，却之。夜与山苞、钱若川、瀚涛谈论商务。

二十八日庚戌，晴。三日连代商局陪宾，甚矣其惫。静摄一天，绝不酬应，以期身心安定，将数云山归去矣。已刻，电报盛督办到渝日期并回沪日期。午刻，电报局张应六来晤谈，少坐别去。午后，偕瀚涛至霍镜波处一坐，镜波邀至古冈栈晚饭。向索立德洋人保险章程一纸，拟留呈督办。据广帮众商云：立德现又改章，五十两保费价跌至十五两，上水则照二十五两，惟官盐不在保例。恐其事曾不能定准通行也。晚饭后回局。

二十九日辛亥，晨雨俄止，仍云阴不见朝旭。出门拜客，至道、府、镇、县及各帮商董处辞行。罗思齐来访未晤，旋函订明早过谈。局中同人童、叶、沈、车诸君致礼物为赐，力却不受，再三谆迫，乃领川朴一笏、云苓一颗。报之以《剑侠传》及《成仙捷径》、《富贵源头》各一部。午后，电报局帮办张应六来晤。霍镜波偕瀚涛往看船，已定妥，船价五十一金，先付四十一两，余十金至宜付清。晚饭后，电报局委员阮文叔来答拜并送行，晤谈少顷而别。保宁帮三栈、渝帮恒裕公等栈皆遣人致送各色礼物，一概坚却不受。

三十日壬子，晴。早往访罗君思齐晤谈。据云，渠有钱庄与立德往来，立德所有保险盈亏渠知最悉。去年所得保险费银一千二百两，除赔款、浇费用去六百两外，仅余六百两。现在减价招徕，已保上水廿余号、下水十二号。声称二十两，实则十八两不等，恐终不能行也。午后，道府及捐局委员皆来送行，独张镇军未至。旋偕瀚涛及渝局文案钱若川同访前任酆都令何君芑孙。云南人，由进士即用实授酆都知县，前因公罣误。闻其好道颇深，故访之。及一倾谈，乃知因罢官后牢骚愤激而作逃禅之举，非好此性成者也。遂别去回局。与瀚涛辞众登舟，局中同人坚送之舟中，情意殷渥，令人听骊歌而黯然矣。已而同人辞去，少坐即眠。

四月初一日癸丑，阴雨。早过唐家沱。雨窗无事，稍记忆重庆商务情形，笔之于书，以备考证，而免遗忘。按查：川中富庶，本称天府，而重庆尤为全蜀重镇，南接牂牁，东连荆楚，商民踵接，水陆交通，即滇、黔各省之货亦大半假道于此，诚都市之巨擘也。所惜道途险阻，水则危滩林立，陆则云栈崎岖，举趾稍高，颠危立至。所以官商视为畏途，行旅望而裹足耳。查本口自光绪二年秋烟台立约会议通商之后，英国即派员驻渝查看商情，颇为详细。至光绪十六年春续定《烟台条约》专条，本口通商始有成议。洋关自十七年正月开办，至五月中旬即有货物报关出口。海关既设，华、洋商接踵而至。洋商计有三家：二英一美。华商则本地渝帮外，又有八帮：曰江南，曰江西，曰陕西，曰福建，曰湖广，曰广东，曰山西，曰浙江帮。各有董事，生意大小不等，而皆不足与洋商抗衡。惟赖招商局巍立中流，藉作砥柱，稍分彼族利权，所系亦非浅鲜。此商帮之大略情形也。本埠人烟稠密，贸易畅旺，洋土各货靡不毕具。年来华商开设自来火、玻璃片等厂，皆有成效，销路亦广。其余土货如盐、锡、煤、糖、黄丝、茧壳、乱丝头、白丝、青麻、猪毛，大黄、红花、五棓子、香麝各种药材俱系大宗，其药材一项约计有三百余万生意，按本年关单计，值银十七万三千余两。此土货出口之大略情形也。土药一项，有陈川土、新川土之分，又有云、贵土药亦经此埠外运。曾经关员以中西考验法试之，乃悉近年习是业者，日求精进，销路愈盛。开关伊始，出口即报有四百九十八担，又云南土五十一担。从此源源报运，畅旺不卜可知。统计川、滇、黔三省所产日多，将来即洋药不复入口，我国三省膏腴已足供中国人之吸食矣。本地洋关完税每担念两，到宜昌关又完税四十两，尚有本埠落地税四两八钱，共计六十四两八钱。自各省卡厘金减价，再报洋关之土只能至通商口岸，不能遍销内地各口，于是反避洋关而趋厘金。惟有广帮所办运销沿海各口者，报关如故，其他土客廿余家皆走厘金为多。报洋关者则有广帮合成，汉帮福大祥、祥丰厚等号。自去年太古与渝局两不相下争揽土药，代垫关税，每每期以两月，数至几千。公泰力有不充，故甘心退让。实则彼我争先商人享利，所收报费不敌垫税银根之息。此土药出口之大略情形也。至进口各洋货，则以布匹、洋纱、呢绒、棉花为大宗，以去年关单而论，进口各色布匹共十五万三千余匹，计值价银四十万七千余两；洋棉纱共八千余担，计值价银五十六万四千余两；各式呢绒共一万六千余匹，计值价银十七万八千余两。除海味、零星杂货不计。此洋货进口之大略情形也。余俟明日续录。一路轻舟顺水，日晡已至石家沱，停泊。是日计行二百四十里。

初二日甲寅，晴。早过涪州何家嘴。查重庆一口，未通商前，所有土货，每年商人请领宜、汉两关三联报单来本口采办者，已属不少。自前年开关以后，此项三联单均改归本口洋关办理矣。统计去年进口货起岸时价值银一百三十六万二千余两，去年出口货下船时价值银一百五十九万九千八百余两。此报单货价之大略情形也。至如运货船只，查轮船曾试行一二次，究因川江险隘，滩石太多，轮船万难行驶，只得仍雇用本处民船。怡、太与商局各挂本局旗为识，以免厘卡留难。约计去年进口挂旗船数共三百只，计傤货七千三百吨；出口挂旗船共三百七只，约傤货七万三千余担。其船式与下江舢板仿佛，名曰"五板"。装货水脚按货之精粗论价，如布匹、细货每箱每包约三千四五百文之谱；药材贵者每包约银八钱，贱者每包五钱；丝货每包八钱至一两不等；川土每箱约银五六钱；火油每箱约七八百文；牛皮、牛角每捆每包约银六钱；其他可以类推。此挂旗雇船之大略情形也。总之，本口虽名通商埠口，并无与于外洋交易之事。其进口洋货悉由别口转运而来，或由宜昌改包分运；至出口土货亦系运往宜昌，然后转运别口，亦少出洋之货。何因多开此等埠口与洋人通商，纵令懋迁于我各口往来，直以内地之货侔内地之利。甚矣！我国之失计也。午刻过酆都，前次碰船处菱角脑之巨石已为大水涨没，破舟亦莫可踪迹矣。晚，至忠州，泊舟。是日，计行四百一十五里。

初三日乙卯，晴。舟早过石鼓峡。是忠州、万县分界处也。午刻，过万县。篷窗无事，细阅叶山苞兄及各司事问答商务情形节略。内载渝局揽傤全仗人情，故各字号有货物照顾商局生意者，必荐人入局司事，以货物之多寡定薪水之大小，遂至渝局所用司事大小共计二十七位之多也。又查川省出产土药之外，以药材为大宗，每年生意约在三百余万之谱。江西临川帮凡四家，陕西大盛元、际盛隆，此数家为最多，约有百万生意，但皆完厘金不报洋关。其报洋关者，广帮有五十余家，总分三栈：曰古岗，曰顺德，曰广南。连猪毛等杂件附入药材大宗，共有七十万生意，每年运货计一万件，每件三百余斤。皆由我商局及太古、公泰三家分派揽装。我局约得十分之四有奇，公泰约二分半，太古约三分有奇。浙帮则有七家住仁义栈、宁康栈、庆安栈。每年生意约五十万，计货七千件。亦三家均派，我局约得四千件，太古得二，公泰止得其一耳。陕帮大盛元、临帮诒德合，荣发和所做药材、羊毛约三十万生意，计货三千余件，亦归我局、太古、公泰分装，我局得其二千，太古、公泰共分其千数。汾西帮此时只剩三家魁盛隆、仁和长、元乐长，每年下货白蜡、大黄、麝香、黄丝等件约二十万生意，货亦归三家分派。渝帮本帮字号则以恒裕公、庆丰昌、同昌利、恒源祥、庆泰公、永泰源六家，悉系连号，皆渝绅尹氏兄弟所设。其下货每年约五十万生意，我局得其七分，太古二分，公泰一分；上货则因该号客寓上洋厚记栈内，故大宗悉为揽归公泰，太古得其八，我得其二分而已。再有渝帮义茂和、德生义、泰顺益、瑞生祥、义生厚、聚义魁等，每年下货亦有一百万生意，皆归三家摊派；奈上货百余万匹头、洋纱等件，皆为太古揽去。江南帮有曰春生鉴者，系独帮大字号，下货无多，三家照派；上货匹头、洋纱约三千余件，皆归太古独揽。更有归盘记照料之渝帮，曰裕生祥、裕和祥、裕和恒、三义和、宗顺仁五家，每年约有五十万生意，上货匹头等件约二千余，皆太古旧友庄客住于太古，上货遂归太古独揽；下货太古得其八，公泰与我各得其一分而已。总计川省出口货物生意约有一千余万之谱：土药约值三百余万；药材约值三百万；尚有羊毛、猪毛、五棓子、白蜡、麝香、黄丝一切粗细杂货共约值银四百万。报洋关者约有八百万，余二百万之数则皆散报厘金，不经洋关上税也。晚，至云阳，泊舟。计行四百里。

初四日丙辰，晴。早过高桅子、哪叭滩，距安坪咫尺矣。午刻，至夔府，停舟片刻，待税关验单。未刻，复行。过盐碛，八阵图已没水中。须臾，过滟滪石，大仅如牛而已。谚称"滟滪大如马，瞿塘不敢下"，今幸未至涨极大时也。申末，过巫山县，寻过巫峡。见巫山十二峰披青挹翠，犹如前日也。已而，过涪石布袋口，已出蜀疆入楚境矣。酉刻，过铁棺峡，俄至楠木园。日落，风复不顺，遂泊。是日，计行三百九十五里。是晚瀚涛袖出二十七日渝局所接沪局来电示余，恸悉老父已于本月十六日寿终。方寸如割，痛极，不觉眩晕。瀚涛率家人辈抱持卧榻上，阅数时之久始醒。自觉手足俱冷，头昏呕逆不已。嗟呼！不孝如此，何以为人，抱憾终天，百身莫赎！且公事未毕，辄遭大故，何命宫磨蝎之奇？彼苍厄我之甚耶！瀚涛在侧劝慰再三，谓后事正多，毋蹈愚孝，须努力功行，显荣宗祖，斯为大孝也。余泣谓曰："以后公事请君代办，日记亦请代登，如有要事即入一商，诸客皆不能会矣。"瀚涛谓："某与公既结道义交，匪徒管、鲍之知，终契老、庄之乐。故此行备历滩河之险，受尽舟人之恶。虽曩昔三渡重洋，间关九万里，亦未有此行之磨折。然固处之怡然，未敢稍存畏怠心也。渝局各同事知公体弱多病，且天伦笃重，恐在渝遽得凶报，焦灼更甚，病将猝增。是以山苞等嘱余聆将到宜昌日出电告知。今观阅电未毕即昏迷不省，倒床悲恸，水米皆废，益幸某等之持重，不遽告知此信为有见也。承嘱代办公事、日记，敢不尽力。至所有沿途日用开销各帐目，当即嘱家丁朱贵开列清单，查核明晰后，容交沪局分别入帐。重庆、宜昌问答商务情形各折及支用各账自当分别代交总局查核。他如各处赠送礼物亦谨当照公在渝例一概璧谢，丝毫不受，以全公之清操也。"

自初五日起以下瀚涛代记。

初五日丁巳，晴。晨发楠木园。余见陶翁哀毁过甚，形容转枯瘠憔悴，劝慰再三，始少进一匙米饮。辰刻，过巴东县。经泄滩，水势浩大，汹涌殊甚，舟从中流直泻，势若离弦之箭，脱机之努〔弩〕，险境可怖，舟过犹心悸也。巳初，过归州。须臾，过新滩，则水涨波平，石痕皆没，无复前渡之险。滩形变幻，孰可测哉！午刻，过牛肝马肺峡，悬岩壁立，有物倒悬其间，色黄黑，状若肝肺，前已纪之。申刻，过老黄陵庙，至南沱天柱山，谷中逆风甚大。舟人欲停，余知陶翁心急回粤，刻不可缓，乃嘱朱价谆促舟人，且许重犒，乃复鼓勇前进。夜将二鼓，至宜昌。问知"固陵"轮船在埠，急登岸至局，适"固陵"买办潘云峰亦至，与局友及云峰商定，即刻过船，是夜准行，俾无耽搁，以安陶翁之心。寻代询宜昌商务情形。先是，过宜时陶翁曾有一查询商情手折付陆雨生，嘱其详细查答，奈雨生赴沪未回，账房张寿凯代开条答宜昌商务节略交余代呈陶翁，遂辞局友，偕云峰登舟慰问陶翁。夜深乃入舱就寝，房近锅炉，令人闷热不寐。

初六日戊午，晴。晨起，舟中检宜局交来商务节略，谨代摘入日记。其略云：一、宜昌码头系光绪二、三年分通商，其时轮船只有本局一家，生意日盛，客货滞装。本局又坚不肯添派浅水轮船。至十六年，太古乃有船至。十七年，怡和船亦至矣。一、宜昌土产青麻为大宗，木耳、皮油次之。青麻每年约有一万四五千件，由汉转运汕头、香港两处。太古转运之麻，暗中跌收九折，以致每为陇〔垄〕断。一、宜埠客商共有五帮：川帮货为最多，浙帮、广帮次之，西帮、汉帮又次之。一、宜埠川帮字号最大者恒裕公，执事朱海峰；次德生义，执事鲍熙台。浙帮最大字号公兴顺，执事殷源聚；次凝顺昌，执事冯省堂。一、宜局栈房码头基约计二亩七八分，统计买价及建造等费合大钱九千余串，现照市价估值计约值二万串之谱。一、局中楼房上下十二间，厢房四间，上房平屋三间。另有厨房、小耳房数间未计。一、栈房共计三座，租出土药栈一所，每月收租银十两。一、码头基地计长十一丈有零，惟江水涨落无定，轮船难以傍岸停泊上下，仍须用驳船。一、局中同事上下人等共三十二人。一、局中浇用每月包净例银二百五十两。一、本局上年进口货五万八千余件，出口货五万七千余件，内京铜一万件。出口水脚三万五千余金。一、太古上年进口货三万余件，出口货二万余件，出口水脚一万二千余金。一、怡和上年进口货四万余件，出口货一万六千余件，出口水脚一万零数百金。以上各节呈陶翁覆阅。陶翁云：所有在宜客渝各帮大字号尚不止此数，今此单所开太略。又未将土产各货出口若干，重庆转口货若干，三公司汉、宜往来轮船傤脚生意如何一一注明。然亦无暇勾留细查，且姑置之。惟查怡和之"昌和"船、太古之"沙市"所装上水货常川满载，所傤货物皆匹头、洋纱、白腊等件，细货居多。我局江、固二船势皆不敌，常川半载，所装海带、麻油、葵扇、羊毛又系粗货，所收水脚与彼二家细货较之，不啻天渊之别。"昌和"能装八百吨，且常满载。我"固陵"约装百数十吨，尚常苦不满。似此情形非必因船之大小，实因前总办失策。而怡、太总理人洞悉船务商情，故能极力招揽，联络商帮，翻能以客胜主。今我局苦乏其才，即将来新船到宜，一时挽回不易，亦未敢决其生意之盈亏耳。午刻，过沙市，行三百六十里。考"固陵"船前系明轮，总船主失算，为船厂所绐，换机器不换船壳，改作暗轮用行浅水。而不知"昌和"得我旧机，固行驶自若也。本船马力约计百匹，重货装足约百八十吨，轻货装足约一百吨，客位搭足百人之谱。船主花姆，英国人，曾在"江孚"充当大副，前由"江平"船主调此。大副德人，大车英人，买办潘云峰，江苏人。房间下水二两四钱，上水加倍四两八钱云。夜，过条关。

初七己未，晴。顺水涨潮，一点钟足行四十余里，计午后二三点钟可达汉口矣。因陶翁急欲返沪回粤，商局适是日无船，只得上太古"安庆"船，候十点钟开行。"固陵"买办潘云峰致送陶翁礼物，坚却璧谢如前。余告以前事，况系丧中送受，皆非礼也，乃止。惟施紫卿一无馈送，可谓知礼君子矣。汉局总办施紫卿交来节略，皆详答陶翁所问汉口商务情形。代呈陶翁阅后，即嘱将其所论中肯者点窜节录登入日记。一、汉口轮船码头共有五处：一本局，二太古，三太平，四怡和，五华昌。尚有本局出租谦慎安码头及太古房屋码头两处，均可停泊一船。其余洋街一带码头现归华昌、怡和两家租用，惟不能久租，须一年一议。又有本局上首得月楼码头，去年曾被"金陵"船租用，此码头系华记洋行之产。一、查汉镇出口货，去年三公司出口水脚约共八十余万，野鸡船出口水脚约共十七万之谱。一、本局上年统计出口水脚毛纹三十四万五千四百八十六两一钱五分，核净纹三十万零七千二百八十八两六钱九分。一、由汉转津货，以茶件为大宗；转汕货以药材、麻件为大宗，现以粮食为大宗；由汉装沪货以茶、烟、油、麻、药材为大宗，现亦以粮食为大宗；装镇货以油件为大宗。一、豆饼畅销，约在春夏之交。惟米、麦销路须视两湖及下游之丰歉。去年两湖幸获有秋，下游适遇旱蝗为灾，故现时粮食格外兴旺，实向来所未有。一、本局共用司事三十一人，出店、轿夫、更夫、管门、管码头、茶房共十七名，栈房司事十五人，堆装、出店、茶房共七名，小工头十名，小工五十名。局用开销除筹垫利息、毛银贴耗外，每年实需纹银一万二千数百金。一、本局楼房栈房基地约共十四亩三分有零。计楼房四座，平房一座，栈房五座。内有楼房一座出租永安和，每年汉收租洋三百元。局产出租谦慎安茶栈、房屋、码头基地约十亩有余，每年申收租金三千二百八十两。又楼房一幢，每年汉收租金一百八十两。出租太古渝房屋、基地约一亩有零，每年汉收租金二百八十两。出租太古洋行房屋、码头、基地约六亩有零，每年申收租金三千五百两。总计本局及出租房屋、码头、基地约共三十一亩有零。从前买价及陆续添造共用规银二十一万二千六百余两，现值时价不定，疑难估计。一、广、潮、浙、津各帮大字号摘存其略：广帮计十六家，潮帮计十四家，浙帮计九家，津帮计八家，津东帮计七家，各外帮计十四家也。各外帮即太古和太古渝、公泰等洋人分庄者是。又据紫卿云，前论合并广丰长江小轮船章程已有头绪，惟因争益利息及修理费之数目未成。陶翁云，所差无几，不如迁就，实于两家有益。嘱：返沪，商请辉廷兄劝怡、太早定，无失茶箱正旺时也。

初八日庚申，晴。午刻，抵九江，登岸，代陶翁购蓝黑夏布。至局，晤黄梅西、史锡之，略谈一路情形。继询知浔局房屋系购之旗昌，局友十数人。梅西开办即在是局廿余年矣，年虽高迈，精神尚好。本埠生意以茶叶、夏布、纸张、磁器为大宗。今年茶市大坏，五十几两茶盘止能售廿二三两，不能得本价之半，以故头茶之后，二茶、三茶至者愈稀云。每年局用连逞船包净六千，稍有数百金不足，由总局津贴云。黄梅西诸同人送礼，陶翁坚却，无所受如前。继以磁器数件赠余，余亦璧谢，未敢领受也。"安庆"船停泊待货约四点钟之久，至午后三点钟乃开。查"安庆"船已行十年，船颇坚好，价值殊廉，止八万元耳。马力约三百匹，装货能至二万几千吨，虽我"江裕"船不及也。搭客装足四百余人。船主名孝阿，英国人。买办唐雨卿，山东登州府人。窃思各家

轮船买办弊端极多、极重，长江船尤弊薮也。以故钻营者如谋优缺，沓
至纷来。太古明知轮船买办大有利在，弊亦难除，即将轮船买办之缺分
任各揽载行荐人司理，以此羁縻客商，为彼招揽生意。如何船无货，即
责彼设法招徕，所以格外认真揽载，颇为得力。计固甚狡，而立法亦诚
尽善。如我局早能仿行，获利更大，即汉帮、广潮帮客货必不致为彼所
牵夺，太古亦何至如此骄横哉！且即汉、宜往来之船，怡、太亦何能与
我争先哉！我局果欲求生意胜人，非与各帮联络声气，处处相通不可。
利之所在，人争趋之，可知固结客心非参用怡、太羁縻之术不可也。是
夜，与陶翁细谈衷曲，因老母在芜湖，欲就便请假归省，而又不忍舍令
陶翁独行，不身送之返沪。陶翁慨然相谓："君自当归省老母，岂可以
朋友小义而失倚闾之念哉！"并嘱留芜数日，顺道过镇，代访二处商务
情形，补成日记，以免一篑之亏云。余谨奉教不敢忘，话至夜深乃罢。
嗟乎，丈夫重义气，患难重分离，中心能无惘惘耶！

初九日辛酉，阴，东风狂发。六点钟船抵鸠江①，遂拜别陶翁，并
慰嘱再三，乃过趸船登岸。晤芜局李炳翁。三年不见，老态日增矣。当
即代致陶翁之意，谢以不便延见，乃同掉扁舟回局。问炳翁，知仲节已
赴日本，季仲又赴燕台，现惟有季仲代办友人张也白在局。张，和州
人，癸酉孝廉，大挑四川知县，因为仲节昆季挽留，作左右手，故不赴
官。人极慷爽，有侠气，处事从容静镇而条理悉当，肆应裕如，有陆伯
言意思深长之风。与余一见如故，相话颇恺。伯行星使与卫秩秋军门皆
在局，余以日晚便衣简亵，未敢请见，拟俟明早。而伯行星使有金陵之
行，小火轮已舣待河干矣，只可差禀请安送行而已。晚，至张也翁处小
坐，晤卫秩秋军门，畅谈燕云旧事，夜深乃散。

初十日壬戌，雨。至二弟子由家归省老母，喜萱椿无恙，但齿牙动
摇，而鬓发斑矣。遂侍午饭，略尽承欢之意。子由向在芜局办理文案，
历承仲节兄、李炳翁兄及季仲兄所引重，近又添管保险事。因本口商贾
大半系泾、旌、太三帮，与余族吴姓悉关姻娅，否亦里闬世好，言语嗜
好俗尚皆同，易于联络招揽，故仲节昆季以此事专任吾弟子由云。晚，
发重庆上下游各局信，致道谢之意，承陶翁临别命也。是日，洪瀚香太
守来局过访，适余归省，未得延晤。

十一日癸亥，雨。在家侍母，未到芜局。

---

① 原文如此，似当为镇江。

十二日甲子，阴晴不定。暇与子由弟细谈本口商务情形。本埠出口货，以米为大宗，历年三公司及野鸡船分运出口约计二三百万担不等，本局船每年至多揽装二十四五万担之谱。次则棉花、鸡鸭毛、绸缎、土丝、药材等货。查缎匹本系金陵运来报关出口，其所以不直运镇江而必多此周折者，因南京下关无洋关可报，全经厘卡所费极多，故必绕经此地出口也。再查徽宁本山出茶，顾何以茶运寥寥？因茶市皆在汉、浔上游，故徽宁本山茶叶均运往大通荷叶洲，萃于浔、汉，而本地反无出口也。其进口各货则以洋布匹头、各色洋广杂货为大宗，次则锡箔、洋糖、桐油等物，本局每年包水脚二万。自刘吉六亏累遁逃以来，历年不能满额。又值近来三公司不和争轧，李炳翁精神颓唐已甚，不能振作，故每年止有一万五六千金之谱。至局用津贴，向章系三千八百金，后经马眉翁添三百金，遂至四千一百之数，连趸船在内。李炳翁年力既衰，事事假手同人，而渠带来之镇江人颇多贪狡，绝无天良，太阿倒持，炳翁遂大受亏累，其咎实无可辞，其情尚有可原耳。顷经李季仲兄先代垫完亏项，念炳翁年老，此地历办多年，并无私蓄，乃百计调停，令仍居局中，每月食薪金数十金而已。事权皆归季仲，又以张也白左右之，于是壁垒一新，金人半去。然微微闻尚有趸船许姓者，私为太古、怡和招揽货物，即以欲装我局之货推归他船。人言啧啧，未必无因。姑志之以俟上游查核。洪瀚香太守将赴天津，特往送行。

十三日乙丑，阴雨。与张也白谈论，询知本局房系局产，开局时所造。芜俗屋地论进不论亩，计局屋楼房三开间，前后六进，前门临大街，后临江面，上下趸船极便。自刘吉六在局时曾翻盖一次，近历十年迄未修理，不免渗漏，楼板亦摇动就腐朽矣。故前晤仲节，汲汲言须修理也。局外房产约计十二处，租户、公馆、栈房、店铺皆有，价值亦高下不等，每年约收租钱八百元有零。局中同事共计十人，自总办、帮办外，更有所谓三办者。韩其姓，亦京口人，向随李炳翁来此，派管杂务者也。人极委琐，一无所长，但善逢迎、工钻刺而已。趸船有司事三人：一许姓，一应姓，一姚姓。其余茶房、出店共用五人，大约皆炳翁旧夥，非贪狡即庸劣无用。去腊，把持炳翁，唆嗾往来钱庄不得通融绸缎垫税银两，以致炳翁束手无术，为众所卖。此辈殆所谓引之使入，入便噬人。其于炳翁尚如此，于公事可知，于局宪之恩，更属不知感激矣。闻其账房夥友及趸船司事有所谓三大宪者，其把持情弊可见。此炳翁之所以独立无助，坐致亏累者耳。若欲整顿局务，令有起色，似非沙汰此辈，一洗积弊不可。也翁之言如此。余密谓也翁："此辈固不可用，但亦宜斟酌缓急，镇静人心而徐图之，否则彼党自知皆难驻足，势将挟众联词卷棚大散。则一时尽易生手，局事必虞纷乱而滋丛脞忧耳。"也翁亦颇以为然。晚，也翁招共晚餐。子由弟谈及本局保险一两二钱，怡、太暗中通融，折收一两，近来亦须约同改章。又缮译莫君言及出口米向由广帮采运，本约悉由商局装儎。奈装局船必须完纳关税，遂往往改由兵轮装运，图免纳税，故仍苦无术招徕也。

十四日丙寅，阴。与张也翁论及本口生意，往往有货可装时，电致汉口上游酌留吨位，苦值下水货多，船至本口已无吨位。客货溢装，重复退关，客帮大不满意，动费唇舌，下次即多方招揽，客帮亦不见信，恐货被留滞致受亏耗。瞰怡、太有船，即尽先装运，比及上游下货稀少、吨位极多，希图本口货装或适值无货之时，动类尹邢相左，故生意每多窒碍云云。鄙见必须上海沪局酌留一二号中等以下船，类如野鸡局面，临时得电，何口有货，即飞轮往装，变动不拘，弥缝阙失，则水脚网罗无遗，而于本口生意亦将大有起色矣。一得之见，是否可行，留备采择。

十五日丁卯，晴。与账房同事闲谈，论及兵米分广帮商办及军营官办两种。然广帮所办之米动累数千石及万石不等，苦于上海无船可以特放装运。若零星由下水分运，商情不愿。怡、太则可电驻沪公司专写一船赴芜儎米，是以此项生意每为二家所夺。至官运军米，其采办之营员每逾米额之半，以图私售谋利，恐一经轮船装运赴报洋关，与护照所填石数不符，致为盘诘留滞，故每乐雇民船装运，沿途得价即可零销，至镇江止存采办正额，乃转运出口。此中情节，彼何肯为外人道，惟巧托他词支吾而已。

十六日戊辰，阴。回家省母。晚回局，则季仲自上海归矣。

十七日己巳，雨。伯行星使由金陵回，往谒，畅谈数刻而别。

十八日庚午，大雨以风。午刻，回家省母。晚，卫秩秋军门假座芜局招饮。

十九日辛未，雨仍未霁。周子昂观察由金陵来访晤，畅谈同饮。子昂系周武壮公长公子，人极慷爽好客，有孟尝、平原之风。以余曾为周刚敏公所赏识，向参盛军戎幕，故契好尤深挚云。

二十日壬申，雨。归家拜别老母。计以明日行赴镇江矣。

二十一日癸酉，大雨时行。卯刻，收拾行李。辰刻，同季仲登"江孚"船，遂开。"江孚"船坚快略逊"江裕"，然亦本局江轮中有名者也。午刻，过南京。申刻，抵镇江。晤姚彦翁、吴巽仪，别季仲登岸，就商局小住。是晚，"江孚"开甚迟，因装下水桐油、杂货极多。姚、吴二君皆公司忙冗，无暇共谈，遂早寝。

二十二日甲戌，晴。至道署回拜黄观察。因昨日"江孚"到埠，黄观察登舟送客，余已为其所见，随即来商局相访，故次晨拜答，且因陶翁有嘱询公事也。观察因谢母寿过江，未得晤，晤其记室郑石生，畅谈良久而返。因与姚彦翁细谈本埠商务。据云：此地出口货仅有米粮豆、镇江绸及缣丝等类，并无多货。其进口货则上下水皆有，上游之米、豆、油、麻、药材等件，下游则洋货各种最多。每年本局生意以北洋兵米为大宗，水脚约计有二万五六千，杂货约计一万五六千，约共四万之谱。本局生意本定额四万，去年生意较好，稍有羡余，平时牵扯亦不过满额而已。本局局用包定四千二百两，趸船在内。局屋、基地均系己产外，有栈房三处，每年可收栈租一千五百金；市房十处，每年亦可收租银千五百金。局中帮办一人，帮办兵米者又一人，同事共十六人，总办在外。计自吴左仪开办镇局以来，引用镇江人相习成风，竟有牢不可破之势。别省人到此总管局务，动为同事把持，是以历更六总办皆不能久于其事。自姚君来局，更换镇友三人，已物议沸腾，共讪愬于马眉叔观察，幸马不久即出局，此辈山鬼伎俩始稍稍敛其锋，然犹各挟一门户之见，相持不下，真可诧也。言次不禁同慨。晚，草家书。

二十三日乙亥，晴。姚彦翁相约午饭，招北洋铭军采办兵米委员章君，不至。因其积欠兵米水脚银数千两，耽延未付，恐催索也。姚君云：配运兵米原是本局一宗极大生意。当年北洋奏定此章，原系为培植商局根本起见。讵意委员每有拖欠，动辄累至数千，至年终犹不能清结。倘委员或有意外之事，则此等巨款不堪设想。若必克期催讨，又因以前总办积惯通融，俨成旧例，碍难不留面情，此等为难情形无可告语。计欲少为救正，与兵米委员明定要约，改近期限，不得逾限不清，庶足免亏累而重公款。询老成有见之言也。

二十四日丙子，晴。晨起，道署郑君石生来答拜，致黄观察之意。余问及陶翁托抄之件，则云即日检出抄送。坐谈良久乃别去。明后日将赴上海，姚彦翁招饮设饯，同座有高君诚斋，北洋电报委员，其人干练耐劳，精于三角弧勾股之术，亦今世之奇士也。

二十五日丁丑，晴。午前作函留交彦翁，为催道署抄件。彦翁约游甘露寺，寺畔彭刚直公祠落成未久，楼阁颇堪远眺，惜工程草率，不过足支十稔耳。道经荷花荡，地距局东里许，宽广约计百余亩，可泊民船二三百号。去年春夏间，黄观察捐赀集款，将七段沿江苇岸筑为口门，荡池开深一丈数尺，计费万余缗。夏秋间民船皆泊于此，得避风波之险。及冬令水涸淤沙，旋复亘塞，客舟仍不能停。今春，观察再鸠工加挑八尺，并于东面另开一口门，以期回溜不停，沙泥可刷，共费四千缗。苇岸之北即我局江滩，江流回浪朝夕梳刷，每患坍谢。去年观察兴工筑一拦江坝，坝成岸不复坍，计费二千三百余金，本局亦曾捐助千元云。按：黄观察兴利便民，诚为美举。第不知冬令是否不复干涸，如不复涸则大便民船停泊，于本局亦有所利，量力捐助，固所乐从也。观察又于大闸口建铁桥一座，共费三千余缗，本局以来往搭客较便，亦提助一千缗云。彦翁之言如此，谨摘记之。未刻，吴巽仪作饯酒楼，同席戴君、张君，皆本地绅士也。申刻，摒挡行李上"江宽"船。适罗星潭观察南下，将赴澳门探访陶翁观察，高诚斋直刺亦赴沪，同舟剧谈，颇不寂寞。"江宽"船颇小，犹不及"江孚"，下水每点钟可行四十里。买办徐梅臣，粤人。按：余前从陶翁上驶长江，每乘局船，陶翁与船主谈论，细问该船一切情形，故得详记其马力吨数，吃水浅深，烧煤多寡之数。及此次陶翁闻讣南旋，余独自乘船，船中人固视余为无足重轻之人，余亦绝不敢招摇查察，虽略谙洋语，以人微望浅，恐为船主所轻，亦未便复向考询。只得藉与买办闲谈略为谀谐。讵意问及马力，则不知其若干匹也，问及吃水，则不计其若干深也，至于吨位可装货若干，每日烧煤若干，更瞠目莫赞一词。余只得默而息已，故不能详记如前。伏思商局以船为生意，犹行人之需胫足也。船本动辄数十万，每年生意十数万以至数万不等，其付托不可谓不重，而买办等辄于本船情形一概茫然，更何论乎招揽客货、讲求利益哉！昔闻马眉叔观察曾著"重考买办"一节，今买办阔疏如此，不知其从前所考何事，抑仅取其略通洋语，藉得联络洋人应对便娟足以伺候贵客而已耶？！此则臣之所未解也。

二十六日戊寅，晴。午刻，抵沪。船傍码头已午杪矣。账房不复开饭，诸客皆匆匆登岸而散。余觉腹馁已久，不遑家食，乃直趋总局。至账房，幸饭犹未罢，急就餐焉。餐毕，以次谒见总办沈子翁及严芝翁、唐凤翁、陈辉翁、宗载翁，均略问途次情形，答以有日记在。继乃至文案房晤同事诸君毕，请假宁家。内人卧病已久，令人又增焦急。旋约友人何谨堂清缮日记二册，一册拟寄澳门呈陶翁阅定转呈督办鉴核，一呈局总沈子翁及三董公阅。二册约六七万字，须廿余日乃得断手也。

附录

长江水程表

上海至吴淞三十六里，

吴淞至狼山一百五十里，

狼山至江阴一百九十里，

江阴至西山一百九十里，

西山至镇江一百二十里，

镇江至仪征六十里，

仪征至南京九十里，

南京至采石矶九十里，

采石矶至东、西梁山五十里，

东、西梁山至芜湖四十里，

芜湖至荻港九十里，

荻港至大通九十里，

大通至松阳九十里，

松阳至安庆九十里，

安庆至东流九十里，

东流至小孤山八十里，

小孤山至彭泽一百二十里，

彭泽至湖口九十里，

湖口至九江六十里，

九江至龙平九十里，

龙平至武穴三十里，

武穴至沂州六十里，

沂州至道士湖六十里，

道士湖至黄石港三十里，

黄石港至黄州九十里，

黄州至叶家洲九十里，

叶家洲至杨罗三十里，

杨罗至汉口六十里，

从上海至汉口共计二千三百四十八里。

汉口至宜昌水程

汉口至战口三十里，
战口至京口三十里，
京口至东关脑四十五里，
东关脑至排州四十五里，
排州至小林甲三十里，
小林甲至嘉鱼县四十五里，
陆溪口至石头矶十五里，
石头矶至岛口十五里，
岛口至新堤三十里，
新堤至罗山四十五里，
罗山至白露矶三十里，
白露矶至观音洲三十里，
观音洲至谢家店三十里，
谢家店至赤把口三十里，
赤把口至反一作万嘴三十里，
万嘴至王家寨三十里，
王家寨至下车湾三十里，
下车湾至上车湾十五里，
上车湾至监利县三十里，
监利县至大石驿十五里①，
大石驿至土地港三十里，
土地港至调关十五里，
调关至齐公桥三十里，
齐公桥至观音阁三十里，
观音阁至张家湾十五里，
张家湾至石首县十五里，
石首县至新场四十五里，

---

① 原稿中，在此页有一纸条，写"合零数，少八里"，大概是指从京口到大石驿，经计
算后少了八里。

新场至河市三十里，

河市至马家寨三十里，

马家寨至文星夹十五里，

文星夹至观音寺十五里，

观音寺至窑湾十五里，

窑湾至沙市十五里，

沙市至石套子四十五里，

石套子至江口四十五里，

江口至董市三十里，

董市至洋溪四十五里，

洋溪至枝江十五里①，

枝江至白洋三十里，

白洋至宜都十五里，

宜都至古楼背三十里，

古楼背至白沙脑三十五里，

白沙脑至天然塔十里，

天然塔至宜昌城十五里，

从汉口至宜昌共计一千二百六十里。

宜昌至重庆水程

宜昌至三游洞十五里，

三游洞至大平善坝三十里，

大平善坝至南沱三十里，

南沱至黄陵庙三十里，

黄陵庙至毛坪下东湖、上归州三十里，

毛坪至曲溪一作衢溪三十里，

曲溪至老关庙一作庙河三十里，

老关庙至兴滩亦名新滩三十里，

兴滩至归州三十里，

---

① 原稿中，在此页有一纸条，写"合零数，多四十五里"，大概是指从大石驿到枝江，经计算后多了四十五里。

归州至泄滩二十五里，

泄滩至大八斗三十里，

大八斗至巴东县三十五里，

巴东县至官渡口三十里，

官渡口至楠木园三十里，

楠木园至万流三十里，

万流至青石洞三十里，

青石洞至巫山县三十里，

巫山县至下马石二十五里，

下马石至龙包子二十五里，

龙包子至代溪三十里，

代溪至夔州府三十里，

夔州府至头塘二十五里，

头塘至安坪三十里，

安坪至四塘十五里，

四塘至拖板十五里，

拖板至磁庄子二十五里，

磁庄子至东洋子三十里，

东洋子至云阳县二十五里，

云阳县至谭家濠三十里，

谭家濠至小江三十里，

小江至鸭蛋石三十里，

鸭蛋石至野土地三十里，

野土地至万县三十里，

万县至湖滩三十里，

湖滩至瀼堵〔渚〕三十里，

瀼堵〔渚〕至五林碛三十里，

五林碛至漕鸡子三十里，

漕鸡子至官碛三十里，

官碛至圆碛二十五里，

圆碛至忠州三十里，

忠州至乌鸭镇三十里，

乌鸭镇至新场十五里，

新场至羊肚滩三十里，

羊肚滩至花林十五里，

花林至虎须子十五里，

虎须子至丁溪三十里，

丁溪至珍珠连三十里，

珍珠连至酆都县三十里，

哪都县至驴矢镇三十里，

驴矢镇至南沱二十五里，

南沱至交滩三十五里，

交滩至麻柳沱二十五里，

麻柳沱至涪州三十五里，

涪州至里渡三十里，

里渡至宁石三十里，

宁石至石家沱二十五里，

石家沱至长寿县三十五里，

长寿县至扇背沱三十里，

扇背陀至上洛碛三十里，

上洛碛至木东司三十里，

木东司至驴子沱三十里，

驴子沱至洛碛寺三十里，

洛碛寺至重庆府三十里一作四十里，

从宜昌至渝共一千七百四十五里。按《行川必要》作一千八百里。①

---

① 原稿最后有两个纸条。一个写："合零数，少二十五里。"另一纸条写："《水程表》既照录矣，然细加核算，总与总数不符，与书中所记亦少有不合，将来寄呈督办，此表或去或留尚候钧裁酌定。瀚涛谨白。"此条上另有夹注，写："《长江水程表》系从'江裕'抄来，朱煦亭自云本未能吻合也。《川江水程表》则大数皆合，小有不符耳！"

郑观应年谱简编

道光二十二年（1842）　一岁

六月十七日（7月24日）　郑观应出生于广东省香山县（今中山市）雍陌乡。本名官应，又名观应，字正翔，号陶斋，别号杞忧生、慕雍山人等，中年后别名罗浮待鹤山人。

父名文瑞，字启华，号秀峰，无功名，以教书为业。母陈氏。兄思齐，出嗣于伯父。

道光二十七年（1847年）　六岁

年初　入父亲郑文端开设的秀峰家塾开蒙，读《三字经》、《百家姓》等蒙学书。

道光二十八年（1848年）　七岁

是年　度过开蒙第一年后，接着读《大学》、《中庸》等孔孟经书。

道光二十九年（1849年）　八岁

是年　继续读孔孟经书，开始试作八股文。据说郑观应在学习中"颖悟过人"。

道光三十年（1850年）　九岁

是年　读完"四书"后开始读《诗经》、《礼记》、《左传》等。

道光三十一年（1851年）　十岁

是年　母亲陈氏去世。继续在私塾读书。

道光三十二年（1852年）　十一岁

是年　仍在私塾读书。

咸丰八年（1858年）　十七岁

是年　应香山童子试，未中，奉父命到上海学贾，住在叔父郑廷江处。郑廷江为新德洋行买办。郑观应在洋行做工役事，并从叔父学英语。

咸丰九年（1859 年）　十八岁

是年　通过姻亲曾寄圃和世交徐润的关系到上海宝顺洋行做杂工。

冬　随宝顺洋行洋人到即将开埠的天津考察商务。

咸丰十年（1860 年）　十九岁

春　从天津回上海，被宝顺洋行派管丝楼兼管轮船揽载事宜，获得买办头衔。

咸丰十一年（1861 年）　二十岁

是年　继续在宝顺洋行，经营颇为得手。从英华书馆傅兰雅学习英文。

同治元年（1862 年）　二十一岁

是年　除在宝顺洋行任买办外，在江西、福建自行开设揽载行。这是他独自经商的开始。

开始在政治、实业两个方面探索救国的道路。

同治二年（1863 年）　二十二岁

是年　开始酝酿《救时揭要》的一些篇章。

同治五年（1866 年）　二十五岁

是年　在宝顺洋行兼任宝顺轮船公司经理。

同治六年（1867 年）　二十六岁

是年　任宝顺轮船公司经理兼管栈房。

与唐廷枢（唐景星）一起投资公正轮船公司，注册为外国公司，郑观应虽为董事，但无实权。同时兼营荣泰驳船公司。

同治七年（1868 年）　二十七岁

是年　宝顺洋行停业。

离开宝顺洋行，自己经营商务，任和生祥茶栈通事。继续到英华书馆夜班学习英语。

同治八年（1869 年）　二十八岁

是年　与卓子和（国卿）承办和生祥茶栈，主营两湖、江西和徽州的茶叶。

报捐员外郎。

撰写《救时揭要》中的数篇文章。

同治九年（1870 年）　二十九岁

是年　和生祥茶栈即将停业，到扬州担任扬州宝记盐务总理。

报捐郎中。

撰写《救时揭要》中的数篇文章。

刊印《陶斋志果》。

同治十年（1871 年）　　三十岁

是年　和生祥茶栈停业，继续任扬州宝记盐务总理。

同治十一年（1872 年）　　三十一岁

是年　继续任扬州宝记盐务总理。

《救时揭要》编著完成。

同治十二年（1873 年）　　三十二岁

二月　《救时揭要》刊印。

是年　轮船招商总局开办，郑观应购买股份。

参与英国太古轮船公司的创办。

同治十三年（1874 年）　　三十三岁

正月　被太古轮船公司聘为总理，兼管账房、栈房，相当于总买办，合同期为三年。并在长江、南洋等地经营多个揽载行。

是年　进行《易言》的写作和修订。

光绪元年（1875 年）　　三十四岁

年初　《易言》初稿完成，并请王韬作序。

光绪二年（1876 年）　　三十五岁

是年　江南旱灾，捐资赈济。

光绪三年（1877 年）　　三十六岁

正月　因经营得力，与太古洋行续订五年合同。

是年　与经元善等在上海创办筹赈公所，赈济山西等地灾荒（即著名的丁戊奇荒）。

光绪四年（1878 年）　　三十七岁

冬月（1879 年 1 月）　因山西赈灾案捐道员。

是年　与徐润、盛宣怀等人筹办义赈公所，并与李鸿章建立联系。

与经元善、谢家福结为兄弟。

刊行《富贵源头》、《成仙捷径》。

光绪五年（1879 年）　　三十八岁

九月　因"历办晋赈捐输出力"，经李鸿章保奏，"随带加三级"。

光绪六年（1880 年）　　三十九岁

春　为上海机器织布局集股五万两。十月，李鸿章札委郑观应为该局会办。

四月　经元善在上海设协赈公所，郑观应参与。

夏　《易言》三十六篇由中华印务总局刊行。

冬　参与盛宣怀主持的津沪电报线规划。

光绪七年（1881 年）　四十岁

四月　李鸿章札委郑观应总办上海机器织布局局务。

李鸿章札委郑观应为津沪电报局上海电报分局总办。

夏　《易言》二十篇本刊行。

九月　郑观应准备正式离开太古洋行，并推荐杨桂轩为续任买办。

是年　郑观应开始建造在澳门的新居。

光绪八年（1882 年）　四十一岁

正月　郑观应与太古洋行的合同正式期满，不再续订。

二月　正式接任轮船招商局帮办，兼营上海织布局。上海电报分局总办交给经元善。

八月　在吴淞第一次与丁忧经过上海的李鸿章见面。

九月　受盛宣怀委任总办金州矿务局。

光绪九年（1883 年）　四十二岁

正月　饬谕郑观应以道员不论单双月遇缺尽先选用。又经贵州巡抚保奏在上海采办军火有功，加三级。

二月　协同唐廷枢与太古、怡和两外国公司签订为期六年的齐价合同，轮船招商局股票随即大涨。

春夏间　为扩展轮船招商局业务，赴南洋一带考察口岸情形。

七月　经山东巡抚陈士杰保奏山东赈灾有功，传旨嘉奖。

十月　因整顿轮船招商局颇有成效，接替徐润担任总办。

十二月　督办粤防军务大臣彭玉麟奏调郑观应赴粤差委。

光绪十年（1884 年）　四十三岁

二月　辞去轮船招商局、上海机器织布局职务赴粤，接替王之春任总办湘军营务处事宜。

五月至六月　受彭玉麟委派前往南洋了解敌情，并欲"合纵抗法"。写成《南游日记》。

十一月　受彭玉麟委派前往琼州、廉州，提出开发海南的各对策。

回广州后，寻又受命前往福建各地，经香港时，因推荐的续任太古洋行买办杨桂轩亏欠而被羁押。

光绪十一年（1885 年）　四十四岁

四月　赔补了亏欠，经过半年的羁押后终被释放。

光绪十二年（1886 年）　四十五岁

春　闲居广东，遇罗浮山道人，开始跟随学道。

是年　此后四五年间，隐居澳门，尽力于将《易言》扩编辑录成《盛世危言》。

光绪十三年（1887 年）　四十六岁

春夏　赴广州就医，编著《霍乱验方》。

是年　辑著《盛世危言》。

光绪十四年（1888 年）　四十七岁

是年　辑著《盛世危言》。

光绪十五年（1889 年）　四十八岁

是年　辑著《盛世危言》。

光绪十六年（1890 年）　四十九岁

十一月　辑著而成《中外卫生要旨》，提出中西医结合的问题。

是年　辑著《盛世危言》。

光绪十七年（1891 年）　五十岁

二月　静极思动，谋求总办广东电报局。

三月　就任开平煤矿局粤局总办。此后开始着手建立厂房和码头。

光绪十八年（1892 年）　五十一岁

三月　完成《盛世危言》初稿。

七月　经盛宣怀推荐，再次就任轮船招商局帮办。

光绪十九年（1893 年）　五十二岁

二月　参与轮船招商局、太古、怡和三家齐价合同，缓解轮船招商局劣势。

二月至四月　乘“江裕”轮沿长江稽查轮船招商局各分局利弊，写成《长江日记》。

四月　得悉父亲病逝，回粤奔丧。

光绪二十年（1894 年）　五十三岁

春　《盛世危言》五卷本付印。

五月　致函盛宣怀，请转荐孙中山于李鸿章。

光绪二十一年（1895 年）　五十四岁

三月　江苏藩司邓华熙将《盛世危言》进呈光绪帝。

五月　《盛世危言》由光绪帝下旨由总理衙门印刷 2 000 册分发各大臣。

五月至六月　收回甲午战争期间"明卖暗托"英、德等国洋行的轮船招商局的轮船。

冬　《盛世危言》增订十四卷本刊行。

光绪二十二年（1896 年）　五十五岁

正月底至二月初　从广州出发前往梧州为轮船招商局考察商务。写成《赴梧日记》。

四月　汉阳铁厂改为商办，盛宣怀为督办，郑观应为总办，但未脱离轮船招商局差事。

夏　考察汉阳铁厂后提出《整顿汉阳铁厂四十八款》。此后又陆续向盛宣怀提出很多整顿汉阳铁厂的建议。

十二月　因对汉阳铁厂的批评激怒张之洞以及身体不适等原因向盛宣怀提出离开，并推荐施绍甄等人续任。

是年　山西巡抚胡聘之邀请郑观应赴晋任职。未就。

光绪二十三年（1897 年）　五十六岁

二月　多次向盛宣怀提出离开汉阳铁厂。

有人在《苏报》上发表《总办得人》攻击郑观应。

盛宣怀、经元善、徐润等十人在《苏报》上发表《不平则鸣公启》，为郑观应辩护。

五月　升为轮船招商局"会同办理"。

正式提出辞去汉阳铁厂总办。

六月　正式离开汉阳铁厂。

返沪，入轮船招商局就职"会同办理"。

是年　胡聘之再次奏调郑观应，为直隶总督王文韶所阻。

因《盛世危言》声名大著，郑观应也频频与中外大僚有所往来。

对康、梁的维新运动不以为然。

光绪二十四年（1898 年）　五十七岁

四月二十三日　戊戌维新开始。

光绪帝召见康有为，此前康有为咨询郑观应，被告知"事速则不达"。

八月　戊戌维新失败。

是年　郑观应到处剖白自己与康、梁无关。

康有为之父至澳门避难，郑观应转寄一百元。

张之洞将《盛世危言》改编为《盛世危言统编》，并为之作序。

光绪二十五年（1899 年）　五十八岁

五月　经元善多次致函郑观应，对朝政和西太后等人表示不满。郑观应将之告知盛宣怀，并告知康、梁与经元善的往来情形。

十月　为盛宣怀委派为吉林矿务公司驻沪总董，负责招募股份。

是年　增修《盛世危言》，准备次年刊行。

光绪二十六年（1900 年）　五十九岁

正月　经元善因为反对"乙亥建储"被通缉，出逃到澳门。郑观应致函轮船招商局澳门分局叶侣珊予以照拂，随后叶侣珊又奉盛宣怀令诱捕经元善。

是年　《盛世危言》八卷本刊行。

光绪二十七年（1901 年）　六十岁

春　经元善罪名未能成立，被澳门当局释放，出狱后即揭发盛宣怀忘恩负义。郑观应写信劝阻，未成。

十一月　乞假回澳门就医一个月，后又延长假期两个月。

是年　在上海与同人办义赈博览会，将所得盈余用于顺天、直隶的灾荒。

光绪二十八年（1902 年）　六十一岁

七月　广西巡抚王之春奏调郑观应赴桂差遣。

八月　盛宣怀不允调动，郑观应写信解释。

光绪二十九年（1903 年）　六十二岁

正月　受王之春之邀，前往广西。

二月　奉王之春之令在广州、香港、澳门查缉走私军火事。

三月　统带三江缉捕，拿获多名会党首领。

五月　代理左江道。这是他一生中唯一的一次正式出任官职。

闰五月　王之春被革职，郑观应亦随之卸职。

六月　盛宣怀委任郑观应为粤汉铁路广东购地局总办。

光绪三十年（1904 年）　六十三岁

春　由澳门至上海游玩。

十月　粤汉铁路广东购地局被裁撤，郑观应去职。

是年　被举为新成立的广州商务总会协理。

光绪三十一年（1905 年）　六十四岁

五月　清廷批准广州商务总会，委郑观应为协理。郑观应坚辞。

十一月　两广总督岑春煊札委郑观应查勘两广矿产兼充矿务议员。

郑观应以年老、母病为由婉辞。

十二月 反美爱国运动中，广东成立拒约会，郑观应被举为主席。婉辞。

光绪三十二年（1906 年） 六十五岁

正月 继母病死。在澳门丁忧守制。

四月 广东各界公举郑观应为广东商办粤汉铁路有限公司总办。郑观应坚辞，未准，答应不领薪水义务工作一年。

闰四月 粤汉铁路有限公司招股顺利，但内部已经开始掀起反郑风潮。

九月 交出公司关防，在广州家中准备接受调查。

十月 回到澳门。

广州各报纸刊载举报郑观应亏耗钱粮的书函。

广州总商会等机构集议通过为郑观应变白的决议，后未刊登。

返回广州以便弄清银钱账目。

光绪三十三年（1907 年） 六十六岁

正月 查账结束，证明郑观应是清白的。

七月 在粤汉铁路有限公司选出新总理后，卸总办职。

八月 返回澳门，从事《盛世危言后编》的编辑整理。

光绪三十四（1908 年） 六十七岁

是年 多次发文攻击袁世凯北洋系接收轮船招商局等洋务企业后的腐朽，主张轮船招商局、电报局应归商办。

宣统元年（1909 年） 六十八岁

三月 应盛宣怀的请求，前往上海，罗致同志，组织轮船招商局商办选举董事。

九月 前往北京，向商部呈请轮船招商局商办的注册。

十月 轮船招商局商办注册事未能成功，先回上海，再返广东。

宣统二年（1910 年） 六十九岁

五月 为轮船招商局商办注册事再到北京。

十月 被委为轮船招商局厦门分局总办。

是年 《盛世危言后编》交上海翰华阁书店刊印。

宣统三年（1911 年） 七十岁

正月 被盛宣怀札委为轮船招商局会办，职司稽查。次月赴上海任职。

七月　为化解盛宣怀在保路风潮中声望下降的危机，从上海出发巡查长江各埠，著有《西行日记》。

十月　逢辛亥革命，避居重庆狮子山的叶家花园。

十一月　局势稍安，从重庆多次换轮船，返回上海。

1912 年　七十一岁

7 月　被委任为轮船招商局汉口分局总办，因原任反对而未能就职。

11 月　反对轮船招商局国有，期望盛宣怀和自己能当选董事。

1913 年　七十二岁

6 月　轮船招商局在上海张园召开股东大会，盛宣怀为副会长，郑观应为董事。

1914 年　七十三岁

4 月　被举为稽查各分局，随即南下北上稽查轮船招商局沿海各分局。

初夏　身体不适，请求半薪养老。被挽留。

12 月　以多病，写下遗嘱。

1915 年　七十四岁

是年　准备辞去轮船招商局职务，为亲友所阻。

更多参与教育，就任上海商务中学等学校的董事。

1916 年　七十五岁

1 月　轮船招商局留任郑观应，委任其为监察港、粤董事，并有薪水。

3 月　长子郑润林病逝，仅 33 岁。

4 月　老友兼上司盛宣怀病逝。

1917 年　七十六岁

是年　发言反对张勋复辟，关注粤汉铁路的问题。

1918 年　七十七岁

9 月　担任轮船招商局公学的住校董事。

1919 年　七十八岁

6 月　当选为轮船招商局董事兼营业科长。

1920 年　七十九岁

10 月　继室叶夫人病逝。

12 月　《待鹤山人晚年纪念诗》付印。

1921 年　八十岁

5 月　当选为轮船招商局董事，请辞，请给薪俸养老。

6 月　在上海轮船招商局公学宿舍内病逝。次年，移葬澳门前山。

是年　《盛世危言后编》全本由上海翰华阁书店刊行。

中国近代思想家文库

康有为卷	张荣华	编
宋育仁卷	王东杰、陈阳	编
汪康年卷	汪林茂	编
宋恕卷	邱涛	编
夏曾佑卷	杨琥	编
谭嗣同卷	汤仁泽	编
吴稚晖卷	金以林、马思宇	编
孙中山卷	张磊、张苹	编
蔡元培卷	欧阳哲生	编
章太炎卷	姜义华	编
金天翮、吕碧城、秋瑾、何震卷	夏晓虹	编
杨毓麟、陈天华、邹容卷	严昌洪、何广	编
梁启超卷	汤志钧	编
杜亚泉卷	周月峰	编
张尔田、柳诒徵卷	孙文阁、张笑川	编
杨度卷	左玉河	编
王国维卷	彭林	编
黄炎培卷	余子侠	编
胡汉民卷	陈红民、方勇	编
陈撄宁卷	郭武	编
章士钊卷	郭双林	编
宋教仁卷	郭汉民、暴宏博	编
蒋百里、杨杰卷	皮明勇、侯昂妤	编
江亢虎卷	汪佩伟	编
马一浮卷	吴光	编
师复卷	唐仕春	编
刘师培卷	李帆	编
朱执信卷	谷小水	编
高一涵卷	郭双林、高波	编
熊十力卷	郭齐勇	编
任鸿隽卷	樊洪业、潘涛、王勇忠	编
张东荪卷	左玉河	编
丁文江卷	宋广波	编

图书在版编目（CIP）数据

中国近代思想家文库. 郑观应卷/任智勇，戴圆编. —北京：中国人民大学出版社，2014.9

ISBN 978-7-300-20041-5

Ⅰ. ①中… Ⅱ. ①任… ②戴… Ⅲ. ①思想史-研究-中国-近代②郑观应（1842～1921）-思想评论 Ⅳ. ①B250.5

中国版本图书馆 CIP 数据核字（2014）第 215705 号

中国近代思想家文库
郑观应卷
任智勇　戴圆　编
Zheng Guanying Juan

出版发行	中国人民大学出版社			
社　　址	北京中关村大街 31 号		邮政编码	100080
电　　话	010－62511242（总编室）		010－62511770（质管部）	
	010－82501766（邮购部）		010－62514148（门市部）	
	010－62515195（发行公司）		010－62515275（盗版举报）	
网　　址	http://www.crup.com.cn			
经　　销	新华书店			
印　　刷	涿州市星河印刷有限公司			
开　　本	720 mm×1000 mm　1/16		版　　次	2014 年 9 月第 1 版
印　　张	23.75 插页 1		印　　次	2025 年 4 月第 3 次印刷
字　　数	361 000		定　　价	99.00 元